"信毅教材大系"编委会

主　　任　王　乔

副 主 任　邓　辉　　王秋石　　刘子馨

秘 书 长　陈　曦

副秘书长　王联合

编　　委　许基南　　匡小平　　胡宇辰　　李春根　　章卫东
　　　　　　　袁红林　　陆长平　　汪　洋　　罗良清　　毛小兵
　　　　　　　邹勇文　　蒋悟真　　关爱浩　　叶卫华　　尹忠海
　　　　　　　包礼祥　　郑志强　　陈始发　　陆晓兵

联络秘书　宋朝阳　　张步云

信毅教材大系

社会保障理论与政策

- 主　编　李春根
- 副主编　赖志杰　万谊娜

**Social Security:
Theory and Policy**

复旦大学出版社

内容提要

《社会保障理论与政策》作为高校教材,定位于社会保障、公共管理、社会学等专业的研究生和本科生,以社会保障理论、社会保障政策为核心内容,重点阐释社会保障的基本理念、基本理论和基本方法,反映我国社会保障发展的历史脉络和新动向、新发展。

本教材充分反映国际社会保障发展动态,结合我国国情,注重社会保障学科知识国际化与本土化的有机结合,社会保障理论与实践的有机衔接。通过社会保障典型案例,启发学生思维,激发学生的学习兴趣,注重提升学生分析社会保障现象、解决实际问题的能力。

总 序

世界高等教育的起源可以追溯到1088年意大利建立的博洛尼亚大学，它运用社会化组织成批量培养社会所需要的人才，改变了知识、技能主要在师徒间、个体间传授的教育方式，满足了大家获取知识的需要，史称"博洛尼亚传统"。

19世纪初期，德国的教育家洪堡提出"教学与研究相统一"和"学术自由"的原则，并指出大学的主要职能是追求真理，学术研究在大学应当具有第一位的重要性，即"洪堡理念"，强调大学对学术研究人才的培养。

在洪堡理念广为传播和接受之际，德国都柏林天主教大学校长纽曼发表了《大学的理想》的著名演说，旗帜鲜明地指出"从本质上讲，大学是教育的场所"，"我们不能借口履行大学的使命职责，而把它引向不属于它本身的目标"。强调培养人才是大学的唯一职能。纽曼关于"大学的理想"的演说让人们重新审视和思考大学为何而设、为谁而设的问题。

19世纪后期到20世纪初，美国威斯康星大学查尔斯·范海斯校长提出"大学必须为社会发展服务"的办学理念，更加关注大学与社会需求的结合，从而使大学走出了象牙塔。

2011年4月24日，胡锦涛总书记在清华大学百年校庆庆典上指出，高等教育是优秀文化传承的重要载体和思想文化创新的重要源泉，强调要充分发挥大学文化育人和文化传承创新的职能。

总而言之，随着社会的进步与变革，高等教育不断发展，大学的功能不断扩展，但始终都围绕着人才培养这一大学的根本使命，致力于不断提高人才培养的质量和水平。

对大学而言，优秀人才的培养，离不开一些必要的物质条件保障，但更重要的是高效的执行体系。高效的执行体系应该体现在三个方面：一是科学合理的学科专业结构；二是能洞悉学科前沿的优秀的师资队伍；三是作为知识载体和传播媒介的优秀教材。教材是体现教学内容与教学方法的知识载体，是进行教学的基本工具，也是深化教育教学改革,提高人才培养质量的重要保证。

一本好的教材,要能反映该学科领域的学术水平和科研成就,能引导学生沿着正确的学术方向步入所向往的科学殿堂。因此,加强高校教材建设,对于提高教育质量、稳定教学秩序、实现高等教育人才培养目标起着重要的作用。正是基于这样的考虑,江西财经大学与复旦大学出版社达成共识,准备通过编写出版一套高质量的教材系列,以期进一步锻炼学校教师队伍,提高教师素质和教学水平,最终将学校的学科、师资等优势转化为人才培养优势,提升人才培养质量。为凸显江财特色,我们取校训"信敏廉毅"中一前一尾两个字,将这个系列的教材命名为"信毅教材大系"。

"信毅教材大系"将分期分批出版问世,江西财经大学教师将积极参与这一具有重大意义的学术事业,精益求精地不断提高写作质量,力争将"信毅教材大系"打造成业内有影响力的高端品牌。"信毅教材大系"的出版,得到了复旦大学出版社的大力支持,没有他们的卓越视野和精心组织,就不可能有这套系列教材的问世。作为"信毅教材大系"的合作方和复旦大学出版社的一位多年的合作者,对他们的敬业精神和远见卓识,我感到由衷的钦佩。

王 乔

2012 年 9 月 19 日

目 录

第一章 社会保障制度概况 · 001
第一节 社会保障制度的发展历程 · 001
第二节 社会保障制度的结构 · 011

第二章 社会保障基本理论 · 022
第一节 西方社会保障理论主要流派及其特点 · 023
第二节 马克思主义社会保障理论及其中国化 · 034

第三章 社会保险 · 048
第一节 社会保险概述 · 048
第二节 养老保险 · 056
第三节 医疗保险 · 064
第四节 失业保险 · 074
第五节 工伤保险 · 081
第六节 生育保险 · 086

第四章 社会福利 · 092
第一节 社会福利的基础知识 · 092
第二节 社会福利思想 · 097
第三节 老年人福利 · 101
第四节 残疾人福利 · 109
第五节 妇女儿童社会福利 · 115

第五章 社会优抚 · 121
第一节 社会优抚概述 · 121
第二节 社会优待 · 126
第三节 军人退役就业安置 · 129
第四节 伤残军人抚恤待遇 · 133
第五节 死亡抚恤 · 137

第六章 社会救助 ……………………………………………… 143
- 第一节 社会救助概述 …………………………………… 143
- 第二节 贫困救助 ………………………………………… 150
- 第三节 自然灾害救助 …………………………………… 160

第七章 社会保障适度水平理论 ……………………………… 165
- 第一节 社会保障水平概述 ……………………………… 165
- 第二节 社会保障水平的"度"及其数理模型 ………… 167
- 第三节 社会保障水平适度的功能分析 ………………… 176
- 第四节 社会保障水平的供求平衡 ……………………… 179

第八章 社会保障基金管理 …………………………………… 187
- 第一节 社会保障基金概述 ……………………………… 187
- 第二节 社会保障基金筹集 ……………………………… 191
- 第三节 社会保障基金运营 ……………………………… 197
- 第四节 社会保障基金监督 ……………………………… 204

第九章 企业年金 ……………………………………………… 214
- 第一节 企业年金概述 …………………………………… 214
- 第二节 企业年金的缴费与给付 ………………………… 221
- 第三节 企业年金的运营 ………………………………… 227
- 第四节 企业年金的监管 ………………………………… 234

第十章 社会保障法制化 ……………………………………… 241
- 第一节 社会保障法律概述 ……………………………… 241
- 第二节 社会保障立法和实施机制 ……………………… 246

第十一章 中国社会保障制度：回顾与展望 ………………… 256
- 第一节 中国社会保障制度发展回顾 …………………… 256
- 第二节 中国社会保障制度发展评价 …………………… 265
- 第三节 中国社会保障制度发展和改革展望 …………… 274

参考文献 ………………………………………………………… 282
后记 ……………………………………………………………… 289

第一章　社会保障制度概况

【本章导言】

本章主要介绍社会保障的发展过程及规律,社会保障的内涵、外延及其体系构架。要求理解社会保障内涵的不同理念,以及这些理念产生的背景;深刻掌握社会保障、社会福利、社会保险等关键词的含义、特征以及相互之间的区别和联系,尤其是社会保障与社会福利这两个词存在广义和狭义之分,在不同国家使用有其特殊含义;理解社会保障制度发展阶段划分的依据,不同阶段的特征以及具有里程碑意义的事件。

引 导 案 例

《全球养老调查》之"寻找人生最好的归宿"

我国作为全球老龄化程度较高的国家之一,正日益面对这么一个疑问:人类老去之后我们该怎样生活呢?依靠后辈和亲人赡养的传统养老形式该如何面对当前的改变?《全球养老调查》这部养老专题片共6集,调集了8位平均年龄33.25岁的电视工作者,造访了全球6个国家32位平均年龄82.7岁的长者,全方位探讨了全球养老工业的现状与窘境,以供正进入老龄化的我国社会参阅。下面来观看《全球养老调查》之六"寻找人生最好的归宿",并和其他人讨论一下各国不同的养老方式,然后开始本章的学习。

(案例视频链接:https://v.qq.com/x/page/e0167neh04k.html?spm=a2h0k.11417342.soresults.dtitle。)

第一节　社会保障制度的发展历程

社会保障思想源于人类"趋利避害"的本能,由来已久,人类文明史上多有记载。如4 500年前,建造金字塔的工匠们曾自发地组建互助互济的组织;又如2 000多年前,中国儒家典籍《礼记》表述了"小康大同"的政治理想,第一次描述了对于社会保障的诉求[①]。

---

① 〔清〕阮元校刻:《十三经注疏》,中华书局,1980年版,第1414页。

然而由于历史发展的限制,特别是经济水平的局限,古代社会的社会保障往往服务于特殊的社会阶层或利益集团。社会保障在原始社会用于氏族保障,在奴隶社会用于主仆保障,在封建社会用于家庭保障和教会保障,严格意义上讲不能称为社会保障,充其量只能称为社会保障的雏形。只有到了资本主义社会,有了行使社会管理职能的政府组织和覆盖全体社会公民的种种保障和福利措施,才能称得上社会保障。社会保障的思想发展与制度演进是一个互动的过程,但作为一种完整的规则体系,该制度的确立与完善则是工业社会的事,是社会化大生产和市场经济发展到一定程度的产物。

一、社会保障制度的雏形阶段(1601年—19世纪70年代)

1601年,在工业革命的发源地,英国伊丽莎白女王颁布《济贫法》(即通称的《旧济贫法》),规定为穷人提供基本生活保障是税收支出和政府干预的题中应有之义,从此"扶贫济困"第一次成为政府管理的法定职能,标志着社会保障制度开始出现。社会保障制度在英国的出现并非偶然,而是当时社会经济、政治发展的集中体现,是英国由封建社会向资本主义社会转型的产物。

首先,与原始工业化相伴随的"圈地运动"瓦解了传统耕织结合的自然经济,使大量的自耕农和佃农失去了赖以生存的土地。失去土地后,许多人开始流入城镇,成为不受法律保护的无产者而被抛向劳动力市场,其中一些人甚至沦为城镇贫民和乞丐。一方面,原本依赖土地自给自足的农民现在失去了全部生产资料,成为依附于现代机器大工业的无产者,其生活自助自救的能力比在传统社会时期变得更加脆弱。他们在市场竞争中,工资收入微薄,还受到失业的威胁,而在经济动荡时往往成为首当其冲的牺牲品。另一方面,资本主义生产是建立在分工和社会分化的基础之上的,传统社会中基于"血缘"的家庭家族力量、基于"地缘"的村落以及"邻里守望"式的民间互助形式快速地失去原有的功能,取而代之的是适应流水线作业的生产流程而组合的"利缘"人际关系。所有这些表明,传统的社会保障体系日渐瓦解,资本主义快速发展造成社会生产关系与生产力的极不匹配,社会保障功能缺失,传统的救济渠道被斩断,而新的社会形态没有提供有效的社会保障功能,无产者对于社会生活基本保障的渴求空前强烈。因而,随着资本主义生产方式的发展,无产者的失业、流浪和贫困成了一个严重的社会问题。

其次,原始工业化改造了传统的城市体系。一方面,大量由乡村工业蓬勃发展而成的新兴工业城市如曼彻斯特、伯明翰等在工业革命中发挥着强大的凝聚和辐射作用;另一方面,新兴资产阶级群体开始全面崛起,这为救助城市贫民提供了基本的财力支持。为了稳定社会秩序,消除失业、流浪和贫困现象,英国政府提供了一系列的保障和救助措施。

18世纪拉开序幕的工业革命与工业化进程,使欧洲社会的生产方式与生活方式发生了巨大变化。生产技术由手工劳动发展到机器操作,生产的基本单位已不再是家庭而是工厂。在社会化大生产和市场经济的冲击下,产业工人所面临的风险与不确定性迅速增加,风险结构也日趋复杂,伤残、疾病、失业经常威胁着产业工人的生计。伴随工业革命的迅速扩张,一个新的城市贫民阶层开始大规模地形成。由于救济费用支出逐年递增,财政不堪重负。为此,英国议会于1834年通过了《济贫法》修正案,即《新济贫法》。《新济贫法》实施了颇为严厉的受益准入条件,如受助者必须住进济贫院,同时取消对无业贫民的一切货币与实物形式的救助等。但是与《旧济贫法》相比,《新济贫法》的先进之处在于它初步确立了要求社会救助是公民的基本权利、实施社会救助则是政府应负义务的新的社会保障理念。自此,社会保障制度在政府的积极干预下,开始迈入法制化、专业化的新的发展时期。

欧洲的济贫法采取了由政府出面强迫贫民劳动与救济相结合的原则,使社会团体实施的慈善救济转化为以国家为责任主体的政府救济,其实质是慈善救济的发展,是宗教团体区域慈善救济的扩大化,是国家在全国范围内的普遍慈善济贫。国家承担起了社会保障的责任,并为社会保障制度确立了国家承担最终责任的原则。

二、现代社会保障制度的形成、发展阶段(1883—1934年)

《济贫法》开创了现代社会保障制度的先河,但是这一阶段的社会保障制度通常侧重于社会救济功能,仅仅为特殊群体提供有条件的集中救济,还算不上是完整的社会保障[①]。而且,提供社会救济的出发点是狭隘的,这些早期国家主要关心维护公共秩序,惩罚懒惰和管理劳动市场,而不是穷人的福利。然而,社会保障的制度缺失对社会产生的影响是深远的,人们对政府的期望也远远超出了"济贫"的职能范畴。

首先,现代工业经济的发展引发了社会结构的深刻变化。家庭不再是社会关系的纽带,更多人被推向专业分工与市场竞争结合的经济社会。尽管新的生产方式极大地推动了社会物质生产,但劳动成果的分配却极端不均,大量劳动者无缘参与劳动成果的分享。整个社会以财富占有量为标尺划分为不同的阶层,部分阶层在竞争中失去参与竞争的必备能力与资本,生活在最低贫困线以下,资本主义制度的合法性根基面临挑战。人们相信,资本主义社会保障制度的发展已经成为社会全面发展的瓶颈,社会政策学者们这样总结:政府越来越被认为是有适当的职能,甚至有义务不仅解除穷人,而且解除社会所有阶级的紧张与痛苦[②]。

其次,现代工业经济的发展给政治统治提出了新的挑战。生产方式引致的劳动者的"不安全感"扩散,成为人们质疑资本主义制度的突破口。马克思认为,经济制度改变资源的分配与生产的组合,也改变了劳动的本质,扭曲了人际关系,"人同自己的劳动产品、自己的生命活动、自己的类材质相异化的直接结果就是人同人相异化"[③]。面对日益强大的工人阶级运动,号称"铁血宰相"的俾斯麦选择发展社会保障制度作为高压政策的补充,俾斯麦认为"有了养老年金,即使是再有反抗精神的人,也会把帝国看成是慈善机构"[④]。

---

① 从这个意义上来看,郑功成教授认为社会保障制度的发展只有三个阶段不无道理。
② 汪行福:《分配正义与社会保障》,上海财经大学出版社,2003年版,第210页。
③ [德]卡尔·马克思:《1844年经济学哲学手稿》,人民出版社,2000年版,第59页。
④ 王志凯:《比较福利经济分析》,浙江大学出版社,2004年版,第16页。

1881年11月7日,经宰相俾斯麦倡议,威廉一世颁布皇帝诏书,这一诏书被视为德国社会保障的"大宪章"。诏书申明工人在患病、发生事故、伤残和年老经济困难时应该受到保障,他们有权要求救济,工人保障应由工人自行管理。同时,诏书还对社会保障的发展作出规划,一方面要制定一个确定职业医疗保险组织的功能和任务的草案;一方面要提高那些由于年老、残疾而丧失职业能力者领取国家补贴的比例。1883年,颁布了《疾病社会保险法》,规定由雇主负担1/3,雇员负担2/3的费用,用以支付雇员在生病期间的各种医疗费用。1884年,颁布了《工伤事故保险法》,规定雇员因工受伤,由雇主负担其全部医疗费用。1889年,颁布了《老年和残障社会保险法》,规定雇员因年老不能劳动,其老年的生活费用由雇主和雇员平均负担。这三项法令的颁布,标志着世界上第一个最完整的社会保险体系的建立,社会保险制度从此产生了,德国成为世界上第一个实行社会保险制度的国家。进入20世纪以后,德国又从各个方面对社会保险制度进行了完善①。

此时,社会保障制度建设已经超出伊丽莎白时代所规划的救济框架,与资本主义经济制度、政治制度紧密结合在一起。随着社会保障的意义不断被人们向更深层次更广领域发掘,社会保障制度被赋予更多的价值追求。正是在这一时代之后,社会保障才真正地转向制度的探索与尝试,尽管没有形成统一完善的全国社会保障体系,但出现了大量单项的法律法规。所以,人们把1883年以来德国社会保障制度发展看作现代社会保障制度真正确立的阶段。人们常说,英国是现代社会保障之母,德国是现代社会保障之父。

继德国之后,欧洲各主要资本主义国家先后实施了一项或多项社会保险制度。比如奥地利的工伤保险和疾病保险,匈牙利的疾病保险,波兰的工伤保险,丹麦的老年保险和工伤保险,英国的《退休金》和《国民保险法》,后者是英国第一部社会保险立法。

这样在19世纪末20世纪初,德国、英国以及欧洲其他国家,普遍实行了社会保险制度,表明社会保障制度在欧洲大陆已经确立起来。

19世纪末20世纪初,德国构建社会保障体系的动机,并非出自人道理由,而更多的是出自政治策略上的考虑,是德国历史学派主张国家干预社会经济生活,调和劳资矛盾政策主张的产物。因为一般而言,人们认为,现代社会保障制度是工业化的产物,就此推导,社会保障制度应该首先产生于英国。但事实并非如此,德国具备率先实行国家社会保障的社会政治条件。19世纪下半叶,在马克思主义广泛传播的形势下,社会主义政党出现在德国政治舞台上,无产阶级组织的力量相当强大,而新兴资产阶级的力量则相对软弱。社会主义运动的兴起已经直接威胁到现行政权的稳定。罢工、暴力以及由此引起的日益紧张的劳资冲突必然会损害德国的经济发展与对外政策。为此,俾斯麦采取了"胡萝卜加大棒"的做法,希望通过社会保险立法拉拢工人队伍,借以赢得工人对国家政权的支持,阻止工人运动的进一步发展。德国政府将构建社会保障体系视为"一种消除革命的投资",声称"社会弊病的医治,一定不能仅仅依靠对社会民主党过火行为的镇压,同时也要积极促进工人阶级的福利。一个期待养老金的人是最守本分的,

---

① 王元月,游桂云,李然:《社会保障:理论、工具、制度、操作》,企业管理出版社,2004年版,第8—9页。

也是最容易被统治的"。在这种历史条件下出现并流行于德国的新历史学派,主张国家积极干预经济和社会生活,主张法律至高无上,主张实施包括社会法、工厂法在内的社会政策,主张定调和劳资关系的道路以消除德国面临的最大社会问题①。

由于社会保险法案的实施,无产者受益人数增加,因而普遍受到当时工人的好评,促进了德国资本主义的发展。德国政府的上述目标是通过强制性制度创新即政府的法律引入所实现的。德国的社会保障体系作为强制性制度创新的结果,取得了很大的制度性收益。首先,德国的社会保障体系作为强制性制度创新的结果,取得了很大的制度性收益,并且为产业工人提供稳定的抵御风险的潜在收入预期,因而,它在或多或少的程度上有助于缓解劳资冲突;其次,由超越劳资双方的第三方即政府出面组织和构建社会保障体系,使社会保障体系具有了边际成本递减、规模报酬递增的制度效率;再次,尽管社会保障制度的设计并不涉及受保人对国家事务的平等参与,这个动机无疑是专制的或是非民主的,但是其影响却不能低估,因为安全感本身就是一种价值。从其后的运作观察,这一体制的确发挥了"社会安全网"的作用。

1929—1933年的经济大危机,冲击了整个资本主义世界,美国也没有例外。大危机造成了大量的工人失业和贫困问题,而美国早先广泛存在于大型工业企业与运输企业中的职业养老金计划因20世纪30年代的大萧条而面临严重的预算危机,要求改革的呼声日渐高涨。经济危机为美国改造传统的职业年金、创建社会保险体系提供了历史契机。富兰克林·罗斯福总统恰当地通过实施"新政"在刺激经济增长与创建公共保障体系之间达成了均衡。罗斯福主张在工业化社会中突出福利安全保障的地位;必须把全国所有人的安全保障放在第一位;改革传统的社区居民互助型的安全保障方式;联邦政府应肩负社会福利安全保障的重担。罗斯福上述主张反映出强烈的政府干预倾向,同时也为1935年保障立法的制定提供了理论和政策上的支持。罗斯福在新政初期,实施了许多社会救济措施,其中尤以1935年8月14日通过的《社会保障法》为重。该法案的基本内容有:(1) 失业保障:企业停产或被迫解雇,劳动者可以领到由雇主和雇员共同负担的按规定付给的失业救济金;(2) 老年保障:年满65岁的就业者实行退休制度,凡在就业期间向有关部门(通常是税收部门)缴纳过一定期限的养老金的人,可以领取退休金(津贴);(3) 各种津贴:因年老而失去亲人抚养,双目失明或失业所造成的收入损失,按规定给予一定的津贴②。美国《社会保障法案》的颁布实施,标志着现代型社会保障制度的真正建立,它包括的内容较德国、英国更全面,照顾的面更广,而且以国家法案的形式出现,并且首次提出了"社会保障"一词。1938年新西兰一项法案运用了该专用术语,1944年被国际劳工组织大会在《费城宣言》中正式采纳。

美国1935年法案虽然并未建立一个全国性的社会保障体系,缺乏有效的全国标准或最低标准(实际上由州作出决定),但其意义十分重大。它在一定程度上缓和了危机过程中的劳资冲突,保障了社会劳动生产力的恢复,并通过政府福利开支借助有效需求的扩张来干预和调整国民经济的全面复苏与高涨。如罗斯福本人所言:"简言之,这项

---

① 德国新历史学派的主张见本书第二章。
② 王元月,游桂云,李然:《社会保障:理论、工具、制度、操作》,企业管理出版社,2004年版,第10页。

法律照顾了人的需要，同时又向合众国提供了极其健全的经济结构。"它现实地构成 20 世纪 30 年代以来美国社会发展的"稳定器"与"安全网"。同时，对世界其他国家社会保障制度的形成也产生了影响。自 1935 年之后，美国社会保障体系又进一步向更为广泛的社会经济生活领域扩张，如社会保障立法从老年保险推广到老年遗属保险，规定最低工资和最高工时，为低收入家庭修建公共住房，颁布军人权利法案以及实施公共卫生和健康的保障措施等①。

三、现代社会保障制度的繁荣阶段（1945 年—20 世纪 70 年代初）

社会保障事业能在这一时期得到迅速发展，有其特定的政治经济背景：二战以后，资本主义各国把政策的重点由原来的"一切为了战争"转向恢复本国经济，且二战后的和平为经济建设创造了稳定的外部环境，经济的迅速发展为社会保障的繁荣提供了坚实的物质基础。此外，《贝弗里奇报告》对整个资本主义世界社会保障制度的建设产生了非常深远的影响。

《贝弗里奇报告》指出了英国存在"五大弊病"，即贫困、疾病、无知、脏乱和懒惰；提出社会保障计划应包括社会保险、社会救济和自愿保险三种社会保障方法，其中社会保险用以满足人们的基本需要，社会救济用以满足特殊情况的需要，自愿保险则用以满足收入较多的居民较高的需要。《贝弗里奇报告》还提出了社会保障的六项原则，(1) 统一的受益替代率；(2) 统一的缴费率，即不管参加者的财富状况如何，都要按照相同比例的缴费率强制性缴费，雇主和雇员都是如此；(3) 统一行政管理，费用的收缴和津贴的发放都要由同一个社会保障基金管理机构负责；(4) 受益的适当性，即要维持受益者一个基本的受益水平，包括受益数额和受益时间的适当性；(5) 综合性，即对各个保障项目要做通盘考虑，使其相互之间能够进行必要的调整；(6) 区别对待，即对不同地区、不同类别的受益者要区别对待。《贝弗里奇报告》将受益对象分为有就业收入者、其他从事有职业收入者、家庭妇女、在劳动年龄以内的其他人员、未到劳动年龄的人口、超过劳动年龄的人口等六大类。总的来说，《贝弗里奇报告》始终体现了两个基本理论观点：一是社会保障以保证居民拥有维持生存所必需的生活资料为最低限度；二是社会保障应当体现"全面和普遍"的原则，应惠及全体居民及各种不同的社会阶层，社会保障应是全民的全面保障。《贝弗里奇报告》发布之后立即引起了英国朝野甚至西欧各国政府的重视，这些国家纷纷结合本国实际研究制定各项社会保障法律法规。

1945 年英国工党一上台就开始着手实行社会保障的国家化，先后通过了一系列社会保障立法，如《国民保险法》(1944)、《家庭补助法》(1945)、《社会保险法》(1946)、《国民卫生保健服务法》(1946)、《国民工业伤害保险法》(1946)、《国民救济法》(1948)等，试图以此达到更高程度的社会平等和经济平等的目的。因此，英国的社会福利一开始就具有普遍性。此后在原来的基础上迅速发展，到 1948 年英国首相艾德礼宣布英国第一个建成了"福利国家"，这一制度由政府负责，全民高福利为主要特征，其支出由国家税

---

① 王元月，游桂云，李然：《社会保障：理论、工具、制度、操作》，企业管理出版社，2004 年版，第 10 页。

收解决。

从此,"福利国家"风靡整个西方世界,瑞典、荷兰、挪威、法国、意大利等国家纷纷效仿英国,并根据《贝弗里奇报告》的主张,全面制定和实行社会保障计划。在这一阶段,资本主义国家的社会保障事业迅速发展,世界上主要发达国家普遍建立了较为完善的社会保障体系,欧美主要发达国家进入"福利国家阶段",成为社会保障发展的鼎盛时期。

延伸阅读

贝弗里奇报告

1941年,英国成立社会保险和相关服务部际协调委员会(以下简称"调委会"),着手制订战后社会保障计划。经济学家贝弗里奇爵士受英国战后重建委员会主席阿瑟·格林伍德先生委托,出任"调委会"主席,负责对当时的国家社会保险方案及相关服务进行调查,并就战后重建社会保障计划进行构思设计,提出具体方案和建议。第二年,贝弗里奇提交了题为"社会保险和相关服务"的报告,这就是著名的《贝弗里奇报告》。

报告正文共分六个部分。第一部分概要介绍了"调委会"的工作过程和整个报告的主要内容。第二部分审视了英国当时保障制度存在的诸多问题,详细论述了报告所建议的二十三项改革的理由及具体建议,如废除批准社团制度,改革工伤赔偿制度,统一社会保险制度(包括统一缴费和待遇标准),将医疗和康复服务作为公共服务向国民统一提供等。第三部分重点讨论待遇标准和房租问题、老年问题以及伤残赔偿途径问题。第四部分主要涉及社会保障预算,在分析社会保险支出状况及各方的缴费能力和意愿之后,提出了由财政、雇主、参保人三方共同缴费的方案,且就各方应承担的比例做了具体划分;同时,还专门论述了工伤保险费的筹集问题,明确了事故和职业病高发行业承担工伤附加费的原则和比例。第五部分为社会保障计划。首先论述了社会保障计划赖以存在的三个假定,提出通过社会保险、国民救助和自愿保险三个层次保障人们不同需要的重要观点。其次,在明确养老金、保险金、补助金及补贴等基本概念的基础上,将全部国民分为六个群体,分析了各群体的不同保障需要,并就其参保待遇、缴费等有关问题进行了系统阐述。第六部分为社会保障和社会政策,详细讨论了子女补贴、全方位医疗康复服务和维持就业问题,并把消除贫困定位为战后的基本目标,明确社会保障计划的目标是:确保每个公民只要尽其所能,就能在任何时候都有足够的收入尽自己的抚养责任,满足基本的生活需要。

贝弗里奇在勾画社会保障计划时遵循了三条指导原则。第一,既充分运用过去积累的丰富经验,又不拘泥于这些经验,避免被经验积累过程中形成的部门利益所限制和驱动;第二,把社会保险作为提供收入保障、消除贫困的一项基本社会政策;第三,确定国家提供福利的原则是基于国家利益而不是某些群体的局部利益,明确社会保障必须由国家和个人共同承担责任,通过国家和个人共同的合作来实现。国家在承担相应责任的同时,不应扼杀和替代个人在社会保障中的责任;国家提供的基本生活保障水平不宜过高,应给个人参加自愿保险和储蓄留出一定的空间。

贝弗里奇报告是一个关于全方位福利问题的报告。它从人们的需要出发,提出相应的对策,从而形成一个完整的福利体系。报告设计了一整套"从摇篮到坟墓"的社会福利制度,提出国家将为每个公民提供九种社会保险待遇,提供全方位的医疗和康复服务,并根据个人经济状况提供国民救助。九种社会保险待遇分别为:失业、伤残和培训保险金,退休养老金,生育保险金,寡妇保险金,监护人保险金,扶养补贴,子女补贴,工伤养老金,一次性补助金(包括结婚、生育、丧葬和工亡四种补助金)。其中有许多为新的福利项目,如为儿童提供的子女补贴。这在福利制度发展过程中是一个根本性的突破,有的学者甚至认为它是福利国家的核心,打破了传统的家庭扶养职能,由国家直接代替家庭向非劳动人口承担部分扶养责任。报告的另一项重要突破是提出应建立全方位的医疗和康复服务。此外,报告还要求建立完整的社会保险制度,由国家强制实施。在这个制度下,不论收入多少,不论风险高低,所有国民都必须参加保险,每人每周缴费,费率相同,而且待遇实行统一标准。这些都突破了英国原有的失业保险和医疗保险只限于某些群体的限制。

资料来源:[英]贝弗里奇,社会保险研究译:《贝弗里奇报告》,中国劳动保障出版社,2008年版,第5页。

四、社会保障的改革调整阶段(20世纪70年代至今)

20世纪70年代中期以来,受新自由主义思潮的影响,各国的社会保障制度纷纷踏上了改革与调整之路。石油危机引发的西方发达国家普遍性的经济停滞,动摇了支撑社会保障持续发展的经济基础,经济危机导致社会保障体系收入紧缩,社会保障制度面临入不敷出的财政预算危机。过于慷慨的社会保障承诺一旦遭遇普遍性经济危机,其缺陷便暴露无遗,这些问题和弊端主要包括以下几点。

1. 社会保障负担越来越重

出生率下降,人口预期寿命延长,人口老龄化程度越来越高;经济发展乏力,失业人数不断增加,失业者不仅不能对社会保障基金做出贡献,还要花费大量的社会保障基金;社会保障入不敷出迫使"扮演最后供款者"角色的政府不得不动用财政收入予以弥补,其结果又造成公共支出居高不下、财政预算严重失衡,造成国家财政负担过重。

2. 对经济的发展产生不利的影响

社会保障计划减少了可用于投资的资金储备,高利率、低投资。另外由于需要对该体系缴付高额保障费和税款,人们的收入所剩无几,迫使雇主与政府增薪,其结果造成通货膨胀并导致更为严重的失业现象,损害了国民经济的健康成长。

3. 增加产业的劳动力成本

产业劳动力成本的提高直接降低了企业的国际竞争力,迫使劳动密集型行业向发展中国家转移。此外,由于国内投资的收益率低,资本随之流向国外。社会保障从两个方面破坏了参与工作的积极性：一是为社会保障付的钱增加了，实际就降低了工作报酬；二是将过分慷慨的补偿提供给没有职业的人们，不论他们是属于失业者、残疾人、寡妇、还是无子女的老人，从而使劳动者的工作积极性受到损害。

4. 社会保障管理效率低下，招来社会的普遍批评

随着生活水平的提高和现代科技的发展，人们对社会服务的要求越来越高，对社会保障管理也提出了更高的要求。但由于原有社会保障管理机构臃肿，效率低下，服务又不好，要求改革社会保障管理体制的呼声越来越高。

5. 社会保障制度的改革落后于社会保障对象的变化

长期以来，社会保障尤其是社会保险的对象，都是有稳定职业的产业工人。近年来，资本主义国家的劳动力市场发生了很大变化，主要是妇女就业率上升，职业流动性加大，非全日制和非正规部门就业人数增加，再加上人口预期寿命延长导致劳动年龄相应延长，使社会保障的对象发生了很大变化。但是，社会保障制度并没有据此作出相应的调整和改革。

为了解决上述问题，许多国家从多方面对社会保障制度进行了改革。20世纪70年代末以来国际上社会保障制度改革的措施和趋势主要如下①。

第一，将国家保障逐步转变为真正意义上的社会保障。由于社会老龄化给传统的国家保障带来沉重负担，各国不得已而采取其他措施降低国家保障份额，鼓励甚至强制实行补充保险和商业保险，强化企业和个人的社会保障责任。单一的国家保障制度逐步演变为真正意义上的社会保障，单一层次的政府保障逐步转变为多层次的社会保障体系。在完善养老保障体系方面，许多国家在降低现收现付模式的政府养老金比重的同时，建立了完全积累的个人账户，同时积极发展商业人寿保险业务，与现收现付的政府养老保障一起构成了多层次的养老保险体系。如智利在1981年建立了完全积累的、由私营机构经营的强制储蓄养老保险机制，同时建立最低养老金制度，引起了不少国家的关注和效仿。在医疗保障方面，许多国家如新加坡就建立了医疗储蓄、健保双全和医疗救助三位一体的医疗保障体系。目前国际上已经对建立多层次的社会保障体系达成共识。

第二，采取各种措施节约社会保障开支，遏制社会保障支出膨胀的势头。在养老保险方面，一些国家提高了缴费年限或领取养老金的年龄，比如法国将可以享受养老金的缴费年限从37.5岁提高到了40岁，意大利从1994—2000年将男女的退休年龄分别提高了5年（即男性65岁、女性60岁），葡萄牙将女性养老金的支付年龄逐步从62岁提高至65岁；一些国家改革了养老金的计发办法，比如法国将计发养老金的基数从过去按收入最高的10年改为按退休前25年的平均收入计算，葡萄牙将计发基数从按退休前10年中最高5年改为按退休前15年中最高10年的收入平均值计算，从而降低了支付水平；一些国家还改革了养老金的调整方法，以前往往是根据工资和其他经济因素的变化进行相应调整。

第三，社会保障基金投资运营方式的转变。即社会保障基金投资运营方式由单纯

---

① 王元月，游桂云，李然：《社会保障：理论、工具、制度、操作》，企业管理出版社，2004年版，第12页。

购买国债逐步转变为多元化投资。在各国推进社会保障制度改革之前,大多数国家实行现收现付制,基本上没有资金积累,即使有一定积累的美国和新加坡,对社会保险基金的投资都比较谨慎,只用来购买国债。但是,随着多层次的社会保障体系的建立和完善,社会保障基金积累的结余越来越多,因此,许多国家的专家建议采取多元化投资方式,提高资金收益率,解决社会保障基金收支失衡的矛盾。

第四,单纯救济救助逐步转变成主动促进就业的救助。近年来,许多国家意识到与其被动地提供社会保障,不如主动地向劳动者提供就业机会,促进劳动者的自我保障。许多国家根据劳动力市场的需求量,通过职业培训提高劳动者技能以增加其就业机会;或者有选择地减少雇主所分担的社会保障税(费)率,同时向一些雇主提供补贴,用于创造新的就业机会;还有些国家通过税收政策积极促进有部分工作能力的残疾人就业,以提高自我保障比例,减少社会负担。

在新自由主义呼声下,社会保障制度的改革已经在世界范围内展开。但是,由于国家干预的观念已深入人心,而且它确实在社会经济生活中起着重要的作用,所以即使新自由主义改革思潮占上风,改革或多或少地在不同国家的不同项目中进行,但是社会保障制度作为一个整体看,这种改革在政策上和实践上可能不会走得太远,所以我们可以把这些改革看作对政府"失灵"的一种修正。

延 伸 阅 读

国际金融危机后世界各国的社会保障将何去何从?

2008年国际金融危机爆发之后,高收入国家、中等收入国家和低收入国家社会保障的发展呈现如下主要趋势:国际金融危机在有些国家形成推动社会保障制度加速发展的动力,在有些国家则产生削减福利保障的压力。从整体看,目前世界各国社会保障具有覆盖并扩大、形式多样化和多支柱等特点,这是经济全球化条件下就业形式的多样化和社会责任主体多元化的必然反应。

以欧洲福利国家为代表的高收入国家在社会保障方面一直处于全球领先地位,不过,自2008年国际金融危机爆发以来,高收入国家的社会保障整体呈现出收缩趋势。金融危机爆发之后,欧洲福利国家普遍采取了经济刺激政策,并将社会保障作为重要的刺激领域,加大了社会保护性投入。统计资料表明,在危机的第一阶段(2008—2009年),约50个高收入国家共投入24 000亿美元刺激经济,其中约四分之一的资金投放在社会保障领域。从2010年起,伴随着欧洲主权债务危机的爆发,欧洲国家的政府财政陷入困境,在这种情况下,欧盟整体采取经济紧缩措施,欧洲国家反过来用减赤字、稳财政的政策取代了先前的经济刺激政策,逐步缩小公共开支在GDP中的占比。在此背景下,社会保障支出被削减,福利扩张政策被福利紧缩政策取代。

与发达国家紧缩福利的做法相反,近年来,不少中等收入国家,特别是新兴工业化国家,在社会保障领域里的发展趋势是福利扩张,以社会保障建设为契机促进全面发展。巴西受国际金融危机的冲击非常大,统计资料表明,2008 年最后两个月巴西丧失了 69.5 万个工作岗位,第 4 季度 GDP 骤降 4.4%。为平衡外贸损失,摆脱对出口的严重依赖,巴西政府出台了由两根支柱组成的内需拉动增长战略,推出了一揽子财政刺激方案,其中包含一系列社会政策,如为最贫困的人群提供救助,大幅度拓展此前为减贫扶贫而出台的"家庭补助计划"(计划的拓展新覆盖了 130 万个最贫困的家庭),延长受危机冲击最严重的行业的失业保险领取期限(该措施的受益者达 31 万人)等。在一揽子刺激方案之外,政府还两次提高最低收入水平,使 20%的人口获得了基本生活保障。到 2010 年,巴西经济增长了 7.5%,基尼系数从 2008 年的 0.54 降至 2012 年的 0.526。目前巴西是福利水平较高的新兴经济体,其社会保障支出已达到发达国家水平。

国际金融危机爆发后,不少低收入国家扩大了临时性社会安全网,用以改善儿童等贫困群体的健康水平、营养状况和入学率。国际劳工组织相关报告披露,孟加拉国、肯尼亚、马拉维、巴基斯坦等国实施了面向特困家庭的"有条件现金转移支付计划",帮助其改善健康、营养和教育水平;莫桑比克制订了帮扶贫困家庭特别是有老人和儿童的贫困家庭的现金转移支付计划;肯尼亚针对受艾滋病威胁的婴幼儿推出了相关现金转移支付项目;孟加拉国制订了以消除教育领域的性别差异为目标的女童中学援助项目;玻利维亚和肯尼亚制订了旨在预防辍学的小学援助项目;卢旺达将医疗卫生服务覆盖面拓展到了 90%以上的国民,大幅度降低了母婴和儿童死亡率。

资料来源:周弘等,"国际金融危机后世界社会保障发展趋势",《中国人民大学学报》2015 年第 3 期,第 26—34 页,有删减。

思考提示:当前世界各国的社会保障发展出现了哪些新趋势?我国应如何适应这些新趋势?

第二节 社会保障制度的结构

一、社会保障制度的内涵和外延

(一)社会保障制度的定义

对社会保障的定义远已超出了简单的学术的含义,而富有较强的政策导向意义。孟醒[①]认为,一方面,需要强调社会保障的全面性,它是全体公民可以享受的一项权利;另一方面,需要强调在目前财力有限的情况下,社会保障是一项补缺型的而非制度型的福利,社会保障的重点在于社会保护,而非社会福利。社会保障的定义对社会保障内涵

---

① 孟醒:《统筹城乡社会保障——理论·机制·实践》,经济科学出版社,2005 年版,第 6 页。

和外延的认识并不统一。

美国出版的《社会工作词典》对"社会保障"的定义为:"一个社会对那些遇到了已经由法律做出定义的困难的公民,如年老、生病、年幼或失业的人提供的收入补助。"在美国,"社会保障"被认为是根据政府法规建立的,可以避免人们由于年老、疾病、失业、伤残等原因中断或丧失劳动能力而带来生活困难,并为人们提供因结婚、生育和死亡带来的特殊开支以及抚育子女的家庭津贴的保障体系。

英国《新大不列颠百科全书》对"社会保障"的定义是:"在国际上,社会保障这一术语意味着所有已经为立法建立的集体措施,以便当个人或家庭的部分或全部收入来源受到损害或中止时,或当他们有大笔的开支必须支付时(如抚养子女或支付医疗费用),维持他们的收入,或对他们提供收入。因此,社会保障是一种以国家为主体的公共福利计划,是公民由于特定的原因导致收入中断或减少,或具有某种需要时,给予其本人及家庭的国家经济保障。"

在德国,社会保障是为了实现社会公正和维护社会安全,是为因生病、残疾、年老而丧失劳动能力或遭受意外而不能参与市场竞争者及其家人提供的基本生活保障,其目的是通过保障使之重新获得参与竞争的机会。

1984年,国际劳工局在《社会保障导言》中对社会保障的界定是:"社会保障即社会通过一系列的公共措施对其成员提供的保护,以防止他们由于疾病、妊娠、工伤、失业、残疾、老年及死亡而导致的收入中断或大大降低而遭受经济和社会困窘,对社会成员提供的医疗照顾,及对有儿童的家庭提供的补贴。"

以上定义较为明确地反映了西方国家不同的社会保障理念,如强调收入保障、强调公共福利、强调社会安全、强调社会公平、强调基本人权等理念。社会保障制度理念的变化主要取决于:社会经济发展的水平;不同时期不同的道德水准和文化模式;各种与社会保障相关理论的发展。

从社会理念的角度而言,国内的定义都倾向于社会保障的全面性,认为它必须覆盖全体国民。《中国劳动人事百科全书》中指出:"社会保障是由一整套完整的保险和福利项目构成的并由中央政府管理的体系,……旨在向全体公民提供一系列基本生活保障,使其免遭或摆脱人生的一切灾害。"葛寿昌认为:"社会保障,是社会(国家)通过立法,采取强制手段对国民收入进行分配和再分配,形成社会消费基金,对基本生活发生困难的社会成员给予物质上的帮助,以保证社会安定的一系列有组织的措施、制度和事业的总称。社会保障是社会成员应享有的基本权利,是国家应履行的确保社会成员生活权利的一种法律制度。"①

但是,出于工业化、重工业化的追赶型发展战略的需要,与社会理念要求的全面性相悖,我国的社会保障长时间以来一度以保证城市工人的收入安全为中心。在社会保障的对象方面,理论界定也不统一。吴方桐②认为,"社会保障的对象是暂时或永久丧失劳动能力、失去工作机会,或收入不能维持最低生活水平的社会成员……"。郑杭生

---

① 葛寿昌:《社会保障经济学》,复旦大学出版社,1990年版,第2页。
② 吴方桐:《社会学教程》,华中师范大学出版社,1994年版,第240页。

主张:"社会保障的目标是向因生老病痛、灾害事故、心身障碍、失业待业等而发生困难的社会成员个人提供财政保护;尽可能为遭受意外者的身体康复和职业恢复提供便利;尽可能为抚养儿童提供福利待遇。"[1]

借鉴世界各国对社会保障制度的不同理解,可以给社会保障制度下这样一个定义:社会保障制度是以国家和政府为主体,通过立法,采取强制手段对国民收入进行再分配,形成社会消费基金。当社会成员因年老、疾病、伤残、死亡、失业及其他灾难而生存出现困难时,提供物质上的帮助,以保证其基本生活需要的一系列有组织的措施、制度和事业的总称。

(二) 社会保障的构成要素

(1) 目标:保证劳动力再生产、社会安定和经济稳定增长。

(2) 责任主体:国家或政府。

(3) 实施依据:法律法规,具有强制性。

这是社会保障区别于其他类型保障,如商业保险、民间救济等保障措施的重要特征。

(4) 标准:保障其基本的生活,但是这种水平和保障的内容是随经济发展水平的不同而有所变化的。一些发达国家,为了适应国民需求的多样性,社会保障中有很多项目已冲破传统理念,趋向于生活质量的提高,不仅有物质方面的保障,还有精神方面的供给。

(5) 受益范围:全体社会成员,并且体现的是一种权利。包括中国在内的许多发展中国家,由于国家财力的限制,实行以社会保险为中心的社会保障制度在经济上过于昂贵,无法向更大的人口群体扩展,从而造成了新的社会不平等以及对最困难的社会群体(主要是与传统部门和农村有联系的社会群体)的剥夺。在全球化的今天,这个问题日益被社会政策研究界所认识。在发展中国家,与以社会保险为中心的"社会保障"相比,"社会安全网"得到越来越多的政策关注。在发达国家,与收入安全相比,非收入性福利以及与其相关的社会问题越来越重要。

二 社会保障的特征

(一) 社会性

社会保障作为强制实施的具有普遍性的社会"安全网",突破了"家庭保障""企业保障"的界限,是社会化大生产的产物,是典型的社会行为。社会保障的社会性主要表现在三个方面:第一,实施范围的社会性,即社会保障是国家在全社会范围内统一实施的社会经济制度,其保障对象应该是全体社会成员,是面向全体社会符合保障条件的公民普遍实施的制度。第二,资金来源和使用上的社会性。社会保障基金的主要部分是由国家在全社会范围内统一筹集的,国家通过征收社会保障税或社会保障费的形式从全社会的各个方面筹集社会保障基金。同时,社会保障基金的使用也同样具有社会性,它

---

[1] 郑杭生:《社会学概念新编》,中国人民大学出版社,1992年版,第445页。

是由国家按照全社会统一的标准和方式安排的。第三，制度目标的社会性。国家代表社会的共同利益来制定社会保障制度，其实施目标是通过社会保障来满足社会成员的基本生活需要，促进社会的稳定与和谐，促进社会公平目标的最终实现。

（二）强制性

社会保障是由国家依法建立并强制实施，因而具有强制性。世界各国都用法律形式将社会保障的项目、体制、基金、标准、监管等固定下来，无论市场发生何种变化，政府、社会保障机构和企事业单位都必须向公民履行提供社会保障的法定责任，不得以任何形式限制和取消法律赋予公民的社会保障权利。每一位社会成员都应依法参加社会保障，依法履行义务，并依法享受权利；社会成员在参加保障项目、享受保障待遇方面没有自由选择权，社会保障机构也不能拒绝给予社会成员应该享受的权益，随意改变保障项目和保障标准；社会保障基金依法强制筹集，任何单位和个人都应该依法按规定的时间和数额缴纳，否则将追究其法律责任；社会保障的权利方和义务方、社会保障机构和参加者如不遵守有关法律法规，可以诉诸法律求得解决。强制性是实施社会保障的组织保证，这里不存在自愿的原则。

（三）公平性

实现公平分配是社会保障追求的目标。社会保障的公平性主要体现在社会成员享受社会保障待遇的权利和机会是均等的。任何一位社会成员，当其基本生活发生危机时，都有均等地获得社会保障的机会和权利。而社会保障的目标和作用，最终也在于促进社会公平目标的实现。对于市场经济带来的收入分配两极分化的后果而言，如果没有社会保障制度来加以调节，就会对市场经济本身的正常运转产生消极的影响，甚至会产生危机。而社会保障的实施，对于弥补市场分配的缺陷，缩小社会成员之间的收入差距，保证社会公平目标的实现，是不可替代的。

（四）互济性

社会保障作为实现社会公平进行再分配的重要手段，其分配的原则不是完全按贡献大小，而更多的是考虑在兼顾公平与效率统一的前提下，按照需要分别提供，且尽可能向社会的弱势群体倾斜，突出了社会保障的互济性。特别是在市场经济下，不可预测的事件频频发生，威胁着人们的正常生活，这是谁也不能避免的，这就需要人与人之间、群体与群体之间，相互伸出援手，共同来面对各种危难。可以说，人类这种共御风险、共享安宁的现实愿望，在社会保障中得到了很好的体现和贯彻。一生在不断为他人提供物质帮助的同时，也在不断享受他人为自己提供的各种帮助。应该看到，在社会长期的演变和发展过程中，已经形成了更加成熟的社会互助的公德和风气，也为社会保障突出互助特性创造了良好的发展氛围。

（五）福利性

社会保障的福利性表现为社会保障是一种社会福利事业，社会保障的各环节不以营利为目的，它不仅对保障人给予资金给付，而且还提供医疗护理、伤残康复、教育培训、职业介绍以及各种社会服务。而受保障的个人一般不直接交付全部保障费用，该经费由实施的社会保障部门统一筹集。

三、社会保障的功能

(一) 稳定社会

社会保障不仅为人们提供生存和生活的实际支撑,如生病有医疗保险、失业有失业保障、年老有养老保障,甚至陷入生存危机还有救济保障等,而且还使整个社会的亲和力加强。在一个健全的社会保障安全体系下,社会成员的生活保障度、心理平衡度、社会公平度、人际亲密度等都大大增强,从而为社会创造和谐、协调、安定的氛围,缓和各种社会矛盾,为社会更加有序、更加稳定作出了重要贡献。

政府之所以提供社会保障,其根本原因就在于社会保障问题关系到整个社会的安全与稳定。而维护社会的安全与稳定是政府义不容辞的职责,也是政府得以存在的理由。这一点是毋庸置疑的,即使是在亚当·斯密时代,在主流经济学家极力强调市场的功能而弱化政府职能的情况下,维护社会的安全与稳定依然是政府职责中不可或缺的内容。因此,社会保障是通过预先防范和及时化解风险来发挥其稳定功能的,所以社会保障广泛被称为社会的稳定器、安全阀或减震器。

(二) 调节经济

经济发展的三匹马车是出口、投资、消费。首先,社会保障对经济的调节作用、促进经济发展的功能主要是通过对消费和投资的调节来实现的。根据凯恩斯的消费理论,消费与收入成正比例关系,而社会保障的支出相当于居民的未来收入,如果这种支出涵盖较全面且预期又明朗,即人们的生、老、病、死都有所保障,社会保障十分完善,人们的实际预期收入就会增加,从而会刺激居民当前的消费,拉动经济增长。此外,社会保障基金本身也包含着有利于消费扩大的功能,如社会保障大量的津贴、补助及救济的保险金等,实际上也在增加人们的购买力,或在弥补失去的购买力,从而对消费的促进起着良好的推动作用。

但是,如果预期收入是一定的,当社会保障不够完善时,人们会偏好未来消费,即从考虑老后消费或意外情况消费出发,将收入在扣除即期消费外,大部分储蓄起来,以备后用,从而大大影响了社会消费的扩大。再如果预期收入不明朗,人们又不能从社会保障中获得更多的收入和生活保障时,上述情况更会加剧。

其次,社会保障基金为国家的经济建设提供了可靠的财源,促进了国家的经济建设和民众生活的改善。同时为资本市场提供了长期、稳定的资金来源,促进了资本市场的发展。毋庸置疑,社会保障基金也在频繁的投融资运作中,获得了应有的收益和回报。

此外,社会保障是调节经济的"蓄水池",具有有效的供求平衡功能,减少经济震荡、增加平稳。当经济衰退或萧条时,社会失业率会增大,一部分人因此会失去劳动收入,从而对社会需求产生负面影响。但是,由于社会保障尤其是失业保险金或失业救济抑制了这些人个人收入减少和失去的趋势,给失去职业和经济衰退导致生活困难的人们以收入支持,在一定程度上得以唤起社会的有效需求,从而减缓了经济衰退的冲击,促进了经济复苏的势头。相反,当经济处于高涨或是过热时,社会保障支出在相应减少的同时,通过扩大社会保障基金规模,增加基金的积累,实际上在一定程度上相对减少了个人收入量,从而减缓了社会需求的急剧膨胀,减弱了经济过热所造成的供求失衡,并且最终又使社会的总需求和总供给回到基本平衡点上。

(三)公平分配

在广泛的社会生活中,由于人们的劳动能力和家庭负担不同,因此,会产生劳动收入和家庭生活富裕程度的差异,甚至出现不平等和不公平。一部分劳动能力弱、家庭负担重的弱势人群,会因此出现生活困难,有的还会陷入生存危机。特别在市场经济优胜劣汰的竞争规律作用下,国民间的收入差距更有可能拉大,社会分配的不公所引起的社会矛盾因此会激化,从而影响到社会的安定和经济的发展。因为社会保障具有非常突出的国民收入再分配的功能,所以,在促进公平分配方面极富潜力。

社会保障主要通过以下两个方面的再分配手段来促进和实现社会公平分配:一是通过"垂直再分配",即进行从高所得阶层向低所得阶层的收入转移,调节和缩小社会成员间收入分配和生活水平上的悬殊差距,尤其对收入较少或丧失收入来源的人们给予生活保障,缓解因分配不公所造成的事实上的不平等;二是通过"水平再分配",即在个人或家庭的健康与患病、在职与退休之间进行收入转移,均衡调节人生不同阶段、不同情况下的收入水平,保持在丧失或暂时丧失劳动能力和劳动收入时,也有可靠的收入支持,这是社会保障调节国民收入的另一个重要领域。在调节国民收入、促进公平分配的功能上,社会救助和社会保险的作用是最为显著的。

此外,社会保障作为分配和再分配领域的重要手段,无疑是经济基础的一部分,但它又属于政府的社会政策,因此,它也是上层建筑的一部分。一个国家的社会保障制度,从一个侧面反映了这个国家的精神文明和历史传统。事实上也是如此,社会保障越发达,精神文明越能得到体现,社会保障有利于培养集体精神,促进人与人之间"一人有难,众人相帮"的社会互助精神和人道主义精神的发扬。

延 伸 阅 读

社会保障制度所覆盖的风险消失了吗?

迄今,世界许多国家和地区的民众并没有从风险中解脱出来,甚至在加剧。许多工业化国家的失业率呈明显上升趋势;诸多发展中国家深受金融危机影响,就业形势相当严峻。尤其是在非洲,上百万人失去工作的风险在世界经济动荡的影响下就像幽灵一样在许多国家蔓延,许多年轻人在第一次迈进职业生涯之际就尝到了失业的滋味。

贫困的风险威胁着大批的公众,工业化国家的情况也不例外。据欧洲委员会估计,即使是在收入分配和其他形式的社会救助之后,欧共体国家仍然有大约17%的家庭收入在全国国民收入平均水平的一半以下。这个标准通常作为一个指标用来衡量处于贫困风险之中的这一部分人口。欧洲委员会预计,如果没有收入保障和其他形式的社会救助措施的支持,欧共体国家40%的家庭收入会低于国民收入平均水平的一半。

另一个风险因素"人口老龄化"同样冲击着世界的每一个角落。美国社会保障管理局估计：如果没有国家养老项目，42％的退休人员的生活水平将降低到贫困线以下。根据世界银行1997年《世界发展报告》，世界上的某些地区受经济结构调整的影响特别大，人口的贫困率明显上升。中、东欧国家和英联邦国家的情况在过去10年中遭受了最大程度的恶化，缺乏收入的贫困人口由一小部分增长至人口的1/3。据估计，大约有1.2亿人生活在贫困线以下。在撒哈拉以南的非洲国家，贫困人口最多，增长速度最快，大约有2.2亿人没有收入。世界银行估计，2000年撒哈拉以南的非洲有一半人口生活在贫困线以下。

没有人会否认这样一个事实：经济发展是降低贫困水平强有力的手段，同时也是维持国家社会保障制度的关键。然而，从计划经济向市场经济的过渡比人们预期的要困难许多。这又为经济的发展并不能自动地保证理想的社会发展的论点提供了新的证据。结构调整的短中期代价并不仅仅限于经济上，许多国家经历了随之而来的GDP陡然下降，这种代价还表现在医疗和教育水平的下降，犯罪率的上升，以及一些国家平均寿命的下降。

以上事实给我们一个深刻启示，即经济的发展和全球化的升级并不一定能够降低贫困、增加社会对公民的保障和保护。人们不禁要问：社会保障制度到底应该走多远？

资料来源：达尔默·D.霍斯金斯等，《21世纪的社会保障》，中国劳动社会保障出版社，2004年版，第5页，改写。

思考提示：当前我国社会保障制度还存在着哪些不完善的地方？如何完善？

四、社会保障的体系结构

社会保障制度所包含的内容十分丰富，根据不同的角度可以有不同的分类。

（一）按照社会保障制度所包含的内容划分

1. 社会保险

社会保险是指国家通过立法形式，为依靠劳动收入生活的工作人员及其家庭成员保持基本生活条件、促进社会安定而举办的保险。社会保险由养老保险、医疗保险、工伤保险、失业保险、生育保险等构成其基本体系，是现代工业文明的产物。社会保险在整个社会保障体系中居于核心地位，不仅由于它的保障对象是劳动者，即人口群体中最重要的部分，而且因为社会保险承担着每个劳动者全部生命周期所能遇到的造成其工资收入损失的所有风险。显然，这是社会保障体系中的其他组成部分都做不到的最周全的保障。

社会保险是在商业保险的基础上产生和发展起来的。商业保险已有多年的发展历史，而社会保险始于19世纪80年代的德国，迄今仅有一百多年历史，所以商业性保险的产生远远早于社会保险。正是传统社会救济机制和以近代精算技术为基础的民间及商业保险形式的充分发展,成为现代社会采取社会保险制度安排的两个基本条件。从理论上看,在商业保险市场中存在着逆向选择、道德风险、老年储蓄不足等情况,以及政治、经济、社会、自然、人为和战争等商业保险机制无法妥善处理的风险,从而造成商业保险市场失灵。商业保险市场的失灵需要通过政府干预,实施强制性的社会保险计划来解决,社会保险就是在商业性保险的基础上产生和发展起来的。

社会保险的完善程度也成为一个国家社会保障制度是否健全的标志。它是通过国家立法建立的保障制度,凡是法律覆盖范围内的人群必须参加社会保险,强制性成为社会保险最主要的特征。又由于保险对象均是劳动者或者曾经是劳动者,具有一定的经济能力,社会保险要求被保险对象在一定条件下承担部分投保义务,即:社会保险是有偿提供的。劳动者享有的被保险权力和缴纳保险费义务的对等性是社会保险的又一重要特征。

2. 社会福利

社会福利是指国家和社会通过各种福利机构及福利企业向社会成员提供超值服务或提供福利津贴,使社会成员在基本生活水平得到保障的基础上,不断增加福利待遇的保障制度。社会福利不仅内容异常广泛,包括国民教育福利、住宅福利、在岗劳动者的职业福利、社会化的老年人福利、儿童福利、妇女福利、残疾人福利等众多项目。举办者也具有广泛性,既包括政府举办的国民教育福利、住房福利等,也有企业举办的职业福利,民间举办的社区福利和慈善性福利事业,还有民办公助形式的社会福利等。社会福利还是全民性的保障事业,虽然社会成员享受的福利项目或水平不可能完全一致,但从总体上讲,社会福利的享受者是全体社会成员。只要是符合享受社会福利待遇条件的社会成员,就可以享受社会福利的保障待遇。

20世纪60年代,著名的社会学家威林斯基和莱博克斯在研究工业化对美国社会福利制度的影响时,根据国家在社会福利供给中承担的职能,区别了两种主要的社会福利概念。第一种为"补缺型"的社会福利概念,这种概念认为国家的社会福利机构只有在其他"正常"的供给渠道如家庭和市场不能维持时,才应为遇到困难的人提供帮助,所以称为"补缺型"的福利。第二种为"制度型"的福利概念,这种概念把社会服务当作工业社会正常的、第一线的功能。第一种概念主张为弱势群体提供有限的、基于家计调查的服务,第二种概念则把促进社会福利和针对整个人口提供的服务制度化了。很明显,威林斯基和莱博克斯的两种福利制度的概念与狭义和广义的社会福利概念有密切联系。他们认为,随着工业化的进展,更全面的、反映普遍性原则的福利供给制度将代替早期有限的社会福利。

随着工业社会形成和发展,社会福利事业不再是支离破碎的缺乏社会吸引力的局部慈善行为,而是通过政府立法并组织实施的现代社会福利制度。福利提供的内容不单是物质生活方面的需要,还包括精神生活和个人全面发展方面的需要。

3. 社会救济

社会救济又称社会救助,是指国家和社会对由于贫困及各种灾害等原因造成的不幸者组成的社会脆弱群体无偿提供物质援助的一种社会保障制度。社会救济包括贫困救助、灾害救助与特殊救助等。实施社会救济是国家的责任和义务,所需的资金主要由国家财政提供,或者由社会成员自愿无偿提供。因此,享受救济者无需直接为此缴纳任何费用,无偿救助是社会救济的基本原则。显然,这只能是一种最低层次的社会保障,其待遇在整个社会保障体系中处于最低水平。而且,社会救济的对象是社会成员中特别脆弱的群体,往往生存面临威胁,如果没有社会救济,这部分社会成员极易陷入绝对生存危机之中。

4. 社会优抚

优抚是"优待"和"抚恤"的简称。社会优抚是国家和社会依照法律规定对为人民利益做出牺牲和特殊贡献者通过优待、抚恤和安置,确保他们的生活水平不低于当地群众平均水平并带有褒扬性质的特殊社会保障制度,是我国现行社会保障制度不可缺少的重要项目之一。

(二) 按照不同国家社会保障制度的不同安排划分

1. 社会保险型社会保障制度

该模式起源于19世纪80年代的德国,是最早出现的社会保障制度安排模式。在德国基本确立了社会保险型模式后,许多发达国家如法国、美国、日本等以及众多发展中国家纷纷效仿德国颁布了社会保险法令,并确立了以社会保险制度为主的社会保障制度安排。在这些国家的实践下,社会保险型模式得到了长足发展,成为具有旺盛生命力的一种模式。其特点主要包括以下几个方面。

(1) 以劳动者为核心。社会保险制度面向劳动者,且主要是工薪劳动者,围绕着劳动者面临的年老、疾病、工伤、失业等风险设置保险项目,用以保障劳动者在遭遇这些事件时的基本生活。在某些情况下,社会保险制度还通过劳动者惠及其家庭成员。

(2) 责任分担。社会保险强调雇主与劳动者个人分担社会保险缴费责任,国家财政给予适当支持,基金的筹集以现收现付为主,从而是一种风险共担的社会保障机制。

(3) 权利与义务相结合。社会保险强调劳动者享受社会保险的权利与缴纳社会保险费的义务相联系,劳动者享有的社会保险水平亦常常与缴纳社会保险费的多少和个人收入情况相联系,不参加社会保险或者未缴纳社会保险费是不能享受社会保险待遇的。

(4) 费用多方负担。雇主与劳动者个人缴纳的社会保险费形成养老、医疗、失业、工伤、生育等社会保险基金,当劳动者遭遇风险时,享受相应的社会保险待遇,社会保险基金在受保成员之间调剂使用。

2. 福利国家型社会保障制度

该模式起源于20世纪40年代末的英国,其特点主要包括以下几个方面。

(1) 实行累进税制与高税收。国家通过确立累进税制对国民收入所得进行再分配,使社会财富不再集中在少数人手里;同时,为维持福利国家高水平的福利支出,也必然需要高税收来支撑。

(2) 实现普遍覆盖与全民共享。"普遍性"和"全民性"构成福利国家型社会保障的基本原则,其目标在于维持社会成员一定标准的生活质量。各种社会保障制度,不仅限于被保险者一人,而且推及其家属;不只限定于某一社会保险项目,而且推及所有维持合理生活水平有困难的所有事件,以最适当的方法给予保障。

(3) 政府负责与法制健全。政府是当然的责任主体,不仅承担着直接的财政责任,而且承担着实施、管理与监督社会保障的责任。各种社会保障制度均依法实行,并设有多层次的社会保障法律监督体系。

(4) 福利开支责任主要由政府和企业负担,个人通常不需要缴纳或低标准缴纳社会保障费用。

(5) 社会保障项目众多,待遇标准较高,覆盖范围广。其待遇包括了社会成员"从摇篮到坟墓"的一切福利保障需求,不仅包括失业、养老、医疗、工伤等各种社会保险,还包括各种儿童补助、住房补助、丧葬补助及低收入家庭补助等,此外还有免费教育、带薪假期等福利措施。

3. 强制自保型社会保障制度

该模式起源于20世纪50年代中期的新加坡,该模式强调自我负责,缺乏互济性:强制自保模式是在国家立法规范下,采取强制手段扣除劳动者一部分工资,储存起来完全用于劳动者自己养老。它不存在劳动者之间的互助共济功能,从而也无法让风险在群体中分散。在该模式下,每个参与其中的劳动者均拥有一个账户,雇主与劳动者自己缴纳的费用直接计入该账户,并逐年累积,直到劳动者年老退休时才领取。因此,这种模式实现的是劳动者一生中的收入与负担的纵向平衡,在保障内容与项目上主要是养老保障。这一模式主要适用于具有长期积累性的养老保险,因此除新加坡把其扩展至医疗、住房等领域并形成综合性的社会保障体系外,其他采纳该模式的国家多只是用于养老保险方面。

4. 国家保障型社会保障制度

该模式起源于20世纪20年代的苏联,其主要的理论依据是马克思的"扣除学说"。马克思认为社会总产品中应当扣除"第一,用来补偿消耗掉的生产资料的部分;第二,用来扩大再生产的追加部分;第三,用来应付不幸事故、自然灾害的后备基金或保险基金。从不折不扣的劳动所得里扣除这些部分,在经济上是必要的"。同时,"剩下的总产品中的另一部分是用来作为消费资料的。在把这部分进行个人分配之前,还得从里面扣除:第一,同生产没有直接关系的一般管理费用;第二,用来满足共同需要的部分,如学校、保健设施等;第三,为丧失劳动能力的人设立的基金,总之,就是现在属于所谓官办济贫事业的部分"[①]。该模式的主要特点包括以下方面。

(1) 国家通过宪法将社会保障制度确定为国家制度,国家通过宪法将社会保障确定为国家制度,公民享有的社会保障权利由生产资料公有制保证,并通过相应的社会经济政策的实施取得。

(2) 社会保障支出由政府和企业承担,其资金由全社会的公共资金无偿提供,由于国家已事先作了社会保障费的预留和扣除,个人不需要缴纳社会保障费。

(3) 保障的对象是全体公民,每一个有劳动能力的人都必须积极参加社会劳动并在劳动中获得相应的社会保障,国家对无劳动能力的社会成员也提供物质保障。

---

① 《马克思恩格斯选集》第3卷,人民出版社,1975年版,第9—11,233页。

本章重要概念

社会保障(social security)　社会保险(social insurance)
社会救助(social assistance)　社会福利(social welfare)

本章思考题

1. 什么是社会保障？简述社会保障的内涵和外延。
2. 简述社会保障的历史沿革及发展规律。
3. 简述社会保险与商业人身保险的联系与区别。
4. 论述如何实现对社会保障制度的优化设计？
5. 简述社会救助与社会优抚的含义与特征，分析两者的联系与区别。
6. 现代社会保障制度为何首先产生于德国？

本章实训

外国社会保障制度及其国际比较

社会保障制度自产生以来，各国基于本国实际情况逐渐建立了具有本国特色的社会保障制度。目前，按照不同国家社会保障制度的不同安排，社会保障制度可以分为社会保险型、国家福利型、强制自保型、国家保障型这四种不同的形式。每种社会保障制度都有其独特之处，对我国社会保障制度的发展都有一定的借鉴意义。

思考题

为了让大家对不同国家社会保障的发展历程有更加深入系统的了解，请大家从这四种不同类型的社会保障制度中选取1—2个典型国家，搜集相关的资料，了解其社会保障制度的产生发展历程，并与其他同学进行交流讨论，最后总结出不同类型社会保障制度的异同及对我国的借鉴之处。

第二章 社会保障基本理论

【本章导言】

德国新历史学派、福利经济学、凯恩斯主义、瑞典学派和布莱尔的"第三条道路"等关于社会保障的理论都有国家干预的主张。而供给学派、德国社会市场经济理论和新自由主义等则提倡经济自由。马克思、恩格斯关于社会保障理论的论述对于促进社会保障制度的建立有积极作用,列宁在俄国,毛泽东、邓小平、江泽民、胡锦涛在中国分别继承和发展了这一理论。十八大以来,以习近平同志为核心的党中央高度重视社会建设,积极推进社会治理和民生事业。通过本章的学习,应该能够掌握各个流派社会保障理论的基本观点,熟悉我国历任领导人的社会保障思想。

引 导 案 例

郑功成:人生风险与社会保障

通过第一章的学习,我们知道了德国俾斯麦政府在全世界率先建立了社会保障制度。俾斯麦当时之所以采取"胡萝卜加大棒"政策,除了社会主义政党推动下德国工人运动的日益高涨以外,当时德国盛行的主张国家干预的新历史学派的主张也发挥了深远的影响。不管是在资本主义社会还是在社会主义社会,社会保障对个人人生风险的分解功能是相同的,中国同样需要建立社会保障来保障国民的基本生活,推动社会主义和谐社会的构建。除了国家干预主义的社会保障理论,还有强调个人责任的经济自由主义社会保障理论,第二章的重点之一是介绍各种社会保障理论的基本观点。请大家点击以下网络连接,观看郑功成教授专访视频《人身风险与社会保障》,讨论我国政府对于社会保障建设所秉持的理念,强调国家责任还是社会(用人单位/雇主)责任或个人责任?抑或是国家、社会、个人三方责任共担?

案例视频链接:http://v.youku.com/v_show/id_XMTM3MDQzNzg0.html。

第一节　西方社会保障理论主要流派及其特点

▶ 一、国家干预主义的社会保障理论

受德国历史学派的影响，德国于19世纪80年代率先建立了现代社会保障制度。1883年，俾斯麦政府颁布了《疾病社会保险法》；1884年，颁布了《工伤事故保险法》；1889年，颁布了《老年和残障社会保险法》，从而建立了完备的工人社会保障计划。而福利经济学、凯恩斯主义等在社会保障理论和实践中也具有极其重要的地位。

（一）德国新历史学派

德国新历史学派（Neo-German historical school），也称"讲坛社会主义学派"，19世纪70年代由历史学派演变而来。1873年，保守经济学家施穆勒（Schmoller）[①]、瓦格纳（Wagner）[②]、布伦塔诺（Brentano）[③]等人发起创立了德国"社会政策学会"，参加这个学会的经济学家一般都被认为属于新历史学派，亦称"讲坛社会主义学者"。新历史学派所处的时代是1870—1900年，正处于德国工业革命的成熟时期，资本家压榨劳工的劳资对立问题开始登场，尤其是1873年爆发的经济危机引起了中产阶级的没落，失业和贫困等社会问题严重。随着马克思主义的传播，在德国社会民主党的推动下，德国国内工人运动此起彼伏，强烈要求实施保护劳工的政策。

在这样的历史背景下，新历史学派认为德国面临的最严峻问题是劳工问题，强调伦理道德和法律对社会经济发展可以起到决定作用，主张通过公平分配等社会改良行径来平衡对立的劳资关系。对此，德国新历史学派提出的社会改良政策思路[④]，一是从伦

[①]　施穆勒(1838—1917)，1838年生于德国西南部城市海尔布隆的一个官吏家庭，1857—1861年就读于蒂宾根大学，1864—1872年任哈雷大学教授，1872—1882年转斯特拉斯堡大学任教授，1882—1913年任柏林大学教授。1873年发起创立"社会政策学会"并担任主席，1878年后主持《国家科学和社会科学研究》丛书的编审，1881年创办《德意志帝国立法、行政和国民经济学年鉴》（简称《施穆勒年鉴》），1884年任普鲁士枢密院顾问。他提倡国民经济学的道德理念，把生产、交换、分工、劳动、工资等经济范畴既看作经济技术范畴又看作伦理心理范畴。他反对工会，反对工人罢工，宣扬一种"合法的强权君主制"，赞同俾斯麦颁布的"反社会党人法"，吹捧俾斯麦。他的主要著作包括《论法律和国民经济的基本问题》(1874—1875)、《国家科学和社会科学方法论》(1883)、《重商主义及其历史意义》(1884)、《17-18世纪普鲁士国家的宪法史、行政史和经济史研究》(1898)、《一般国民经济学研究》(1900—1904)等。

[②]　瓦格纳(1835—1917)，1835年出生于德国东南部城市埃朗根的一个大学教授家庭，在戈丁堡大学学习经济学并于1857年获博士学位，先后在维也纳商学院、汉堡大学、多尔帕特大学、弗赖堡大学和柏林大学等大学任教，曾任普鲁士国会下院议员和上院议员。他对银行学、统计学和财政学都进行了广泛研究，以其理论为依据，积极参与政治活动，是俾斯麦政策的坚决支持者。他的重要著作包括《政治经济学读本》(1876)、《财政学》(1877—1901)、《政治经济学原理》(1892—1894)、《社会政策思潮与讲坛社会主义和国家社会主义》(1912)等。

[③]　布伦塔诺(1844—1931)，1844年出生于德国中南部城市阿沙芬堡，曾就学于都柏林、慕尼黑、格丁根、海德堡和柏林大学，先后在布雷斯劳大学、斯特拉斯堡大学、莱比锡大学、慕尼黑大学任教。他主张工人阶级的团结自由，认为工会的要求构成资本主义的组成部分。主要著作包括《现代工会》(1871—1872)、《劳动时间、工资与生产的关系》(1876)、《历史中的经济人》(1923)、《英国经济发展史》(3卷，1927—1929)等。

[④]　徐丙奎："西方社会保障三大理论流派述评"，《华东理工大学学报（社会科学版）》2006年第3期，第24—31页。

理道德出发,认为劳资冲突不是经济利益上的对立,而是情感、教养和思想上存在差距而引起的对立。因此,劳资冲突不需要通过革命来解决,而只需要对工人进行教育,改变其心理和伦理道德的观点①。二是主张国家至上,强调国家的职能不局限于安定社会秩序和发展军事实力,还应该直接干预和控制经济生活,负起"文明和福利"的职责,提出国家应通过立法实行包括社会保险、孤寡救济、劳资合作以及工厂监督在内的一系列社会措施,自上而下地实行经济和社会改革。

俾斯麦政府正是以新历史学派的主张为理论依据,使德国在全世界率先建立起了现代社会保险制度。伴随着社会保险制度在欧洲国家的广泛传播,德国新历史学派所提倡的国家福利社会保障思想也得到了这些国家的高度认可。用现在的观点来看,德国历史学派诸多有益思想和观点反映了社会发展规律和现实,仍然值得现代国家学习和借鉴,比如反对完全的经济自由主义,主张实行政府管理和主导下的市场配置资源,强调建立社会保障制度是国家的当然责任。

(二) 福利经济学

福利经济学(welfare economics)是形成于20世纪初的现代经济学的一个分支。英国经济学家庇古(Pigou)②是福利经济学的创始人,一般认为庇古所著《福利经济学》一书的出版标志着福利经济学的正式产生,他本人也因此被推崇为"福利经济学之父"。庇古以边际效用递减规律为依据,阐述了其"收入均等化"理论,认为增加产出而不减少穷人的绝对份额,或增加穷人的绝对份额而不减少产出时,都意味着社会福利的增加。如果把富人收入一部分转移给穷人,经济福利就会增大。他认为一个人收入愈多,货币收入的边际效用愈小;收入愈少,货币收入的边际效用愈大。因此,如果将货币收入从富人那里"转移"一些给穷人,就可以增加货币的边际效用,从而使社会满足总量增加。庇古认为可以采取两种收入转移措施,即自愿转移和强制转移。自愿转移是指个人或企业自愿捐出一部分收入剩余,用于举办娱乐、教育、保健等福利事业。强制转移则指国家通过征收累进所得税和遗产税,然后通过向穷人支付养老年金、失业救济金、医疗给付金、教育补贴、房屋补贴等方式直接增加穷人的实际所得,或者是政府对于能为穷人提供最迫切需要的日常用品的生产部门和服务单位给予税收优惠或补贴,促使这些部门和单位降低商品成本或服务价格,使穷人受益。庇古系统地论述了福利概念及其政策应用,建立了福利经济学的理论体系。

福利经济学的直接先驱是与庇古同一国度的政治思想家、经济学家霍布森(Hobson)③。

---

① 阮凤英:《社会保障学》,山东大学出版社,2004年版,第29页。
② 庇古(1877—1959),1877年出生于英国怀特岛东部的莱德,1896年就读于剑桥大学历史专业,后转学经济学。他毕业后投身于教书生涯,先在英国伦敦大学任教,1908—1943年在剑桥大学任教授职,退休后仍留剑桥大学著述研究。他曾担任英国皇家科学院院士、国际经济学会名誉会长、英国通货外汇委员会委员和所得税委员会委员等要职。他著述颇丰,有广泛影响的著作包括《财富与福利》(1912)、《福利经济学》(1920)、《产业波动》(1927)、《失业论》(1933)、《社会主义和资本主义的比较》(1937)、《就业与均衡》(1945)等。
③ 霍布森(1958—1940),1858年出生于英国中部城市德比,毕业于牛津大学,毕生从事教学和研究工作。他积极投身于英国社会改良运动,主张国家制定干涉计划,通过实施强有力的干预缓和社会矛盾,维护个人自由。他的社会改良主张促进了英国"福利国家"政策的制定。主要著作有《现代资本主义的发展》(1894)、《社会问题》(1901)、《工作与财富》(1914)等。

霍布森主张,福利经济学的任务是发现社会财富分配所依据的基本原则,提出改进社会财富分配不均的办法,从而增进人类的福利。他认为,为实现"最大社会福利",国家必须干预经济生活。这种干预不仅包括分配领域,还应当包括生产领域。国家不仅可以通过税收政策改进财富分配状况以及实行诸如最低工资立法和免费医疗、老年抚恤金、比较充分的失业救济等"合理的健全的社会政策",以改善劳动人民的生活,还应当对一些企业进行直接管制,以便把个人利益和社会利益调和起来,使"最大多数人的最大幸福"得以实现。

庇古的经济学,相对于他以后的福利经济学来说,习惯被称为"旧福利经济学"。1938年和1939年英美一些著名的经济学家如卡多尔(Kaldor)、希克斯(Hicks)、伯格森(Borgson)几乎同时发了重要的著述,对旧福利经济学做了重要的补充和修改。随后,萨缪尔森(Samuelson)、格拉夫(Graaf)、李特尔(Little)、西托夫斯基(Scitovsky)、鲍莫尔(Baumol)、阿罗(Arrow)、黄有光(Yew-Kwang Ng)等一大批当代福利经济学家群体崛起。到20世纪50年代,西方经济学家在批判和吸收庇古旧福利经济学的基础上形成了新福利经济学,亦即现代西方福利经济学。

福利经济学的内涵是英国后来推行"普遍福利"政策的理论根据之一,它为"福利国家"社会保障的发展提供了理论依据,对西方国家社会福利政策的制定和完善产生了积极影响。

(三) 凯恩斯主义

1929—1933年经济大危机后,原来占统治地位的、以市场自由经营论为中心内容的马歇尔新古典经济学说逐渐衰落,凯恩斯主义(Keynesianism)逐渐成为风靡西方各国的主导经济学说。1936年,凯恩斯(Keynes)[①]《就业、利息和货币通论》的问世,标志着"凯恩斯主义"的形成。凯恩斯主义批判了传统市场经济理论,强调国家对经济进行全面调节和干预。认为有效需求是决定社会总就业量的主要因素,能否达到充分就业取决于有效需求的大小。而在市场经济中经常存在的有效需求不足是引起经济危机和严重失业问题的根源。因此要解决失业和危机,必须依靠国家对经济的干预和调节,刺激有效需求,实现充分就业。在政策上他主张"双管齐下",即增加投资的同时提高消费,认为财政政策是"反危机"的主要药方,应该摒弃传统的财政原则,扩大财政开支以增加有效需求、刺激经济,达到并保持充分就业。

新剑桥学派(Neo-Cambridge school)是后凯恩斯主义的重要支派,主要代表人物有罗宾逊(Robinson)、卡尔多(Kaldor)、斯拉伐(Sraffa)、帕西内蒂(Pasinetti)等。新剑桥学派以其收入分配理论、经济增长理论和"滞胀"理论为主要依据,把改善社会收入分配结构,实行收入均等化,作为经济政策的首要的、绝对的目标,其他目标均处于从属地位。要实现收入均等化,主要依靠社会政策,主张厉行政府干预来改善收入分配失调的

---

① 凯恩斯(1883—1946),1883年出生于英国剑桥市,1905年毕业于剑桥大学国王学院,曾师从马歇尔和庇古攻读经济学。1909年创立政治经济学俱乐部并因其最初著作《指数编制方法》而获"亚当·斯密奖",1911—1944年任《经济学杂志》主编,1913—1914年任皇家印度通货与财政委员会委员,兼任皇家经济学会秘书,1919年任财政部巴黎和会代表,1929—1933年主持英国财政经济顾问委员会工作,1942年被晋封为勋爵,1944年出席布雷顿森林联合国货币金融会议,并担任国际货币基金组织和国际复兴开发银行的董事。他对经济学作出了极大的贡献,一度被誉为资本主义的"救星""战后繁荣之父"。他著述丰富,其中最著名的是《就业、利息和货币通论》(1936)。

弊端。具体措施是通过加强福利措施和改进现行税收制度，以实现收入的均等化。加强福利措施，旨在减轻"富裕中的贫困"。在改进税制方面，通过累进税制度来改变收入分配不均状况，实行没收性的遗产税以便消灭私有财产的集中。

凯恩斯主义对世界主要资本主义国家实行社会保障制度产生了直接、巨大的影响，成为西方发达国家加强政府调控，积极干预社会保障事业的重要理论依据，并直接推动了现代社会保障制度在全世界范围内的普遍建立。1935年美国通过《社会保障法》①，标志着美国社会保障制度体系的建立。虽然从时间上看美国社会保障制度体系建立在先，《就业、利息和货币通论》发表在后，但体现在美国社会保障制度中的理念却更接近凯恩斯主义而不是福利经济学。从这个意义上我们可以把美国的社会保障制度看作凯恩斯主义的实践②。

凯恩斯主义者，担任过牛津大学校长和英国皇家经济学会主席的贝弗里奇(Beveridge)提出的《社会保险及有关服务》(1942，即《贝弗里奇计划》)可以看作凯恩斯主义的另一次实践③，得到英国战时联合内阁和战后工党政府的原则性批准。在二战结束后的3年中，英国政府通过并实施了《国民保险法》《国民卫生保健服务法》等六部社会保障法。1948年7月，英国首相艾德礼率先宣布英国已建立"福利国家"，贝弗里奇也由此获得"福利国家之父"的称号。

延 伸 阅 读

顾昕：投资社会性基础设施是凯恩斯主义应有之义

众所周知，中国现行经济发展有三个方面的失衡：一是投资与消费比例失衡；二是内需与出口失衡；三是投资结构失衡，即政府投资在投资结构中占有很大的比重，而支撑这一投资结构的公共政策理念就是凯恩斯主义，即政府通过扩大公共工程支出来推动经济增长。同样众所周知，中国经济发展模式转型的要害在于提升国内需求，即增加国民消费（而不是政府消费）在国民经济驱动力中的贡献度。

要将这两个共识转变为现实，必须依赖公共财政的转型。这就要求各级政府必须在民生领域，也就是国际上通称的社会领域(social sectors)，提高财政支出的金额和比重。唯有如此，内需的成长才有可能。换言之，公共政策的核心理念，必须从经济凯恩斯主义向社会凯恩斯主义转型，即公共财政支出的重心必须从"物质性基础设施(physical infrastructure)"向"社会性基础设施(social infrastructure)"转移。健全的社会性基础设施是内需保持强劲和稳定的制度基础。对于任何一个健全的市场经济体来说，物质性基础设施是必不可少的，而社会性基础设施同样是不可或缺的。中国也不例外。

在整个改革开放时代，中国政府应对经济危机的一大本能反应，就是某种简化版的"凯恩斯主义"，或曰"积极的财政政策"，即通过政府财政大规模投入物质性基础设施建设（铁路、公路和机场）来刺激经济。然而，凯恩斯主义原本是一种"萧条经济学"，即在宏观

---

① 该部法律的内容及意义见第一章第一节。
② 李珍：《社会保障理论》，中国劳动保障出版社，2001年版，第93页。
③ 相关具体内容请阅读第一章第一节。

经济出现剧烈下行的特殊状况之下,方能成为政府干预的理论依据。现实的情形却是,一旦凯恩斯主义成为公共政策的主导性理念,即便宏观经济仅有小的波动,大量的政府干预也无时不在。就中国而言,具体的表现就在于政府投资成为经济增长的主驱力。

中国凯恩斯主义者对凯恩斯主义存在功利化的理解和操作。如果细考凯恩斯本人的思想发展和凯恩斯主义在世界各国的接受路径,有两点遭到了国人的忽视,一是凯恩斯主义必须建立在市场机制的运行之上;二是凯恩斯所主张的"积极财政政策",其施政对象绝非仅仅是物质性基础设施,而更多的是社会性基础设施,即建设福利国家。

很多人认为建设福利国家必定意味着政府官僚体系的膨胀,个人选择权与责任感的侵蚀,从而破坏市场机制运行的基石。近来在南欧国家爆发的欧债危机,似乎更加坐实了这一看法。实际上,经过了30多年的改革,"福利国家"在西欧、北欧甚至在新兴起的中欧地区,不仅没有衰落,反而走上了健康发展之路。福利国家无非成为一种"社会性基础设施",正如交通、通信、公用设施等物质性基础设施一样,为这些国家中市场经济体系的正常运转,提供了保证。

无论是物质性的还是社会性的,基础设施建设都不宜超越社会经济发展的水平,这是无需赘言的。在当今中国,社会性基础设施的建设却大大滞后。因此,效仿大萧条时期的美国和二战时期的英国,中国在今天要直面经济挑战,必定有赖于政府财政大规模投入社会性基础设施。简言之,社会凯恩斯主义应该成为公共政策的核心理念。

中国经济学家对凯恩斯主义总是兴致高昂,但几乎很少看到有人谈论"社会凯恩斯主义"。中国的社会政策专家也有类似的问题,他们当中很少有人对市场机制有真正的了解,在高声呼吁政府重视社会福利的同时往往对市场机制的健全有意无意地给予漠视。总之,超越经济凯恩斯主义,践行社会凯恩斯主义,重建福利国家,是中国新改革时代的新趋势,无法避免,也不应该回避。

资料来源:顾昕,社会凯恩斯主义与中国公共财政转型,《博鳌观察》2013年第3期,第80—83页,有删减。

(四)瑞典学派

瑞典学派(Swedish school),又称北欧学派或斯德哥尔摩学派,形成于20世纪20年代—30年代,主要代表人物有缪尔达尔(Myrdal)[①]、林达尔(Lindahl)[②]、俄林

[①] 缪尔达尔(1898—1987),1898年出生于瑞典中部的达拉纳省,1923年毕业于斯德哥尔摩大学,1927年获得斯德哥尔摩大学经济学博士学位并开始在母校任教,1974年获得诺贝尔经济学奖。他长期活跃在瑞典政坛,曾担任瑞典参议院议员、商务大臣、经济计划委员会主席,还曾于1947—1957年间担任联合国欧洲经济委员会执行秘书长。由于其经济学思想及其政治地位的影响,他成为瑞典这个福利国家的主要构建者之一。他著作等身,主要作品包括:《货币均衡论》(1931)、《经济理论和不发达地区》(1957)、《超越福利国家》(1960)、《亚洲的戏剧:一些国家贫困问题的研究》(1968)、《世界贫困的挑战》(1970)、《反潮流:经济学批判论文集》(1973)等。

[②] 林达尔(1891—1960),1891年生于瑞典斯德哥尔摩市,1919年获隆德大学博士学位,早年在隆德大学、乌普萨拉大学任教,1932年起先后任斯德哥尔摩大学和隆德大学经济学教授,并曾兼任过瑞典中央银行顾问、国际经济学家协会主席等职。他的主要著述包括:《课税的公正》(1919)、《货币政策的范围和手段》(1929)、《货币和资本理论的研究》(1939)、《就业稳定问题》(1949)等。

(Ohlin)①等。瑞典学派主张在经济上实行"国有化""福利国家""市场经济"三者相结合的制度。"福利国家"主要是指收入再分配政策，主张政府稳定经济，提供公共服务。庇古从收入的边际效用递减规律，得出了国民收入平均分配的结论。瑞典学派的创始人威克塞尔(Wicksell)②同样认为，应当由社会规定适当价格和最低工资，以提高穷人和富人的交换能力，从而增加社会总效用。这一观点被瑞典学派所继承和进一步发展。瑞典学派强调收入和财富分配均等化，主张用累进税率来解决分配问题。他们认为，一个理想的社会应当把福利普遍给予社会成员，使人人得到幸福。为此，国家应当担负起环境保护、公共物品和劳务的供应、经济稳定、收入和财富的分配等方面的责任。

作为西方经济学中的一个独立学派，瑞典学派的主要特点是在沿袭传统的一般均衡价值理论和分配理论的基础上，首创了分析经济现象的一些概念，并运用了宏观总量的分析方法和动态分析方法，建立起一个动态经济理论体系。瑞典学派关于调节经济生活的政策主张和关于"自由社会主义"的经济制度理论，在西方经济学界也有着重大影响。因此，在第二次世界大战以后，瑞典学派的经济理论和政策主张，同凯恩斯主义一样，受到许多资本主义国家和经济学界的日益重视。但与凯恩斯主义不同的是，瑞典学派更重视市场经济的作用。

根据瑞典学派的社会民主主义理论，社会民主党在其长期执政期间(单独或联合执政达44年之久)，在瑞典建立了一套社会福利制度，涉及人们家庭生活和社会生活的许多重要方面，使瑞典成为福利国家的典型。

（五）布莱尔的"第三条道路"

"第三条道路"的主张和现象在20世纪的西方曾多次出现过的。这一提法最早至少可以追溯到德国社会党理论家伯恩斯坦(Bernstein)那里，当时他是用这种术语来显示自己的"修正主义理论"与马克思主义的区别。在20世纪初苏联成立之后，出现了资本主义与苏联式社会主义(西方称之为"共产主义")之间的理论或者模式选择。在西方，主要是社会民主党人持有此论；而在东方，主要是早期的改革者采用这个术语，如恢复后的"社会党国际"在多种文件中使用了"第三条道路"一词；捷克改革派经济学家希克(Sik)③和南斯

---

① 俄林(1899—1979)，1899年出生于瑞典斯堪尼亚克利帕，先后就读于隆德大学、斯德哥尔摩商学院、哈佛大学，并于1923年获斯德哥尔摩大学博士学位，1925年任丹麦哥本哈根大学教授，1930年任斯德哥尔摩商学院教授，1969—1975年担任诺贝尔经济学奖委员会主席，1977年获诺贝尔经济学奖。他亦是政治活动家，长期担任瑞典自由党主席，并曾担任联合政府贸易部长。他的主要著作包括：《国际贸易理论》(1924)、《区际贸易与国际贸易》(1931)、《国际经济重建》(1936)、《稳定就业问题》(1949)、《对外贸易政策》(1955)等。

② 威克塞尔(1851—1926)，1851年出生于瑞典斯德哥尔摩，早年在乌普萨拉大学学习数学和物理，获数学博士学位，1887年后研究兴趣转向社会科学，尤其是经济学。他先后在乌普萨拉大学、德隆大学任教，1917年任斯德哥尔摩经济学家俱乐部主席。他曾提出货币经济理论(累积过程理论)，对经济学理论发展产生了巨大的影响；同时曾积极投身社会民主主义运动，主张言论自由、普选与财富平等分配。他的主要著作有：《价值、资本和租金》(1983)、《财政理论研究》(1896)、《利息与价格》(1898)、《国民经济讲义》(2卷，1901—1906)等。

③ 希克(1919—2004)，1919年出生于捷克斯洛伐克工业城市比尔森，二战前在布拉格查尔斯特大学学习艺术，二战后转学政治。1940年加入捷共，1941年因从事革命活动被捕关押至二战结束。先后当选捷共中央候补委员、中央委员，曾任捷克斯洛伐克政府负责经济问题的副总理。他长期从事经济理论研究工作，曾任捷克斯洛伐克科学院经济研究所所长，是1968年布拉格之春经济改革纲领的主要制定者。1970年起流亡海外，曾在瑞士、英国的大学任教，后加入瑞士国籍。他的主要著作有：《经济、利润和政治》(1962)、《社会主义制度下的计划和市场》(1962)、《第三条道路》(1972)、《人类的经济民主》(1979)等。

拉夫领导人铁托(Tito)①等也用这种方法来表示其市场社会主义思想。这些关于"第三条道路"的定义,目的是在意识形态和政治制度根本对立的西方和东方两个制度体系中间寻找一个平衡点。

但当下的"第三条道路"(the third path)是指在传统资本主义和改良资本主义之间的一条中间路线,按照西方人的习惯,它应该是指介于市场自由主义和福利国家思想之间的某种政策要求。1979 年,英国保守党大选获胜,首相撒切尔夫人信奉新自由主义并在 16 年执政期间对社会福利制度进行了广泛的私有化改革。但随着 1997 年保守党大选失利,福利改革暂告一段落,似乎预示着改革高潮的过去。以布莱尔首相为首的工党在经历长期在野之后,又回到执政党的地位。由于布莱尔自称其中间路线主张为"第三条道路",并在国际上大力提倡,而其他西方国家左翼政党的取向大致相同,因此,西方媒体将其统称为"第三条道路"。

"第三条道路"主张实行充分就业的经济政策,在私有制和私人企业经营的基础上,对部分产业实行国有化,由国家制订和推行必要的经济计划,通过国家干预使财富和收入分配趋于均等,实行一系列福利国家的社会经济政策,扩大社会福利,以克服市场自发运行所带来的各种弊端。"第三条道路"倡导积极的福利(positive welfare),其开支不再是完全由政府来创造和分配,个人和政府的契约发生了转变,自主和自我发展成为重中之重。如国家不仅应该提供适当水平的养老金,而且应支持强制性的养老储蓄;逐步废除固定的退休年龄,把老年人视为一种资源而不是一种负担;对劳动力市场实行严格管制,福利支出主要引向人力资源的投资,政府强调终身教育。"第三条道路"在社会保障方面提出的"国家不仅应该提供适当的养老金,而且应支持强制性的养老储蓄"的观点值得包括我国在内的许多国家学习和大力推广,即应该把国家资金和私人资金结合起来为老年人提供养老金。

二、经济自由主义的社会保障思想

经济自由主义的奠基者,当属 18 世纪英国经济学家亚当·斯密(Adam Smith)②。经济自由主义的流派有很多,下面主要对供给学派、德国社会经济理论和新自由主义理论关于社会保障问题的论述进行简要介绍。

(一) 供给学派

20 世纪 70 年代中期以后,许多国家经济出现"滞胀"现象,在美国尤为严重,有效需求管理政策不再奏效,于是凯恩斯主义成为众矢之的。供给学派(supply-side

---

① 铁托(1892—1980),1892 年出生于克罗地亚,南斯拉夫政治家、革命家、外交家,是南斯拉夫社会主义联邦共和国的缔造者。他曾任南斯拉夫社会主义联邦共和国总统、南斯拉夫共产主义者联盟总书记、南斯拉夫人民军元帅。

② 亚当·斯密(1723—1790),1723 生于苏格兰法夫郡科克卡迪,先后就读于格拉斯哥大学和牛津大学,先后任教于爱丁堡大学、格拉斯哥大学。他传世的经典著作是《道德情操论》(1759)和《国民财富的性质和原因的研究》(即《国富论》,1776),前者解释了人类社会赖以维系和和谐发展的基础以及人的行为因遵循的一般道德准则,后者宣扬"一只看不见的手"的原理。

school)就是西方经济学界反对凯恩斯主义的一个派别,主要代表人物有拉弗(Laffer)①、万尼斯基(Wanniski)②、罗伯茨(Roberts)③、吉尔德(Gilder)④、费尔德斯坦(Feldstein)⑤等。供给学派着重强调经济的供给方面,认为需求会自动适应供给的变化,其社会保障思想包括⑥以下方面。

1. 减税不会加剧贫富悬殊

供给学派根据拉弗曲线所表明的税收与税率之间的函数关系,得出了必须实行减税政策的结论。而且在强调减税对经济稳定的功效的同时,指出了减税与"收入均等化"之间存在着一种彼此促进的关系。认为"收入均等化"是按居民收入的多少及其差距大小来衡量的,如果社会上存在着大批失业者,失业者没有收入,那么这时无论如何也谈不上"收入均等化",因为富人与失业的、无收入的穷人相比,其收入差距之大是不言自明的;但是通过大幅度减税,刺激储蓄,提高储蓄率,增加产量,不仅可以增加就业,而且将使劳动者的工作热情增加,愿意加班、兼职,即愿意增加劳动的供给。这样一来,穷人的收入水平就会提高。所以减税可以使富人更富,但它同样能使穷人增加收入。

2. 社会福利的税收效果分析

供给学派的经济学家认为,大多数的美国人在选择工作所获得的收入或是选择领取救济金所获得的收入时,两者在数量上非常接近。如果考虑税收因素,则需要救济者

---

① 拉弗(1940—),1940年出生于美国俄亥俄州的扬斯敦,先后就读于耶鲁大学和斯坦福大学,并于1971年获得斯坦福大学经济学博士学位,先后在芝加哥大学、南加州大学、佩珀代因大学、莫瑟尔大学等任教。他关于减税可以促进经济增长从而使税收收入增加的理论对美国20世纪80年代的经济政策产生重大影响,创立的"拉弗曲线"被认为是供给学派思想的精髓,他本人曾在1981—1989年担任里根总统的经济政策顾问委员会委员。他的主要作品包括《美国的支出平衡》(1969)、《贸易信贷和金融市场》(1970)、《椭圆:双因素模型的拉弗曲线解释》《拉弗曲线:过去、现在与未来》(2004)。

② 万尼斯基(1936—2005),1936年出生于美国宾夕法尼亚州的波茨维尔,大学毕业后担任过多家媒体的记者、专栏作家并自学经济学。1972—1978年担任《华尔街日报》副主编期间,他与供给学派的主要学者利用《华尔街日报》广泛宣传供给学派的观点。他积极宣传"拉弗曲线"所体现的减税理念,后期他创立综合经济分析公司,从事经济预测与分析。他的《世界运转方式》(1978)被认为是供给学派的第一部理论著作。

③ 罗伯茨(1939—),1939年出生于美国佐治亚州的亚特兰大,曾就读于佐治亚理工学院、加利福尼亚大学、牛津大学、弗吉尼亚大学。他也曾任《华尔街日报》副总编辑和专栏作家,积极推广供给学派理论,1981—1982年任里根政府财政部长助理期间深入考察供给学派革命在美国的发端与发展过程,长期在华盛顿乔治敦大学战略和国际问题研究中心从事经济政策研究。他的著作颇丰,影响较大的有《供应学派革命:华盛顿决策内幕》(1984)、《凯恩斯模型的破产》(1984)影响较大。

④ 吉尔德(1939—),1939年出生于美国纽约州的纽约市,1962年毕业于哈佛大学,才华横溢,在金融、经济学、社会学等多个领域均取得非凡成绩。他利用曼哈顿研究所项目主任等身份积极发展供给学派经济学,所著《财富与贫困》(1981)被誉为是供给经济学的第一流分析,被认为是里根政府经济政策的理论依据。

⑤ 费尔德斯坦(1939—),1939年出生于美国纽约州的纽约市,先后就读于哈佛大学和牛津大学,1967年获得牛津大学博士学位,长期在哈佛大学、美国国家经济研究局任职,2003年当选美国经济学会会长,曾担任里根政府总统经济顾问委员会主席。他曾是凯恩斯主义者,但在完成罗斯福"新政"和约翰逊"伟大社会计划"等政府干预政策的研究之后,他转变成为市场的信徒。他提出了著名的"费尔德斯坦曲线",代表作包括《美国税收刺激、国民储蓄与资本积累》(1973)、《社会保障与财富分配》(1976)、《失业的个人与社会损失》(1978)、《供给经济学:老原理和新论断》(1986)等。

⑥ 李珍:《社会保障理论》,中国劳动社会保障出版社,2001年版,第49—56页。

的救济金水平,实际上高于许多工作者所获得的净收入。供给学派通过将失业补偿金视为对就业者的劳动所得课征的一种极高税率的办法,来进一步说明社会福利制度对激励诱因的这种不利影响。他们把失业补偿金与就业者劳动净所得之间的比率称为净税率,这种净税率的作用在于可以衡量失业补偿金替代预期劳动净所得的数额。将失业补偿金加上联邦与州的所得税、社会安全税等赋税后,与就业者的劳动毛所得之间的比率,称为毛税率。毛税率的作用在于衡量个人的社会边际产出与个人就业时所增加的劳动所得之间的差距。由此,他们得出这样的结论:对那些早已失业的人而言,高边际税率使停留在越来越长的失业期间的成本剧减,而且经常减少。对所有不稳定的工作,如季节性工作、周期性工作和临时性工作来说,高边际税率更是普遍地使工作者的所得高于雇主的成本。这就鼓励雇主与劳动者共同采取提高失业率的生产方式,即使失业的季节性与周期性变动偏高,或者普遍采取临时工制。供给学派认为,福利金的领取也存在这种高边际税率的情况,而且是普遍存在于美国的现象,说明社会福利制度在事实上是对社会中最贫穷的成员课征没收式的税率。因此,也就使这些成员的任何想改善自己生活以致最后完全摆脱对福利金依赖的意愿最终成为泡影。

供给学派上述关于所得转移的税收效果的理论,要求国家建立这样一种社会保障制度,不但能帮助真正需要帮助的人,而且能给予那些工作的人以最大的激励。如果社会福利制度使得大众认为依赖失业补偿金为生胜于从事工作为生,显然就是对社会福利制度的重大扭曲。

(二)德国社会市场经济理论

德国社会市场经济理论产生于20世纪30年代,主要代表人物有艾哈德(Erhard)[①]、吕斯托夫(Rüstow)[②]、米勒-阿尔玛克(Müller-Armack)[③]等。第二次世界大战后,德国社会保障事业的迅速发展,主要受当时德国社会市场经济理论的影响。该理论一方面强调对国家干预主义的权力要进行限制,保证经济市场自由竞争和私有资产占市场的绝对优势。另一方面,又积极主张市场自由竞争原则和社会均衡原则相结合;总体经济

[①] 艾哈德(1897—1977),1897年出生于德国南部城市菲尔特,曾于一战期间(1916—1918)参加德国炮兵,负伤后开始学习经济学,于1925年获得法兰克福大学博士学位。他自1948年起成为美英法联合占领区经济政策负责人,于当年6月20日在西德进行货币改革,结束统制经济,实行社会市场经济,成就了德国战后的"经济奇迹"而被誉为"德国经济奇迹之父"。1949—1976年任联邦议院议员,1957—1963年任副总理,1966—1967任基民党主席,1963—1966年任联邦总理。作为学者,慕尼黑大学1947年授予他荣誉教授,波恩大学1950年邀请他任教授职。他的主要著作有包括《德国重返世界市场》(1953)、《大众的福利》(1957)、《德国的经济政策》(1962)等。

[②] 吕斯托夫(1885—1963),1885年出生于德国西部城市威斯巴登,1903起在格廷根大学、慕尼黑大学和柏林大学学习,1908年获埃尔朗根大学博士学位。他曾在一战中加入德军,在战后作为社会主义者参加了十一月革命。而后他对社会主义产生了动摇,于20世纪30年代赴土耳其伊斯坦布尔大学任教。他于1938年首创"新自由主义"一词以区别于古典自由主义,他提出了社会市场经济的概念,国家在其中对市场负有重要责任,这与现在的新自由主义有所不同。1949年他重返德国,就职于海德堡大学直到1956年退休。他的主要作品包括《保护性关税还是自由贸易?》(1925)、《自由经济的失效》(1945)、《在资本主义和社会主义之间》(1949)等。

[③] 米勒-阿尔玛克(1901—1978),1901年出生于德国西部城市埃森,曾在明斯特大学和科隆大学担任经济学教授,也曾在艾哈德政府经济部任职,被誉为德国社会市场经济的发明者。他力求在苏联计划经济和美国资本主义经济之外寻找"第三种政治经济形式",他主张的理想制度包括再分配政策、社会福利、反垄断的竞争机制以及坚挺的货币,认为竞争和市场必须与社会平等联系起来。他的代表作是《经济统制与市场经济》(1947),在该书中最早提出"社会市场经济"一词。

目标,即物价稳定、充分就业、国际收支平衡和稳定且适度的经济增长与社会福利目标相结合。按照这种经济理论得出的结论必然是:市场是社会各种活动的中心,而市场自由竞争是推动经济发展和社会进步的基础和动力,但劳资矛盾调和与社会安定又是使市场充分发挥作用、实现总体经济目标的保证。为此,社会市场经济理论认为尽管社会福利目标不包括在法定确立的总体目标中,但是它与总体经济目标有着十分密切的联系,而且在一定条件下,社会福利成为经济增长的关键因素。于是,他们建议政府在经济利益和经济权力方面尽可能做到公平,并根据财政实力实行经济人道主义,让人们在非常情况下生活仍有保障,建立起根据经济规律调节的、以社会其他因素为补充和社会保障为特征的社会市场经济制度。这一理论认为社会市场经济是要实现大众福利或全民福利,要消灭社会贫富悬殊的现象,使绝大多数人享受到经济繁荣的果实。而在自由放任的市场经济中,贫富对立是一种普遍的现象,社会分为富裕的上层社会与贫穷的下层社会。社会市场经济与自由放任市场经济的基本差别就在于前者发展的目标是要消灭贫富之间的这种对立,使全民都享受到社会发展所带来的成果。

(三) 新自由主义理论

新自由主义理论全称是"新自由主义经济学理论"(亦称为"新古典学派理论"),盛行于20世纪70年代,主张自由竞争,反对自由放任;主张国家适当干预经济,反对国家调节经济过程。

新自由主义理论认为"福利国家"过分强调了"社会保障权利"以致构成"20世纪最大的异端"。这一理论认为市场才是解决社会保障问题最有效的途径。以市场为导向,这样人们在接受社会保障措施时,不但会有更多的选择,而且自由程度也可更大地增加。反对国家过多地、直接插手社会保障事业。这一理论还强调社会成员的自助精神,认为人人都要建立自我保障意识,家庭也必须对其成员的福利承担责任,社会保障不应构成公民的权利。新自由主义理论猛烈抨击了欧美规模庞大、人员过多的社会保障机构效率低下,力主社会保障走私有化、民营化道路。

新自由主义理论的出台,反映了欧美中产阶层的心态,而这一群体现在在欧美最具有影响力。欧美中产阶层在20世纪70年代后期,面对经常出现的经济衰退,十分关心如何对个人利益进行保障。在他们看来,过分慷慨大度的社会保障长此发展下去,中产阶级是获得不了太多利益的,可为此却需要付出极大的代价。其实中产阶级并不希望"福利国家"推行的社会保障制度完全瓦解,他们洞悉这项事业存在的重要性和必要性,且也从中得到了不少利益。但过多的集体性保障措施,且数十年来一直在发展,使中产阶级应有的选择和自由越来越少,他们于是产生了不满。换而言之,欧美中产阶级并不是对社会保障制度本身的功能不满意,而是现行社会保障政策使他们越来越没有选择的余地。也正因为如此,20世纪80年代,当一贯反对社会保障举措过于慷慨的英国保守党和美国共和党提出限制社会保障支出时,得到了众多选民的支持。然而,不管是英国保守党,还是美国共和党,他们在英美分别从在野党跃居执政党后,虽也实践了新自由主义学派的某些经济政策,但其提出的社会保障主张得到切实推行的并不多。整个80年代,欧美国家的社会保障制度实际上处于停滞不前的状态,并未发生新自由主义学派设想的变化。英国的确削弱了部分社会保障福利项目,对社会津贴的给付也实行了严格控制,但全民医疗服务的民营化计划迟迟未能付诸实践。所以,新自由主义理论付诸实践相当艰难①。

> **延伸阅读**
>
> **高和荣,景天魁:中国社会保障理论建构中存在的问题**
>
> 　　中国社会保障制度改革成效显著但改革过程中出现了一些始料不及的问题。集中表现为人们对社会保障的认识存在偏差,不是从促进经济社会和谐发展的角度,而是仅仅从解决经济体制改革过程中出现的具体问题、与市场经济相配套的角度去理解社会保障制度,因此在社会保障制度的基础与原则、内容和目标、结构及功能、标准与覆盖面等问题上还存在许多分歧和争议。
>
> 　　分析中国社会保障改革出现的这些问题,原因是多方面的。其中最主要的一条就是我们对社会保障理论建设重视不够。特别是只重视西方现成的社会保障理论,不重视从中国实际出发进行理论创新。忽视理论建设的另一面,就是过分强调社会保障的实用性,把社会保障作为解决经济发展过程中所产生的具体社会问题的一种手段,而不是社会设置中具有独立性质的制度安排。过分重视实用性的社会保障,必然带来实际工作中的被动。缺乏理论上的前瞻性,就没有实践上的主动性。我们在理论构建方面存在如下主要问题:
>
> 　　一是抽象地肯定西方社会保障理论的公平基础,把它简单地移植到中国社会保障理论构建当中来。在社会保障理论研究中,我们片面地理解社会保障的公平基础,总是试图寻求那种绝对的公平,照搬西方国家的体面性公平,忽视了实现这种公平的经济、社会、文化以及心理基础,忽视了社会公平的民族差异性及其他属性。事实上,在经济并不发达的当代中国,我们不可能建立起高福利、彰显体面公平的社会保障理论,只能够构建一种与我国经济社会发展水平相适应、解决民众基本生存需求、促进经济社会持续和谐发展、体现"底线公平"的社会保障理论。否则,很容易使我们患上贫穷国家的富贵病。
>
> 　　二是过分依赖西方社会保障理论派别和理论内容。应当看到,西方社会保障理论派别都是西方学者或者根据本国当时的经济社会发展实际,或者为解决本国当时的民生问题而形成的。总体上看,这些形态多样的理论派别实际上都有其独特的时代性,明确的针对性以及鲜明的国家性特征,不仅不同的国家产生了不同的社会保障理论派别,而且同一个国家在不同的社会发展阶段也出现了不同的社会保障理论形态,从来就没有一个国家的社会保障理论形态始终一成不变。因此,西方社会保障理论派别只具有相对合理性,它们不可能超越时空"放之四海而皆准"。
>
> 　　资料来源:高和荣、景天魁,中国需要自己的社会保障理论,《光明日报》,2007年12月18日第11版。

---

① 曹信邦:《社会保障学》,科学出版社,2007年版,第73页。

社会保障理论与政策

第二节 马克思主义社会保障理论及其中国化

引 导 案 例

十八大报告解读：加强社会建设 改善保障民生

十八大报告提出了经济建设、政治建设、文化建设、社会建设、生态文明建设"五位一体"的发展战略，强调加强社会建设是社会和谐稳定的重要保证，必须以保障和改善民生为重点，必须加快推进社会体制改革。社会保障的建设是一个逐步推进的过程，必须要立足国情、实事求是。中华人民共和国成立以来，毛泽东、邓小平、江泽民、胡锦涛均在马克思主义的指导下重视做好社会保障工作，关注社会保障问题的研究，在不同时期形成了各自的社会保障思想，为建立和发展中国特色社会保障体系做出了重大贡献。在第二节中我们将介绍马克思、恩格斯的社会保障理论，列宁的社会保障思想和中华人民共和国成立以来毛泽东、邓小平、江泽民、胡锦涛的社会保障思想尤其是十八大以来中央的社会保障核心理念。请大家点击网络链接，观看《十八大报告解读：加强社会建设 改善保障民生》，并讨论我国当前社会保障建设的新特点、新理念。

案例视频链接：http://new-play.tudou.com/v/548760153.html?

马克思的政治经济理论，对推动社会保障制度的形成和发展起到了积极作用。马克思逝世的那一年，也是现代社会保险制度开始建立的一年[①]。虽然马克思生前并未看到社会保障制度的完善和充分发展，但透过马克思生前对有关保险等相关问题的论述，可以看出马克思的一系列论述对于促进社会保障制度的建立具有积极作用。马克思关于社会保障的有关论述，是我国完善社会保障制度的重要理论基础，毛泽东、邓小平、江泽民和胡锦涛结合中国实际，继承和发展了这一理论。

一、马克思、恩格斯关于社会保障理论的论述[②]

马克思、恩格斯在解释资本主义发展规律的同时，也对社会保障理论进行了研究。在他们的经典著作中，如《哥达纲领批判》(1875)和《资本论》(1867)等，马克思和他的亲密伙伴恩格斯阐述了对于社会保障的一些基本认识，建立他们的社会保障基本理论。

（一）揭示了社会保障的重要性

马克思认为，在一个社会的经济运行和社会发展的进程中，社会保障发挥着重要作

---

① 马克思逝世于 1883 年，德国俾斯麦政府在 1883—1889 年间先后制定并颁布的《疾病保险法》等社会保险立法被认为是现代社保制度的发端。

② 王冰：马克思的社会保障理论及社会保障对社市场经济的作用，《宁波职业技术学院学报》2005 年第 3 期，第 1—5 页。

用。其原因就是社会保障为社会的物质资料在生产的顺利进行和社会的稳定发展,提供了必要的社会条件,奠定了一定的物质基础。在分析社会保障的重要作用时,马克思具体提出了三方面的理由。

1. 社会的物质资料的生产具有风险性和不确定性

需要社会提供后备基金或保险基金予以保障。马克思在分析不变资本的生产时指出,"不变资本在再生产过程中,从物质方面来看,总是处在各种会使它遭到损失的意外和危险中。……因此,利润的一部分,即剩余价值的一部分,从而只体现新追加劳动的剩余产品(从价值方面来看)的一部分,必须充当保险基金"①。这里的"危险",即现代所指的可以预料的或者可以想到的"风险性",而"意外"的本意则是出乎于人们的意料外,是无法从主观上想到的,也即现代所指的"不确定性"。当不变资本或整个物质资料在生产过程中,遭遇到风险和不确定性时,就需要社会提供保险基金予以保障,才能顺利进行。马克思在《哥达纲领批判》中批判拉萨尔的"不折不扣的劳动所得"时,指出不存在"不折不扣的劳动所得",因为在社会总产品中除了要扣除补偿已经消耗掉的生产资料的部分和扩大在生产的追加部分之外,还需要再扣除一部分作为"后备基金或保险基金","用来应付不幸事故、自然灾害等"。没有这部分后备基金或者保险基金提供补偿,遇到不幸事故和自然灾害等时,不变资本和社会物质资料再生产就无法继续进行。

2. 未达到劳动年龄的人口,需要社会予以部分生活保障

"那些由于年龄关系还不能参加生产……的人",是未来社会生产和社会活动的主体,在没有具备参加生产劳动能力的阶段,需要社会为他们提供部分生活保障,才能保障他们的健康成长,从而促成社会的稳定发展。

3. 年老已不能参加生产劳动的人口,更需要社会予以基本生活保障

"那些由于年龄关系……已不能参加生产的人",原来是生产者,但由于年老已不能产生产劳动,另外还有一部分是因残疾一直不具备劳动能力或不具备健全人的劳动能力,他们需要社会提供基本生活保障。由于社会劳动者在参加生产劳动时期生产的社会总产品在分配给劳动者个人消费之前,已从中扣除了一部分"为丧失劳动能力的人等等设立……基金",因而,劳动者因年老而失去劳动能力,不能参加生产劳动时获得的基本生活保障,实质上也是其劳动报酬的延期返还;那些因残疾而丧失劳动能力的人获得的基本生活保障,实质上则是一种社会救济或救助。

(二) 阐述了社会保障基金的性质

从价值方面来看,马克思指出的劳动者的劳动产品或者社会总产品,在进行个人分配之前扣除的用来应付不幸事故、自然灾害和为丧失劳动能力的人提供救济的部分产品,则成为价值形态的后备基金(或保险基金)和救助基金。这些后备基金(或保险基金)和救助基金是为了物质资料再生产的顺利进行和社会的稳定发展而提取的和积累的,其来源和使用目的都是社会性的,他们是社会保障基金的重要组成部分,因而应当是社会的公共财产并应由社会进行管理的。

恩格斯指出,到资本主义社会为止的历史中,生产基金和后备基金"都是一个特权

---

① 《马克思恩格斯全集》第 25 卷,人民出版社,1974 年版,第 958 页。

阶层的财产""落到这个特权阶级的手里",而"即将到来的社会变革将把这种社会的生产基金和后备基金,……从特权阶级的支配中夺过来,把他们转交给全社会作为公有财产,这样就第一次真正把他们变成了社会的基金。"

综上所述,马克思认为后备基金(或保险基金)和救助基金是由全体劳动者的剩余劳动创造形成的和积累起来的,并且是为物质资料再生产顺利进行和社会稳定发展提供保障的基金。恩格斯认为,后备基金应交给全社会作为公有财产,是社会的基金,应由社会来管理。总之,社会保障基金是由全体劳动者剩余劳动创造形成以及积累起来的,用于保障物质资料的生产顺利进行和社会正常发展的全社会公有财产。

(三)阐释了社会保障基金的构成及来源

在社会保障基金构成方面,马克思在《哥达纲领批判》和《资本论》等经典著作中曾谈到过其中的若干构成部分,例如:后备基金或保险基金,为年幼还不能参加生产劳动和年老已不能参加生产劳动的人设立的基金,为丧失劳动能力的人等设立的基金(用马克思的话来说,就是现在属于所谓官办济贫事业的部分)等。实际上那部分基金属于狭义的社会保障基金,它应该包括国家的后备基金(用于救灾、救济和抚恤等)、社会福利基金和医疗保险基金等。可以说,随着社会的飞速发展和人们认识能力的逐步提高,社会保障基金的构成分类将会日益全面、系统和完善,从而使社会保障的能力不断提高。

在社会保障基金来源方面,马克思指出,有关社会保障基金是由劳动者生产的社会总产品在进行个人分配之前扣除的那些部分产品的价值形态而形成的。例如,首先,要在劳动者生产的社会总产品中扣除部分产品,作为"用来应付不幸事故、自然灾害等后备基金或保险基金";其次,在作为消费资料的那部分社会产品进行个人分配之前还要扣除"为丧失劳动能力的人等等设立的基金,总之,就是现在属于所谓官办济贫事业的部分。"同时,马克思在分析这些基金的来源后明确指出,后备基金或者保险基金等形式的社会保障基金,是由劳动者剩余劳动生产的剩余产品的一部分价值,即剩余价值的一部分也即利润的一部分形成的。恩格斯也明确指出,后备基金是靠劳动产品超出维持劳动的费用所生产的剩余而形成和积累起来的。总之,马克思认为,保险基金(或后备基金)等形式的社会保障基金,来源于劳动者剩余劳动所创造的剩余价值的一部分,或者是利润的一部分。

(四)解释了社会保障基金的用途

积累基金用于扩大再生产即即用于发展方面,消费基金则用于人们的生活消费方面。马克思在直接论述保险基金的用途时明确指出,保险基金是收入中既不作为消费基金用于人们的生活消费、也不作为积累基金用于发展的唯一的一种独立存在的基金形式。它与收益分配中专门的积累基金、消费基金的用途有区别。但是事实上,在出现了"意外"和"危险"的情况下,即马克思所讲的"偶然的情况"出现的条件下,保险基金(或后备基金)等形式的社会保障基金,最终也会在一定意义上被当作积累基金和消费基金来使用。具体说来,如果物质资料再生产或发展方面出现了"意外"或"危险",社会保障基金会被用来补偿再生产的短缺或被当作积累基金用于发展方面的资金补偿;如果某人群的生存、生活发生了"意外"或"危险",社会保障基金则被当作消费基金用于这些人们的生存生活补偿。因此,保险基金(或后备基金)等形式的社会保障基金,既不是专门用于物质资料再生产与发展,也不是最后用于生活消费,而是区别于积累基金、消费基金的一种单独存在的社会公共基金形式,它专门用于解决遭遇"意外"或"危险"情况所引发的再生产与发展问题和人群的生存生活问题。这也就是说,保险基金(或后备基金)等形式的社会保障基金,在用途上是特殊的或自成体系的,并且是按照自己的方式运行的。

(五) 表述了社会保障的时效性

社会保障,既是物资资料再生产与发展运行规律的客观需要,也是国民正常生存与生活的客观需要,因而实际上是一切社会经济的正常运行和社会稳定发展所共同需要的。马克思和恩格斯都分别表述了这种观点。

马克思认为,剩余价值中用作保险基金的那部分,或者是利润中用作保险基金的那个部分,将会永远存在。剩余价值的一部分或利润的一部分,必须充当保险基金。"这也是在剩余价值、剩余产品、剩余劳动中,除了用来积累,即用来扩大再生产过程的部分以外,甚至在资本主义生产方式消灭之后,也必须存在的唯一部分。当然,这要有一个前提,就是通常由直接生产者消费的部分,不再限于它目前的最低水平。"恩格斯也指出,"在迄今为止的历史中",后备基金是"特权阶级的财产","即将到来的社会变革将把这种社会的……后备基金……转交给全社会作为公有财产,这就是第一次真正把他们变成了社会的基金。"马克思和恩格斯虽然直接论述的是保险基金或后备基金将长期存在的时效性,但是实际上也就是指明了社会保障长期存在的必然性,也即社会保障是一切社会都需要的一种技术性规律。

二、列宁的社会保障思想

列宁在领导俄国社会主义革命和建设过程中,继承马克思、恩格斯的社会保障思想,积极探索社会主义国家建设中社会保障制度的地位、作用、意义、指导思想和基本原则,为建立世界上第一个社会主义国家的社会保障制度作出了贡献,为其他社会主义国家建设社会保障做出了表率。

在1912年俄国社会民主党第六次"布拉格"全国代表大会上,列宁明确、系统地阐述了"国家保险"的概念,标明了伤残保险、疾病保险、养老保险、剩余保险、遗嘱保险、失业保险等内容,提出了社会保障补偿性原则和统一管理的特性等较完整的社会保障思想。列宁指出,"最好的工人保险形式是国家保险,这种保险是根据下列原则建立的:(1) 工人在下列一切场合(包括伤残、疾病、年老、残疾;女工还在怀孕和生育;养育者死后所遗寡妇和孤儿的抚恤)丧失劳动能力,或因失业失掉工资时国家保险都给工人以保障。(2) 保险要包括一切雇佣劳动及其家属。(3) 对一切劳动者都要按照补助全部工资的原则给予补助,同时一切保险费都由企业和国家负担。(4) 各种保险都由统一的保险组织办理。这种保险组织应该按区域或被保险者完全自理的原则建立。"[①]

---

① 《列宁全集》(第17卷),人民出版社,1959年版,第449页。

列宁认为社会保障必须与生产力发展水平相适应,保障并不断提高人民的基本生活水平是社会主义国家不可推卸的责任,但社会主义国家社会保障的发展水平和人民需要的满足程度要受社会财富积累程度和生产力发展水平的制约。他坚信经济落后国家的社会福利只能随着生产方发展和社会进步逐步积累,不能幻想社会主义制度一建立就能实现普遍而完善的福利。列宁认为,生搬硬套地采取一些与实际生产能力不相称的措施,是"最亏本、最不合理的社会保障形式","是违背工人阶级利益的"。列宁同时还认为,社会保障在不同时期的内容各异,需要采取不通的筹资方式。这也是他的社会保障思想的另一个显著特征。

在列宁的领导下,到1922年底,苏俄逐步形成了一种全新的、以国家保险为主要内容的、各阶层群众广泛享受的社会保障制度,在人类发展史上,首次实现了工人阶级及其广大的劳动者享受社会保障并得到自己阶级专政政权下的社会保障制度。所创建的一些体现社会主义优越性的社会保障政策,已经远远超过了资产阶级对工人阶级实施的社会保障措施,对资本主义社会保障制度形成了强大的冲击力,对国际无产阶级革命运动起到了强大的推动作用,也为无产阶级进行社会主义事业的伟大实践提供了范例①。

三、毛泽东、邓小平、江泽民和胡锦涛的社会保障思想

毛泽东、邓小平、江泽民和胡锦涛,在各自主政期间,都非常重视做好社会保障工作,并且十分关注社会保障问题的研究,为建立和发展具有中国特色的社会保障体系作出了重大贡献。当然,毛泽东、邓小平、江泽民和胡锦涛的社会保障思想是不同时期中国共产党集体智慧的结晶,是不同时期马克思主义社会保障理论中国化的成果。

(一)毛泽东的社会保障思想

早在土地革命战争时期,毛泽东对根据地进行调查研究并分析人民军队在极其艰苦的战争条件下能够得到发展的原因时曾指出:"优待红军家属是红军发展壮大的重要条件。"抗日战争爆发后,毛泽东发表了《为动员一切力量争取抗战胜利而斗争》一文,提出把改善工人、职员、教员和抗日军人的待遇,优待抗日家属、救济失业、赈济灾荒等问题作为抗日救国十大纲领的主要内容。把社会保障与抗日救国联系在一起,突出了社会保障在抗日战争中的重要作用。1942年,他在《抗日时期的经济问题与财政问题》一文中指出:"为了革命必须给人民看得见的物质福利,这是我们党的根本路线、根本政策。"明确提出革命时期实行社会保障的目的是要保障中国革命的胜利。

中华人民共和国成立之后,毛泽东更加重视人民群众的社会保障问题。毛泽东认为,社会保障是一件大事,政府在企业建立了失业救济制度,同时对广大地方的水灾和旱灾也采取了大规模的救济工作,要求"必须认真地进行对失业工人和失业分子的救济工作,有步骤地帮助失业者就业。必须继续认真地进行对灾民的救济工作"。毛泽东解

---

① 梅哲:"列宁的社会保障思想研究",马克思主义研究,2007年第8期,第109—113页。

决广大农村鳏寡孤独残疾者基本生活的动机甚至成为后来党制定农业合作化政策和推动农村合作社升级的基本出发点①。人民群众从社会救助工作的实施中,切身体会到了制度完善的优越性。1954年,中国第一部宪法的颁布,从根本大法的高度确立了社会保障在国家生活中的地位和作用,标志着社会主义保障制度的初步建立②。同时,人民政府也颁布了一系列的政策、条例、法规性,对社会保障的许多内容作了明确规定。如1956年出台了我国最早提出关于农村五保供养的法规性文件——最高国务会议正式讨论通过的《1956年到1967年全国农业发展纲要(草案)》和一届人大三次会议通过的《高级农业生产合作社示范章程》。前者规定:"农业合作社对于社内缺乏劳动力、生活无依靠的鳏寡孤独农户和残废军人,应当在生产上和生活上给予适当的安排,做到保吃、保穿、保烧(燃料)、保教(儿童和少年)、保葬,使这些人的生养死葬都有指靠。"后者规定:"农业生产合作社对于缺乏劳动力或者完全丧失劳动力、生活没有依靠的老、弱、孤、寡、残疾的社员,在生产上和生活上给以适当的安排和照顾,保证他们的吃、穿和柴火的供应,保证年幼的受到教育和年老的死后安葬,使他们生养死葬都有依靠。"③

毛泽东还强调要在增加生产总量的同时,提高广大人民的福利;社会保障水平的提高必须同发展生产相适应;同时,统筹对待社会保障问题。毛泽东的社会保障思想还涉及了社会保障的主体问题,认为"许多人,许多事,可以由社会团体想办法,可以由群众直接想办法,他们是能够想出好办法的"。毛泽东指出,"既要保证社会主义建设所需要的资金积累,又要保证人民生活水平的逐步提高",处理好积累和消费的关系。

(二) 邓小平的社会保障思想

邓小平作为党的第一代领导集体成员,第二代领导集体核心,对社会保障的地位和作用做了系列的论述④。早在抗日战争时期,邓小平就指出:经济政策的制定"必须以人民福利和抗战需要为出发点"。中华人民共和国成立后不久,邓小平在西南工作时指出,要以高度的热忱,从"生活和物质福利上去关心他们,不要忽略有利于工人的'小事'"。"必须重视工人的劳保和福利。今后仍应防止提出过高的要求,但更重要的是纠正一些同志忽视工人福利的思想。同时要纠正福利工作中的恩赐(即不经过工会和工

---

① 中华人民共和国成立初期,由于国力有限,百废待兴,又在着手建立社会主义工业化基础,政府没有足够的财力去解决农村鳏寡孤独者的经济困难,保障他们的基本生活,他们不得不将在土地改革中刚刚分得的土地进行出卖或出租。为此,毛泽东同志在1953年同中共中央农村工作部副部长陈伯达、廖鲁言的谈话中提出了走合作化道路、办大社的思想,寄希望于农村集体组织来解决贫困农民的生产生活问题。他说:"现在农民卖地,这不好。法律不禁止,但我们要做工作,阻止农民卖地。办法就是合作社。互助组还不能阻止农民卖地,要合作社,要大合作社才行。大合作社也可使得农民不必出租土地了,一二百户的大合作社带几户鳏寡孤独,问题就解决了。"(详见《毛泽东文集(第六卷)》,人民出版社,1999年版,第299页。)

② 1954年颁布的《中华人民共和国宪法》明确规定:"中华人民共和国公民有劳动的权利,国家通过国民经济有计划的发展,逐步扩大劳动就业,改善劳动条件和工资待遇,以保证公民享受这种权利。""中华人民共和国劳动者在年老、疾病或者丧失劳动力的时候,有获得物质帮助的权利,国家举办社会保险、社会救济和群众卫生事业,并逐步扩大这些设施,以保证劳动者享受这种权利。"

③ 李春根、赖志杰:"我国农村五保供养制度:回顾和评述",《沈阳师范大学学报(社会科学版)》2009年第1期,第79—83页。

④ 丁成荣:"试论邓小平对毛泽东社会保障思想的新发展",《中共哈尔滨市委党校学报》2002年第3期,第23—27页。

人的讨论)观点。"在"文化大革命"结束不久的1978年,面对我国社会保障事业受到严重破坏的现实,邓小平指出:"工会要努力保障工人的福利……工会组织要督促和帮助企业行政和地方行政在可能的范围内,努力改善工人的劳动条件、居住条件、饮食条件和卫生条件,同时要在工人中间积极开展各种形式的互助活动。"邓小平的这些论述充分强调了社会保障的重要性。

邓小平还从社会主义命运的高度阐述了社会保障的重要性[①]。1987年10月,邓小平在《我们干的事业是全新的事业》一文中,在分析农村改革和城市改革情况时指出:"这一次改革首先是从农村开始的。占全国人口百分之八十的农民连温饱都没有保障,怎么能体现社会主义的优越性呢?"邓小平以温饱保障为基础,明确阐明了社会保障是社会主义优越性体现的重要体现。他告诉我们,社会保障是社会主义革命和社会主义建设的重要内容和本质要求,社会保障与社会主义密不可分。没有社会主义就没有社会主义的社会保障,没有社会主义的社会保障也就没有社会主义优越性。社会主义应该有比资本主义更可靠、更广泛的社会保障。这就意味着在社会主义发展过程中,必须始终把社会保障作为社会主义的目标和任务之一,不能有任何动摇。目前,在建设有中国特色的社会主义同时,必须把建设有中国特色的社会保障体系作为重要目标和任务,促进我国社会保障事业的全面发展。

邓小平关于社会保障与经济发展辩证统一的思想主要体现在《工人阶级要为实现四个现代化作出优异贡献》一文中。邓小平认为"我们的国家还很落后,工人的福利不可能在短期间有很大的增长,而只能在生产增长特别是劳动生产率增长的基础上逐步增长。但是,这决不能成为企业领导不关心工人福利的借口,尤其不能成为工会组织不关心工人福利的借口。"邓小平紧紧以经济建设为中心,把社会保障的发展始终建立在经济发展的基础上,并为此制定了从解决人民群众温饱开始的三步走战略,把温饱保障作为我国社会保障的基础和起点,致力于在实践中解决社会保障和经济发展的矛盾。正是由于邓小平的努力,我国的经济取得了令人瞩目的发展,我国的社会保障事业也因为有物质基础的支持取得了根本性的发展。

此外,邓小平突破传统社会救助模式(即"输血型"模式)的限制,创造性地提出了一种新的救助模式——扶贫救助模式(即"造血型"模式)。党的十一届三中全会后,邓小平又提出建立干部离休、退休制度的思想,赋予优待抚恤以全新内容。邓小平在提出废除领导职务终身制的同时,提出"退休、离休的干部,在政治待遇、生活待遇等各方面,都要逐个做出妥善安排",为离休、退休提供特殊的社会保障。干部离休、退休制度,既是党和国家领导制度的内容,也是社会保障制度的内容。

(三) 江泽民的社会保障思想

江泽民主持党中央工作以来十分重视社会保障工作。1989年6月,中共十三届四中全会以后,党和国家把建立社会主义保障制度作为构建社会主义市场经济体制的重要支柱放在一个更加重要的地位。1990年12月,中共十三届七中全会通过的《中共中

---

① 曾长秋、徐德莉:"毛泽东、邓小平的社会保障思想",《中南大学学报(社会科学版)》2004年第3期,第277—282页。

央关于制定国民经济和社会发展十年规划和"八五"计划的建议》提出了逐步完善社会保障体系的任务。1992年10月,江泽民在中共十四大报告中提出:"要深化分配制度和社会保障制度的改革",要"解决建立待业、养老、医疗等社会保障制度。"1993年11月,中共十四届三中全会通过《中共中央关于建立社会主义市场经济体制的若干问题的决定》把建立社会保障体系作为构成社会主义经济体制框架的五个主要环节之一,并对建立多层次社会保障体系的资金来源、保障方式、管理机构等问题做了具体阐述。1995年9月,中共十四届五中全会通过的《中共中央关于制度国民经济和社会发展"九五"计划和二○一○年远景目标的建议》提出了建立健全社会保障体系的历史任务。1997年9月,江泽民在中共十五大报告中提出:"在建立社会保障体系时,要实行社会统筹和个人账户相结合的养老、医疗保障制度,完善失业和社会救助制度,对人民群众提供基本的社会保险"。特别是1998年底,他亲自主持了中共中央举办的社会保障法制讲座,对社会保障工作做了重要指示。他指出:"社会保障是一个很重要的经济和社会问题,要充分认识社会保障的重要意义,不断把社会保障事业推向前进。"2002年10月,中共十五届五中全会通过的《中共中央关于制度国民经济和社会发展第十个五年计划的建议》提出了完善社会保障体系的总目标和主要任务。2001年7月,江泽民在庆祝中国共产党成立八十周年上的讲话中提出了"三个代表"的重要思想,使社会保障制度建设摆到了党和政府的重要议事日程上来。2002年11月,江泽民在中共十六大报告中提出了健全社会保障体系的任务。他指出:"各地区要根据实际情况合理确定社会保障的标准和水平。发展城乡社会救济和社会福利事业。有条件的地方,探索建立农村养老、医疗保险和最低生活保障制度。"这是对我国社会保障理论的一个重大发展①。

在保障对象上,江泽民更多地关注城市居民和企业职工。这与当时我国经济体制改革逐步推进,国有企业改革进一步深入,城市出现大量下岗职工的社会经济因素分不开。江泽民把邓小平的"造血型"模式运用到城市,强调"就业是民生之本",在建立健全失业保险制度的同时,做好再就业培训工作,为城市下工职工再就业提供政策支持和优惠措施,拓宽就业渠道,引导就业。

(四)胡锦涛的社会保障思想

胡锦涛2003年4月在广东考察工作时提出要坚持全面的发展观念,7月在全国防治非典工作会议上强调要更好地坚持协调发展、全面发展、可持续发展的发展观;8月28日—9月1日在江西考察工作期间明确使用了"科学发展观"概念,提出要牢固树立协调发展、全面发展、可持续发展的科学发展观。在此后的一系列会议、讲话中,胡锦涛陆续对科学发展观的基础理论、深刻内涵、基本要求和指导意义进行了阐述。2007年10月15日,中共十七大强调指出:"科学发展观,第一要义是发展,核心是以人为本,基本要求是全面协调可持续,根本方法是统筹兼顾。"中共十七大把科学发展观写入了党章,中共十八大把科学发展观列入了党的指导思想。

---

① 臧少梅等:"毛泽东、邓小平、江泽民的社会保障思想及在中国的实践",《内蒙古农业大学学报(社会科学版)》2006年第3期,第329—330页。

胡锦涛提出的"科学发展观"也是关于社会保障的科学发展观①。科学发展的第一要义是发展,只有不断解放和发展生产力才能为社会保障的建设、完善和发展提供强大的物质基础。胡锦涛还指出社会保障应与经济协调发展,他在中共十六届六中全会第二次全体会议上指出"建立健全同经济发展水平相适应的社会保障体系,是保障群众生活的现实需要,也是推动改革发展保持和谐稳定的重要保障。"他还曾提出"要根据本地区的经济实力,合理确定社会保障的发展水平,增加财政社会保障的投入,逐步扩大社会保障的投入面,形成经济发展和社会保障相互促进的良好局面。"②

建立健全社会保障制度,强调保障和改善民生是科学发展的根本目的,也是胡锦涛社会保障思想的根本价值取向③。中共十七大报告提出加快发展社会事业,全面改善人民生活,加快建立覆盖城乡居民的社会保障体系,人人享受基本生活保障;要以社会保险、社会救助、社会福利为基础,以基本养老、基本医疗、最低生活保障制度为重点;以慈善事业、商业保险为补充,加快完善社会保障体系。这一时期,党中央把农村社会保障作为社会保障制度推进的重点,先后建立了新型农村合作医疗、农村最低生活保障制度、新型农农村养老保险制度,同时积极推进社会保障的城乡统筹和社会保险关系的转移接续。

另外,对实践主体和目的的倾心关怀与关注是胡锦涛社会保障实践理性的最大特点④。随着改革开放的深入和社会主义市场经济建设进程的推进,我国的发展进入了社会转型期,部分社会问题突出,暴露出我国社会保障制度建设的不足。急群众之所急、想群众之所想,及时地建立和完善社会保障制度满足人民群众对社会保障的需求,让人民群众共享发展成果,体现了科学发展观以人为本的要义。

> **延伸阅读**
>
> **郑秉文:中国社会保障改革——从理论自发到理论自觉**
>
> 在中国,1978年开始的改革开放催生了现代社会保障制度,而当时国内社会保障理论研究几乎是一片空白。摸着石头过河,这是当时中国建立社会保障制度的路径,也是国外很多社会保障制度建立之初的真实写照。如果说1991年颁布的《国务院关于企业职工养老保险制度改革的决定》标志着中国社会保障制度正式建立,那么,中国社会保障研究便可分为两个阶段:前10多年的"理论自发"阶段,即社会保障制度作为舶来品,仅充当为国企改革配套的角色,社会保障理论则处于译介和引入阶段,理论研究缺乏对实践的指导性;后10多年的"理论自觉"阶段,理论研究在问题

---

① 朱常柏,双传学:"论胡锦涛的社会保障思想",《扬州大学学报(人文社会科学版)》2011年第3期,第5—9,24页。

② 胡锦涛:"全面贯彻落实科学发展观推动经济社会又快又好发展",《求是》2006年第1期,第3—9页。

③ 朱常柏,双传学:"论胡锦涛的社会保障思想",《扬州大学学报(人文社会科学版)》2011年第3期,第5—9,24页。

④ 同上。

导向下迅速发展起来,逐渐成为公共管理学科一个研究人数众多的重要分支,理论建设日益本土化,与制度建设形成良性互动。例如对增强制度的公平性、适应人口的流动性、保证财务的可持续性的研究始终处于理论最前沿,与世界社保研究相呼应,对制度建设和改革实践起到了重要作用。

中共十八大以来,改革进入攻坚期和深水区,以习近平同志为总书记的党中央高度重视顶层设计,理论与实践的互动进入新阶段。可以说,中共十八届三中全会《中共中央关于全面深化改革若干重大问题的决定》对社会保障制度作出的全面深化改革的战略部署,就是社会保障制度改革理论自觉的体现,也是中国现代社会保障理论从自发到自觉的一次升华。习近平同志指出:"摸着石头过河和加强顶层设计是辩证统一的,推进局部的阶段性改革开放要在加强顶层设计的前提下进行,加强顶层设计要在推进局部的阶段性改革开放的基础上来谋划。"党的十八届三中全会以来,社会保障各项改革稳步推进,各项顶层设计有条不紊地铺开。中国社会保障制度建设和理论自觉从此进入新阶段。

资料来源:郑秉文,"社会保障的发展历程与前沿探索",《人民日报》,2015年3月2日,第19版。

四、中共十八大以来中央的社会保障核心理念

中共十八大选举产生了中共十八届中央委员会,十八大报告提出了经济建设、政治建设、文化建设、社会建设、生态文明建设"五位一体"的发展战略。所谓"社会建设",简单说就是在党的领导和政府的组织下,调动各种资源,动员各类组织和民众,有目的、有计划地构建社会服务和社会治理的体制体系和运行机制①。根据中共十八大报告和十八届三中全会《中共中央关于全面深化改革若干重大问题的决定》,当前我国的社会建设包括"社会治理"和"民生事业"②,前者主要包括优化社会结构和创新社会体制,后者主要包括发展社会事业和加强社会服务。社会治理不能片面地理解为"维稳"或"社会控制",而是以人民利益为基础,以维护社会和谐、社会发展活力、平安中国、国家安定、社会安定有序,即"确保社会既充满活力又和谐有序"。民生事业则要求"要多谋民生之利,多解民生之忧,解决好人民最关心、最直接、最现实的利益问题,在学有所教、劳有所得、病有所医、老有所养、住有所居上持续取得新进展,努力让人民过上更好生活",即要大力发展教育、促进就业、提高居民收入、统筹城乡社会保障体系建设、提高人民健康水平。

可见,社会保障是社会建设的重要内容,不管是社会治理还是民生事业都离不开社会保障。社会建设要达到的社会和谐安定目标主要通过社会保障来实现;同时社会保

---

① 关信平:"论当前我国社会建设的实质内容及若干关键问题",《社会建设》2014年第2期,第3—10页。
② 丁元竹:"社会建设的理论探索和实践发展",《前线》2012年第12期,第169—171页。

障也是创新社会治理的主要手段,通过社会保障可以有效化解社会矛盾、调解社会利益和维护社会稳定。总之,社会保障在社会建设中占据着重要地位并发挥着重要作用。

> **延伸阅读**
>
> ### 庞邵堂:中国传统思想中指向社会保障的资源
>
> 中国古代传统思想中,社会保障思想不仅丰富,而且自成体系,构成中国社会保障实践的思想渊源,直接影响到当代中国的行政伦理及社会保障制度安排。
>
> (1)儒家学说中的"仁政"思想。儒家的开创者孔子在本体论上继承了殷商的"天",但以武王伐纣牧野之战以弱胜强的史实论证了"天"的本质是"仁",一举将万事万物之本体——"天"伦理化。伦理化的最高本体所创万物、所行万事亦"仁"。不仁,即是悖天。悖天,必得报应。天是除暴安良、惩恶罚暴的。因此,统治者应行"仁政",不能行"苛政"。苛政乃逆天之政,"获罪于天,无所祷也"。行"仁政"就必须善待百姓,安抚百姓,急百姓之急,救百姓之难。先秦末期大儒荀子还进一步从功利性角度解释了统治者行仁政之必要:"君者,舟也;庶人者,水也。水则载舟,水则覆舟。"这也可以看作对孟子民本思想的进一步阐发。孟子言:"民为贵,社稷次之,君为轻。""保民而王(者),莫之能御也。"以民为本,即为仁政。民既乃本,必须重民。重民首要的是制民之产,"八口之家,百亩之田,黎民不饥不寒"。此外,必须轻徭薄赋,原则上除什一税外,不应再征敛。荀子亦言:"庶人骇政,莫若惠之。"如何惠之? 发展生产,轻徭薄赋:"轻田野之税,平关市之征,省商贾之数,罕兴力役,无夺农时。"如此,"百姓有余食也,有余用也,有余财也。"可见,民众的经济生活得以保障是"仁政"之目的、标志之一。
>
> (2)由"仁政"思想催生的仓储后备思想和赈灾赈济思想。儒家经籍《礼记》"王制"篇言:"无九年之蓄,曰不足;无六年之蓄,曰急;无三年之蓄,曰国非其国也。三年耕必(余)有一年之食,九年耕必(余)有三年之食,以三十年之通,虽有凶旱水溢,民无菜色。"《逸周书·文传解》亦说:"天有四殃,水旱饥荒,其至无时,非务积聚,何以备之?"依此思想,中国古代历朝历代普遍重视粮食的普遍性仓储:以本乡所出,积于本乡;以百姓所余,散于百姓,则村村有储,缓急有赖,周济无穷矣。即使做不到如此普遍的仓储,亦必有从中央至地方的层层官仓,官仓重要功能之一,即为备不时之需,是为天下粮仓。有的官仓直接称作义仓,以显其专用救灾性质。历代君王均将其视为安定、统御天下的基石之一,所谓天下之本。本固则民安,民安则天下定矣。仓储为了后备,后备即赈灾赈济。宋代《救荒全法》提出的"人主当行六条"中包括:"四、遣使发禀;六、散积藏以厚恤黎元。""宰执当行八条"中包括:"六、建散财发粟之策。""太守当行十六条"中包括:"二、准备义仓以赈济;九、委诸县各条赈济之方;十、因民情各施赈济之术。"同时指明:"救荒有赈济、赈粜、赈贷三者,各既不同,用名有礼。"赈济者,用义仓米施及老、幼、残疾、孤、贫等人。米不足,或散钱与之,即用库银籴豆、麦、菽、粟之类,亦可。此即赈粜赈贷,即救济以其他粮食或购粮之钱。在长期的赈灾

赈济过程中,发展出了多种方法。如将丰区之粮调往灾区,是谓调粟之法;对灾民给以安置,以解决其衣食住行之困难,甚至帮其"赎子",是谓养恤之法;帮助灾民恢复生产,通过授田、减赋、免役、予物予钱等方法,是谓安辑之法,等等。

(3) 墨家兼爱互利互助思想及其发展。墨翟本为儒学中人,他认为当时儒学讲求的仁爱偏重于血缘关系之内,然后再推己及人因而显得狭隘,这是促使他创立自己学说的动因之一。墨子所倡兼爱互利在范围及深度上确实超越当时的儒家。荀子言及墨子兼爱思想谓之"僈(没有)差等。"墨子念念不忘:"民有三患,饥者不得食,寒者不得衣,劳者不得息。"三患成因乃统治者的横征暴敛及诸侯兼并战争,其根源是人人自爱而不相爱,亏人以自利。皆"执其兵刃毒药水火以交相亏贼。"因此必须"以兼相爱交相利之法易之。"行兼爱交利者为贤,反之则为"别"。"兼以易别"。"为贤之道将若何?曰:有力者疾以助人,有财者勉以分人,有道者劝以教人。"若此,则"饥者得食,寒者得衣,劳者得息,乱者得治。"民因此得"绝三患。"受墨家影响(韩非称:世之显学,儒墨也。儒之所至,孔丘也。墨之所至,墨翟也。可见墨子影响之深远博大了),儒家的仁爱思想亦得以发扬光大,超越血缘关系而涵括社会。孟子即言:出入相友,守望相助,疾病相扶持,则百姓亲睦。至汉代,《太平经》一书作为道家经籍,亦深化阐发了源自先秦的上述互助互利思想。《太平经》认为,社会财富是社会共有的,以维系全体社会成员的生存。"物者,中和之有。""此财物乃天地中和所有,以共养人也。"因此,"积财亿万,不肯救穷周急,使人饥寒而死"的地主豪强就是社会的罪人。积存"珍物金银亿万,反封藏逃匿于幽室,今皆腐涂,见人穷困往求,骂詈不予;既予不即许,求必取增倍也,而或但一增,或四五乃止"更是对社会的犯罪。乃"与天为怨,与地为咎,与人为大仇,百神憎之。"至于"争讼自冤,反夺少弱小家财物,殊不知止"者,则乃罪大恶极。罪者,"当死";罪大恶极者,"死尚有余罪,当流后生。""天道助弱,"人们必须互助互爱,"尊卑大小皆如一,"才能实现一个太平、幸福的社会。中国传统思想,诸子百家,但互助互利思想,各家皆备且不断发展,虽然墨家思想比较集中、典型。在此思想影响下,先秦及两汉,中国已形成了诸多群众性互助组织。如墨者团体,财物成员分享。如五斗米道,亦以财物共享共济为宗旨,吸引了众多百姓参加,甚至构建了一个地域性的早期"太平国度""太平社会"。

(4) 佛教中的有关思想。佛教自东汉平帝时期传入中国,迅速成为中国社会主流思潮之一。唐宋以降,儒释道日趋合流,佛教对中国政府、社会的影响日甚。佛教主张众生平等,人们相待应"无区别心"。将人区别为尊卑高低是佛教不屑并摒弃的。佛教虽否定今世追求来世,但这一追求可通过普度、自修——顿悟实现。无论哪一种实现形式,均以行善、积功、积德为基础。所以佛教虽否定今世,但决不否定生命。恰恰相反,他高度尊重生命,关爱生命,强调慈悲为怀。否定今世,正是为了拯救生命脱离苦海而达到幸福的彼岸(梵天极乐世界)。放生、救生由此构成佛教的基础理念和行为之一。因此,佛教鼓励行善、为善,通过善行、渡、修、悟,以达成目的。教人向善,不仅发扬了互助互利精神,而且直接构建了社会救济——社会保障的社会文化、社会心理基础之一。

(5) 大同社会思想。儒家经籍《礼记·礼运篇》最先描绘了中国人心目中的大同社会："大道之行也，天下为公，选贤与能，讲信修睦。故人不独亲其亲，不独子其子（可见墨家兼爱思想影响），使老者有所终，壮者有所用，幼者有所长，矜、寡、孤、独、废疾者皆有所养。男有分，女有归。货恶其弃于地也，不必藏于己；力恶其不出于身也，不必为己。是故谋闭而不兴，盗窃乱贼而不作，故外户而不闭，是谓大同。"此即为儒家的最高社会理想。此社会是大家的；它以自然合理的分工为基础；它使所有成员皆各得其所，生活得安适、愉快；它的人际关系及各种社会关系因而很和谐；此社会者，公共的事业由公众共同办理；人人平等，选贤任能为社会服务。公共权力理所当然的公有，没有剥削，没有压迫，财产共有，共生互济是此社会赖以构建的核心理念。社会保障自然蕴涵其中，不言而喻。大同社会思想在后世不断发展，深刻地影响了中国人、中国社会。陶渊明的《桃花源记》、宋代康与之的《昨梦录》均秉持了这一思想，以实现一个人人平等，共同劳动，互助共济，没有饥寒的社会为理想。对大同社会思想作了最全面最精妙阐发的是康有为完成于1902年的《大同书》。他认为，现下社会充满痛苦，其根源在于恶言恶行泛滥；大同社会充满极乐，其原因在于善言善行充斥。因此，除恶向善是实现无苦有乐的大同社会的途径。中国传统的仁爱、平等思想和近代西学的人道主义、自由、民主思想成为《大同书》的核心理念及核心价值观。据此，《大同书》还赞赏性地介绍并构想了养老院、教育与医疗福利、社会公益事业及其经费来源，将其作为大同社会的重要内容。这些思想，已然涉及现代社会保障的观念与内容。孙中山先生的民生主义也继承发扬了大同社会思想，构成其革命纲领之一。孙先生解释"民生"，就是"人民的生活，社会的生存，国家的生计，群众的生命"。"平均地权"和"节制资本"是实现民生主义的两大基本纲领。除此之外，孙先生还主张兴办公共教育事业，实现全面公费医疗，保障就业，供养老人（设公共养老院），这已经是系列性的现代社会福利——保障政策了。

资料来源：庞邵堂，"社会保障的思想渊源"，《南京社会科学》2008年第7期，第132—137页。

本章重要概念

德国新历史学派（neo-German historical school）　　凯恩斯主义（Keynesianism）
福利经济学（welfare economics）　　瑞典学派（Swedish school）
"第三条道路"（the third path）　　供给学派（supply-side school）
社会建设（social construction）　　社会治理（social governance）

本章思考题

1. 概述西方社会保障理论主要流派及其主要思想、代表人物。
2. 简述凯恩斯主义国家干预理论对现代社会保障制度在全世界范围内普遍建立的影响。

3. 试述德国社会主义市场经济理论对我国社会保障体系完善的借鉴意义。
4. 马克思、恩格斯的社会保障思想有哪些内容？请简要概述。
5. 试比较毛泽东、邓小平、江泽民、胡锦涛社会保障思想的异同。
6. 中国话语体系中的"社会建设"与社会保障有何关系？请简要概述。

本 章 实 训

社会保障是造成欧债危机的原因吗？

受美国次贷危机的影响，2009年底，希腊在欧洲首先爆发了主权债务危机，随后蔓延至葡萄牙、意大利、爱尔兰、西班牙等经济实力较强的欧洲其他国家，甚至法国、德国也受到了一定的影响。欧债危机受到了各国民众和政府的普遍关注，许多学者都将社会保障视为是欧债危机发生的根本原因，认为是高福利影响了劳动参与率和劳动生产率的提高，进一步导致政府财力无法支持福利支出，迫使国家通过借债的形式来维持福利支出。当这些国家借债的规模不断膨胀而无力偿还的时候，便产生了债务危机。由此认为社会保障是导致欧债危机产生主要原因，并认为中国应当引以为戒，避免重蹈欧洲之覆辙。

思考题

欧洲福利国家的建成是基于何种社会保障理论？认为社会保障是导致欧债危机产生的原因的观点又是基于何种社会保障理论？请谈谈你的看法。

第三章 社会保险

【本章导言】

在现代社会保障体系中,社会保险是最核心的内容,也是主体组成部分,占有最重要的地位。社会保险对于维护社会安定、满足人们对社会安全感的需要、促进经济发展,都起着非常重要的作用。本章重点介绍我国现行养老保险、医疗保险、失业保险、工伤保险、生育保险方面的政策,并初步讨论我国社会保险制度改革。通过本章的学习,应当了解我国社会保险的一般知识,熟悉养老保险、医疗保险、失业保险、工伤保险、生育保险的主要内容。

引导案例

山东:加快建立覆盖城乡的社保体系

山东社会保障体系从二元体制转变为城乡统筹发展。请点击以下网络链接,观看视频《山东:加快建立覆盖城乡的社保体系》,与同学和老师讨论城乡社保包含什么,并开始本章的学习。

案例视频链接:http://www.sd.xinhuanet.com/sdws/2014-12/09/c_1113572803.htm。

第一节 社会保险概述

一、社会保险的概念与特征

社会保险制度是同近代工业化社会相伴而生,并在西欧最早出现的一种制度,是现代社会保障制度中最引人注目、发挥作用最大的组成部分。1953年维也纳国际社会会议文献中,曾对社会保险的概念有过如下的表述:"社会保险是以法律保证一种基本社会权利,其职能主要是以劳动为生的人,在暂时(生育、疾病、伤害、失业)或永久(残疾、老年、死亡)丧失劳动能力时,能够利用这种权利来维持劳动者及其家属的生活。"①根据上述定义,结合实际,我们可以这样表述社会保险:社会保险是根据立法,由劳动者、劳动者所在的工作单位或社区以及国家三方面共同筹资,帮助劳动者及其亲属在遭遇年老、疾病、工伤、生育、失业等风险时,防止收入的中断、减少和丧失,以保障其基本生活需求的一种社会和经济制度,它是一种再分配制度,它的目标是保证物质及劳动力的再生产和社会的稳定。

社会保险的概念中包括了四层含义。

一是参加社会保险制度的成员资格是通过立法确定的,也就是说,在立法指定范围内的每一个劳动者都必须参加社会保险,具有一定的强制性。

二是社会保险强调个人缴费。这种筹资在形式上与商业保险的保险费有某些相似之处,但是,社会保险的缴费是完全建立在自助自保和互助互济基础上的。参加社会保险制度的劳动者通过缴费,获得成员资格,因此有"先尽义务,后享权利"一说。同时,这种权利和义务是对等的,指的是机会上的均等,在遭遇法定范围内的各种风险时,参加社会保险制度的成员都可得到保障基本生活需求的津贴。

三是社会保险强调劳动者、劳动者所在工作单位以及国家三方共同筹资。体现了国家和社会对劳动者提供基本生活保障的责任。劳动者所在工作单位的缴费,使社会保险资金来源避免了单一渠道,增加了社会保险制度本身的保险系数。而国家的参与,更使社会保险制度有了强大的后盾。

四是社会保险的"保险"具有积极预防的含义,对法定范围之内的风险起到了未雨绸缪的作用,使参加社会保险制度的成员获得心理上的安全感,从而体现了社会保险维持社会稳定的作用。

社会保险作为社会保障体系最核心的部分,相对社会福利、社会救济及社会优抚等,具有五个显著特征。

一是保障性。实施社会保险的根本目的,就是保障劳动者在其失去劳动能力或暂时失业之后的基本生活,从而维护社会稳定。

二是法定性。就是国家立法,强制实施。保险待遇的享受者及其所在单位,双方都必须按照规定参加并依法缴纳社会保险基金,不能自愿。法定性是实现社会保险的组织保证,目的在于保障劳动者因暂时或永久丧失劳动能力以及失业时获得生活保障,安定社会秩序。

三是互济性。是指社会保险按照社会共担风险原则进行组织的。社会保险费由国家、企业、个人三方负担,建立社会保险基金。社会保险机构要用互助互济的办法统一调剂基金,支付保险金和提供服务,实行收入再分配,使参加社会保险的劳动者生活得到保障。

四是福利性。社会保险不以盈利为目的,它以最少的花费,解决最大的社会保障问题,属于社会福利性质。

五是普遍性。社会保险实施范围广,一般在所有职工及其供养的直系亲属中实行。

---

① 马斌:《社会保障理论与实践》,中国劳动社会保障出版社,2006年版,第74页。

二、社会保险的内容与功能

社会保险是国家实施社会政策的一种重要手段。各国的社会政策不同,社会保险政策与项目亦不同。也就是说,各国社会保险的承保对象、给付标准、承保内容等,都与该国的社会体制、经济体制、政治体制以及基本国情密切相关,因此社会保险的内容在各国是不尽相同的。不过纵观各国社会保险体系,一般都包括养老保险、医疗保险、失业保险、工伤保险、生育保险等五项。

一是养老保险(pension insurance)。养老保险是国家和社会根据一定的法律和法规,为解决劳动者在达到国家规定的解除劳动义务的劳动年龄界限,或因年老丧失劳动能力退出劳动岗位后的基本生活而建立的一种社会保险制度。它以保障法定范围内的老年人在完全或基本退出社会劳动生涯后仍有足以满足基本生活需求的稳定可靠的经济来源为目的的社会保险项目,是五大保险项目中最重要的险种之一。它是在法定范围内的老年人完全或基本退出社会劳动生涯后才自动发生作用的,以社会保险为手段来保障其基本生活需求,为其提供稳定可靠的生活来源。

二是医疗保险(medical insurance)。医疗保险是向法定范围内的劳动者部分或全部提供预防和治疗疾病的费用,并保证其在病假期间的经济来源,保障其基本生活需求的社会保险项目。它一般被用来对付法定范围内的劳动者因疾病而导致的两个方面的经济风险:一是支付预防或治疗疾病的费用;二是保证病假期间的经济来源。

三是失业保险(unemployment insurance)。失业保险是指国家通过立法强制实行的,由社会集中建立基金,对因失业而暂时中断生活来源的劳动者提供物质帮助进而保障失业人员失业期间的基本生活,促进其再就业的社会保险项目。失业保险为了保障有工资收入的劳动者失业后的基本生活而建立的,其覆盖范围包括劳动力队伍中的大部分成员。因此,参保单位不分部门和行业,不分所有制性质,职工不分用工形式,不分家居城镇、农村,解除或终止劳动关系后,只要当事人符合相关条件,都有享受失业保险待遇的权利。

四是工伤保险(work-related injury insurance)。工伤保险又称职业伤害保险。工伤保险是通过社会统筹的办法,集中用人单位缴纳的工伤保险费,建立工伤保险基金,对劳动者在生产经营活动中遭受意外伤害或职业病,并由此造成死亡、暂时或永久丧失劳动能力时,给予劳动者及其实用性法定的医疗救治以及必要的经济补偿的一种社会保险项目。这种补偿既包括医疗、康复所需费用,也包括保障其基本生活的费用。

五是生育保险(maternity insurance)。生育保险是向法定范围内的劳动者,尤其是妇女,部分或全部提供怀孕、生产、哺育期间的医护费用,保证产假和哺育假期间的经济来源,使其不至于因生育而基本生活需求没有保障的社会保险项目。它一般被用来帮助法定范围内的劳动者应付因生育而导致的两个方面的经济风险:一是怀孕、生产、哺乳期间的医护费用;二是产假和哺育假期间的经济来源。

社会保险的基本功能是指社会保险实现对劳动者成员基本生活保障的最根本的方法,它是对社会保险本质的最基本的体现。社会保险的基本功能包括以下几种。

一是将劳动危险造成的经济收入损失在全体成员中实行合理分担。每一劳动者若发生劳动危险事故所造成的经济收入损失,由全体成员共同承担,则容易承受。虽然社会保险是强制实施的,但是由于每一个劳动者都处于相同性质的危险事故及其损失的威胁之下,因而共同分担的方式被普遍接受。

二是通过劳动危险损失分担而实现社会保险基金的积聚和积累。社会保险要实现对劳动者的基本生活保障,必须有一定的物质基础作为实现保险的手段。这种保障基金的积聚,是根据对同质劳动危险损失量的预测,按照劳动者个人或集体实际收入的一定百分比征缴,劳动者个人或集体按规定上缴固定的保险费积聚成为数额巨大的保险基金,在支付社会保险补偿之后,其剩余则形成一定的积累,使社会保险的保障能力更加强大。

三是对遭受劳动危险损失的社会保险成员给予收入损失补偿。劳动者遇到丧失劳动能力或失去劳动机会的危险事故时,首先是丧失正常的工资收入,其次是要额外增加一部分费用支出,如患病后的医疗费用开支。劳动者个人及其家庭往往无法承受。有了社会保险这种补偿形式,就可使原来无法承受的经济收入损失变得可以承受。

综上所述,社会保险的基本功能就是通过全体成员对可能危险损失的合理分担,形成一定的补偿保障基金,实现对少数遇险成员的收入损失补偿,最终达到保障劳动者基本生活,维护社会安定的根本目标。合理分担是社会保险行为的基本前提,基金积聚是实现分担的具体手段,而对劳动者实施保障性经济收入损失补偿则是社会保险的目的。三种基本功能是相互关联,相互制约的关系,共同保证社会保险作用的充分发挥。

三、社会保险与商业保险

尽管商业保险的诞生比社会保险早许多年,但商业保险和社会保险都作为社会化的风险分担和经济保障机制,两者既有相通之处,亦具有较大的区别。

(一) 社会保险和商业保险的区别

1. 性质不同

社会保险是基于公共利益建立起来的社会保障制度,它由法律强调规范,属于公共政策与公共品范畴;而商业保险是基于经济利益建立起来的合同关系,属于个人经济范畴。

2. 经营目标和经营主体不同

社会保险的经营目标是解除劳动者的后顾之忧,平衡劳动关系,增进劳动者福利,促进社会和谐。一是在经济方面,通过社会保险给付,使广大劳动者及其家属在任何情况下,能保持最基本的生活条件;二是在政治方面,通过社会保险,保证国家的各项政策得到贯彻实施[①]。而商业保险的经营目标则是为投资者追求利润最大化。从世界各国实践情况看,社会保险的经营主体一般是政府机构或者公营机构,不以营利为目的,其职能不但要保障社会成员的基本生活,而且要实现维护社会稳定的社会目标,并且最终

---

① 邓大松:《社会保险》,中国劳动社会保障出版社,2002年版,第32—33页。

要通过实现社会保险的全民化和普享化而达到全社会的和谐与共同发展；而商业保险的经营主体只能是追求利润最大化的商业保险公司。

3. 经营方式和管理体制不同

社会保险由政府部门或政府指定的专门机构经办，这些部门不但是社会保险的经办主体，还承担着社会保险的管理和其他相关政府活动之责，如劳动安全检查、就业辅导与职业介绍等。与社会保险不同，商业保险作为一种市场交易活动，是保险人和投保人之间等价交换的结果，它受价值规律、竞争规律等市场经济规律的制约。保险公司通过严格的核保、核赔以及其他风险管理措施，选择符合自身成本效益原则的风险单位承保，与被保险人签订保险合同，对双方都具有法律约束力和强制性。商业保险的监管者通常是政府金融主管部门，它只负责在法规框架下的保险经营主体的审批、有关政策的制定、宏观调控等。

4. 保险责任主体和所有者权益不同

社会保险的责任主体是社会公共事务的管理者政府机构，国家财政充当担保人或直接责任人的角色，独立核算机制不明确；社会保险经办机构没有对基金收益的所有权和支配权以及对亏损的补偿责任，政府机构常以经办者和管理者的双重身份出现，经办过程中也常常涉及多个部门，所有者权益不清晰。在商业保险中当事人是平等协商的市场主体，保险合同双方须是具有完全行为能力的法人和自然人，他们对各自的行为负完全责任，投保人依合同规定履行缴纳保险费的义务，保险人依保险合同承担规定的保障责任，当投保人以购买保险产品的方式将自身风险转嫁给保险人之后，保险人即成为风险保障的责任主体，它对自己的经营行为负全部责任，承担保险经营中的风险损失并拥有利润收益权。

5. 运行机制和运行环境不同

一方面，在市场经济环境下，商业保险各方是独立的经济主体，其商业决策、经营目标均由自身独立决定，具有参与市场活动的自主性，经营决策的调整更具灵活性；而社会保险作为国家的一项公共政策，是与国家整个经济社会政策协调运行的，它强调的是社会目标，受社会公共目标的制约。另一方面，商业保险人通过向投保人收取保险费建立保险基金，承担着在将来某一时间对被保险人进行偿付的责任，是市场化的运行方式；而社会保险筹资方式来自多方承担，有来自企业和个人缴纳的保险费，还有来自中央或地方的财政拨款，有明显的社会化特点。

6. 被保障对象和保障水平不同

商业保险的被保障对象是那些年龄和健康状况符合可保标准、与保险人签订保险合同并按合同约定缴纳保险费的人。在符合国家法律规范的条件下，保险人与被保险人是否签订、签订何种保险合同是由保险双方在自愿的基础上协商确定并共同遵守的。一个被保险人可以同时向多家保险公司投保，购买不同的保险产品；且商业保险只为由支付能力的社会成员提供经济保障，满足被保险人较高层次的保障需求。社会保险的被保障对象范围一般都有一个从小到大不断扩展的过程，当社会保险制度健全完备之后，其保障对象不但包括一国范围内不同所有制企事业单位的工薪劳动者，而且会进一步扩展到自由职业者、灵活就业人员、农民等全体劳动者。在社会保险中，公民个人没有选择投保与否的自由,只要符合条件就必须参加统一的社会保险,满足的是社会成员较低水平的基本的生活保障需求。

(二) 社会保险与商业保险的共性

1. 都是基于对特定风险损失分担的社会化机制

商业保险根据风险的可保性要求,以概率论和大数法则作为基本原理,将大量同质的风险进行集中,收取保险费建立保险基金,当被保险人发生保险责任范围内的风险损失时,保险人依照保险合同对其进行经济给付或补偿。由于风险的同质性,不同的风险单位发生损失的可能性是一致的,这样对于一个被保险群体而言,其中某个或某些个体所发生的风险损失被平均分摊到了全体被保险人身上,实现了损失的分担和共济。社会保险由于社会、经济发展和人口变动等多种复杂因素的影响以及其特定的社会目标,精算难度比商业保险精算大得多,大数法则所发挥的作用在实际应用中受到了限制,但它同样实现了风险的共济和分担,如医疗保险、失业保险和生育保险等短期给付的险种就充分体现了风险的集中和有效分担,而对于给付期限较长的养老、伤残保险,其费用也是(或部分地)由整个被保险群体进行承担的,无疑也利用了风险的集中与分散原则。

2. 都进行风险转移

商业保险中,被保险人通过与保险人签订保险合同,缴纳相应的保险费,将风险转嫁给保险人承担;被保险人购买保险商品数量的多少决定了其风险的转嫁程度。而社会保险中,被保险人的风险也部分或完全地转嫁给了社会保险系统。

3. 都以给予损失赔偿或保险金给付等方式为被保障对象提供保障

商业保险保险人依据保险合同规定,以实际损失为基础,对被保险人进行经济赔偿或保险金给付。社会保险则是以现金给付、提供服务等多种方式,为保障对象提供经济或生活保障。

4. 两者的运行机理类同

社会保险的产生晚于商业保险,它所使用的很多术语和计算方法、预测方法与商业保险类同。社会保险借鉴了商业保险的"大数法则"或"平均数法则",将国家、用人单位和劳动者个人纳入一个责任共同体之中。

四、我国社会保险现状、问题及改革

(一) 我国社会保险的现状

从制度变迁的角度看,中国社会保险制度的整体构建始于20世纪90年代初。1993年11月,党的十四届三中全会通过的《中共中央关于建立社会主义市场经济体制若干问题的决定》,不仅提升了社会保险的地位,而且确立了社会保险的制度模式与框架。随后,按照"总体设计、突出重点、分步实施"的原则,社会保险制度建设在全国范围内全面铺开。到目前为止,养老、医疗、失业、工伤和生育等社会保险五大险种的制度框架已经基本确立,而且大都以行政规章或部门规章的形式予以确认,同时近几年关于养老和医疗保险的相关政策还在不断地完善。

可以说,我国社会保险体系是世界上最复杂的。社会保险体系由多层次、多结构保障项目交织在一起,城乡之间差别大。在城镇,建立了城镇基本养老保险、企业补充养老保险、个人储蓄性养老保险以及商业养老保险相结合的多层次养老保险体系;建立城镇职工基本医疗保险,覆盖城镇所有用人单位,同时进行城镇居民基本医疗保险,主要覆盖城镇非从业居民;建立工伤保险、失业保险以及生育保险,保障职工的各种权益。在农村,建立了新型农村养老保险;建立了新型农村合作医疗保险,覆盖所有农民。

为切实保护妇女、未成年人、老年人以及伤残职工等特殊社会群体的合法权益,促进经济发展,适应社会主义市场经济体制的需要,我国建立了社会保险基金。从社会保险项目及其使命出发,社会保险基金又包括了养老保险基金、医疗保险基金、失业保险基金、工伤保险基金、生育保险基金等。全国各地成立了社会保险基金监督委员会或社会保障监督委员会,制定了基金监管办法,监督全市社会保险政策执行情况和社会保险基金的征缴、管理、给付及变动情况,维护社会保险各方合法权益。

(二) 我国社会保险存在的问题

1. 覆盖面问题

社会保险的覆盖面直接影响到社会保险制度的适用范围,它关系到社会成员中有多少人能够直接享受到社会保障权利,关系到社会保险制度的作用能否充分发挥。目前,进城农民工、城镇私营企业就业人员以及许多灵活就业人员、新世态从业人员大多参加社会保险率较低,而这部分人员占从业人员的比例逐年增大。

2. 社会保险基金问题

在基金筹集方面,目前全国尚无一部较为统一健全的跨所有制的法律或条例来严格规范保险金的征管行为,保险金的收缴主要靠协调,征收尺度软,弹性大,因此造成管理严重失效。加上社会上很多人对社会保险不理解,许多企业不愿缴、迟缴、拒缴社会保险金,拖欠现象较为严重。在基金管理问题,由于管理力量分散,管理机构繁杂,监管不力,产生了地方政府随意调整缴费率、甚至挪用社会保险基金的问题,保险基金的安全性有待提高。

3. 城乡差距问题

我国城乡社会保险体系呈现二元结构,两者差距较大。城镇已初步建立了较完整的社会保险体系,养老保险金已基本实现了社会统筹,建立了国家、企业和个人共同负担的基金模式,而医疗保险、失业保险、工伤保险以及女职工生育保险,也都在原有的制度上进行了改革和逐步完善,参保人数逐年上升。而在广大的农村,除养老保险、医疗保险有了较大发展外,其他保险项目仍不够完善,依旧是以家庭为主体的保障模式。

4. 社会保险法律问题

虽然进行了一系列的重大改革,出台了相应的法律法规,但我国的社会保险法制化工作仍然存在严重的问题。具体表现为:立法工作严重滞后,立法体系不完善,缺乏社会保险的法律监督、实施机制等。

(三) 我国社会保险改革

1. 完善各项社会保险制度

根据我国现阶段经济社会发展水平,综合考虑不同地区、不同人群之间收入水平差异以及用人单位和个人的实际承受能力,以保障人民群众基本生活和基本医疗需求为重点,进一步完善城镇基本养老和基本医疗、失业、工伤、生育保险制度,认真解决农民工和被征地农民的社会保险问题。

2. 发展农村社会保险

按照城乡统筹发展的要求,不断完善与农村经济发展水平相适应、与其他保障措施相配套的农村社会养老保险制度。采取适合不同群体特点和需求的方式,着力推进被征地农民社会保险工作,优先解决农民工工伤保险和大病医疗保障问题,抓紧研究低费率、广覆盖、可转移,与现行养老保险制度衔接的农民工养老保险办法,完善新型农村合作医疗制度。

3. 完善社会保险基金监管

规范征收流程,强化征收管理,实现各项社会保险费依法统一征收,建立征收激励机制,做到社会保险费应收尽收。完善社会保障基金监管制度和预警监测机制,逐步健全行政监督、专门监督、社会监督、内部控制相结合的监督体系。进一步完善收支两条线办法,制定按基金性质进行分类投资的政策;在确保基金安全的前提下,研究制定养老保险个人账户基金、农村社会养老保险基金投资管理办法;加强全国社会保障基金和企业年金市场化投资运营的监管,实现规范运作和基金的保值增值。

4. 不断完善社会保险法律法规

虽然《社会保险法》已经颁布实施多年,以法律的形式来规范国家、社会保险职能部门、企业和职工个人之间的权利和义务,以及各项社会保障费用缴纳比例和社会保障金给付标准等,使各项社会保障事业的运行逐渐步入法制化、规范化轨道。但在实践过程中,仍然存在没有出台相关配套政策和实施细则,造成政策不明确,操作不明朗,地区差异大等问题,今后还要在实践基础上不断完善。

此外,还可提高社会保险统筹层次,不断增强统筹调剂的能力,实现社会保险关系全国范围内的合理转移。积极创造条件,在基本实现养老保险省级统筹的基础上[①],逐步研究制定职工基础养老金全国统筹方案。

延伸阅读

实施全民参保计划,基本实现法定人员全覆盖。坚持精算平衡,完善筹资机制,分清政府、企业、个人等的责任。适当降低社会保险费率。完善统账结合的城镇职工基本养老保险制度,构建包括职业年金、企业年金和商业保险的多层次养老保险体系,持续扩大覆盖面。实现职工基础养老金全国统筹。完善职工养老保险个人账户制度,健全参保缴费激励约束机制,建立基本养老金合理调整机制。推出税收递延型养老保险。更好发挥失业、工伤保险作用,增强费率确定的灵活性,优化调整适用范围。建立更加便捷的社会保险转移接续机制。划转部分国有资本充实社保基金,拓宽社会保险基金投资渠道,加强风险管理,提高投资回报率。大幅提升灵活就业人

---

① 全国31个省区市和新疆生产建设兵团已经出台了养老保险的省级统筹办法。

员、农民工等群体参加社会保险比例。加强公共服务设施和信息化平台建设,实施社会保障卡工程,持卡人口覆盖率达到90%。

——《中华人民共和国国民经济和社会发展第十三个五年规划纲要》,第六十四章《改革完善社会保障制度》,第一节《完善社会保险体系》

第二节 养老保险

一、养老保险概述

(一)养老保险的内涵

养老保险是国家和社会依据一定的法律和法规为保障劳动者在达到国家规定的解除劳动义务的劳动年龄界限,或因年老丧失劳动能力退出劳动岗位后的基本生活而建立的一种社会保险制度[①]。它的目的是增强劳动者抵御老年风险的能力,同时弥补家庭养老的不足,手段则是在参加养老保险的劳动者退出劳动岗位后为其提供一定的经济补偿、物质帮助和服务。

养老保险是社会保险制度中被保险人的身份最稳定、享受时间最长、费用开支最大的项目,也是各国社会保障制度中最重要的项目。一个国家或地区的社会保障制度的成败,在很大程度上取决于养老保险制度的成功与否。一个国家的养老保险制度的基本内容一般包括:覆盖范围(法定的适用对象和适用人群),养老保险基金筹集、运营、管理和使用,享受养老保险的资格条件和养老待遇标准,养老保险管理和监督机制,退休人员的管理和服务等。

养老保险的产生与发展,是与国家的政治、经济和社会文化紧密结合在一起的,它是社会化大生产的产物,也是社会进步的标志。截至20世纪末,世界上已有166个国家建立了养老保险制度,这也表明了养老保险不仅是人类社会发展的普遍需要,而且是政府着力推进的重大社会政策[②]。根据养老保险的责任承担机制,可将世界现行养老保险划分为政府负责型、责任分担型、个人承担型、混合责任型等模式。

(二)养老保险的特征

养老保险作为社会保险制度的主要项目,除具有社会保险的性质和一般特征外,相比其他社会保险项目,具有以下显著特征。

1. 普遍需求

由于年老是人生不可避免的自然规律,这就决定了任何人如果要想安享晚年,都需

---

① 赵曼:《社会保障学》,中国财政经济出版社,2003年版,第76页。
② 郑功成:《社会保障学》,中国劳动社会保障出版社,2005年版,第301页。

要有相应的养老保险。相对于失业、疾病、伤残等不确定事件而言,老年是一个确定的、可以清晰预见的、人人都会遇到的事件。而且从参加保险后的待遇享受来看,养老保险在享受权益方面也能够满足普遍需求。

2. 长期积累性

养老保险通常都是劳动者在年轻时参加,达到退休年龄办理退休手续后再领取,直到退休者死亡时终止。养老保险无论采取何种制度模式,均伴随着劳动者自走上劳动岗位后到死亡,这种长期积累性是养老保险固有的特性。

3. 地位特殊

一是老年风险的普遍性决定了这种风险的影响面和波及层的广度和深度,这也决定养老风险应得到最高重视的一种风险,在人均预期寿命不断延长的条件下更是如此;二是养老保险因待遇较高、领取养老金的时间长,其基金收支规模庞大,这决定了养老保险不仅是最重要的社会保险项目,而且在各国社会保障体系中占据着举足轻重的地位。

4. 管理复杂

一方面在于长期积累性带来的制度设计和管理上的难度;另一方面由于基金管理庞大,基金保值增值的负担也十分繁重,需要有专门的机构和人员来进行基金运营工作。

(三) 养老保险的财务机制

概括起来,世界各国养老保险的财务模式主要有现收现付式、完全积累式、部分积累式等。

1. 现收现付式

现收现付式,也称为非基金式或纳税式或统筹分摊式,不考虑资金储备,是从当年或近2—3年的养老保险收支平衡角度出发,确定适当的费率标准向企业和个人征收。该模式的实质是代际转移支付,即由在职劳动者供款以支付退休人员的养老保险待遇,其特点是以收定支,实现横向平衡。该模式的优点是收支关系清楚,管理方便,数学模型简单,操作简便,费率可及时、灵活调整,无资金贬值的风险和资金保值的压力,互济功能较强。其缺点是难以适应人口老龄化到来时养老保险费用膨胀的需要,缴费率(税率)波动大,给企业的成本核算带来负面影响,容易造成代际矛盾,对经济发展的促进的作用也不明显。

2. 完全积累式

完全积累式,也称基金式或总平均保险费式或预提分摊式,是对未来时期养老保险支出的需求测算,从追求养老保险收支的长期平衡角度出发,确定适当的费率标准,将养老保险较长时期的支出总和按比例分摊到整个期间并向企业和个人征收,积累形成养老保险基金。其特点是费率较为稳定,能够积累起养老保险基金,实现纵向平衡。该模式的优点是能够预防人口老龄化的冲击,费率比较稳定,劳动者的权利和义务关系非常紧密,能避免逃费和代际冲突;其缺点是面临较大的贬值风险,保值增值压力大,对基金测算的专业性要求较高,社会互济性较差,固定的费率标准难以适应经济的发展变化,易产生挪用等问题。

3. 部分积累式

部分积累式,也称部分基金式或混合式或阶梯式,是根据分阶段以收定支、略有节余的原则确定征收费率,目标是保持养老保险基金在一定时期内的收支平衡。其特点是费率具有弹性,根据支出需求分阶段地调整费率。该模式的优点是能满足一定时期内的养老保险基金支出,同时又能有一定的资金积累,贬值风险和投资压力较小;其缺点是数学模型复杂,计算烦琐,不能完全避免现收现付式和完全积累式的缺陷。

二、城镇基本养老保险

(一) 城镇职工基本养老保险

在中华人民共和国成立之前,中国共产党制定并公布了一系列关于实施基本养老保险的政策,但由于种种原因,有的政策并未得以实现,或效果不理想。1951年通过的《中华人民共和国劳动保险条例》[①],在实施对象、劳动保险费的征收与保管、养老金的支付等方面都做了详细的规定。1953年对该《条例》进行修正,进一步明确了养老金的支付标准。1958年,国务院将企业职工与行政事业部门职工的退休条件、养老金支付标准等统一。

改革开放以来,我国对城镇职工基本养老保险制度进行了一系列的调整和改革。《关于建立统一的企业职工基本养老保险制度的决定》(国发〔1997〕26号),明确规定了个人账户的规模,提出了进一步扩大养老保险覆盖面,规定了企业职工养老保险基金管理办法,标志着我国社会统筹和个人账户的职工养老保险模式初步得以确立。《关于实行企业职工基本养老保险省级统筹和行业统筹移交地方管理有关问题的通知》(国发〔1998〕28号),提出实行企业职工基本养老保险省级统筹,建立基本养老保险基金省级调剂机制。1999年颁布的《社会保险费征缴暂行条例》,强化保险费征收制度。国务院于2000年发布《完善城镇社会保障体系改革试点方案》,该方案中基本养老保险制度改革的一个重要变化就是实行社会统筹账户与个人账户由过去的通道式管理转变到板块式的分账管理。

国务院于2005年12月发布了《关于完善企业职工基本养老保险制度的决定》(国发〔2005〕38号),提出城镇各类企业职工、个体工商户和灵活就业人员都要参加企业职工基本养老保险;逐步做实个人账户;基本养老保险基金要纳入财政专户,实行收支两条线管理,严禁挤占挪用;从2006年1月1日起,个人账户的规模统一由本人缴费工资的11%调整为8%,全部由个人缴费形成,单位缴费不再划入个人账户;参加工作、缴费年限累计满15年的人员,退休后按月发给基本养老金,基本养老金由基础养老金和个人账户养老金组成;退休时的基础养老金月标准以当地上年度在岗职工月平均工资和本人指数化月平均缴费工资的平均值为基数,缴费每满1年发给1%;个人账户养老金月标准为个人账户储存额除以计发月数,计发月数根据职工退休时城镇人口平均预期寿命、本人退休年龄、利息等因素确定;本决定实施后到达退休年龄但缴费年限累计不

---

① 《中华人民共和国劳动保险条例》的基本内容在第十一章第一节另有阐述。

满 15 年的人员,不发给基础养老金;个人账户储存额一次性支付给本人,终止基本养老保险关系;建立基本养老金正常调整机制;发展企业年金;做好退休人员社会化管理服务工作等等。

2010 年 10 月通过的《中华人民共和国社会保险法》,在此前城镇职工基本养老政策基础上,第一次以法律的形式对参保对象、筹资模式、养老金领取等进行了规范,提出职工应当参加基本养老保险,由用人单位和职工共同缴纳基本养老保险费。无雇工的个体工商户、未在用人单位参加基本养老保险的非全日制从业人员以及其他灵活就业人员可以参加基本养老保险,由个人缴纳基本养老保险费。基本养老保险实行社会统筹与个人账户相结合。基本养老保险基金由用人单位和个人缴费以及政府补贴等组成。个人账户不得提前支取,记账利率不得低于银行定期存款利率,免征利息税。个人死亡的,个人账户余额可以继承。基本养老金由统筹养老金和个人账户养老金组成。基本养老金根据个人累计缴费年限、缴费工资、当地职工平均工资、个人账户金额、城镇人口平均预期寿命等因素确定。参加基本养老保险的个人,达到法定退休年龄时累计缴费满十五年的,按月领取基本养老金。参加基本养老保险的个人,达到法定退休年龄时累计缴费不足十五年的,可以缴费至满十五年,按月领取基本养老金;也可以转入新型农村社会养老保险或者城镇居民社会养老保险,按照国务院规定享受相应的养老保险待遇。

(二) 城镇居民基本养老保险

为解决年满 16 周岁(不含在校学生)、不符合职工基本养老保险参保条件的城镇非从业居民的养老问题,本着"保基本、广覆盖、有弹性、可持续"的基本原则,国务院出台了《关于开展城镇居民社会养老保险试点的指导意见》(国发〔2011〕18 号),于 2011 年 7 月 1 日启动了城镇居民基本养老保险的试点工作,并于 2012 年基本实现城镇居民基本养老保险制度全覆盖。

城镇居民养老保险基金主要由个人缴费和政府补贴构成。个人缴费,即参加城镇居民养老保险的城镇居民应当按规定缴纳养老保险费。缴费标准目前设为每年 100 元、200 元、300 元、400 元、500 元、600 元、700 元、800 元、900 元、1 000 元 10 个档次,地方人民政府可以根据实际情况增设缴费档次。参保人自主选择档次缴费,多缴多得。国家依据经济发展和城镇居民人均可支配收入增长等情况适时调整缴费档次。政府补贴,即政府对符合待遇领取条件的参保人全额支付城镇居民养老保险基础养老金。其中,中央财政对中西部地区按中央确定的基础养老金标准给予全额补助,对东部地区给予 50% 的补助。地方人民政府应对参保人员缴费给予补贴,补贴标准不低于每人每年 30 元;对选择较高档次标准缴费的,可给予适当鼓励,具体标准和办法由省(区、市)人民政府确定。对城镇重度残疾人等缴费困难群体,地方人民政府为其代缴部分或全部最低标准的养老保险费。同时,鼓励其他经济组织、社会组织和个人为参保人缴费提供资助。

国家为每个参保人员建立终身记录的养老保险个人账户。个人缴费、地方人民政府对参保人的缴费补贴及其他来源的缴费资助,全部记入个人账户并参考中国人民银行公布的金融机构人民币一年期存款利率计息。

养老金待遇由基础养老金和个人账户养老金构成,支付终身。中央确定的基础养老金标准为每人每月 55 元,地方人民政府可以根据实际情况提高基础养老金标准,对于长期缴费的城镇居民,可适当加发基础养老金。个人账户养老金的月计发标准为个人账户储存额除以 139(与现行职工基本养老保险及新农保个人账户养老金计发系数相同)。参保人员死亡,个人账户中的资金余额,除政府补贴外,可以依法继承;政府补贴余额用于继续支付其他参保人的养老金。

参加城镇居民养老保险的城镇居民,年满 60 周岁,可按月领取养老金。城镇居民养老保险制度实施时,已年满 60 周岁,未享受职工基本养老保险待遇以及国家规定的其他养老待遇的,不用缴费,可按月领取基础养老金;距领取年龄不足 15 年的,应按年缴费,也允许补缴,累计缴费不超过 15 年;距领取年龄超过 15 年的,应按年缴费,累计缴费不少于 15 年。国家根据经济发展和物价变动等情况,适时调整全国城镇居民养老保险基础养老金的最低标准。

三、机关事业单位养老保险

(一)机关事业单位养老保险的政策沿革

机关事业单位退休制度始建于 20 世纪 50 年代,成型于 1978 年,是计划经济体制下"铁饭碗"制度的产物,其基本模式为现收现付制。制度的主要特点有以下几种。

第一,权利与义务不对等。机关事业单位人员的养老保险费用完全由财政或单位统包,个人不需缴纳养老保险费,退休后就可按月领取养老金。

第二,实行待遇确定型养老保险金计发办法。职工退休时按照本人退休前最后一个月基本工资的一定比例计发,沿用计划体制下的按工龄来计算退休待遇的办法,工作年限越长,其养老金越高。如工作年限满 35 年的可达到原基本工资的 90% 左右,工作不满 10 年的为原基本工资的 40% 左右。

第三,退休人员养老金调整与在职人员调整工资同步进行。在职人员调整工资标准时,离退休人员相应增加养老金。离休人员原则上按同职务在职人员平均增资额增加,退休人员按同职务在职人员平均增资额的 90% 增加。

第四,退休人员管理工作主要由原单位负责。许多机关事业单位都设立了离退休人员管理机构,具体负责本单位离退休人员的管理工作。

基于机关事业单位养老保险的特点,从其运行结果看,虽对于保障离退休人员的基本生活、促进各项事业的发展、维护社会的稳定发挥了重要作用,但也造成一些问题,如机关事业单位的平均待遇水平高于企业,引发许多不必要的矛盾;由于未缴费建立个人账户,人员在机关事业单位与企业之间流动时其养老保险关系难以接受和转移;机关事业单位养老保险待遇随在职人员的工资水平不断提高,养老保险费用的财政负担也越来越重。

原人事部于 1992 年颁发的《关于机关、事业单位养老保险制度改革有关问题的通知》(人退发〔1992〕2 号)提出,贯彻党中央、国务院关于"按照国家、集体、个人共同合理负担的原则,在城镇各类职工中逐步建立社会养老保险制度"的决定精神,逐步改变退休金实行现收现付、全部由国家包下来的做法,要在总结我国现行干部退休制度的基础上,建立国家统一的、具有中国特色的机关、事业单位社会养老保险制度。随后全国二十多个省份进行了不同形式的机关事业单位养老保险制度改革探索,政策呈现多样化、碎片化。

(二)机关事业单位养老保险改革最新进展

国务院 2015 年出台了《关于机关事业单位工作人员养老保险制度改革的决定》(国发〔2015〕2 号),决定改革按照公务员法管理的单位、参照公务员法管理的机关(单位)、事业单位及其编制内的工作人员的养老保险制度,建立实行社会统筹与个人账户相结合的基本养老保险制度。

新的机关事业单位养老保险制度的基本养老保险费由单位和个人共同负担,单位缴费的比例为本单位工资总额的 20%,个人缴费的比例为本人缴费工资的 8%,由单位代扣。按本人缴费工资 8% 的数额建立基本养老保险个人账户,全部由个人缴费形成。个人工资超过当地上年度在岗职工平均工资 300% 以上的部分,不计入个人缴费工资基数;低于当地上年度在岗职工平均工资 60% 的,按当地在岗职工平均工资的 60% 计算个人缴费工资基数。个人账户储存额只用于工作人员养老,不得提前支取,每年按照国家统一公布的记账利率计算利息,免征利息税。参保人员死亡的,个人账户余额可以依法继承。

改革实施后参加工作、个人缴费年限累计满 15 年的人员,退休后按月发给基本养老金。基本养老金由基础养老金和个人账户养老金组成,退休时的基础养老金月标准以当地上年度在岗职工月平均工资和本人指数化月平均缴费工资的平均值为基数,缴费每满 1 年发给 1%;个人账户养老金月标准为个人账户储存额除以计发月数,计发月数根据本人退休时城镇人口平均预期寿命、本人退休年龄、利息等因素确定。改革实施前参加工作、改革后退休且缴费年限(含视同缴费年限,下同)累计满 15 年的人员,按照合理衔接、平稳过渡的原则,在发给基础养老金和个人账户养老金的基础上,再依据视同缴费年限长短发给过渡性养老金。具体办法由人力资源社会保障部会同有关部门制定并指导实施。改革实施后达到退休年龄但个人缴费年限累计不满 15 年的人员,其基本养老保险关系处理和基本养老金计发比照《实施〈中华人民共和国社会保险法〉若干规定》(人力资源社会保障部令第 13 号)执行。改革实施前已经退休的人员,继续按照国家规定的原待遇标准发放基本养老金,同时执行基本养老金调整办法。机关事业单位离休人员仍按照国家统一规定发给离休费,并调整相关待遇。

同时,根据职工工资增长和物价变动等情况,统筹安排机关事业单位和企业退休人员的基本养老金调整,逐步建立兼顾各类人员的养老保险待遇正常调整机制,分享经济社会发展成果,保障退休人员基本生活。机关事业单位在参加基本养老保险的基础上,为其工作人员建立职业年金。单位按本单位工资总额的 8% 缴费,个人按本人缴费工资的 4% 缴费。工作人员退休后,按月领取职业年金待遇。

从整体看,机关事业单位养老保险与企业职工养老保险基本一致,改革终结了机关事业单位个人不用缴纳养老保险费的历史,但也更加体现了公平和公正。

四、农村社会养老保险

(一) 农村养老保险的早期探索

农村社会养老保险制度的探索始于1986年,民政部1992年出台《县级农村社会养老保险基本方案》后全国全面铺开。农村养老保险自开设以来,取得了一定的成效,积累了宝贵的经验,但随后陷入停滞状态,出现覆盖面窄、统筹层次低、保障水平低等问题。这主要在于农村养老保险政策本身存在一些缺陷①:第一,回避政府财政责任。在制度设计中缺乏确保实现政府责任的具体机制,变成完全依靠个人积累和基金自身的增值来实现保障和收支平衡。第二,法制化程度低。目前国家立法机关并未颁布农村养老保险制度的成文法,《基本方案》只是部门规章,法律层次低,法律效力低,其强制性不够,导致实际运行层面出现诸多问题。第三,农村养老保险基金难以保值增值。现行农村养老保险保基金增值方式虽在一定程度上保证了基金安全,但易受利率下降、通货膨胀等因素影响,导致养老基金负增长,基金在无形中"缩水"。第四,其他方面的缺陷。农村养老保险制度门槛高且"保富不保穷",穷困的农民不能从社会保险制度中获益;农村养老保险养老金调整机制不够完善,计发标准一经确定就不作调整,参保对象无法增投及享受社会经济发展进步的成果。

(二) 新型农村养老保险制度的建立

新型农村养老保险制度是在对原《县级农村社会养老保险基本方案》进行深刻反思情况下,经济发达的农村地区仿照城镇社会养老保险制度的框架,在我国部分经济发达的农村地区推行的一种新型的社会养老保险制度。根据《国务院关于开展新型农村社会养老保险试点的指导意见》(国发〔2009〕32号)要求,新型农村养老保险2009年开始试点,当年覆盖面为全国10%的县(市、区、旗),以后逐步扩大试点,并在全国普遍实施,2020年之前基本实现对农村适龄居民的全覆盖。新型农村养老保险较之《县级农村社会养老保险基本方案》有以下新突破。

一是参保对象主体改变。新型的农村基本养老保险制度明确以从事农业生产的农村劳动力为主,对农村各类企业及其从业人员,要求参加城镇职工基本养老保险。参保对象由原乡镇企业职工、农村干部、民办教师、复员军人等为主转变为从事农业生产的劳动力为主体。

二是建立了"个人缴费、集体补助和地方财政补贴"三方分担保险费的筹资机制。新型的农村养老保险制度中市(县)、乡镇、村三级补助补贴的资金约占一半左右,个人缴费的比例一般不超过50%,较好地体现了个人、集体、国家三者在养老保险制度中的责任,因而激发了广大农民参保的热情和积极性。

三是确立了合理的筹资基数和筹资标准。新农保基金由个人缴费、集体补助、政府补贴构成,其中个人缴费是指参加新农保的农村居民应当按规定缴纳养老保险费。缴费标准目前设为每年100元、200元、300元、400元、500元5个档次,各地区可以根据

---

① 李春根,李建华:"探索建立江西省新型农村养老保险制度",《求实》2008年第7期,第90—92页。

实际情况增设缴费档次。参保人自主选择档次缴费,多缴多得。国家依据农村居民人均纯收入增长等情况适时调整缴费档次。集体补助是指有条件的村集体应当对参保人缴费给予补助,同时鼓励其他经济组织、社会公益组织、个人为参保人缴费提供资助。政府补贴是指政府对符合领取条件的参保人全额支付新农保基础养老金,其中中央财政对中西部地区按中央确定的基础养老金标准给予全额补助,对东部地区给予50%的补助。地方政府应当对参保人缴费给予补贴,补贴标准不低于每人每年30元;对选择较高档次标准缴费的,可给予适当鼓励,具体标准和办法由省(区、市)人民政府确定。对农村重度残疾人等缴费困难群体,地方政府为其代缴部分或全部最低标准的养老保险费。

养老金待遇由基础养老金和个人账户养老金组成,支付终身。中央确定的基础养老金标准为每人每月55元。地方政府可以根据实际情况提高基础养老金标准,对于长期缴费的农村居民,可适当加发基础养老金,提高和加发部分的资金由地方政府支出。个人账户养老金的月计发标准为个人账户全部储存额除以139(与现行城镇职工基本养老保险个人账户养老金计发系数相同)。参保人死亡,个人账户中的资金余额,除政府补贴外,可以依法继承;政府补贴余额用于继续支付其他参保人的养老金。

五、统一的城乡居民基本养老保险制度的建立

新型农村养老保险制度框架基本与城镇居民基本养老保险制度相一致,区别主要在于缴费基数的不同,通过调节缴费基数可以实现城乡基本养老保险制度的衔接。2014年初,国务院出台《关于建立统一的城乡居民基本养老保险制度的意见》(国发〔2014〕8号),决定将新型农村社会养老保险(新农保)和城镇居民养老保险(城居保)两项制度合并实施,在全国范围内建立统一的城乡居民基本养老保险制度。年满16周岁(不含在校学生),非国家机关和事业单位工作人员及不属于职工基本养老保险制度覆盖范围的城乡居民,可以在户籍地参加城乡居民养老保险。

城乡居民养老保险与新农保、城居保在基本方案的设计上相同,主要的不同在于个人缴费标准档次增加,目前设为每年100元、200元、300元、400元、500元、600元、700元、800元、900元、1 000元、1 500元、2 000元12个档次,省(区、市)人民政府可以根据实际情况增设缴费档次,最高缴费档次标准原则上不超过当地灵活就业人员参加职工基本养老保险的年缴费额。

随后人力资源社会保障部印发了《城乡养老保险制度衔接暂行办法》(人社部发〔2014〕17号),规定参加城镇职工养老保险和城乡居民养老保险人员,达到城镇职工养老保险法定退休年龄后,城镇职工养老保险缴费年限满15年(含延长缴费至15年)的,可以申请从城乡居民养老保险转入城镇职工养老保险,按照城镇职工养老保险办法计发相应待遇;城镇职工养老保险缴费年限不足15年的,可以申请从城镇职工养老保险转入城乡居民养老保险,待达到城乡居民养老保险规定的领取条件时,按照城乡居民养老保险办法计发相应待遇。做好城乡养老保险制度衔接工作,有利于促进劳动力的合理流动,保障广大城乡参保人员的权益,对于健全和完善城乡统筹的社会保障体系具有重要意义。

第三节 医疗保险

一、医疗保险概述

(一) 医疗保险的内涵界定与特点

国民健康反映了一个国家或地区全体居民的整体健康水平,它是以人的生理表现为基础的社会现象。不论什么社会形态,生老病死是每个人都要经历的生命历程,人类发生病伤就需要医疗,由此带来的经济负担许多劳动者仅靠自己或家庭的收入是难以承受的,因病致贫,因病返贫或因贫不能治疗的情况普遍存在,这就是所谓的疾病风险。医疗保险作为人类抵御疾病风险、满足其健康需求的一种重要的实践环节,有广义、狭义之分。狭义的医疗保险是指对劳动者因患病或非因工负伤所发生的医疗费用予以补偿的一项保险项目。广义的医疗保险则除了补偿医疗费用以外,还补偿疾病给人们带来的间接的经济损失,如误工工资以及疾病预防和健康维护等费用。医疗保险一般还可分为社会医疗保险、商业医疗保险等。本教材的研究对象主要是社会医疗保险,它是指以立法形式通过强制性的规范或自愿的契约,在一定区域的一定人群中筹集医疗保险基金,并为该人群的每一成员公平地分担,对由于疾病所引起的纯粹以补偿医疗费用为主要目的社会保险制度中的一个险种。

医疗保险除具有社会保险的一般特点,还由于疾病风险和医疗服务需求的特殊性,与其他社会保险项目相比,在实践中表现出自身固有的一些特点。

1. 涉及面广、关系复杂

医疗保险涉及政府、用人单位、医疗机构、社会保险机构、医药机构和患者个人等多方之间复杂的权利义务关系,要处理好这样复杂的关系,必然需要兼顾各方主体的权益并对各利益主体形成一种制衡机制。因此,医疗保险的有效性也就不仅取决于其本身的科学、合理性,同时还与公共卫生资源的合理配置、医疗卫生体制、医药流通体制等紧密相关。

2. 医疗保险费用开支额度难以预测和控制

一是疾病风险具有不可预知性,对疾病发生的时间、类型、程度难以准确的预测;二是人通常具有强烈的求生欲,这导致人们在生重病时会不择手段地求医,而且医疗保险津贴提供的支付受多种因素影响,其费用额度变化较大,难以掌握;三是由于医疗消费信息的不对称性,容易出现医疗消费的过渡需求,从而引起医疗费用的不合理上涨。

3. 医疗保险属于短期的、经常性、收益期长的保险

由于疾病的发生是随机的、不可预知的,医疗保险所提供的补偿也只能是短期的、经常性的。不过由于人的一生中不可避免地要生病,医疗保险也就会伴随参加保险人员的一生。

4. 医疗保险在社会保险体系中属于关联性最强的保险

医疗保险与其他社会保险各类子项目密切交织在一起。被保险人不论是否享受生

育保险、养老保险、工伤保险及失业保险,只要发生疾病、负伤等保险事故都能同时享受医疗保险。

(二)医疗保险的基本内容与模式

以法律的形式确定医疗保险,是从1883年德国颁布《疾病社会保险法》开始的,至今已有100多年历史了。医疗保险的基本内容一般包括:医疗保险的当事人、医疗保险基金的筹集、医疗保险待遇的给付等等。医疗保险的当事人包括政府、医疗保险机构、医院服务方、被保险方和雇主。医疗保险基金的筹集是通过医疗保险机构依法对法定范围内的单位和人群征收医疗保险费(税),并体现出强制性、费用共担及收支平衡的原则。医疗保险的待遇包括补偿被保险人因病造成的收入损失、承担因治疗疾病所发生的医疗费用等,其支付方式可以分为后付制和预付制,而预付制包括总额预算包干、按人头付费、按病种付费、工资制等方式。

由于经济发展水平和卫生服务条件得差异,不同国家的医疗保险制度有着各自不同的特点。根据资金筹集方式以及卫生服务提供方式的不同,当前世界各国的医疗保险制度模式可以分为社会医疗保险、国家医疗保险、储蓄医疗保险、合作医疗保险、私营医疗保险等模式。

1. 社会医疗保险模式

社会医疗保险模式是指国家通过立法强制实施的,由雇主和雇员按照一定比例缴纳医疗保险费以建立医疗保险基金,并由该基金支付雇员或其家属的医疗费用的一种医疗保险模式。该模式以德国、日本等国为代表,具有医疗保险所需资金来源于社会统筹、医疗服务由市场进行调节等特点。

2. 国家医疗保险模式

国家医疗保险模式,亦称为全民医疗保险或全民健康保险,是指政府直接举办医疗保险事业,向全体国民提供免费或低收费医疗服务的模式。该模式以英国、瑞典等国为代表,具有医疗保险所需资金通过政府税收的形式筹措、全面性与公平性、能够全面保障全体国民的身体健康、满足全体国民多方面的医疗保障需求等特点。

3. 储蓄医疗保险模式

储蓄医疗保险模式是指根据法律规定,强制性的要求雇员按照其工资收入的一定比例缴纳医疗保险费,并相应地建立个人账户,用以支付个人及家庭成员的医疗费用的一种模式。该模式以新加坡等国为代表,具有医疗保险所需的费用主要靠个人自我积累、医疗卫生服务主要由公立机构提供等特点。

4. 合作医疗保险模式

合作医疗保险模式又称社区合作医疗保险或基层医疗保险和集资医疗保险,是立足社会或基层,按照"风险分担、互助共济"的原则多方筹集资金,用于支付参保人及其家庭成员的医疗、预防、保健等服务费用的一项综合性医疗保健措施。我国农村的合作医疗和泰国的健康保险卡制度属于这一模式。

5. 私营医疗保险模式

私营医疗保险模式也称商业医疗保险,是按照市场法则由私营机构自由经营的医疗保险模式。该模式以美国等国为代表,具有医疗保险基金的筹集和医疗服务的提供全部由市场进行调节等特点。

(三) 医疗保险的功能

医疗保险作为社会保障体系的一个重要组成部分,其功能是多维、复合并且呈叠加效应。

1. 促进劳动生产率的提高,推动社会的进步

医疗保险是社会进步、生产发展的必然结果。反过来,医疗保险制度的建立和完善又会进一步促进社会的进步和生产的发展。一方面医疗保险解除了劳动者的后顾之忧,使其安心工作,从而可以提高劳动生产率,促进生产的发展;另一方面也保证了劳动者的身心健康,保证了劳动力正常再生产,减少病休,提高工人生产率。

2. 缓解贫困,促进社会公平

穷人的最大资产是其自身,尤其是其体力。医疗保险制度的实施,可以使劳动者尽快恢复身体健康,便于其重新从事劳动并取得经济收入,从而有效地帮助劳动者从因病致贫或因贫致病的贫病交加的状态中解脱出来,并随着社会生产的发展不断改善和提高其物质文化生活。

3. 推动社会主义市场经济体制的建立和完善

医疗保险对患病的劳动者给予经济上的帮助,有助于消除因疾病带来的社会不安定因素,在一定程度上化解了社会矛盾,激发了劳动者的工作热情;另外,广泛覆盖的医疗保险制度便于劳动者的合理流动,有利于统一的劳动力市场的形成。此外,医疗保险制度的建立,均衡了企业的负担,为企业的平等竞争创造了一个良好的外部环境,从而推动现代企业制度的建立。

4. 适度控制医疗费用的增长

医疗保险制度的实施,对医院乱用药进行有效的监督,规范医院的行为。此外,还有利于培养劳动者的自我保健意识,增强自我保障能力,有利于实现公平与效率的结合和统一。

(四) 我国医疗保险体系的架构

医疗保险体系是指一个国家各种医疗保险制度的集合。由于我国是发展中国家,人口多、资源相对薄弱的状况将长期存在,医疗保险的发展水平,总体上在逐渐上升,但不会很快。既要适应广大国民医疗需求不断提高的趋势,又要利用各种机制,限制医疗水平的过快增长。为此,我国建立了保障范围广覆盖、保障结构多层次、保障方式多样化、保障资金多渠道、保障主体多元化的中国特色医疗保险体系。现阶段,我国的医疗保险体系主要包括基本医疗保险(城镇职工医疗保险)、补充医疗保险(企业补充医疗保险、公务员医疗补助)、大病医疗保险、城镇居民医疗保险、新型农村合作医疗保险、社会医疗救助和商业医疗保险。这几种医疗保险制度有以下主要功能与特点。

(1) 城镇职工基本医疗保险是由政府制定、用人单位和职工共同参加的一种社会保险制度。它按照财政、用人单位和职工的承受能力来确定职工的基本医疗保障水平,具有广泛性、共济性、强制性的特点。基本医疗保险是我国医疗保险体系的基础,实行个人账户与统筹基金相结合的运作方式,主要支付一般的门诊、急诊、住院费用,能够保障广大参保人员的基本医疗需求。

(2) 城镇居民医疗保险是以没有参加城镇职工医疗保险的城镇未成年人和没有工作的居民为主要参保对象的医疗保险制度，它主要是对城镇非从业居民医疗保险做了制度安排。不属于城镇职工基本医疗保险制度覆盖范围的中小学阶段的学生（包括职业高中、中专、技校学生）、少年儿童和其他非从业城镇居民都可自愿参加城镇居民基本医疗保险。

(3) 新型农村合作医疗制度是运用政府资助、个人缴费和集体扶持相结合的筹资机制，以县为单位管理、政府为主导，以大病统筹为主，重点解决农村人口患大病而出现的因病致贫、因病返贫问题的一项农民初级医疗保险制度。

(4) 公务员医疗补助是国家为保障公务员医疗待遇水平不降低（与公费医疗制度相比）而建立的医疗补助，是对基本医疗保险封顶线以上部分的医疗费、门诊医疗费个人账户支付不足的部分、统筹基金支付中个人负担过重的部分给予的补助。

(5) 企业补充医疗保险是基本医疗保险的补充形式。有条件的企业和事业单位在参加基本医疗保险的基础上，可以为职工和退休人员建立补充医疗保险，用以支付基本医疗保险及大额医疗费用互助不能解决的费用。

(6) 大病保险是对城乡居民因患大病发生的高额医疗费用给予报销，目的是解决群众反映强烈的"因病致贫、因病返贫"问题，使绝大部分人不会再因为疾病陷入经济困境。2012年8月30日，国家发展和改革委、卫生部、财政部、人社部、民政部、保险监督管理委员会等六部委《关于开展城乡居民大病保险工作的指导意见》发布，明确针对城镇居民医保、新农合参保（合）人大病负担重的情况，引入市场机制，建立大病保险制度，减轻城乡居民的大病负担，大病医保报销比例不低于50%。

(7) 商业医疗保险是医疗保险体系的重要组成部分，由单位和个人根据权利与义务对等原则自愿购买。可以为有不同医疗需求的人提供度身定做的医疗保险。

(8) 社会医疗救助是为保障城镇居民中享受最低保障待遇人员及农村未解决温饱人口等贫困群体的基本医疗而设立的保障制度。

这些功能各异、互为补充的医疗保险制度共同构成了我国现阶段多层次医疗保险体系。这个体系的建立经过了半个世纪的探索和改革。从20世纪50年代初期的公费医疗、劳保医疗到1998年城镇职工基本医疗保险制度开始建立，又到如今与基本医疗保险制度相配套的各项医疗保险制度陆续建立互相配合、衔接，共同组成了为我国人民的健康保驾护航的医疗保险体系。

延伸阅读

健全医疗保险稳定可持续筹资和报销比例调整机制，完善医保缴费参保政策。全面实施城乡居民大病保险制度，健全重特大疾病救助和疾病应急救助制度。降低大病慢性病医疗费用。改革医保管理和支付方式，合理控制医疗费用，实现医保基金可持续平衡。改进个人账户，开展门诊费用统筹。城乡医保参保率稳定在95%以上。加快推进基本医保异地就医结算，实现跨省异地安置退休人员住院医疗费用直接结算。整合城乡居民医保政策和经办管理。鼓励商业保险机构参与医保经办。将生育保险和基本医疗保险合并实施。鼓励发展补充医疗保险和商业健康保险。探索建立长期护理保险制度,开展长期护理保险试点。完善医疗责任险制度。

——《中华人民共和国国民经济和社会发展第十三个五年规划纲要》,第六十章《推进健康中国建设》,第二节《健全全民医疗保障体系》

二、城镇职工基本医疗保险

(一) 计划经济下的公费医疗和劳保医疗

从1949年到改革开放时期,我国实行高度集中的计划经济体制,同时建立了与这一经济体制相适应的城镇职工医疗保障制度,这一制度包括公费医疗、劳保医疗制度两部分。传统的医疗保障制度在保障城镇职工的身体健康,维护社会稳定,恢复和促进经济建设方面曾发挥了积极的作用。但是,随着改革开放和社会主义市场经济体制的建立以及企业改革的不断深化,公费、劳保医疗保障制度已难以解决市场经济条件下职工的基本医疗保障问题,弊端日益显现:一是国家和用人单位对职工医疗费包揽过多,财政和企业不堪重负;二是对医患双方缺乏有效的制约机制,医疗费用增长过快、浪费严重;三是覆盖范围过窄,不能适应多种所有制经济共同发展和劳动力合理流动的需要;四是社会化管理程度低,城市医疗服务资源重复建设,医疗费用缺乏社会互济,企业承担着大量的社会职能。

(二) 现行城镇职工基本医疗保险政策

我国现行的城镇职工基本医疗保险政策框架,是在总结以往各地医疗保险改革试点经验的基础上,依据1998年12月国务院发布的《关于建立城镇职工基本医疗保险制度的决定》,1999年原劳动和社会保障部等主管部委联合发布的《城镇职工基本医疗保险用药范围管理暂行办法》《城镇职工基本医疗保险定点医疗机构管理暂行办法》《关于城镇职工基本医疗保险诊疗项目管理的意见》,以及《中华人民共和国城镇职工基本医疗保险条例》等政策法规制定的,主要包括以下内容。

1. 覆盖范围

城镇所有用人单位,包括企业(国有企业、集体企业、外商投资企业、私营企业等)、机关、事业单位、社会团体、民办非企业单位及其职工,都要参加基本医疗保险。

2. 缴费办法

基本医疗保险原则上以地级以上行政区(包括地、市、州、盟)为统筹单位,也可以县(市)为统筹单位,北京、天津、上海3个直辖市原则上在全市范围内实行统筹(以下简称统筹地区)。所有用人单位及其职工按照属地管理原则参加所在统筹地区的基本医疗保险,执行统一政策,实行基本医疗保险基金的统一筹集、使用和管理。基本医疗保险费由用人单位和职工共同缴纳。用人单位缴费率应控制在职工工资总额的5%—7%,职工缴费率一般为本人月工资工资总额的2%。各统筹地区的具体缴费标准由当地政府确定,同时允许筹资标准随经济发展作适当调整。

3. 统筹基金和个人账户

基本医疗保险基金由统筹基金和个人账户构成。职工个人缴纳的基本医疗保险费,全部计入个人账户。用人单位缴纳的基本医疗保险费分为两部分,一部分用于建立统筹基金,一部分划入个人账户。划入个人账户的比例一般为用人单位缴费的25%—30%左右,具体比例由统筹地区根据个人账户的支付范围和职工年龄等因素确定。统筹基金和个人账户划定各自的支付范围,分别核算,不得互相挤占。统筹基金主要支付大额和住院医疗费用,由医疗保险经办机构统筹调剂使用;个人账户主要支付小额和门诊医疗费用。确定统筹基金的起付标准和最高支付限额,起付标准原则上控制在当地职工上年度平均工资的10%左右,最高支付限额原则上控制在当地职工上年度平均工资的4倍左右。起付标准以下的医疗费用,从个人账户中支付或由个人自付。起付标准以上、最高支付限额以下的医疗费用,主要从统筹基金中支付,个人也要负担一定比例。超过最高支付限额的医疗费用,可以通过商业医疗保险等途径解决。统筹基金的具体起付标准、最高支付限额以及在起付标准以上和最高支付限额以下医疗费用的个人负担比例,由统筹地区根据以收定支、收支平衡的原则确定。

4. 基金的管理和监督

基本医疗保险基金纳入财政专户管理,专款专用,不得挤占挪用。社会保险经办机构负责基本医疗保险基金的筹集、管理和支付,并建立健全预决算制度、财务会计制度和内部审计制度。社会保险经办机构的事业经费不得从基金中提取,由各级财政预算解决。统筹地区设立由政府有关部门代表、用人单位代表、医疗机构代表、工会代表和有关专家参加的医疗保险基金监督组织,加强对基本医疗保险基金的社会监督。基本医疗保险基金的银行计息办法:当年筹集的部分,按活期存款利率计息;上年结转的基金本息,按3个月期整存整取银行存款利率计息;存入社会保障财政专户的沉淀资金,比照3年期零存整取储蓄存款利率计息,并不低于该档次利率水平。个人账户的本金和利息归个人所有,可以结转使用和继承。

5. 医疗机构和医疗服务政策

通过制定基本医疗保险药品目录、诊疗项目和医疗服务设施标准以及相应的管理办法,确定了基本医疗保险服务的范围和标准;实行医、药分开核算,分别管理,对提供基本医疗服务的医疗机构和药店实行定点管理;对医疗机构进行调整、改革,规范医疗行为,减员增效,提高卫生资源的利用效率;积极发展社区卫生服务项目,其中基本医疗服务可以纳入基本医疗保险支付范围。

6. 特殊政策

离休人员、老红军、二等乙级以上革命伤残军人的医疗待遇不变,医疗费用按原资金渠道解决,支付确有困难的,由同级人民政府帮助解决;退休人员参加基本医疗保险,个人不缴纳基本医疗保险费,其账户资金全部从单位缴费中划入,划入比例或资金总量要高于在职职工,个人负担医疗费的比例给予适当照顾;国家公务员在参加基本医疗保险的基础上,享受医疗补助政策;为了不降低一些特定行业职工现有的医疗消费水平,在参加基本医疗保险的基础上,作为过渡措施,允许建立企业补充医疗保险,其保险费在工资总额4%以内的部分,从职工福利费中列支,福利费不足列支的部分,经同级财政部门核准后列入成本;国有企业下岗职工的基本医疗保险费,包括单位缴费和个人缴费,均由再就业服务中心按照当地上年度职工平均工资的60%为基数缴纳。

城镇职工基本医疗保险发展至今,制度更加完善,如覆盖范围从城镇职工扩大至城镇自由职业者,各地根据当地的经济发展情况对缴费比例、待遇水平(起付线、报销比例及封顶线)进行了适当调整,海南等省份已经实现省级统筹。人力资源和社会保障部发布的统计公报显示,截止2017年末,全国参加城镇职工基本医疗保险人数达到约30 323万人,其中参保职工22 288万人,参保退休人员8 034万人。

三、城镇居民基本医疗保险

针对城镇非从业居民缺乏医疗保障,为实现基本建立覆盖城乡全体居民的医疗保障体系的目标,我国从2007年起开始在全国88个城市中试点实施城镇居民基本医疗保险,2008年试点扩大到全国一半以上城市,目前城镇居民医疗保险已实现全覆盖。城镇居民基本医疗保险主要政策如下。

1. 参保对象

城镇居民基本医疗保险面向的参保对象是:具有当地城镇户籍,未参加职工基本医疗保险的城镇居民,包括未成年人、老年人、大中专院校在校学生、转为城镇户籍的被征地农牧民,以及城镇其他非从业人员。

2. 保障形式

城镇居民基本医疗保险的保障形式是:以大病统筹为主,即住院统筹和门诊统筹相结合,以补助住院医药费用为主,适当补助门诊医药费用。

3. 筹资水平

各省市应根据当地的经济发展水平以及成年人和未成年人等不同人群的基本医疗消费需求,并考虑当地居民家庭和财政的负担能力,恰当确定筹资水平;探索建立筹资水平、缴费年限和待遇水平相挂钩的机制。

4. 缴费和补助

城镇居民基本医疗保险以家庭缴费为主,政府给予适当补助。参保居民按规定缴纳基本医疗保险费,享受相应的医疗保险待遇,有条件的用人单位可以对职工家属参保缴费给予补助。国家对个人缴费和单位补助资金制定税收鼓励政策。城镇居民基本医疗保险医药费用补助范围是:以补助住院费用为主,适当补助门诊费用,实行起付线、补助比例、封顶线(最高补助限额)以及基本药物目录、诊疗项目目录和定点医疗制度。政府对参保居民个人缴费给予补助,对于低保对象、丧失劳动能力的重度残疾人、低收入家庭60周岁以上的老年人等困难居民参保给予更优厚的经济补助。

5. 费用报销

在本统筹区域内定点医疗机构就诊时,实行医药费用垫付制,即由定点医疗机构按报销比例垫付医药费用,不足部分个人付费。在统筹区域以外的定点医疗机构就诊者,先由个人付费,出院后持有关单据和资料到所辖区域的经办机构办理补助手续。

6. 医疗保险基金分配方式

城镇居民基本医疗保险基金划分为住院统筹基金、门诊统筹基金、风险储备基金三部分，分项建账，按项列支，结余基金按原项目结转下年继续使用。具体分配方式是：第一，住院统筹基金，占总基金的75%，用于住院医药费用补助；第二，门诊统筹基金，占总基金的20%，用于门诊医药费用补助；第三，风险储备基金，占总基金的5%，用于基金超常风险因素发生超支的弥补。逐年提取，累计达到基金总额的20%后不再提取。

四、新型农村合作医疗

（一）农村合作医疗的建立与发展

合作医疗，是中国农村社会通过集体和个人集资，用以为农村居民提供低费的医疗保健服务的一种互助互济制度，它既是中国医疗保障制度中有特色的组成部分，也是中国农村社会保障体系中的重要内容。

早在抗日战争时期，解放区就出现过农民集资兴办的合作医疗。中华人民共和国成立后，一些地方出现了由群众自发集资创办了具有公益性质的保健站和医疗站。到50年代末，农村合作医疗基本上处于各地自发举建的阶段。1959年，全国农村卫生工作会议正式肯定了农村合作医疗制度该制度在广大农村逐步扩大。到1976年，全国已有90%的农民参加了合作医疗，从而基本解决了广大农村社会成员看病难的问题。但随着20世纪80年代农村承包责任制的推行，全国大多数农村地区原有的以集体经济为基础的合作医疗制度遭到解体或停办的厄运。

自20世纪90年代以来，中国政府在推进城镇医疗保障制度改革的同时，也提出了"恢复与重建"农村合作医疗制度的任务，并为此进行了艰难的探索。但农村合作医疗制度没有像政府希望的那样恢复和重建起来。

（二）新型农村合作医疗政策

2003年1月，国务院办公厅转发卫生部等部门《关于建立新型农村合作医疗制度意见》，全国31个省、自治区、直辖市选择部分县开展新型农村合作医疗制度的试点（以下简称新农合），在2010年底我国新农合覆盖面就达到95%以上。新型农村合作医疗制度是由政府组织、引导、支持，农民以家庭为单位参加，个人、集体和政府多方面筹资，以大病统筹为主的农村医疗互助共济制度，目前已经实现了农村居民的全覆盖。新农合的主要内容体现为以下几个方面。

一是资金筹集方面，新型农村合作医疗制度实行个人缴费、集体扶持和政府资助相结合的筹资机制。与城镇居民基本医疗保险相同，国家财政给予农村居民参合一定的经济资助。二是基金管理方面，基金由农村合作医疗管理委员会及其经办机构进行管理，实行专款专用，专户储存，不得挤占挪用。三是基金补助及监督方面，农村合作医疗基金主要补助参加新型农村合作医疗农民的大额医疗费用或住院医疗费用，在基金结余较多的情况下可以启动医疗费用的二次补偿。农村合作医疗经办机构定期向农村合作医疗管理委员会汇报农村合作医疗基金的收支、使用情况；采取张榜公布等措施，定期向社会公布农村合作医疗基金的具体收支、使用情况，保证参加合作医疗农民的参与、知情和监督的权利。

此外，各地在实施新型农村合作医疗的过程中，对特殊对象实施了一些特殊政策，如对五保户、特困户、残疾人等特殊（弱势）群体参加合作医疗的，其个人应缴纳的资金由民政部门解决；对独生子女户、两女结扎户等计划生育优待户参加合作医疗的，其个人应缴纳的资金由计划生育部门解决；凡是参加合作医疗的孕产妇住院分娩，按照分娩方式，分别给予固定补助。

五、整合城乡居民基本医疗保险制度

整合城镇居民医保和新农合两项制度，建立统一的城乡居民基本医疗保险制度，是推进医药卫生体制改革、实现城乡居民公平享有基本医疗保险权益、促进社会公平正义、增进人民福祉的重大举措，对促进城乡经济社会协调发展、全面建成小康社会具有重要意义。在总结城镇居民医保和新农合运行情况以及地方探索实践经验的基础上，2016年1月3日，国务院发布了《关于整合城乡居民基本医疗保险制度的意见》，启动了城镇居民医保和新农合的制度整合。

整合后的城乡居民基本医疗保险制度实现了"六个统一"：一是统一覆盖范围。城乡居民医保制度覆盖范围包括现有城镇居民医保和新农合所有应参保（合）人员，即覆盖除职工基本医疗保险应参保人员以外的其他所有城乡居民。农民工和灵活就业人员依法参加职工基本医疗保险，有困难的可按照当地规定参加城乡居民医保。二是统一筹资政策。各地统筹考虑城乡居民医保与大病保险保障需求，按照基金收支平衡的原则，合理确定城乡统一的筹资标准。三是统一保障待遇。遵循保障适度、收支平衡的原则，均衡城乡保障待遇，逐步统一保障范围和支付标准，为参保人员提供公平的基本医疗保障。四是统一医保目录。统一城乡居民医保药品目录和医疗服务项目目录，明确药品和医疗服务支付范围。五是统一定点管理。统一城乡居民医保定点机构管理办法，强化定点服务协议管理，建立健全考核评价机制和动态的准入退出机制。六是统一基金管理。城乡居民医保执行国家统一的基金财务制度、会计制度和基金预决算管理制度。

整合后的城乡居民基本医疗保险制度，要求理顺管理体制。一是整合经办机构，鼓励有条件的地区理顺医保管理体制，统一基本医保行政管理职能。充分利用现有城镇居民医保、新农合经办资源，整合城乡居民医保经办机构、人员和信息系统，规范经办流程，提供一体化的经办服务。二是创新经办管理，鼓励有条件的地区创新经办服务模式，推进管办分开，引入竞争机制，在确保基金安全和有效监管的前提下，以政府购买服务的方式委托具有资质的商业保险机构等社会力量参与基本医保的经办服务，激发经办活力。

六、大病医疗保险

大病保险是对城乡居民因患大病发生的高额医疗费用给予报销，目的是解决群众反映强烈的"因病致贫、因病返贫"问题，使绝大部分人不会再因为疾病陷入经济困境。2012年8月30日，国家发展和改革委、卫生部、财政部、人社部、民政部、保险监督管理

委员会等六部委《关于开展城乡居民大病保险工作的指导意见》发布,明确针对城镇居民医保、新农合参保(合)人大病负担重的情况,引入市场机制,建立大病保险制度,减轻城乡居民的大病负担。经过试点,2015年7月国务院办公厅发布了《关于全面实施城乡居民大病保险的意见》(国办发〔2015〕57号),以加快推进大病保险制度建设。

大病保险的保障对象为城乡居民基本医保参保人,从城乡居民基本医保基金中划出一定比例或额度作为大病保险资金。城乡居民基本医保基金有结余的地区,利用结余筹集大病保险资金;结余不足或没有结余的地区,在年度筹集的基金中予以安排。大病保险原则上实行市(地)级统筹,鼓励省级统筹或全省(区、市)统一政策、统一组织实施,提高抗风险能力。大病保险与城乡居民基本医保相衔接,参保人患大病发生高额医疗费用,由大病保险对经城乡居民基本医保按规定支付后个人负担的合规医疗费用给予保障。

《关于全面实施城乡居民大病保险的意见》提出强化基本医保、大病保险、医疗救助、疾病应急救助、商业健康保险及慈善救助等制度间的互补联动,明确分工,细化措施,在政策制定、待遇支付、管理服务等方面做好衔接,努力实现大病患者应保尽保。鼓励有条件的地方探索建立覆盖职工、城镇居民和农村居民的有机衔接、政策统一的大病保险制度,推动实现新型农村合作医疗重大疾病保障向大病保险平稳过渡。建立大病信息通报制度,支持商业健康保险信息系统与基本医保、医疗机构信息系统进行必要的信息共享。大病保险承办机构要及时掌握大病患者医疗费用和基本医保支付情况,加强与城乡居民基本医保经办服务的衔接,提供"一站式"即时结算服务,确保群众方便、及时享受大病保险待遇。对经大病保险支付后自付费用仍有困难的患者,民政等部门要及时落实相关救助政策。

此外,《关于全面实施城乡居民大病保险的意见》还在规范大病保险承办服务方面提出了要求,主要包括:第一,支持商业保险机构承办大病保险,要求地方政府原则上通过政府招标选定商业保险机构承办大病保险业务,在正常招投标不能确定承办机构的情况下,再由地方政府明确承办机构的产生办法。对商业保险机构承办大病保险的保费收入免征营业税,免征保险业务监管费。第二,建立大病保险收支结余和政策性亏损的动态调整机制。遵循收支平衡、保本微利的原则,合理控制商业保险机构盈利率。商业保险机构因承办大病保险出现超过合同约定的结余,需向城乡居民基本医保基金返还资金;因城乡居民基本医保政策调整等政策性原因给商业保险机构带来亏损时,由城乡居民基本医保基金和商业保险机构分摊,具体分摊比例应在保险合同中载明。同时,鼓励商业保险机构发挥全国网络优势,简化报销手续,推动异地医保即时结算;鼓励商业保险机构在承办好大病保险业务的基础上,提供多样化的健康保险产品。

> **延 伸 阅 读**
>
> **15个地区试点长护保险　谁为"第六大保险"埋单?**
>
> 2016年7月8日,人社部发文《关于开展长期护理保险制度试点的指导意见》(下称《指导意见》),决定在河北省承德市、吉林省长春市、上海市、重庆市等15地开

展长期护理保险制度试点。保险制度主要覆盖试点城镇职工基本医保参保人群,计划利用1—2年时间,探索建立为长期失能人员的基本生活照料和医疗护理提供保障的社会保险制度。

所谓长期护理险制度,主要就是为被保险人在丧失日常生活能力、年老患病或身故时,侧重于提供护理保障和经济补偿的制度安排。有统计数据表明,截至2015年底,我国有60岁以上老年人2.2亿,其中失能、半失能老人超4 000万人,这些老人及其家庭难以支付长期护理服务所需的高额费用,政府的补助力度有限,远无法满足不断增长的长期护理服务需求。随着我国医保改革力度的增强,医保覆盖面日益提高,报销比例也在不断提高,加上大病医保、医疗救助等方面的补充,医保短板逐渐被一块块补齐,患者个人的负担越来越轻,相对而言,长期护理费倒成了一个沉重的担子。《指导意见》明确要求,根据护理等级、服务提供方式等制定差别化的待遇保障政策,对符合规定的长期护理费用,长期护理保险基金支付水平总体上控制在70%左右。

对于长期护理保险制度最为重要的资金来源问题,《指导意见》明确规定,试点阶段,可以通过优化职工医保统账结构、划转职工医保统筹基金结余、调剂职工医保费率等途径筹集资金,并逐步建立多渠道、动态筹资机制。但是,如果从现有的城乡居民医保基金中划拨的话也不现实,因为,同城镇职工医保基金一样,部分地区的城乡居民医保基金同样有亏空的现象发生。因此,基金来源是长期护理保险制度的关键问题。从国外发展经验来看,长期护理保险主要有津贴模式、社保模式、商保模式和混合模式。津贴模式是通过政府财政购买长期护理服务;社会保险模式是政府颁布护理保险法,由个人、企业及政府筹资;商业保险模式实质是推出一种市场化的金融产品。

资料来源:王晓慧,"谁为'第六大保险'埋单?",《华夏时报》,2016年7月18日第002版,有删节。

第四节 失业保险

一、失业保险概述

(一) 失业与失业保险

失业与就业是密切相关的两个概念,两者都有广义和狭义之分。广义的就业是指劳动力要素和生产资料要素有机结合,其本质是人和物在生产过程中的结合,并通过这种结合,形成社会生产力,创造社会财富,广义的失业就是指劳动者和生产资料相分离的状态,即劳动力资源处于闲置状态,其主观能动性和潜能无法发挥。狭义的就业是指具有劳动能力并处在法定劳动年龄阶段的人从事某一岗位的工作或合法的社会经济活动以获取劳动报酬或经营收入的一种活动。狭义的失业就是指劳动者处于劳动年龄,具有劳动能力并有劳动愿望并确实在寻找工作的情况下,不能得到适宜职业而失去收入的状态①。一般而言,多数国家或地区使用狭义的失业概念。

失业是一种重要的社会经济现象,是市场经济的必然产物,其带给劳动者个人及家庭的不利后果,以及可能导致的社会问题,促使各国政府均重视治理失业现象。与此同时,许多国家也把失业保险作为解除劳动者后顾之忧和化解失业带来的不利影响的一种重要制度安排来建设。失业保险是指国家通过立法强制实行的,由社会集中建设基金,对因失业而暂时中止生活来源的劳动者提供物质帮助及再就业服务的制度。它相对其他社会保险项目,具有一些独特的属性。第一,失业保险以失去工作为前提条件,以失业劳动者为保障对象。失业保险实施的前提是劳动者失去工作的机会,而不是失去劳动能力,失业保险只对有劳动能力并有劳动意愿但无劳动岗位的人提供保险。第二,失业风险形成的原因是非自然因素。失业保险所涉及的风险不是由人的生理因素等自然因素引起的,而是由一定时期的社会经济因素引起的,在一定程度上也与国家在一定时期的宏观经济政策相关。第三,失业保险的功能和形式的多元化。失业保险除了通过给付失业保险金保障失业劳动者的基本生活需求和基本医疗需求,还具有帮助失业劳动者提高素质,重新就业的功能和目标。失业保险在保障形式和内容上也具有多元性,除了向受保者发放保险金,更重要的是通过就业培训等形式来提高失业劳动者的文化和业务素质,并采取职业介绍、就业指导和咨询等方式来促进失业劳动者的再就业。

(二)失业保险的基本内容与类型

自法国于 1905 年通过立法的形式建立非强制的失业保险制度开始,至今已有 100 余年的历史。失业保险的基本内容包括:第一,覆盖范围。理论上应包括社会经济活动中所有劳动者,但实践中各国失业保险覆盖范围还是有较大差异的。荷兰、瑞士的失业保险覆盖所有雇员,英国则覆盖周收入在 62 英镑以上的雇员②。第二,失业保险基金的筹集。资金一般于来源政府、企业和个人,少数国家实行政府和用人单位或雇主单方付费制。筹集方式包括征收失业保险税、失业保险费、按固定金额征收。第三,失业保险金的支付。享受失业保险的条件是失业者参加了失业保险,在法定劳动年龄之内并具有劳动能力,还在失业保险机构登记失业并接受职业培训或职业介绍,属于非自愿失业。失业保险金支付标准的确定方法有工资比例法、均等法、混合法等。失业保险金的给付期限包括给付等待期和最长给付期。

根据不同的划分方法,可对失业保险进行如下分类。

(1) 按照参加失业保险的意愿是否具有强制性,可将失业保险分为强制性失业保险和非强制性失业保险。强制性失业保险是指由国家立法或政府制定规章来强制实施的,符合规定条件的劳动者或用人单位必须参加,双方必须依据法规规定履行各自的供款义务。非强制性失业保险一般是由工会组织实施的,用人单位和劳动者自愿参加,政府不参与管理,而是由工会建立的失业基金会进行管理,政府提供一定的资金支持。

(2) 按照失业者获得失业保险金的不同依据,可将失业保险分为权利型失业保险

---

① 洪进,杨辉:《社会保障导论》,中国科学技术大学出版社,2006 年版,第 195 页。
② 杨伟民,罗桂芬:《失业保险》,中国人民大学出版社,2000 年版,第 70 页。

和调查型失业保险。权利型失业保险是指失业者只要符合规定的缴费年限、非自愿失业等条件，就可以领取失业金，而不用管失业者的家庭收入情况。调查型失业保险也是由政府组织实施，但其是建立在收入调查的基础上的，以调查结果为依据，对于那些"确认"无法生存的失业者提供资助的制度。

（3）按照失业保险制度层次上的不同安排，可将失业保险分为单层次失业保险和多层次失业保险。单层次失业保险是指仅有一个层次的失业保险制度，如只有强制性失业保险或只有非强制性失业保险等。多层次失业保险一般指权利型失业保险与调查型失业保险同时并存的情况，如强制性失业保险和失业救济相结合、非强制性失业保险和失业救济相结合等。

（三）失业保险的功能

1. 保障基本生活

失业保险机构通过向符合条件的失业劳动者支付失业保险金，保障了失业劳动者及其家属在失业期间的基本生活，维持了劳动力的再生产；通过加大再就业培训支出的比重、建立就业导向的机制等来促进失业劳动者再就业，这一保障功能有逐渐增强的趋势。

2. 合理配置劳动力

由于失业保险的存在，一方面使得失业劳动者在寻找新的就业岗位时获得了经济保障，免除了后顾之忧，失业劳动者也就有条件寻找尽可能与自己的兴趣、能力相符合的工作岗位，从而有利于劳动力的合理配置；另一方面，用人单位减轻了向外排斥冗员的经济、社会两方面的压力，制定理性的、合理的用人决策，从而也有利于劳动力的合理配置。

3. 促进就业

通过生活保障和劳动力的合理配置间接促进了就业；失业保险机构对职业培训、职业介绍中就业信息的及时有效沟通也直接推动再就业。

4. 稳定功能

首先体现为社会稳定功能，失业保险为失业劳动者提供生活保障，不会使其因无法生存铤而走险或心理上严重失衡而危害社会；其次，体现为经济稳定功能，失业保险金的筹集及发放，减轻了经济波动的剧烈程度，具有"减震器"的作用。

5. 调节功能

失业保险可以通过向失业劳动者提供物质资助来调节社会上的贫富差距，通过劳动力更合理的配置、更高的劳动生产率来调节经济的运行等。

二、失业保险政策

（一）失业保险政策历史沿革

我国真正意义上的失业保险制度的建立是在1986年，以国务院颁布的《国营企业职工待业保险暂行规定》（以下简称《暂行规定》）作为标志。1993年，国务院颁布了《国有企业职工待业保险规定》（以下简称《规定》），扩大了保险的覆盖范围，调整了基金统筹层次、缴费基数和费率、待遇水平。同时还明确规定待业保险应当与就业服务工作紧密结合。1999年1月,国务院颁布《失业保险条例》(以下简称《条例》),将"待业保险"改为"失业保险",进一步扩大了失业保险的覆盖范围,确立了用人单位和职工共同负担失业保险费的新机制。

(二) 现行失业保险政策

《条例》颁布以来,我国失业保险在落实新的制度政策和进一步探索改革方面都取得了显著的进展,并由此构建了具有中国特色的失业保险政策框架。

1. 覆盖范围

《条例》将失业保险的覆盖范围从以前规定的国有企业及其职工扩大到城镇各类企事业单位及其职工。

2. 资金筹集

失业保险基金的来源主要有四个方面:一是城镇企业事业单位及其职工缴纳的失业保险费。城镇企业事业单位按照本单位工资总额的2%缴纳,城镇企业事业单位职工按照本人工资的1%缴纳失业保险费,城镇企业事业单位招用的农民合同制工人本人不缴纳失业保险费。二是基金的利息收入。企业缴纳的失业保险费转入企业所在地的失业保险机构在银行开设的"失业保险基金专户",并按照城乡居民储蓄存款利率计息,所得利息纳入失业保险基金。三是调剂金、财政补贴。当遇到保险基金储备不够充足时,出现入不敷出,由失业保险调剂金调剂、地方财政补贴。四是其他资金。主要是指对不按期缴纳失业保险费的单位征收的滞纳金、失业保险基金储备金投资运营后的收入等。

3. 基金的支出范围

失业保险基金主要用于以下五个方面的开支:一是失业保险金;二是领取失业保险金期间的医疗补助金;三是领取失业保险期间死亡的失业人员的丧葬补助和其供养的配偶、直系亲属的抚恤金;四是领取失业保险金期间接受职业培训、职业介绍的补贴;五是国务院规定或者批准的与失业保险有关的其他费用。

4. 失业保险待遇

享受失业保险待遇的条件:按照规定参加失业保险,所在单位和本人已按照规定履行缴费义务满1年的;非因本人意愿中断就业的;已办理失业登记,并有求职要求的。同时具备以上3个条件者才有申请资格。失业人员在领取失业保险金期间有下列情形之一的,停止领取失业保险金,并同时停止享受其他失业保险待遇:重新就业的;应征服兵役的;移居境外的;享受基本养老保险待遇的;被判刑收监执行或者被劳动教养的;无正当理由,拒不接受当地人民政府指定的部门或者机构介绍的工作的等。

失业保险待遇包括失业保险金、医疗补助金、丧葬补助金及供养直系亲属抚恤金等。失业保险金由失业保险机构按月发给失业职工,标准按照低于当地最低工资标准,高于城市居民最低生活保障的水平,由各省、自治区、直辖市人民政府确定。失业职工医疗补助金的发放标准,由各省、自治区、直辖市人民政府确定。失业人员在领取失业保险金期间死亡的,参照当地对在职职工的规定,对其家属一次性发给丧葬补助金和抚恤金。单位招用的农民合同制工人连续工作满1年,本单位并已缴纳失业保险费,劳动合同期满未续订或者提前解除劳动合同的,由社会保险经办机构根据其工作时间长短,对其支付一次性生活补助金。补助的办法和标准由省、自治区、直辖市人民政府规定。

领取失业保险待遇期限政策：失业人员失业前所在单位和本人按照规定累计缴费时间满 1 年不足 5 年的，领取失业保险金的期限最长为 12 个月；累计缴费时间满 5 年不足 10 年的，领取失业保险金的期限最长为 18 个月；累计缴费时间 10 年以上的，领取失业保险金的期限最长为 24 个月。重新就业后，再次失业的，缴费时间重新计算。再次失业领取失业保险金的期限可以与前次失业应领取而尚未领取的失业保险金的期限合并计算，但是最长不得超过 24 个月。

5. 基金的管理与监督

失业保险基金必须存入财政部门在国有商业银行开设的社会保障基金财政专户，实行收支两条线管理，由财政部门依法进行监督。失业保险基金专款专用，不得挪作他用，不得用于平衡财政收支。失业保险基金收支的预算、决算，由统筹地区社会保险经办机构编制，经同级劳动保障行政部门复核、同级财政部门审核，报同级人民政府审批。财政部门和审计部门依法对失业保险基金的收支、管理情况进行监督。

三、我国现行失业保险存在的主要问题

截至 2017 年底，全国参加失业保险的人数为 18 784 万人，年末基金累计结存 5 552 亿元，领取失业保险金人数为 220 万人①。失业保险对保障失业人员的基本生活、促进就业、稳定生活起了积极的作用。但是目前的失业保险还不够完善，依然存在以下一些明显的问题，并极大地制约了失业保险功能的发挥。

（一）覆盖范围过窄及保障水平低

从理论上看，失业保险应该覆盖所有有劳动能力且愿意就业的失业者，但目前的政策将相当部分的人群排除在外。《条例》虽然将失业保险的覆盖范围，由原来的国有企业扩大为各类所有制的城镇企业及事业单位，但实际上享受失业保险待遇的人员仅局限于事业单位和国有企业职工，而其他各类所有制经济单位的职工，尤其是个体经营者、私营企业的工人和农民合同制工人，大多处于无保障状态。"下岗"职工、未曾就业的失业者也被排斥在失业保险的适用范围之外。此外，多数区县以下小集体企业、乡镇企业和外商投资企业中的失业保险很不健全。同时，失业保险的保障水平较低，很难满足失业人员的基本生活。《条例》规定失业保险金的标准应低于当地最低工资标准、高于城市居民最低生活保障标准的水平，这个标准理论上能够保障失业者在失业期间的基本生活，并能够促进再就业，但实际上各地规定的最低工资标准都比较低，并且我国最低工资标准定位于维持劳动者最低生活标准，失业保险金低于这个标准就难以满足基本生活需要，弱化了失业保险的保障功能。

（二）失业保险费收缴困难

从我国失业保险基金来源看，企业及其职工的缴费占主要部分。但由于各类型企业经营状况不同，在经济结构调整中所处的地位不同，而且对失业保险的目的、功能和

---

① 参见《2017 年度人力资源和社会保障事业发展统计公报》，中华人民共和国人力资源和社会保障部官网，2018 年 5 月 21 日。

意义的认识也存在着很大的差异,各企业及其职工对失业保险基金的缴纳问题也就存在着不同的态度,存在欠缴失业保险的现象。收缴困难的原因大体包括三个方面:一是缴费意识不强。一些规模大、经济效益好的企业及其职工不愿意缴纳失业保险金,认为缴纳失业保险无非是"一平二调""劫富济贫",纯粹是在花自己的钱为别人做贡献,自己并不能从中得到什么实际的利益,因此,这些单位和职工便采取各种方式和手段少缴、欠缴甚至拒缴失业保险金。二是缴费能力不足。一些经济效益差、陷入经营困境甚至濒临破产的企业及职工面临着较大的失业风险,迫切希望得到失业保险基金,但由于持续恶化的经济状况使其对失业保险基金的缴纳显得力不从心。三是执法力度不强。

(三) 资格审核不够严格

在国际上,享受失业保险待遇的资格条件大都为:法定劳动年龄内的劳动者,并且收入终止;非自愿性失业并在就业服务部门登记;必须达到规定的就业期和参保要求;必须有劳动能力又有主观就业愿望。《条例》对领取失业保险金的资格要求和停领失业保险金的条件限定基本符合国际化的标准,但在制度执行中,针对三条领取失业保险金资格规定,只对"缴费"和"失业登记"要求的把握相对准确且操作严格,而对"非因本人意愿中断就业"和"有求职要求"的把握,缺乏足够的操作依据和监控手段,使一部分人一边享有就业收入一边领取失业保险金,这一部分人就是人们通常所说的"隐性就业者",造成了我国失业保险金的显性流失。

(四) 立法层次低,统筹层次低

《条例》仅仅是国务院颁布的一个行政法规,还没有上升到全国人大常委会立法的高度,它仅仅是失业保险制度实施的一个基本规范,不是失业保险的基本法,这无疑影响它的法律效力。失业保险工作所依据的多是行政规章,且很大一部分为意见、通知等,以行政管理取代依法管理,很难发挥法律规范的强制功能,无法确保失业保险的有效实施。

提高失业保险基金的统筹层次有利于基金的调剂使用,能够有效增强抵御失业风险的能力。目前我国失业保险的统筹层次过低,统筹单位过多。绝大多数省都是以县为单位进行统筹的,全国的统筹单位约有 2 000 多个。统筹层次过低,基金和各项管理分散,带来如下的许多问题。

一是基金结余畸轻畸重,有的统筹地区基金大量结余,而大量统筹地区基金支付能力有限,有的甚至入不敷出;二是不利于聚集资源,有效抵御失业风险,特别是不利于抵御特大自然灾害或金融危机等特大风险;三是待遇标准、支出项目也会差异过多,不利于管理。特别是不利于建立和完善失业保险保障生活、预防失业、促进就业的新机制。

四、我国失业保险制度改革

当前,我国就业形势不容乐观,失业问题逐渐显性化,因此,失业保险制度亟待完善。我们必须本着公平与效率兼顾、持续与稳定并重的原则,借鉴国外的成功经验,结合我国的具体实际情况,从进一步完善原有的失业保险和强化促进就业政策两个方面展开,不断完善我国失业保险制度。

（一）不断拓宽失业保险制度的覆盖范围，提高失业保险的给付水平

鉴于我国各种经济成分并存的现实，尤其是乡镇企业的迅猛发展以及城乡劳动力的流动，在制订失业保险条例实施细则或修改失业保险条例时，适当扩大失业保险的适用对象，将失业保险的适用范围扩充到乡镇企业及城市的农民工，或借鉴国外失业保险在立法技巧上采用适用范围除外做法，将适用范围适当扩大。具体步骤可以分为：首先将事业单位、三资企业、私营企业中符合规定的职工全部纳入失业保险覆盖范围；其次将国企下岗职工纳入失业保险对象范围之内；再次逐步把失业保险的覆盖范围扩大到乡镇企业和农村中所有被雇的劳动者。同时，采取多种有效的手段，筹措失业保险金，提高失业保险的给付水平。

（二）加大失业保险基金筹集力度

失业保险基金的筹集是失业保险制度实施的基础，从多角度出发确保不同就业行业应筹基金全部到位，是一个操作性很强的政策，不同就业结构的失业风险也不同，而且随着就业形式的不断变化，高收入、高技能者的失业也会出现。因为收入和消费都存在较强的刚性，所以应根据我国就业结构变化的特点相应地调整失业保险费的来源，对于不同的地区、行业和收入人群制定不同的失业保险政策。比如可以采取累进失业保险费率制，在保证基准失业保险费率的前提下，随着收入水平的提高而提高失业保险费率；对于失业风险较大的行业制定相对较高的失业保险费率，并考虑财政政策性的补贴等。同时，增强失业保险费的征缴力度，任何企业不能以任何理由和借口拒交、欠缴失业保险费。

（三）提高统筹层次，扩大失业保险的调剂能力

应该依据大数法则，提高失业保险统筹层次，并由此积聚数额更为庞大的统筹基金，抵补低层次统筹基金的地区性缺口和阶段性缺口。同时，应该根据企业改革状况，动态调整基金支出结构，提高基金使用效率。在调剂金方面，考虑到中西部地区比较困难，尤其在目前下岗向失业并轨的特定时期，基金不足的问题十分突出，有必要建立失业保险中央调剂金，在全国范围内实行地区间的调剂，保证失业负担重的地区基金的支付能力。中央调剂金的资金来源可以从各省市失业保险基金中筹集一部分，也可以通过变现国有资产和增加中央财政预算补贴等措施来筹集。

（四）加强失业保险法制建设

提高立法层次是失业保险制度发展的必然趋势：从《暂行规定》到《规定》，再至《条例》，失业保险制度的规范层次逐步提高，随着制度实施逐渐成熟，运行越来越高效，用法制的形式对失业保险制度进行规范将是必然趋势。强化失业保险立法，走法制化的道路，也是完善失业保险制度必须坚持的原则。因此，我国应尽快制定和出台《失业保险法》或《失业保险促进就业法》，以法的强制性，确保失业保险事业健康稳定地发展。

（五）规范和完善失业保险的管理制度

加强对失业保险管理制度的建设是保证失业保险制度顺利运转的前提和基础。规范和完善失业保险的管理制度是一项复杂的系统工程，从目前来看，主要从以下几个方面着手：一是严格失业保险资格条件，设立专门的失业保险资格审核机构。我国要明确界定"就业"与"失业"，督促失业者早日进入失业保险体系，隐性就业者申报就业，退

出失业保险体系。二是加强对失业保险基金的管理。必须切实加强对失业保险基金筹集、使用和管理与监督,正做到专款专用。三是加强对失业保险机构的管理。应合理和明确地界定有关部门的职责和权限,解决政企不分、政出多门和扯皮等问题。

(六) 增强失业保险的就业促进功能

我国失业保险不能只充当消极救助的角色,应当强化其就业促进的功能。从基金承受能力来看,目前在失业保险基金中增加促进就业支出的可能性不大,因而当前主要的工作,就是要提升制度在就业促进方面的效率,努力实现一个以再就业培训为主导、兼顾失业者基本生活的失业保险制度。首先,优化现有的各项传统就业服务活动,如职业介绍、就业指导等。从根本上改变目前存在的管理混乱和政策无效或低效问题。其次,要进一步完善就业信息公开发布制度。尽快实现就业信息和劳动力市场信息的网络化,使失业者和其他需要信息的机构能够方便地查询、使用。

第五节 工伤保险

一、工伤保险概述

(一) 工伤保险的概念及原则

工伤保险,也称职业伤害保险,是指劳动者在工作中或在规定的有些特殊情况下因遭受意外伤害和患职业病,暂时或永久丧失劳动能力以及死亡时,劳动者或者其遗属从国家和社会获得物质帮助的一种社会保险制度。它包含了两层含义:一是劳动者本人因工伤造成暂时或永久丧失劳动能力时,可以从国家和社会获得医疗救治、职业康复、经济补偿等物质帮助;二是劳动者本人因工伤死亡时,其遗属可以从国家和社会获得遗属抚恤、丧葬补助等物质帮助。

现代意义上的工伤保险最早产生于德国。1884年,德国颁布了世界上第一部工伤保险法——《工人灾害赔偿法》。目前无论发达国家还是发展中国家,都不同程度上实行了工伤保险制度。世界上大多数国家的工伤保险制度,普遍遵循如下原则。

1. 无过失补偿原则

又称严格责任或绝对责任原则,是指劳动者在工作过程中遭遇工伤事故或职业病,无论企业或雇主是否有过错,只要不是劳动者本人故意所为,均按照法律规定的标准支付劳动者相应的工伤保险待遇。无过失补偿原则的确立,有利于劳动者在工伤发生后能够得到及时的治疗和经济补偿。

2. 个人不缴费原则

工伤保险费由企业(雇主)缴纳,职工个人不缴纳任何费用,这是工伤保险与其他社会保险项目的根本区别。工伤事故属于职业性伤害,是在生产劳动过程中,劳动者为企业或雇主创造物质财富而付出了健康乃至生命的代价,所以个人不缴费在各国已成共识。

3. 严格区分工伤和非工伤原则

由于职业伤害与工作或职业有着直接的关系,因此,工伤保险待遇水平要明显高于因病或非因工伤亡的医疗待遇,而且享受条件也不受到年龄、性别、缴费期限等条件的限制。

4. 补偿直接经济损失原则

劳动者发生工伤后,应给予经济补偿。但这种补偿只是对劳动者直接经济损失的补偿,而不包括间接的经济损失。所谓直接经济损失,是指劳动者工资收入方面的损失。间接经济损失是指劳动者直接经济损失以外的其他经济损失,包括兼职收入、业余劳动收入等。

5. 补偿与预防、康复相结合原则

工伤保险最主要的任务是工伤赔偿,同时也强调事故预防和事后对工伤者进行医疗和职业康复,帮助劳动者重新走上工作岗位,形成一条龙的社会化服务体系。这样既有利于事故的防范,又有利于事故的妥善处理。

(二) 工伤保险的基本内容

纵观各国的工伤保险制度,其主要内容一般包括工伤保险范围的认定、工伤鉴定、工伤保险基金、工伤保险待遇等。

1. 工伤保险范围的认定

各国法律对工伤范围认定均包括工伤事故和职业病。工伤事故的范围最初只限于因工作原因间接造成的伤害,如上下班途中发生的事故等,也列入了工伤的范围。职业病作为工伤的一大类别,是指劳动者在劳动过程中接触职业性有害因素所导致的疾病,同劳动者所从事的特定职业密切联系,与劳动卫生相对应,属于职业性有害因素对劳动者健康的慢性伤害。

2. 工伤鉴定

所谓工伤鉴定,是指劳动者因工伤事故或职业病致残后,由国家法律规定的工伤鉴定机构对其丧失劳动能力的程度进行鉴定以确定伤残等级的法定检验与评价。在国际上,对工伤的鉴定通常有两种办法:一是劳动能力鉴定,它是以同年龄、同性别的健康人群的平均劳动能力为对照标准,评价劳动者伤残后所具有的劳动能力大小;二是致残程度鉴定,它是按照器官损伤、功能障碍、医疗依赖三个方面将工伤、职业病伤残程度分解为相应等级的鉴定办法。

3. 工伤保险基金

工伤保险基金是为支付工伤保障待遇,开展工伤预防和职业康复等费用而专门设立的一项社会保险基金。绝大多数国家的工伤保险费都是以企业上一年工资总额为基数,按照一定的比例缴纳。在缴费费率的确定上,主要有三种方式:一是差别费率,即对某一行业或单个企业单独确定工伤保险的缴费比例,体现出对不同工伤事故和职业病发生率的行业或企业实行差别性的负担;二是浮动费率,是在差别费率的基础上,每年对各行业或企业的安全卫生状况和工伤保险费用支出状况进行分析评价,根据评价结果,由工伤保险管理机构决定该行业或企业的工伤保险费率上浮或下浮;三是统一费率,按照法定统筹范围内的预测开支需求,与相同范围内企业的工资总额相比较,求出一个总的工伤保险费率,所有企业都按照统一的比例缴费。

4. 工伤保险待遇

各国的工伤保险待遇不尽相同,但归纳起来,大体有三种:一是医疗待遇,是指劳动者因工伤所发生的合理医疗费用,一般由国家或雇主负责支付,而不由劳动者本人负担;二是伤残待遇,是指劳动者因工伤丧失劳动能力时,由工伤保险经办机构所给予的现金津贴;三是死亡待遇,是指劳动者因工伤死亡后,支付给劳动者遗属的经济补偿。

(三) 工伤保险的功能

1. 维护劳动者最基本权益

生命与健康权是劳动者最基本的权益,而工伤事故或职业病作为从事职业工作时难以完全避免的劳动风险,威胁的正是广大劳动者的健康和生命,进而影响到他们的工作和生活乃至社会稳定。建立工伤保险,有利于保障劳动者在发生工伤后能够得到及时救治、医疗康复和必要的经济补偿,保障其合法的权益。

2. 分散行业或企业的职业伤害风险

不同的行业或企业,工伤事故和职业病发生的概率也不同。一些从事危险行业生产的企业,其工伤事故和职业病较多。如果完全依靠企业自己解决,分担很重。实行工伤保险后,可以通过建立工伤保险基金,分散不同行业或企业的职业伤害风险。

3. 利于建立工伤事故和职业危害防范机制

工伤保险可以通过强化用人单位工伤保险费缴纳责任,实行行业差别费率和单位费率浮动机制,建立工伤保险费用与工伤发生率挂钩的预防机制,能促进企业改善劳动条件,注重安全生产,有效地防止工伤事故和职业病的发生。

二、工伤保险政策

我国现行工伤保险政策的主要依据是《工伤保险条例》。《工伤保险条例》于2003年4月27日中华人民共和国国务院令第375号公布,根据2010年12月8日《国务院关于修改〈工伤保险条例〉的决定》修订。

1. 实施范围

工伤保险的实施范围包括:一是中华人民共和国境内的各类企业。无论何种所有制性质、规模大小,凡是已经工商登记注册的企业,都应参加工伤保险。二是有雇工的个体工商户,其参加工伤保险的具体步骤和实施办法,由省、自治区、直辖市人民政府规定。三是事业单位、社会团体和民办非企业单位等参加工伤保险的办法另行制订。

2. 基金筹集

工伤保险基金由用人单位缴纳的工伤保险费、工伤保险基金的利息和依法纳入工伤保险基金的其他资金构成。用人单位依法按时向社会保险经办机构申报缴费基数,按时缴纳工伤保险费,职工个人不缴纳工伤保险费。用人单位缴纳工伤保险费的数额为本单位职工工资总额乘以单位缴费费率之积。工伤保险费根据以支定收、收支平衡的原则,确定费率。国家根据不同行业的工伤风险程度确定行业的差别费率,并根据工伤保险费使用、工伤发生率等情况在每个行业内确定若干费率档次。

工伤保险基金在直辖市和设区的市实行全市统筹，其他地区的统筹层次由省、自治区人民政府确定。跨地区、生产流动性较大的行业，可以采取相对集中的方式异地参加统筹地区的工伤保险。工伤保险基金存入社会保障基金财政专户，用于工伤保险待遇、劳动能力鉴定以及法律、法规规定的用于工伤保险的其他费用的支付。任何单位或者个人不得将工伤保险基金用于投资运营、兴建或者改建办公场所、发放奖金，或者挪作其他用途。工伤保险基金应当留有一定比例的储备金，用于统筹地区重大事故的工伤保险待遇支付；储备金不足支付的，由统筹地区的人民政府垫付。

3. 工伤认定

认定为工伤的情形：一是在工作时间和工作场所内，因工作原因受到事故伤害的；二是工作时间前后在工作场所内，从事与工作有关的预备性或者收尾性工作受到事故伤害的；三是在工作时间和工作场所内，因履行工作职责受到暴力等意外伤害的；四是患职业病的；五是因工外出期间，由于工作原因受到伤害或者发生事故下落不明的；六是在上下班途中，受到机动车事故伤害的；七是法律、行政法规规定应当认定为工伤的其他情形。

视同工伤的情形：一是在工作时间和工作岗位，突发疾病死亡或者48小时之内经抢救无效死亡的；二是在抢险救灾等维护国家利益、公共利益活动中受到伤害的；三是职工原在军队服役，因战、因公负伤致残，已取得革命伤残军人证，到用人单位后旧伤复发的。

不得认定为工伤或者视同工伤：一是因犯罪或者违反治安管理伤亡的；二是醉酒导致伤亡的；三是自残或者自杀的。

提出工伤认定申请应当提交的材料：一是工伤认定申请表；二是与用人单位存在劳动关系（包括事实劳动关系）的证明材料；三是医疗诊断证明或者职业病诊断证明书（或者职业病诊断鉴定书）。

4. 劳动能力鉴定

职工发生工伤，经治疗伤情相对稳定后存在残疾、影响劳动能力的，应当进行劳动能力鉴定。劳动能力鉴定是指劳动功能障碍程度和生活自理障碍程度的等级鉴定。劳动功能障碍分为十个伤残等级，最重的为一级，最轻的为十级。生活自理障碍分为三个等级：生活完全不能自理、生活大部分不能自理和生活部分不能自理。

提交鉴定申请：劳动能力鉴定由用人单位、工伤职工或者其直系亲属向设区的市级劳动能力鉴定委员会提出申请，并提供工伤认定决定和职工工伤医疗的有关资料。

做出鉴定能力：设区的市级劳动能力鉴定委员会收到劳动能力鉴定申请后，应当从其建立的医疗卫生专家库中随机抽取3名或者5名相关专家组成专家组，由专家组提出鉴定意见。设区的市级劳动能力鉴定委员会根据专家组的鉴定意见做出工伤职工劳动能力鉴定结论；必要时，可以委托具备资格的医疗机构协助进行有关的诊断。劳动能力鉴定结论应当及时送达申请鉴定的单位和个人。申请鉴定的单位或者个人对设区的市级劳动能力鉴定委员会做出的鉴定结论不服的，可以在收到该鉴定结论之日起15日内，向省、自治区、直辖市劳动能力鉴定委员会提出再次鉴定申请。省、自治区、直辖市劳动能力鉴定委员会做出的劳动能力鉴定结论为最终结论。

5. 工伤保险待遇

工伤保险的待遇分为医疗待遇、工资待遇、伤残待遇与死亡待遇。

(1) 医疗待遇。包括：一是治疗工伤所需费用符合工伤保险诊疗项目目录、工伤保险药品目录、工伤保险住院服务标准的，从工伤保险基金支付；二是工伤职工到签订服务协议的医疗机构进行康复性治疗的费用；三是工伤职工因日常生活或者就业需要，经劳动能力鉴定委员会确认，可以安装假肢、矫形器、假眼、假牙和配置轮椅等辅助器具，所需费用按照国家规定的标准从工伤保险基金支付。

(2) 工资待遇。职工因工作遭受事故伤害或者患职业病需要暂停工作接受工伤医疗的，在停工留薪期内，原工资福利待遇不变，由所在单位按月支付。停工留薪期一般不超过 12 个月。伤情严重或者情况特殊，经设区的市级劳动能力鉴定委员会确认，可以适当延长，但延长不得超过 12 个月。

(3) 伤残待遇。工伤职工已经评定伤残等级并经劳动能力鉴定委员会确认需要生活护理的，从工伤保险基金按月支付生活护理费。生活护理费按照生活完全不能自理、生活大部分不能自理或者生活部分不能自理 3 个不同等级支付，其标准分别为统筹地区上年度职工月平均工资的 50%、40% 或者 30%。

(4) 死亡待遇。职工因工死亡，其直系亲属按照下列规定从工伤保险基金领取丧葬补助金、供养亲属抚恤金和一次性工亡补助金：一是丧葬补助金为 6 个月的统筹地区上年度职工月平均工资；二是供养亲属抚恤金按照职工本人工资的一定比例发给由因工死亡职工生前提供主要生活来源、无劳动能力的亲属；三是一次性工亡补助金标准为 48 个月至 60 个月的统筹地区上年度职工月平均工资。伤残职工在停工留薪期内因工伤导致死亡的，其直系亲属享受丧葬补助金和供养亲属抚恤金。

工伤职工有下列情形之一的，停止享受工伤保险待遇：一是丧失享受待遇条件的；二是拒不接受劳动能力鉴定的；三是拒绝治疗的；四是被判刑正在收监执行的。

三、工伤预防与工伤康复

工伤预防是指事先防范工伤事故和职业病的发生，减少工伤事故和职业病的隐患，改善和创造有利于劳动者健康的、安全的生产环境和工作条件，保护劳动者在生产和工作环境中的健康与安全[1]。工伤预防工作注重在生产工作全过程中对工伤事故、职业病的防范和降低其发生率，注重对已经发生的工伤事故、职业病加以总结和科学研究、分析。工伤预防与工伤保险之间存在着既相区别又相联系的关系。工伤预防的具体措施主要包括以下几个方面：一是通过缴费手段和费率机制将企业是否重视安全与本企业经济利益相联系；二是通过工伤保险基金中的一小部分，开展预防的研究工作；三是通过各种手段，对工伤预防进行宣传教育和培训工作。

工伤康复是指综合使用药物、器具、疗养、护理、就业咨询、职业能力测定、就业前的职业教育与训练、就业安置等多种手段，帮助因工伤残者基本恢复正常人所具备的工

---

[1] 郑功成：《社会保障学》，中国劳动社会保障出版社，2005 年版，第 337 页。

作、生活能力和心理状态的一项工作。我国的工伤康复工作虽然进展较慢,但是正在改革与完善过程之中。《工伤保险条例》中对工伤康复政策有明确规定:工伤保险基金可以支付安装假肢、矫形器、假眼、假牙和配置轮椅等辅助器具的费用等等。2007年4月,原劳动和社会保障部发布了《关于印发加强工伤康复试点工作指导意见的通知》,规定了工伤康复工作的主要任务:一是规范工伤康复管理服务形式,健全管理制度,形成行之有效的工伤康复管理制度模式,特别是社会保险机构与康复机构的协议管理关系;二是研究完善工伤康复政策和标准体系,包括工伤康复的资金保障政策、再就业支持政策、合理确定工伤康复待遇水平和技术标准等等;三是探索工伤康复早期介入机制,做到治疗与康复并重,并逐步实现先治疗康复,后鉴定补偿;四是加强工伤康复专门人才的培养,为工伤康复工作的推进提供人才保障;五是完善再就业政策支持。

世界上大多数国家现行的工伤保险制度都是工伤预防、工伤补偿和职业康复三位一体的结合,它揭示的是工伤保险制度不可逆转的发展方向。目前我国的工伤保险制度尚未形成保障与工伤预防、工伤康复有机结合的机制。其具体表现:一是现行工伤保险制度,在立法内容上主要侧重保障多,而没有兼顾工伤保险制度对安全生产和工伤康复的促进作用;二是缺乏系统的康复措施和机构。

第六节 生 育 保 险

一、生育保险概述

(一) 生育保险的概念及特点

生育保险是国家通过立法,在妇女劳动者由于生育子女而暂时丧失劳动能力时,从社会和国家得到必要的物质帮助的一项社会保险制度①。它主要包含了三方面的要点:一是生育保险是对女劳动者专门建立的一项社会保险,仅为女劳动者怀孕和分娩的生育行为提供直接的物质帮助和补偿;二是生育保险是对女劳动者生育子女全过程的物质保障,不仅是对女劳动者生育时所花费的生育的检查费、接生费、手术费、住院费和药费等费用的补偿,还包括对女劳动者在规定的生育假期内因未从事劳动而不能获得工资收入的补偿;三是生育保险是对女劳动者合法生育而实行的一项社会保险,合法生育包括符合法定结婚年龄、按婚姻法规定办理了合法的结婚手续、符合国家的生育法规和政策。

生育保险相比其他社会保险项目具有一些独特的特点:一是覆盖面仅限于女性;二是给付项目多,包括生育假期、生育收入补偿、生育医疗保健和子女补助金,在我国还有对实行晚婚晚育的生育妇女制定的一些奖励政策;三是标准高,生育期间的经济补偿高于养老、医疗等保险项目,生育津贴一般为生育女劳动者的原工资水平,高于其他保

---

① 赵曼:《社会保障》,中国财政经济出版社,2005年版,第157页。

险项目;四是生育期间的医疗服务主要以保健、咨询、检查为主,侧重于指导孕妇处理好工作与修养、保健与锻炼的关系,这与医疗保险提供的医疗服务以治疗为主有所不同;五是生育保险实行"产前与产后都应享受的原则",在临产分娩前一段时间,由于行动不便,女劳动者已经不能工作或不宜工作,分娩以后,需要一段时间休假、恢复健康和照顾婴儿;六是无论女劳动者妊娠后果如何,均可以按照规定得到补偿。

(二) 生育保险的基本内容

生育保险的基本内容通常由孕产期医疗保健、生育补助、生育津贴及有酬产假等四部分构成。生育保险制度所提供的物质帮助,一般包括实物(含劳务)帮助和现金补助两部分。其中,实物帮助主要是以基本医疗保健服务的载体方式提供。现金补助则主要是以生育津贴、生育补助的方式提供。

1. 生育医疗保健费

生育医疗保健费,是指由医疗机构向女职工所提供的妊娠、分娩及产后医疗护理费用,即通常所说的生育医疗服务费。生育医疗保健费中药费的报销范围是指国家规定的治疗药品,营养品、滋补品不予报销。手术费一般是指分娩过程中所需的手术的助产、剖宫产等费用。生育医疗保健费用,在开展生育保险社会统筹的地区,由生育保险基金支付;在尚未开展生育保险社会统筹的地区,由女职工所在单位支付。

2. 生育补助

生育补助主要包括对生育保险对象及其家属的生育费用给予经济补助、"婴儿津贴""保姆津贴"等。

3. 产假

指女职工在分娩或流产期间,依据生育保险的法律、法规享有的法定带薪假期。它一般包括正常产产假、难产产假、多胞胎生育产假。此外,还有父育假(母亲产假期间的父亲育儿假)和育儿假(母亲产假后父母双亲任何一方的育儿休假)。

4. 生育津贴

生育津贴是指对女职工因生育或流产暂时离开工作岗位而中断工资收入时,按照生育保险的法律、法规给予定期支付现金的一项生育保险待遇。

(三) 生育保险的功能

生育保险是确保劳动力再生产和人口再生产正常运行的重要手段。其具有以下重要功能:

1. 保证生育女劳动者自身的身体健康和劳动力再生产的正常进行

生育行为是一种具有生命风险的人口再生产行为。生育保险则对她们妊娠、分娩和产后机体康复全过程提供多种物质帮助,预防并消除这一生产过程中可能出现的生命风险和各种异常现象,从而保证她们在生育期间得到及时的治疗和保健,保证生育女劳动者及早地恢复体力,促进劳动力再生产的正常进行。

2. 保证社会劳动力扩大再生产的正常进行

女劳动者因其自身生理特点而承担着人类自身再生产的任务,如果女劳动者在孕产期间不能得到足够的保健和相应的生活保障,就会因生活困难而被迫降低必要的保健与营养水准,从而对胎儿的正常发育和出生带来影响。生育保险通过向生育女职工提供预防保健和医疗,就可以在保护她们身体健康的同时,也保护了下一代,使其得到正常的孕育、出生和哺育,以确保新生婴儿具有健康的体魄和正常智力。

3. 调控人口增量规模的有力措施

适度的生育规模是控制人口增量的决定性条件,也是两种社会再生产协调发展的必要条件。在我国,实行计划生育,控制人口数量,提高人口素质是一项基本国策。生育保险可以通过调节保险待遇支付量,使人口出生规模按政府的期望保持在"适度"数量上,促进计划生育和优生优育基本国策的落实。

4. 分散生育行为给女职工职业生涯带来的风险,均衡用人单位生育费用负担

女劳动者本来因生理机能与男职工存在天然差别而在劳动力市场上处于弱者地位,再因生育而暂时丧失劳动能力,使她们在劳动力市场上的地位更加脆弱。生育保险既可通过立法强制用人单位保留女劳动者的就业岗位,又可通过社会统筹使用人单位之间的生育费用负担均衡化,从而消除企业与生育女劳动者在经济利益上的对立,维护她们的合法权益,使她们不致因生育而失业。

二、生育保险政策的演变以及存在的问题

(一)生育保险政策的演变

中华人民共和国成立初期的生育保险政策主要依据1953年的《中华人民共和国劳动保险条例(修正草案)》和《劳动保险条例实施细则》。"文革"期间,生育保险处于停滞乃至倒退状态。1988年颁布的《女职工劳动保护规定》《关于女职工生育待遇若干问题的通知》,恢复了我国的生育保险政策。1992年4月通过的《妇女权益保障法》规定妇女在孕期、产期、哺乳期受特殊保护,国家要推行生育保险制度。1994年颁布的《劳动法》和《母婴保健法》也在相关的条款中对生育保险进行了规定。

在上述法律的基础上,1994年12月原劳动部颁布了《企业职工生育保险试行办法》。其核心内容是适应社会主义市场经济体制和现代企业制度的需要,实行生育保险费用社会统筹,以促进企业公平竞争和妇女平等就业。2004年原劳动和社会保障部在《关于进一步加强生育保险工作的指导意见》中要求:各级劳动和社会保障部门要逐步建立和完善与本地区经济发展相适应的生育保险制度。

(二)生育保险存在的问题

我国现行生育保险政策自实施以来,取得了一定的成效。但也存在以下一些问题。

1. 统筹层次低,发展不平衡

经济发展较快的地区,生育保险社会统筹覆盖面较大、参保人数多,而经济相对落后的地区尚未进行生育保险制度改革,由于生育保险制度地区发展的不平衡,造成生育保险统筹层次低,使基金调剂能力差,起不到互助互济、均衡负担的作用。

2. 生育医疗费支付比例低,生育保险的保障水平偏低

生育保险基金承担的生育医疗费支付范围及水平远不及基本医疗保险,加重了生育女职工的负担。以标准工资为基数计发的产假工资改革力度未能相应跟上当前企业职工工资水平大幅提高的变化,导致产假工资的保障力度相对下降,在一定程度上影响

了生育女职工母子的基本生活保障和必要的保健及营养水准。

3. 保险基金筹集渠道比较单一,难以实现社会统筹

目前女职工生育所有费用均由企业或单位承担,个人不缴费,政府不补贴,没有体现社会保险基金应由国家、集体、个人三者共同负担和权利与义务对等的原则。这种单纯企业化、单位化的做法不仅保障能力脆弱,并且无法形成社会统一的生育保障基金与保障制度。

4. 立法层次低,覆盖面窄

《企业职工生育保险试行办法》由于立法层次低,且还处在试行阶段,对企缺乏强制力。同时对违规或不执行的也没有相应的制裁措施。《办法》规定的生育保险范围不包括乡镇企业女职工、女性自主创业者、非正规就业的妇女等,妇女的生育权未得到平等、普遍的尊重。

三、生育保险制度的新改革

(一) 适当降低生育保险费率

生育保险制度建立以来在促进女性平等就业,均衡用人单位负担,维护女职工权益等方面发挥了重要作用。但也存在着上述地区间发展不平衡,基金结余偏多,待遇支付不规范等方面的问题。对基金结余多的地区降低生育保险费率,是完善生育保险政策,提高基金使用效率的一个重大举措,也是进一步减轻用人单位负担,促进就业稳定,实施积极财政政策的具体体现。按照党的十八届三中全会提出的"适时适当降低社会保险费率"的精神,根据生育保险基金实际情况,经国务院同意,人力资源社会保障部、财政部2015年出台了《关于适当降低生育保险费率的通知》(人社部发[2015]70号),自2015年10月1日起,在生育保险基金结余超过合理结存的地区降低生育保险费率。

《通知》提出生育保险基金合理结存量为相当于6至9个月待遇支付额。要求各地根据上一年基金收支和结余情况,以及国家规定的待遇项目和标准进行测算,在确保生育保险待遇落实到位的前提下,通过调整费率,将统筹地区生育保险基金累计结余控制在合理水平。生育保险基金累计结余超过9个月的统筹地区,将生育保险基金费率调整到用人单位职工工资总额的0.5%以内,具体费率应按照"以支定收、收支平衡"的原则,根据近年来生育保险基金的收支和结余情况确定。

同时还要求各地加强对生育保险基金的监测和管理。降低生育保险费率的统筹地区按程序调整生育保险基金预算,按月进行基金监测。基金累计结余低于3个月支付额度的,制定预警方案,并向统筹地区政府和省级人力资源社会保障、财政部门报告。通过提高统筹层次,加强基金和医疗服务管理,规范生育保险待遇,力求基金平衡。在生育保险基金累计结余不足支付时,采取加强支出管理、临时补贴、调整费率等方式确保基金收支平衡,确保参保职工按规定享受生育保险待遇。

(二) 试点生育保险与城镇职工基本医疗保险合并

国务院办公厅2017年2月发布了《关于印发生育保险和职工基本医疗保险合并实施试点方案的通知》,在河北省邯郸市、山西省晋中市、辽宁省沈阳市、江苏省泰州市、安

徽省合肥市、山东省威海市、河南省郑州市、湖南省岳阳市、广东省珠海市、重庆市、四川省内江市、云南省昆明市开展生育保险和职工基本医疗保险合并实施试点。此次试点于 2017 年 6 月底前启动,试点期限为一年左右,遵循保留险种、保障待遇、统一管理、降低成本的总体思路,通过先行试点探索适应我国经济发展水平、优化保险管理资源、促进两项保险合并实施的制度体系和运行机制。试点主要内容如下。

(1) 统一参保登记。参加职工基本医疗保险的在职职工同步参加生育保险。

(2) 统一基金征缴和管理。生育保险基金并入职工基本医疗保险基金,统一征缴。试点期间,可按照用人单位参加生育保险和职工基本医疗保险的缴费比例之和确定新的用人单位职工基本医疗保险费率,个人不缴纳生育保险费。同时,根据职工基本医疗保险基金支出情况和生育待遇的需求,按照收支平衡的原则,建立职工基本医疗保险费率确定和调整机制。职工基本医疗保险基金严格执行社会保险基金财务制度,两项保险合并实施的统筹地区,不再单列生育保险基金收入,在职工基本医疗保险统筹基金待遇支出中设置生育待遇支出项目。

(3) 统一医疗服务管理。两项保险合并实施后实行统一定点医疗服务管理。医疗保险经办机构与定点医疗机构签订相关医疗服务协议时,将生育医疗服务有关要求和指标增加到协议内容中,并充分利用协议管理,强化对生育医疗服务的监控。执行职工基本医疗保险、工伤保险、生育保险药品目录以及基本医疗保险诊疗项目和医疗服务设施范围。生育医疗费用原则上实行医疗保险经办机构与定点医疗机构直接结算。

(4) 统一经办和信息服务。两项保险合并实施后,统一经办管理,规范经办流程。生育保险经办管理统一由职工基本医疗保险经办机构负责,工作经费列入同级财政预算。充分利用医疗保险信息系统平台,实行信息系统一体化运行。原有生育保险医疗费结算平台可暂时保留,待条件成熟后并入医疗保险结算平台。

(5) 职工生育期间的生育保险待遇不变。生育保险待遇包括《中华人民共和国社会保险法》规定的生育医疗费用和生育津贴,所需资金从职工基本医疗保险基金中支付。生育津贴支付期限按照《女职工劳动保护特别规定》等法律法规规定的产假期限执行。

本章重要概念

社会保险(social security)　　　　　　养老保险(pension insurance)
医疗保险(medical/health insurance)　　失业保险(unemployment insurance)
工伤保险(work-related injury insurance)　生育保险(maternity insurance)

本章思考题

1. 社会保险有哪些特征?
2. 结合我国的历史和现状,分析生育政策调整与养老保险之间的关系。
3. 为什么我国现阶段要强调多层次的医疗保障体系?
4. 为什么强调失业保险要发挥促进就业的功能?如何发挥其促进就业的功能?
5. 如何理解工伤保险的性质?

6. 我国生育保险存在的问题与对策。

本 章 实 训

就农民"看病难、看病贵"问题完成社会调查报告

目前我国在农村居民社会保险方面做了大量卓有成效的工作,农民养老、医疗等方面的待遇得到大幅提高,但是从社会反映情况看,还存在"看病难、看病贵"等"顽症"。

思考题

请就农民目前"看病难、看病贵"做一个社会调查,分析农民"看病难、看病贵"是普遍现象还是个别现象? 如果是普遍现象,则分析原因,并结合当前城乡居民基本医疗保险政策,尝试提出合理的优化建议,最后成果以调查报告形式提交。

第四章 社会福利

【本章导言】

本章主要介绍了社会福利的概念、性质,社会福利的内容,中外社会福利思想,简述了老年人社会福利、残疾人社会福利和妇女儿童社会福利的基本制度及其发展状况。

> **引导案例**
>
> **公司福利是不是社会福利?**
>
> 福利到底是什么?上班可以享受鸡尾酒、交通补贴、用餐补贴、培训机会等诸多的公司福利,那么公司福利是不是社会福利呢?公司福利是否有助于社会福利的改善?请点击网络链接观看《法国的社会福利到底有多好?》并讨论这些问题。
>
> 案例视频链接:www.56.com/w77/play_album-aid-14418600_vid-MTQ0MTE1ODkx.html。

第一节 社会福利的基础知识

一、社会福利的内涵和外延

福利(welfare)本意是幸福、美满。在英语里,welfare 是由 well 和 fare 两个词组成的,意思是"好的生活"。英文的 welfare 类似于德文的 wohlfahrt、挪威文的 welferd、西班牙文的 bienesta 和法文的 bienetre,都是指日子过得很好(well to be)。这些字眼都是正向的,如同英文中来自拉丁文的利益(benefit)一般。因此,福利通常与给付(benefits)相关联。但是,在有些国家,如美国,社会福利的受益者往往被貌视成是福利依赖者(welfare dependency),这与美国将社会福利等同于老弱妇孺的救助有关①。但

---

① 林万億:《社会福利》,台湾五南图书出版股份有限公司,2012年版,第2页。

生活过得多好,是一个很难计量的概念,由此可见,福利所涉及的不仅是人们的实际生活状态,而且是一种主观的感受,因此,在经济学中,福利的概念与"效用"的概念是一致的。相同的物品给不同的人带来的福利是不同的,人与人之间的福利很难衡量与比较。

从全球来看,社会福利是随着人类历史的发展而不断增加其内涵的。在数千年漫长的社会发展中,福利作为一种价值判断,曾包含有伦理道德说教的含义。福利等同于慈善、救济、施舍的观念一直占据着统治地位。福利体现为对社会弱者提供的生活救济和相关服务,是典型的剩余型福利。国家干预最初主要表现为政府提供的福利如何取代宗教机构的作用。进入20世纪,福利才开始真正向社会福利转变,社会政策安排逐渐走向制度化和社会化。社会福利成为面向全体国民的,旨在提高其物质文化生活水平和实现人的全面发展的一项社会政策。如今的社会福利范围已从传统的针对少数人的反贫穷计划扩展到全民的文化教育、住房、收入保健、福利津贴及福利服务等一揽子的政策措施。受各国政治、经济、社会乃至文化等诸多因素的影响,各国社会福利实践措施各不相同。

社会福利丰富的内涵,广泛的外延,使得社会福利的概念界定在世界各国呈现出多元化发展趋势。

美国社会工作协会(NASW)1999年出版的《社会工作百科全书》中是这样讨论社会福利的:"社会福利是一个宽泛和不准确的词,它最经常地被定义为旨在对被认识到的社会问题做出反应,或旨在改善弱势群体的状况的'有组织的活动''政府干预'政策或项目。社会福利可能最好被理解为一种关于一个公正社会的理念,这个社会为工作和人类价值的实现提供机会,为其成员提供合理程度的安全,使他们免受匮乏和暴力,促进公正和基于个人价值的评价系统,这一社会在经济上是富于生产性的和稳定的。这种社会福利的理念基于这样的假设:通过组织和治理,人类社会可以生产和提供这些东西,而因为这一理念是可行的,社会有道德责任实现这样的理念。"可以看出这一定义认为福利包括了理念、道德责任和制度实体等不同层次的含义。

日本学者一番ケ濑康子认为社会福利是"泛指解决有关'福利'问题的各种社会方法和政策"。

我国的有关部门和部分专家学者,也对社会福利作过多种解释。

《中国劳动人事百科全书》给社会福利下的定义是:"国家、地方或社会团体举办的以社会全体成员为对象的福利事业,如教育、科学、环境保护、文化、体育、卫生设施,为城区居民支付的救济金和设施及服务和保险事业。"

《保险与社会保障大全》将社会福利解释为"国家、集体或企业事业单位为帮助成员解决工作和生活上的困难,满足和提高广大劳动者(或丧失劳动能力的劳动者)的物质文化生活的需要,所采取的措施,举办的各种福利事业,例如:职工食堂、疗养院、养老院、托儿所、俱乐部、保健站、孤儿院等,以及对个人的生活困难补助等。"

1990年出版的由陈良瑾教授主编的《社会保障教程》给社会福利下的定义是:"社会福利是作为国家的社会政策,为立法或政策范围内的全体公民普遍提供保证一定生活水平和尽可能提高生活质量的资金和服务的社会保障制度。"

我国的香港地区对社会福利同时采用广义和狭义的解释,在不同场合分别使用。

1979年，港英政府白皮书中对社会福利的解释："广义而言，可以包括旨在为社会人士改善卫生、教育、就业住房、康乐和文娱设施的一切有益工作；但就狭义而言，社会福利服务基本上分为两类，其一是一般称为社会保障的现金援助计划，另一则是专为亟待援助的某等类别人士而设的直接福利服务。"①

由此可见，"社会福利"有两个层次的含义，它可以指社会福利状态，也可以指社会福利制度。作为状态，社会福利原义指人类生活中的幸福和正常的状态。社会福利制度是为达到社会福利状态而做出的集体努力（包括政府的努力）。一般而言，社会福利制度指为促进人类幸福，挽救社会病态的慈善活动或政府行为。但是，由于社会福利制度的发展是一个历史过程，因时、因事、因国别而异，所以社会福利的概念也是变化的，没有统一的定义。

目前对社会福利内涵和外延的界定主要分为以下三类。

（1）认为社会福利包括社会保障，是国家和社会为改善和提高全体社会成员的物质、精神生活而采取的措施和提供的设施和服务，包括人们的衣食住行各个方面。这种解释范围最广，包含和超出了社会保障概念的全部内涵和外延。如图4-1所示，在这种界定下，社会保障只是社会福利中的一个子系统。

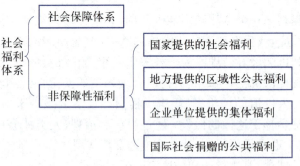

图4-1 大福利概念体系

（2）认为社会福利等同于社会保障制度，把医疗保险、养老保险、社会救济等都算作社会福利，欧洲等所谓"福利国家"采取的就是这种解释。比如《简明大不列颠百科全书》将社会保障解释为"一种公共福利计划"。也有理论将这一类归为大福利的范畴。

（3）认为社会福利是社会保障的一个子系统。通常是指国家和社会专为社会弱者提供的、带有福利性的社会服务与保障，如儿童、老人、残疾人、遗属等。从此意义上说，社会福利便具体化为"社会福利服务"或"社会福利事业"。美国与日本持有此种观点，我国理论界有时也采用这一小福利的概念（见图4-2）。

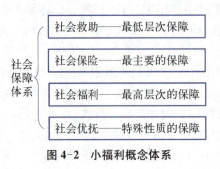

图4-2 小福利概念体系

---

① 陈红霞：《社会福利思想》，社科文献出版社，2002年版，第4页。

二、社会福利的性质

(一) 社会福利享受对象的普惠性和特殊性

社会福利基金是国家或社会向全体社会成员单向提供的,强调人人有份的普惠性。从各国的社会福利政策及其实施效果来看,社会福利属于国民收入再分配范畴,是国家和社会对财富分配的一种补充形式。它面向全体国民,即任何人都可以享有社会福利,如社会成员从生到死,都会不同程度地要接受教育、医疗、娱乐等服务,劳动者可以享有单位福利,社会福利的保障对象具有普遍性。

但是,由于国家社会福利政策都有明确的政策趋向,项目是为特殊群体提供的,主要是向那些特殊的对象提供照顾和保护。所以,保障对象具有其特殊性,只有具备某一资格才能享有,不符合条件不能享受该待遇,如低保福利、未成年人福利、残疾人福利等。在这些特殊群体中,各个对象享受福利待遇的机会是平等的,只有这样才是真正意义上的社会平等。

(二) 社会福利的权利与义务的非对等性

社会福利是一种公共产品,其所需经费来源于国家拨款、社区自筹、企业提留和福利工厂本身的积累,作为受益者个人不直接承担任何义务。社会福利在资金来源上,具有明显的由国家和社会直接或间接向社会成员提供福利和服务的单向性。因此,社会福利关系所体现的并不是权利与义务对等的关系,同其他社会保障措施相比更强调国家和社会对个人的义务和责任。因此对所有享受对象给予公平的福利待遇,不会因为个人的工作性质和职务高低而有任何差异,也与个人的收入及家庭的贫富无关,机会均等,待遇平均,凡属国家法定范围内的公民都有权享受福利待遇。可见,社会福利侧重满足人民享受与发展的需要,为保障劳动者的全面发展提供条件。

(三) 保障方式的多样性,侧重于服务

保障方式的多样性首先体现在社会福利不仅向人们发放部分现金和实物,而且通过向人们提供福利设施和相应的服务来实现其目标。与其他社会保障项目相比,社会福利更突出地表现在服务性上。如通过提供教育设施和义务教育服务来为未成年人提供教育福利,通过做义工来为老人提供照料服务等。

其次,保障方式的多样性体现在社会福利满足社会成员的各种需求,包括文化、教育、休闲、娱乐、健身等方面。各种福利机构、福利设施为社会成员提供了全面、周详的社会福利服务。在涉及生、老、病、残、医、食、住、行的方方面面,国家和社会、企业单位都为其提供各种福利性服务,改善社会成员的生活质量。

最后,社会福利还体现为多层次性、多类型、多渠道,既包括国家投资的高层次福利,又有依靠社会力量举办的集体福利和社会服务事业,等等。从举办的方式看,有集中的和分散的,有大型的、中型的、小型的,有单一型的、综合型的等,形成资金、物力来源的多渠道。保障方式的多样性体现了物质保障、服务保障和精神慰藉的有机结合以及巨大社会稳定作用,较之于货币支付行为更具特色。

(四) 责任主体和实施主体的非同一性

社会福利是政府主导的一项社会公益事业,其责任主体毫无疑问是政府。政府作

为责任主体,不仅要承担社会福利的立法规范和政策制度制定责任,更重要的是体现在社会福利资金来源的单向性特征上。但是由于人们对社会福利服务的需求是多种多样的,其管理具有复杂性和多样性。这就决定了其实施主体不可能由政府完全包揽下来,必须鼓励政府、企业、社区、团体、家庭和个人共同参与,形成注重效率和质量的责任共担机制和社会化管理。这一点是与其他社会保障制度不同的地方。因为,社会救助和社会保险所提供的待遇相对来说比较固定和单一,其责任主体和实施主体基本上都是行政管理部门,是同一的。

三、社会福利的内容

社会福利内容比较庞杂,而且不同国家、不同时期人们对社会福利的理解是不同的,并随社会发展变化而不断发展变化,所以不同的专家学者对完整社会福利体系的理解也不尽相同。但一般认为一个完善的社会福利体系应当包括公共福利、特殊福利、职业福利、社会津贴和社区服务。

公共福利是社会福利的一个重要项目,它是国家和社会为满足全体社会成员的物质和精神生活基本需要而兴办的公益性设施和提供的相关服务。公共社会福利的内容十分广泛,涉及人民生活的诸多方面,教育福利、卫生福利、文化娱乐福利、住房福利和社区服务等都属于公共社会福利。其中,教育福利包括义务教育、高校学生贷款计划、奖助学金计划等;卫生福利包括预防、保健、医疗、康复等一系列与人民群众身心健康相关的公共卫生支出福利;文化娱乐福利则是丰富人员文化生活、精神生活的一些硬件措施及服务,如公园、图书馆、博物馆、群众艺术馆、文化娱乐中心等场馆以及各项体育运动设施及相关服务;住房福利包括住房公积金、廉租房、房租补贴等内容。

特殊福利是指民政部门为残疾人、孤儿、生活无着落的老人等具有特殊需要而又无力自理的人举办的社会福利事业。其中,老年人福利包括福利院、养老院等一些老年服务场所及相关的生活、保健服务、津贴供给等;未成年人福利包括儿童福利、孤儿院、托儿所、青少年活动中心等服务措施以及相关的照料护理、心理辅导等服务;残疾人福利包括残疾人工厂、盲聋哑学校等特殊教育、康复服务以及就业帮助等;母婴服务则包括妇女庇护所等福利设施、妇幼保健服务、妇女生育津贴、独生子女补贴等。

职业福利是与就业相关的,以工作单位为实体,以本单位职工生活质量提高为目的而组织实施的福利设施或福利补贴的总称,例如:法定福利和组织自主福利,在职福利和离职福利,福利补贴和福利设施,家庭生活福利和文化娱乐福利,日常福利和节假日福利等。

社会津贴又称社会补贴,是对国家在实现总路线、总方针时,因立法或政策调整而可能导致生活水平或生活质量下降的群体给予一定资金保证的社会福利项目。具有过渡性和经济补偿性。社会津贴的发放范围是法定或政策规定范围内的全体社会成员,政府财政拨款是社会津贴的唯一经费来源。

社区服务是为居住在某一固定的地域空间的人群提供的集生产、生活、工作、休闲等功能于一体的完善的社会服务,是由政府倡导,以群众自治、自我服务为主的小型多样的社会服务体系,是社会福利和社会保障制度实施的基层组织载体。社区服务包括福利性服务、行政事业性服务,又包括商业服务。其中,公共设施是社区福利构成的硬件。社区服务具有福利性、社会性、区域性、群众性和综合性的特征。它突破了福利工作的范围,在服务对象上,既侧重于福利对象,又包括社区内的全体居民;在服务内容上,既有物质生活服务,又有精神文化生活服务,涉及居民衣食住用等各个方面;在服务功能上,既有排忧解难功能,又有社区建设与发展、缓解矛盾、稳定社会、提高民众素质等功能。

第二节 社会福利思想

一、社会福利思想基础

在各种不同的社会福利思想中,存在着个人主义福利观与集体主义福利观的对立。个人主义福利观认为福利是有关个人动机与需要的东西,反对为了平等和社会公正的目的而采取"以损害一部分人的利益来满足另一部分人的需要"的福利措施,认为这种福利会导致人们在实际地位上的不平等。而集体主义福利观认为福利是集体责任,认为个人在应对各种自然灾害及一些意外事件时,其能力是有限的,而且人们在适应环境变化及自身发展的过程中,也离不开集体的帮助,所以需要发展社会的福利功能,以保证满足每一个社会成员的基本生活需要,发展个人能力,实现公民权利。

个人主义福利观与集体主义福利观的对立有时在福利体系设计时就表现为公平与效率优先性的冲突以及政治上个人的自由与权利和社会的平等与公正的冲突。而当这种冲突以利己主义和利他主义、市场经济的自由放任论和福利国家论以及资本主义和社会主义等多种思想冲突的形式展现出来时,社会福利思想因此也成为一个充满意识形态斗争的领域。但思想意识形态的冲突并非是绝对的互相排斥、彼此否定的关系,他可以借助新因素或新的环境变化形成你中有我、我中有你的包容关系。当人们在价值观上选择集体主义或者个人主义时,他们要表明自己的基本立场,在价值选择上要么倾向于前者,要么倾向于后者,但并非不可调和。在生活的领域,人们对福利的需要就是这样,它既包括了个人的利益的欲求,也包括对社群、民族和社会的共同福祉的追求。所以不同的国家立足自身的国情,借助于原有的思想意识形态去化解这种冲突,故而形成了多元化的社会福利制度以及不同类型的福利国家。

二、社会福利思想的发展

世界社会福利事业的发展进程,经历了从剩余型到制度型再到发展型的三个不同的发展阶段[1]。

---

[1] 陈红霞:《社会福利思想》,社科文献出版社,2002年版,第15页。

早期的福利思想,主要是基于人道主义哲学的"仁爱""人性"和自然权利的观念,所以最初的社会福利思想是针对穷人而提供的有限的慈善性质的物质援助,是"专为社会弱者服务"的剩余型社会福利,是以"损有余而补不足"的社会财富的平均主义分配为特征。

而现代福利思想的哲学基础,除了人道主义的要求之外,还包括了公民权利的政治理想和道德追求。它把社会福利上升为普通的人权要求,从公民的社会经济权利和文化权利的实现来看待社会福利的价值,从而使社会福利具有了更为全面的社会价值和社会正义的含义。"铁血宰相"俾斯麦于1883年在德国开创了社会保险法立法化的先河,从此社会福利走上制度化、法制化的轨道。20世纪20年代英国经济学家庇古提出的通过收入均等化增进全民福利的福利经济学成为福利国家理论的重要理论来源。1929—1933年的世界性经济危机摧毁了美国人的"贫穷是缺乏道德的标志"的理念,1935年出台的《社会保障法》,成为美国现代福利体系的基础。1948年,英国按照《贝弗里奇报告》率先在世界范围内建成了"福利国家",而在《贝弗里奇报告》中确定了实施社会保险的普遍性原则、政府统一管理原则和全面性原则。随后,瑞典、法国、丹麦、挪威、联邦德国、奥地利、比利时、荷兰、瑞士、意大利等国家纷纷以建设"福利国家"为努力方向。20世纪70年代的石油危机引发世界经济发展放缓,福利国家出现了财政危机,患了"福利病"。社会福利开始走向多元化,福利产品由国家、家庭、商营部门和志愿机构等多方承担。社会福利思想转向以人的全面发展为内涵。

三、福利国家理论[①]

福利国家保障模式划分的经典性论述应归功于福利国家研究领域的大师理查德·蒂特姆斯(Richard Titmuss,1907—1973),他在20世纪50年代末至70年代曾对福利国家的福利保障模式作出"三分法",即剩余型福利模式(the residual welfare model)、工业绩效型福利模式(the industrial achievement-performance model)和制度再分配型福利模式(the institutional redistributive model)[②]。

蒂特姆斯认为,在剩余型福利模式中,国家所承担的福利保障责任是消极的、被动的、暂时的和替代性的,政府并不主动介入福利保障与福利供给事务;而市场、非政府组织、雇主和家庭等机构在福利保障和福利供给中发挥十分重要的作用,雇员的福利往往被看作雇主的恩典(grace)。只是在市场和家庭等保障无力或供给不足的情况下,国家才出面进行干预,并主要以"救济"的方式加以介入。这时,福利的受领者往往被看作社会的弱者,或是市场竞争的失败者,因而,他们受领国家提供的福利带有耻辱(stigma)的社会标记[③]。

---

① 祁亚辉:《福利国家的制度分析——全球化背景下福利国家的改革与选择》,西南财经大学博士论文,2005年。
② Richard M. Titmuss, 1974, *Social Policy*, London: Allen and Unwin, pp.30-31.
③ 所谓"社会标记(social sign)"是指,社会福利受领者由于被看作"社会弱者"或"生活失败者",往往受到歧视和冷落,受到社会的否定性评价,从而被排斥到社会"边缘地位"的现象。参见巴克:《社会心理学》,南开大学出版社,1986年版;同时参见 Erving Goffman, 1963, *Stigma: Notes on the Management of Spoiled Identity*, Englewood Cliffs, NJ: Prentice-Hall。

也正因为如此,国家的干预被看作市场或家庭失效与失败的支持系统(support system)、最后防线(the last resort)和安全网(the safety net),而一旦市场机制和家庭功能恢复正常运行,国家的干预就要撤出。

可见,剩余型福利模式是以个人主义福利观为主的一种模式,遵循的是填补缺口或者是救急的作用,福利保障和福利供给措施尚缺乏制度性的支撑。这种福利保障模式主要出现于工业革命初期,在当代福利国家中已很难看到它的痕迹了。

工业绩效型福利模式的理论基础是市场竞争理论,遵从成本—效益分析(cost-benefit analysis)的原则。蒂特姆斯认为,在工业绩效型福利模式中,福利保障制度和福利政策与产业发展状况相适应,特别是与劳动力就业的产业布局、就业率或失业率的高低相适应,前者反映后者的要求和动态变化。也就是说,个人的福利保障状况是由一种功绩(merits)所决定的,即从微观上讲要依其在工作上的表现,从宏观上讲要依其所在企业和行业的经济发展水平。因此,在工业绩效型福利模式中,国家直接干预的较少,间接规范的较多。这种福利模式是工业革命的产物,适应于大工业社会化生产方式,福利保障的主要对象是工业化时代的就业主体——男性劳动力。社会保险是典型的工业绩效福利模式的制度安排。

蒂特姆斯认为,在制度再分配型福利模式中,政府对福利保障和福利供给事务的介入是积极的、主动的,政府注重福利保障和福利供给的制度化建设,旨在实现社会安全和社会平等,确保全体国民的基本生活不会因收入减少或中断而遭遇风险。在这种模式下,政府的积极介入体现以下三个原则:一是普救主义原则(the principle of universalism),即福利的保障不分阶级、年龄、性别、宗教、居住地的不同而适用于同一政策;二是非市场原则(the principle of de-market),即福利的给付排除了市场价格机制的影响,不是根据市场交易而是根据需求进行福利的分配;三是需求原则(the principle of need),即福利保障和福利供给以满足基本福利需要为目标,实行以追求平等为价值取向的福利分配,这种分配不以个人的工作业绩或工作成就的差异而有所不同。可见,制度再分配福利模式的最大特点是,福利保障和福利供给实现了制度化,从福利的性质上讲,实现了从救济(relief)与施舍(charities)到社会权利(social rights)的转变;从福利保障的覆盖面上讲,实现了从选择性福利(selective welfare)到普遍性福利(universal welfare)的转变。相对来讲,制度再分配型福利模式的保障水平要大大高于剩余型福利模式。

四、安德森关于福利国家制度模式的三分法

在 20 世纪 80 年代,考斯塔·埃斯平-安德森(Gøsta Esping-Andersen)在其经典著作中[①],对福利国家作出不同于蒂特姆斯的"三分法",并称之为"福利资本主义的三个

---

① 埃斯平-安德森的这部经典著作《福利资本主义的三个世界(*The Three Worlds of Welfare Capitalism*)》,于 1990 年由普林斯顿大学出版社出版,并于 1991 年、1993 年、1998 年三次重印。2003 年,北京法律出版社出版了该著作的中译本,是郑秉文翻译的。

世界"。埃斯平-安德森把欧美福利国家划分为"自由型福利国家"(liberal welfare state)、"保守型或合作主义福利国家"(conservative/corporatist welfare state)、"社会民主型福利国家"(social democratic welfare state)三个大类。这是福利国家保障模式研究领域取得的影响最为广泛的成果,被誉为福利国家理论发展中的"里程碑(landmark)"①。

(一)自由型福利国家的规范特征

在埃斯平-安德森看来,英国、美国、加拿大、澳大利亚等国家可以划归到"自由型福利国家"的类别之中。自由型福利国家的特点是,去商品化的程度最低,而分层化程度则比较高。也就是说,这些国家的福利制度安排,更多地贯彻了市场交易原则,使获得福利保障或福利供给的条件变得十分苛刻,比如需要经过严格的甚至带有侮辱性质的家计调查(means-test),才可以获得吝啬的福利供给。因此,自由型福利国家的福利保障水平不高,其福利支出水平也相应较低。

(二)保守型或合作主义福利国家的规范特征

埃斯平-安德森把德国、奥地利、法国、意大利等国划为"保守型或合作主义福利国家"。保守或合作主义福利国家的特点是,去商品化程度较高,而分层化程度也比较高。也就是说,在这些国家的福利制度安排中,政府对福利保障和福利供给发挥着主要作用,而市场交易的分配作用则比较小,同时注重福利给付的分层化效果。比如,在保守型福利国家下,国家往往对公务员制定了专门的福利保障立法,法律规定的福利保障水平高于社会其他成员,借以培养和保持公务员对国家的忠诚②。研究指出,合作型福利国家的制度安排在很大程度上受教会传统的影响,对家庭保障功能和家庭成员的性别分工仍然保有传统的依赖。

(三)社会民主型福利国家的规范特征

埃斯平-安德森对社会民主型福利国家的研究倾注了更多的热情与兴致,他把北欧的瑞典和挪威作为典型案例加以剖析。社会民主型福利国家的特点是,去商品化的程度最高,分层化程度则最低。也就是说,在社会民主型福利国家中,作为福利制度安排基础的是福利保障与福利供给的普救主义和对市场作用的否决③。埃斯平-安德森认为,社会民主型福利国家是典型的社会连带主义的、普救主义的、去商品化的福利国家,它把实现充分就业作为政策目标,努力做到"使更多的人参与工作,而使更少的人依靠

---

① 埃斯平-安德森对福利国家研究所提出的"三个世界"模式划分理论,在西方学术界引起很大反响,也获得了相当的认同。他因这一理论而赢得了巨大学术声誉,这一理论也奠定了埃斯平-安德森稳固的学术地位。C.皮埃尔森认为,埃斯平-安德森提出的"福利资本主义的三个世界"理论,不仅指出了福利国家研究的正确方向,而且强调了政治经济因素在福利国家发展过程中的作用,此外他还在运用统计数据资源作为立论依据方面作出了榜样,因此,埃斯平-安德森的理论建树成为福利国家理论发展中的"里程碑(landmark)"。参见 Christopher Pierson, *Contemporary Challenges to Welfare State Development*, Political Studies, Sep. 1998, Vol.46 Issue 4, p.777, 18p.

② 参见考斯塔·埃斯平-安德森著,郑秉文译,福利资本主义的三个世界,北京:法律出版社,2003年版,第26页。

③ "对市场作用的否决"的原文是 the usurpation of the market。单词 usurpation 是一个正式用语,表示对权力的"篡夺"或"强夺"。我们在这里选择了"否决"作为译词。从上下文的联系来看,选用"否决"作为意译,似乎更为贴切。

社会转移支付过活"①。因此,在社会民主型福利国家中,社会消费支出水平比较高,而社会转移支付水平则相对较低。

第三节 老年人福利

引导案例

南雄市社会福利中心的医养结合

在人口老龄化的背景下,如何让老年人实现老有所养,老有所乐养老已成为摆在人们面前的难题。为落实广东省养老服务体系建设规划的指示精神,完善南雄市养老服务体系,南雄市人民政府于2011年开始筹建南雄市社会福利中心项目,以全新的养老服务理念,创建了以养护为主,医养结合的新型养老模式。

案例视频链接:http://v.youku.com/v_show/id_XMTkzODExMjA2NA==.html?tpa=dW5pb25faWQ9MTAyMjEzXzEwMDAwMl8wMV8wMQ。

老年人福利是指国家和社会建立的专门面向老年人提供现金或服务的福利。老年人福利包括现金、实物资助和福利服务两个方面。现金和实物资助主要是通过各种养老金计划和老年救助实现的;福利服务主要通过各类养老院、敬老院、社区照护、公益组织提供。福利服务的内容包括生活照料、医疗服务、住宅服务等。一个国家老年人福利状况深受文化和人口结构的影响。

一、文化与老年人福利

文化与老年人的福利关系密切。福利和文化连在一起构成福利文化。福利文化是指在社会福利实践活动中存在和体现出来的各种思想、意识、心理、态度等观念要素的总和②。在任何社会中,福利文化分成两个部分:价值观,它影响人们对权利和义务的看法;行为习惯,价值观通过它找到了在实践中的表现方式。这两个部分组成的福利文化一方面以正式的社会福利项目的形式表现出来,另一方面见于家庭、朋友和邻居间的非正式的互助③。

福利文化中的养老观念对老年人福利有着深刻的影响。不同国家文化背景不同,老年人福利的内容各异。西方国家老年人福利的主要内容是养老保险,包括法定养

---

① See Christopher Pierson, *Contemporary Challenges to Welfare State Development*, Political Studies, Sep. 1998, Vol.46 Issue 4, p.777, 18p.
② 毕天云:《福利文化引论》,云南师范大学学报,2005年第3期,第19页。
③ 黄黎若莲:《中国社会主义的社会福利:民政福利研究》,中国社会科学出版社,1995年版,第16页。

保险、企业补充养老保险和私人养老保险。西方国家养老保险制度同早期社会保护制度如基尔特、自愿互助组织、传统近代理性私人保险制度等具有直接的历史和制度关联。国外20世纪六七十年代的一些研究已清楚揭示出基尔特制度对保险制度的形成,对保险保障职能、给付机制及筹集保险基金等均具有重要的影响。近代"友爱社"的迅速发展取代了早期基尔特的制度形式,使其成为欧洲社会保险直接而重要的制度基础。在某种意义上,无论是基尔特、自愿互助组织、私人保险制度,还是包括养老保险在内的社会保险制度安排均深深地植根于基督教的文化传统①。

中国是一个有着古老的尊老、敬老、养老传统的国家,《周礼》中记载的"遗人掌邦之委积,以待施惠;乡里之委积,以恤艰厄;门关之委积,以养老孤;郊里之委积,以待宾客;野鄙之委积,以待羁旅;县都之委积,以待凶荒",说明当时已经存在恤贫、养老、赈灾等社会保障思想和措施。《孝经》促进了传统孝道思想的形成,传统的孝道思想使社会成员养成了长幼有序、尊老敬老的优良传统,同时也使得家庭养老广为人所接受。老人在家庭中既获得了物质帮助,又获得了亲情的抚慰。虽物质条件艰苦,却也其乐融融。在浓厚的养老文化氛围中,中国古代形成了官员致仕和普通高龄老人得到恩赐的各类老年人福利制度。

二、人口老龄化与老年人福利

21世纪是人口老龄化的时代。按照人口老龄化的标准60岁以上老年人口占总人口的比例超过10%或65岁以上老年人口占总人口的比例超过7%,中国已于1999年进入老龄社会,是较早进入老龄社会的发展中国家之一。中国是世界上老年人口最多的国家,中国的人口老龄化不仅是中国自身的问题,而且关系到全球人口老龄化的进程,据联合国预测,21世纪上半叶,我国老年人口占世界老年人口总量的五分之一,21世纪下半叶,我国将次于印度居第二老年人口大国。

根据全国老龄办发布的《中国人口老龄化发展趋势预测研究报告》,21世纪的中国将是一个不可逆转的老龄社会。从2001年到2100年,中国的人口老龄化可以分为三个阶段。

第一阶段,2001—2020年,是快速老龄化阶段。这一阶段,中国将平均每年新增596万老年人口,年均增长速度达到3.28%。到2020年,老年人口将达到2.48亿,老龄化水平将达到17.17%,其中,80岁及以上老年人口将达到3 067万人,占老年人口的12.37%。

第二阶段,2021—2050年,是加速老龄化阶段。伴随着20世纪60年代到70年代中期第二次生育高峰人群进入老年,中国老年人口数量开始加速增长,平均每年增加620万人。到2023年,老年人口数量将增加到2.7亿,与0—14岁少儿人口数量相等。到2050年,老年人口总量将超过4亿,老龄化水平推进到30%以上。其中,80岁及以上老年人口将达到9 448万,占老年人口的21.78%。

---

① 林义:《社会保险》,中国金融出版社,2003年版,第39—40页。

第三阶段,2051—2100年,是稳定的重度老龄化阶段。2051年,中国老年人口规模将达到峰值4.37亿,约为少儿人口数量的2倍。这一阶段,老年人口规模将稳定在3—4亿人,老龄化水平基本稳定在31%左右,80岁及以上高龄老人占老年总人口的比重将保持在25%—30%,进入一个高度老龄化的平台期。

我国现正处于快速老龄化阶段,呈现出以下特点:

(1) 中国劳动年龄人口四连降,老年人口基数不断增大。随着人口老龄化进程的加速,我国自2012年,劳动年龄人口数量首次出现减少,减少了345万人,2015年再减少487万人,中国劳动年龄人口出现四连降。与此同时,人口老龄化程度不断加重,每10人中就有1个是65岁以上的老人,每6人中,就有近1个人年龄在60岁以上[①]。中国老年人口基数不断增大,截至2015年底,我国60岁及以上老年人口占总人口的16.1%,约为2.21亿人[②],老龄人口绝对值为世界之最。

(2) 人口未富先老,对经济压力很大。发达国家人口老龄化伴随着城市化和工业化,呈渐进的步伐。当它们的60岁以上老龄人口达到10%时,人均国内生产总值一般在1万美元以上。发达国家的人口是先富后老,我国是未富先老。截至2015年,我国人均国内生产总值尚达不到这个标准,但部分地区的人口老龄化程度已超发达国家。上海人口老龄化程度居全国之最,截至2015年底,60岁及以上老年人口占户籍总人口比例已高达30.2%[③],远高于人口老龄化严重的日本。

(3) 人口高龄化,纯老家庭增多。过去说"人活70古来稀",现在说"活到70不稀奇"。上海人口预期寿命82.75岁,100岁及以上老人1751人[④],同时,空巢、独居、失独老年人不断增加。未来一段时期,上海步入老年阶段的人群中80%以上是独生子女父母[⑤]。与此同时,全国各地百岁老人不断增多,新疆喀什地区百岁老人有359位,最大的129岁[⑥]。但高龄人口丧偶和患病的概率高,高龄女性多于男性,高龄老人生活自理能力差。对于身体机能较差的高龄老年人而言,其社会养老服务需求是一种刚性的现实性需求。因此他们不仅需要经济上的供养,而且需要生活上的照料。

(4) 人口老龄化发展速度快,来势猛。由于生育率的下降,预期寿命的延长,少年儿童比重大幅降低,人口老龄化的速度在加快。我国人口年龄结构从成年型进入老年型仅用了18年左右的时间,与发达国家相比,速度十分惊人。法国完成这一过程用了115年,瑞典用了85年,美国用了6年,英国用了45年,最短的日本也用了25年[⑦]。

除此之外,中国的人口老龄化还具有地区发展不平衡、城乡倒置显著、女性老年人口数量多于男性、失智失能高龄老人增加等特征。

---

① "中国劳动年龄人口四连降",http://news.xinmin.cn/domestic/2016/01/20/29354729.html。
② 见民政部网站,http://www.mca.gov.cn。
③ 沪籍老年人口比例破三,本市人口预期寿命约82岁,新闻晨报,2016-03-31,http://www.sh.xinhuanet.com/2016-03/31/c_135238596.htm。
④ 同上。
⑤ 许超,上海老龄化进一步提高:八成以上是独生子女父母,新民晚报,2016-03-30。
⑥ 全国老龄委数据。
⑦ 中国产业信息网,2016年中国人口老龄化现状分析及发展趋势预测,http://www.chyxx.com/industry/201603/395552.html。

人口老龄化必将带来一些新的矛盾和压力,对老年人福利事业提出新的挑战和更高要求。首先,老年人绝对人口的增加对养老金的数量提出了巨大要求。其次,随着年龄的增加,老年人各种生理机能日益衰退,他们的生活自理能力也越来越差。老人生活自理能力的欠缺对社会福利服务提出了大量需求。再次,老年人患病的概率大大增加,对照料和看护的需求也更为迫切,而"空巢家庭"比例的增加,对社会福利服务提出了更多、更高要求。老年人各方面福利需求的增加,必将促使中国调整消费结构、产业结构、社会管理体制等,以适应人口年龄结构的巨大变化。

三、中国的老年人福利

1. 中国古代的老年人福利

中国古代形成了官员致仕和普通高龄老人得到恩赐的各类老年人福利制度①。中国致仕制度的最早记载见诸《礼记》。《礼记·曲礼》篇载有:"人生十年曰幼,学。二十曰弱,冠。三十曰壮,有室。四十曰强,而仕。五十曰艾,服官政。六十曰耆,指使。七十曰老,而传。"又谓:"大夫七十而致仕,若不得谢,而必赐之几杖。"说明春秋时期已有致仕制度的存在。两汉致仕,有赐金、赐禄之举。魏晋唐宋元都以七十岁为退休年龄。明初,沿袭元代之制,"凡内外大小官员,年七十者,听令致仕。其有特旨选用者,不拘此限。"②至洪武十三年(1380),"文武官六十以上者,皆听致仕,给以诰敕。"弘治四年(1491)奏准,"自愿告退官员,不分年岁,俱令致仕。"从洪武建国初到弘治年间,随着政治的稳定,官员队伍的壮大,退休年龄逐步放宽。对老疾不能任事的官员,洪武二十六年(1393)和永乐十九年(1421)都规定七十岁以上才令致仕,到了宣德十年(1435)又诏令"文武官年未及七十,老疾不能任事者,皆令冠带致仕。"清朝建国初期,官员达到六十岁即可退休。清朝在致仕官员俸禄待遇的规定上逐渐成熟。

中国古代特别尊重老人,重视发挥老人的社会治理作用。明太祖时"里设老人,选年高为众所服者,导民善,平乡里争讼。"③既让老人老有所为,又能借此劝导民善,净化乡俗。明朝重视老人的政策客观上有利于这一社会弱势群体的社会地位和生活境况的改善。

国家为了表达尊老之意,对高龄老人会赐予米、酒、肉、帛等生活资料作为衿恤或奖赏。这一方式在中国有着古老的历史,其起源可溯至先秦时期,《礼记·月令》中写道:"是月也,养衰老,赐几杖,行糜粥饮食。"这有可能是关于老人物质补助的最早记载。在西汉时期,对老年人的物质补助已经较为常见。据统计,仅汉一代,对老人的赐物就有55次④。汉代以后各朝也都有赐物的记载。明朝建立后,继续实施这一政策,对年龄在八十岁以上的老人给予物质补助。洪武十九年(1386),"六月甲辰,诏有司存问高年。贫民年八十以上,月给米五斗,酒三斗,肉五斤;九十以上,岁加帛一匹,絮一斤;有田者

---

① 张祖平:《明清时期政府社会保障体系研究》,北京大学出版社,2012年版,第136—152页。
② 《大明令·吏令》。
③ 《明史》卷77,"志第五三·食货一"。
④ 庄华峰等:《中国社会生活史》,合肥工业大学出版社,2003年版,第230页。

罢给米。"①朱元璋的继任者也不断颁诏强调这一政策。建文元年(1399)二月,"赐民高年米肉絮帛"。永乐七年(1409),"二月乙亥,遣使于巡狩所经郡县存问高年,八十以上赐酒肉,九十加帛"②。永乐十九年(1421),诏"民年八十以上,有司给予绢二匹,布二匹,酒一斗,肉十斤,时加存恤。"永乐二十二年(1424),令"民年八十以上者,仍给绢二匹,绵二斤,酒一斗,时加存问。"天顺二年(1458),诏"军民有年八十以上者,不分男妇,有司给绢一匹,绵一斤,米一石,肉十斤。年九十以上者倍之。男子百岁,加与冠带荣身。"天顺八年(1464),诏"凡民年七十以上者,免一丁差役,有司每岁给酒十瓶,肉十斤。八十以上者,加与绵二斤,布二匹。九十以上者,给予冠带。每岁设宴待一次。百岁以上,给予棺具。"正德六年(1441)五月,赐"京民八十以上粟帛。"③清初即制定了对老人的补助政策。顺治元年(1644)规定:"军民年八十以上者,政府赏给绢一匹,棉花十斤,米一石,肉十斤;九十以上,加倍给予。"④

高年之后的老人不仅要接受物质上的衣食供给,而且生活上要求有人护理照料。为了鼓励年轻人侍养老人,传统中国还制定了免除侍丁徭役的政策。明朝建国之初,洪武元年八月即宣布:"民年七十以上者,许令一子侍养,免其差役"。清沿明制,顺治元年(1644)宣布国策:"军民年七十以上者,许一丁侍养,免其徭役;……鳏寡孤独废疾不能自养者,宜于给养。"⑤康熙二十七年(1688)诏:"军民七十以上者,许一丁侍养,免其杂派差役。"⑥到了乾隆朝,八十岁以上的老人除了获得给侍待遇外,还有其他实物给付,百岁以上老人,可获得建坊的殊荣。

2. 中国当代的老年人福利

我国当代提出了老龄事业的发展目标:"老有所养、老有所医、老有所教、老有所学、老有所为、老有所乐"。为了实现这一目标,国家和社会建立了养老保险制度、贫困老年人救助制度、老年医疗保健、为老社会服务、老年文化教育、老年人参与社会发展等老年人福利。为应对快速发展的人口老龄化,多种养老,助老的服务措施正在不断增加。《2015年社会服务发展统计公报》显示,截至2015年底,全国共有老龄事业单位2 280个,老年法律援助中心2.1万个,老年维权协调组织7.1万个,老年学校5.3万个、在校学习人员732.8万人,各类老年活动室37.1万个;享受高龄补贴的老年人2 155.1万人,享受护理补贴的老年人26.5万人,享受养老服务补贴的老年人257.9万人。

(1) 高龄老年津贴。

高龄津贴⑦,是针对高龄老人实行的兼具社会救助和社会福利性质的社会保障措施。它是按照"低标准、广覆盖、保基本、多层次、可持续"的总体要求,创新性实施的高

---

① 《明史》卷3,《太祖本纪三》。
② 《明史》卷6,《成祖本纪二》。
③ 以上均见万历《大明会典》。
④ 雍正《大清会典》卷68。转引自王卫平、黄鸿山著:《中国古代传统社会保障与慈善事业》,群言出版社,2004年版,第107页。
⑤ 《清史稿》卷1,《世祖本纪一》。
⑥ 雍正《大清会典》卷68。
⑦ 民政部:全国26个省区市已出台高龄津贴补贴政策,中国新闻网,2016.8.23, http://finance.ifeng.com/a/20160823/14787089_0.shtml。

龄老人福利制度模式,有助于健全养老保障服务体系,建立保障高龄老人基本生活需求的长效机制,推进补缺型老年福利向适度普惠型社会福利发展①。

为了更好地解决高龄老人基本生活问题,保障高龄老人的生活质量,我国多省开始制定高龄津贴政策,达到法定年龄的老年人都可按月领取津贴。但享受高龄津(补)贴的年龄段和补助标准方面也存在较大差距,甚至在同一个省(市、区)内享受范围和享受标准也不一样。虽在领取年龄方面略有差异,但大多数省市集中在80—100岁。补贴标准各地差异较大。浙江省是高龄补贴标准最低的省份,约为30元/月。但百岁以上的老人补贴金额较为集中,大多为每月300元。

(2) 老年医疗保健。

我国政府重视加强城乡老年人的医疗保障,逐步完善职工基本医疗保险、城镇居民基本医疗保险、新型农村合作医疗制度,发展大病保险,健全多层次的覆盖城乡的老年医疗保障体系。

首先,城镇职工基本医疗保险制度规定退休人员个人不缴纳基本医疗保险费,对个人账户计入金额和个人负担医疗费的比例给予适当照顾。各地普遍将老年常见病、慢性病等大额医疗费用纳入社会统筹基金支付范围,减少退休人员个人的支付比例。

其次,逐步提高城镇居民医保和新农合人均筹资标准及保障水平,减轻老年人等参保人员的医疗费用负担。提高职工医保、城镇居民医保、新农合基金最高支付限额和政策范围内住院费用支付比例,全面推进门诊统筹。国家要求各地为70岁以上农村老年人参加新型合作医疗给予适当政策优惠,照顾老年人的特殊需求。积极建立农村医疗救助制度,采取政府拨款和社会捐助相结合筹集救助资金,资助农村"五保"老年人和困难群众参加新型农村合作医疗,对因患大病个人医疗费负担过高、影响家庭基本生活的贫困农民给予适当补助,在一定程度上缓解了老年人基本医疗困难。

最后,各地正在探索老年人异地就医基本医疗费用即时结算,改革付费方式。积极发展商业健康保险,完善补充医疗保险制度和大病保险。为了保障失能失智的老年人,部分地区正在探索长期照护制度,尝试建立护理补贴制度。

(3) 为老社会服务。

加快为老社会服务体系建设,是保障老年人不断增长的社会服务需求的重要举措。近年来,中国政府大力发展社区为老服务,不断改善老年人居家养老的支持环境。同时,积极推进机构养老服务,努力满足老年人多样化的为老社会服务需求,初步形成以居家养老为基础、社区服务为依托、机构养老为补充的为老社会服务体系。城市街道和社区基本实现了居家养老服务网络全覆盖,居家养老服务信息平台正在初显成效。截至2015年底,全国各类养老服务机构和设施11.6万个,比上年增长23.4%,包括:注册登记的养老服务机构2.8万个,社区养老服务机构和设施2.6万个,互助型养老设施6.2万个;各类养老床位672.7万张,比上年增长16.4%(每千名老年人拥有养老床位30.3张,比上年增长11.4%),其中,社区留宿和日间照料床位298.1万张。这有效缓

---

① 高龄津贴解释参考百度百科,http://baike.baidu.com/link?url=x5Xq4AgnCeaSA2tXdDZMrcQcNf7WD5-Zirn1SkS6F_eBsPDn2-qV6QeMPqugVU13Or33yiLg1s9_kG66mqYYeJ_。

了老年福利服务的供需矛盾。

推动医养融合发展,探寻医疗养老创新服务模式。围绕高龄、独居、失能老人的重点需求,医护到家作为全国首家列入互联网医养服务的试点单位发布"北京居家养老服务平台",通过移动互联网技术,推出医养服务、护士上门服务、护工护理服务等三大服务[1],让广大老年人充分享受到互联网科技发展的成果。

养老服务补贴制度则是指对于低收入的高龄、独居、失能等养老困难老年人,经过评估,采取政府补贴的形式,为他们入住养老机构或者接受社区、居家养老服务,提供支持的一种制度。这一制度目前在越来越多的省市实践,有效地改善了高龄困难群体的养老问题。截至2016年8月,在高龄津贴方面,北京、天津、山西、辽宁、吉林、上海、江苏、浙江、安徽、山东、河南、湖南、广东、海南、重庆、四川、贵州、西藏、青海、新疆等20个省(区、市)出台了养老服务补贴政策[2]。

此外,各地按照本地区的实践,形成了一些特色项目,如《上海市养老服务需求评估标准》和《上海市社区居家养老服务规范》的推广实施。四川将养老服务体系建设和培育养老产业紧密结合,攀西冬季阳光康养成为一大亮点。以独居、高龄、困难老年人为重点的结对关爱工作正在全国深入开展。

(4)长期护理保险。

长期照护是西方发达国家自二战后逐渐从养老服务和医疗服务中独立出来的一项社会服务。为应对人口老龄化,荷兰(1968)、以色列(1986)、德国(1995)、卢森堡(1998)、日本(2000)、韩国(2008)等国家先后颁布了长期照护法案。我国在人口老龄化和照护压力的背景下,"十三五"规划和五中全会提出了对长期护理保险的探索方向。2016年6月27日,人社部印发了《关于开展长期护理保险制度试点的指导意见》,在试点阶段提出逐步探索多渠道的筹资机制。长春市、齐齐哈尔市、上海市、南通市、青岛市、广州市、重庆市、成都市、石河子市等15个城市开始了首批试点。各地的长期护理保险的筹资和照护模式各有特色。各地长期护理保险的定位、筹资和模式也在探索中,大多数学者赞成将这一模式独立出来,以社会保险的方式实施。

(5)老年文化教育。

老年教育是我国教育事业和老龄事业的重要组成部分。世界上较早进入老龄化社会的国家和地区普遍出台终身教育、老年教育领域法律法规,并将老年教育政策作为重要的社会政策。许多国家通过兴办第三年龄大学、推动社区老年人互助学习、倡导老年人利用网络自主学习等多种形式发展老年教育。

为贯彻落实《中华人民共和国老年人权益保障法》《国家中长期教育改革和发展规划纲要(2010—2020年)》,国务院办公厅发布了《关于印发老年教育发展规划(2016—2020年)的通知》(国办发〔2016〕74号)。在该通知中,明确了五大任务,即扩大老年教育资源供给、拓展老年教育发展路径、加强老年教育支持服务、创新老年教育发展机制

---

[1] 胡静:北京居家养老服务平台发布 探索医疗养老服务新模式,人民网,2016-11-2。
[2] 民政部:全国26个省区市已出台高龄津贴补贴政策,中国新闻网,2016.8.23,http://finance.ifeng.com/a/20160823/14787089_0.shtml。

社会保障理论与政策

和促进老年教育与相关产业联动；推出了五个重点计划，即社会主义核心值观培育计划、老年教育机构基础能力提升计划、学习资源建设整合计划、学习资源建设整合计划和老有所为行动计划，这些为老年文化教育的发展指明了方向。

老年人精神文化生活日益丰富，大中城市正逐步建立设施完备、功能齐全的市、区县、街镇、居村委老年教育四级网络，并形成老年学校教育、老年远程教育、老年社会教育等多种教育模式。目前有700多万老年人在老年大学等机构学习，有上千万老年人通过社区教育、远程教育等各种形式参与学习，初步形成了多部门推动、多形式办学的老年教育发展格局。

各级政府在原有或新建的公益性文化设施中开辟老年人活动场所，有关部门管辖的文化活动场所也积极向老年人开放。截至2015年底，全国共有各类社区服务机构和设施36.1万个，覆盖率52.9%。

国家财政支持的图书馆、文化馆、美术馆、博物馆、科技馆等公共文化服务设施以及公园、园林、旅游景点等公共文化场所向老年人免费或优惠开放。老年人社会文化生活的条件不断改善，各种类型的老年人文体活动相继开展，丰富了老年的精神生活。

但同时必须清醒地看到，我国老年教育还存在资源供给不足，城乡、区域间发展不平衡，保障机制不够健全，部门协调亟待加强，社会力量参与的深度和广度需进一步拓展等问题。

延伸阅读

在瑞士，老去也可以很幸福

瑞士的养老保险制度形成了制度健全、互为补充的三大支柱模式。第一支柱是由国家提供的基本养老保险，全称为"养老、遗属和伤残保险"，带有强制性，旨在保证退休老人、遗属和残疾人的基本生活费用。第二支柱是由企业提供的职业养老保险，作为对第一支柱的有力补充。第二支柱和第一支柱所提供的养老金总额可达到投保人退休前薪水的60%左右，足以保障退休老人维持较高的生活水准。第三支柱是各种形式的个人养老保险，以满足个人的特殊需要。所有在瑞士居住的人都可以自愿加入个人养老保险，政府以税收优惠政策鼓励个人投保。投保方式灵活，可向保险公司投保，也可在银行开户。

在养老医疗服务方面，瑞士也分三个层面实施，分别为联邦政府、州政府和地方政府。联邦政府主要负责医疗和事故的保险、打疫苗、药物，及药物的批准和定价；州政府主要负责监管医院、养老院、批准医疗方法、维护病人权利并对保险费进行补贴；地方政府主要负责老人居家的长期照护。

入住养老院是很多老人的选择。在瑞士，大概有1700家养老院，其中60%为公立，40%为私立。瑞士养老院的规模都不大，最大的养老院也只有300个床位而已。但是，与其他欧洲国家相比，瑞士养老院服务人员与入住老人的配比是最高的，基本能够做到一对一服务。根据每位老人的不同情况，还会有不同的照料模式：一种是日托,即让住在养老院附近的老人,来养老院吃午饭、晚饭,和其他老年人一起聊天、活动,晚上回自家住。另一种是短期看护。或者是老人病后康复期需要夜间看护,或者是平时照看老人的家庭成员需出门一段时间,都可以把老人临时"寄托"在养老院。养老公寓模式目前在瑞士非常流行。除了有专门的服务层,养老公寓在其他方面和正常公寓没什么区别。服务层有食堂、活动室、医务室等功能空间。如果家有老人,可以全家一起住进养老公寓,儿女们照常工作、生活,老人则可以享用服务层提供的各种服务。

瑞士养老院还常常带有其他复合功能。比如与医生、治疗师紧密合作,请他们上门到养老院为老人进行治疗;也有养老院吸纳幼儿园进来,这样祖孙辈可以住在一起,又各自都有了照顾。不仅如此,养老院的员工也可以带着自己的孩子来上班,这样的安排,让他们更能安心地上班,可谓雇主和雇员同时得益。

资料来源:珍·路易斯·朱费瑞(Jean Louis Zufferey),《瑞士如何做到"老有所养"》,中国社会福利网,http://shfl.mca.gov.cn/article/gjzx/201507/20150700857764.shtml,有删减。

第四节 残疾人福利

一、残疾人与残疾人福利的界定

1. 残疾人的界定

国际劳工组织在《残疾人职业康复和就业公约》中,界定残疾人是指因正式承认的身体或精神损伤在适当的职业获得、保持和提升方面的前景大受影响的个人。侧重于劳工的职业能力受损。

联合国在《残疾人权利宣言》中的界定是,任何由于先天性或非先天性的身心缺陷而不能保证自己可以取得正常的个人生活和社会生活上一切和部分必需品的人。这一概念更侧重于身心缺陷。

根据我国《残疾人保障法》第2条规定,残疾人是指在心理、生理、人体结构上,某种组织、功能丧失或者不正常,全部或者部分丧失以正常方式从事某种活动能力的人。残疾人包括视力残疾、听力残疾、言语残疾、肢体残疾、智力残疾、精神残疾、多重残疾和其他残疾的人。

综上所述,我们可以将残疾人界定为身体、智力或者精神状况违反常规和偏离正常状态,而使其参与社会的能力受到影响的人。

2. 残疾人福利的界定

残疾人事业是中国特色社会主义事业的重要组成部分,残疾人福利是社会福利体系的重要组织部分,它是指国家和社会在法律和政策范围内,围绕发展福利事业,向全社会各类残疾人普遍提供资金帮助和优价服务的一种社会性制度。主要表现为国家及各种社会团体举办的多种福利设施,为残疾人提供的社会服务以及举办的各种社会福利事业。其目的是为了改善残疾人的生活状态,提高残疾人的生活质量,使残疾人享有同正常人一样的工作和生活条件①。

关心残疾人,是社会文明进步的重要标志。它反映了一个国家的经济、政治、文化发展水平和文明程度。对弱势群体的关心和帮助,有利于维护社会的团结稳定。对残疾人的福利供给,不但能保证残疾人的生活和福利水平的不断提高,而且通过特别的扶助,有利于找到他们的优势能力,增加人力资源的供给,实现残疾人的自身价值。

二、残疾人福利的基本理念

(一)供养理念

是建立在残疾人基本生活保障基础之上的一种提供家庭和政府要保障残疾人生活的理论。残疾人福利最初认为最好的方法就是把他们养起来,家庭和社会通过对残疾人的供养而表示对残疾人的责任和爱护。国家一般是供养丧失劳动能力的人,为他们提供物质帮助或经济帮助。国家的富裕程度,对残疾人的供养范畴不同。供养理论对早期残疾人社会福利的影响较大。

(二)回归社会理念

美国社会学家戈夫曼在20世纪50年代提出回归理论,由于庇护所中精神病患者处于不良的同伴关系和"关护"关系之中,精神病患者的病情有可能加重。最好是使精神病患者走出封闭的状态,进入社会。所以庭院式、院舍式的供养是一种消极方式,最好采用积极的社区照顾方式。最有影响的是英国的社区照顾。

(三)增能理念

增能理论站在人的发展立场上,认为通过一定的方法可以使残疾人在一定程度上恢复失去的机体的、社会的功能,并有助于他们进入一般的、正常的社会生活。该理论关注人的基本价值实现。最典型的例子,就是通过职业康复来恢复他们的正常生活。

(四)新的完整的残疾人观

残疾人是人类社会的一部分,社会有责任给残疾人补偿使残疾人回归社会主流,平等参与社会生活,并平等享有社会物质文化成果。鼓励残疾人发挥自身体的优势,奋发图强,这是问题视角向优势视角的转变,是由生活救助向平等参与的转变,也是"平等、参与、共享"的理念的实现。

三、残疾人福利的内容

残疾人福利的内容主要有五项:残疾预防与康复保障、教育保障、劳动就业、文化

---

① 曹立前:《社会救助与社会福利》,中国海洋大学出版社,2006年版,第340页。

生活、残疾人福利设施。

（一）残疾预防与康复保障

残疾预防是指采取一些行动来避免出现生理、智力、精神或感官上的缺陷或防止缺陷出现后造成永久性功能限制或残疾。正确的医疗体系是以预防—治疗—康复—保健为一体的治疗体系。发达国家的医疗模式通常重预防、轻治疗、康复发达，这一模式成本低和收益高。我国现在的医疗模式则更侧重治疗、轻预防、康复欠缺，这一模式则相反，成本高和收益低。目前我国已意识到这一问题，开始重视预防和康复问题。

残疾一级预防是指预防各种可能导致残疾或功能障碍的疾病和其他风险的发生；二级预防是指如果疾病或损伤已经发生，积极的防止残疾发生；三级预防是指残疾或功能障碍已经发生，通过康复防止残疾状况恶化。

康复是指综合、协调地应用医学的、教育的、职业的、社会的和其他措施，对残疾者进行治疗、训练和辅助，尽量补偿、提高或者恢复其丧失或削弱的功能，增强其能力，促进其适应或重新适应社会生活。我国《残疾人保障法》规定，国家和社会采取康复措施，帮助残疾人恢复或者补偿功能，增强其参与社会生活的能力。康复福利主要有两类：一类是集中式康复，包括康复中心和康复医院；另一类是分散式康复，主要是社区康复。康复工作应当从实际出发，建设以专业康复机构为骨干、社区为基础、家庭为依托的社会化康复服务体系，将现代康复技术与我国传统康复技术结合，以实用、易行、受益广的康复内容为重点，并开展康复新技术的研究、开发和应用，为残疾人提供有效的康复服务。残疾人教育机构、福利性企业事业组织和其他为残疾人服务的机构，应当创造条件，开展康复训练活动。国家正在将残疾人的基本医疗和康复服务纳入社会保险、新型农村合作医疗范围，对尚未纳入社会保险或者新型农村合作医疗范围的康复服务项目、辅助器具的配置和更换建立专项补贴制度。

（二）教育保障

残疾人也有接受教育的权利。国家促进残疾人事业发展的政策明确鼓励从事特殊教育，加强师资队伍建设，提高特殊教育质量。完善残疾学生的助学政策，保障残疾学生和残疾人家庭子女免费接受义务教育。发展残疾儿童学前康复教育，加快发展高中阶段特殊教育，鼓励和支持普通高等学校开办特殊教育专业。逐步解决重度肢体残疾、重度智力残疾、失明、失聪、脑瘫、孤独症等残疾儿童少年的教育问题。采取多种措施扫除残疾青壮年文盲。积极开展残疾人职业教育培训，有条件的地方实行对残疾人就读中等职业学校给予学费减免等优惠政策。支持师范院校培养特殊教育师资。实施中西部地区特殊教育学校建设工程，落实特殊教育学校教师特殊岗位津贴政策。各级各类学校在招生、入学等方面不得歧视残疾学生。

（三）劳动就业保障

残疾人在劳动就业方面受到歧视是各国遇到的问题，建立残疾人平等就业制度，保障残疾人平等就业的机会和权利是现代文明社会的体现，也是残疾人福利的重要内容。我国《残疾人保障法》规定，国家保障残疾人劳动的权利。机关、团体、企业事业单位和其他各类经济组织在公务员或者其他工作人员的招用、聘用、转正、晋职、晋级、职称评定、劳动报酬、生活福利、社会保险等方面，不得歧视残疾人。各级人民政府应当对残疾人劳动就业统筹规划,为残疾人创造劳动就业条件。国家实行集中安排、分散安排和鼓励、帮助残疾人自主创业和自谋职业三种办法促进残疾人就业。一方面,国家举办残疾人福利企业、工疗机构、按摩医疗机构、庇护工场及其他福利性企业事业组织,鼓励和支持社会力量举办残疾人福利性企业事业组织,集中安排残疾人就业;另一方面,国家实行按比例安排残疾人就业制度。机关、团体、企业事业组织和其他各类经济组织,必须按一定比例安排残疾人就业,并为其选择适当的工种和岗位。省、自治区、直辖市可以根据实际情况规定具体比例,但不得低于1.5%。机关、团体、企业事业单位和其他各类经济组织安排残疾人就业,达不到规定比例的,应当缴纳残疾人就业保障金,作为政府性基金专项用于促进残疾人就业;超过规定比例的,当地政府应当给予相应的奖励。此外,政府有关部门鼓励、帮助残疾人自愿组织起来就业或者自主创业、个体就业。对安排残疾人就业的企业实行资金扶持、税费减免、贷款贴息、社会保险补贴、岗位补贴、专产专营等优惠政策。同等条件下,政府优先采购残疾人集中就业单位的产品和服务。将难以实现就业的残疾人列入就业困难人员范围,提供就业援助。加强残疾人职业培训和就业服务,增强残疾人就业和创业能力。地方各级人民政府和农村基层组织,应当切实将国家关于农村扶贫开发政策措施和支农惠农政策落实到农村贫困残疾人家庭,制定和完善针对残疾人特点的扶贫政策措施。扶持农村残疾人从事种养业、手工业和多种经营,有序组织农村残疾人转移就业,促进残疾人增加收入。

(四)文化体育事业

残疾人也享有平等参加各种文化、体育、娱乐活动的权利。国家和社会应当鼓励、帮助残疾人参加各种文化、体育、娱乐活动,努力满足残疾人精神文化需求。可以组织残疾人开展形式多样、健康有益的群众性文化、艺术、娱乐活动,丰富残疾人精神文化生活,激发残疾人参与社会主义先进文化建设的热情和潜能。扶持残疾人文化艺术产品生产和盲人读物出版等公益性文化事业。发展残疾人特殊艺术,培养优秀特殊艺术人才。落实全民健身计划,开展残疾人群众性体育健身活动,增强体质、康复身心。开展残疾人体育科研和体育教育。实行公共文化、体育设施对残疾人优惠开放。开展残奥、特奥、聋奥运动,举办和参加国内外重大残疾人体育赛事。

(五)残疾人福利设施

残疾人福利设施有健全的残疾人服务体系、无障碍设施和服务项目。残疾人服务体系以专业机构为骨干、社区为基础、家庭邻里为依托,以生活照料、医疗卫生、康复、社会保障、教育、就业、文化体育、维权为主要内容。公共服务机构和专业服务机构是为残疾人提供服务的两大主力。无障碍设施是构筑残疾人生活环境的重要环节,国家规定新建改建城市道路、建筑物等必须建设规范的无障碍设施,已经建成的要加快无障碍改造。小城镇、农村地区逐步推行无障碍建设。加快推进与残疾人日常生活密切相关的住宅、社区、学校、福利机构、公共服务场所和设施的无障碍建设和改造,有条件的地方要对贫困残疾人家庭住宅无障碍改造提供资助。交通运输、铁路及城市公共交通要加大无障碍建设和改造力度。公共交通工具要配置无障碍设备,完善残疾人驾驶机动车的有关规定和管理办法,公共停车区要优先设置残疾人专用停车泊位。切实加强无障碍设施设备的管理和维护。积极推进信息和交流无障碍,公共机构要提供语音、文字提示、盲文、手语等无障碍服务,影视作品和节目要加配字幕,网络、电子信息和通信产品要方便残疾人使用。

残疾人服务项目是改善残疾人生活条件、促进残疾人全面发展的措施。可以依托社区开展为重度残疾人、智力残疾人、精神残疾人、老年残疾人等提供生活照料、康复养护、技能培养、文化娱乐、体育健身等公益性、综合性服务项目。国家鼓励发展残疾人居家服务,有条件的地方建立残疾人居家服务补贴制度。积极培育专门面向残疾人服务的社会组织,通过民办公助、政府补贴、政府购买服务等多种方式,鼓励各类组织、企业和个人建设残疾人服务设施,发展残疾人服务业。残疾人综合服务设施及康复、医疗卫生、教育、就业服务、托养、文化体育等服务设施建设要纳入城乡公益性建设项目,给予重点扶持,并适当向中西部地区和农村地区倾斜。

四、中国残疾人福利发展状况

截至2017年,我国现有残疾人数量已超过8 500万,占全国人口的6.34%,涉及2.6亿家庭人口,是一个数量众多、特性突出、特别需要帮助的社会群体。改革开放以来,我国残疾人参与社会生活的环境和条件已明显改善,生活水平和质量得到显著提高,残疾人已经全部纳入社会保障体系。

《"十三五"加快残疾人小康进程规划纲要》指出,残疾人权益保障制度不断完善,基本公共服务体系初步建立,残疾人生存发展状况显著改善。588万农村贫困残疾人脱贫,950多万困难和重度残疾人得到生活补贴或护理补贴;残疾人就业稳中向好,收入较快增长;1 000多万残疾人得到康复服务,残疾儿童少年义务教育入学率持续提高,残疾人文化体育服务不断拓展,无障碍环境建设加快推进[1]。平等、参与、共享理念的实施,社会各界广泛开展形式多样的扶残助残活动,助残志愿者队伍不断扩大,为满足残疾人基本生活需求和平等参与社会生活解决了大量实际困难;城市道路、建筑物和信息无障碍建设全面推进,为残疾人走出家门、共享社会物质文化成果和公共服务提供了便利,拓展了空间;新闻媒体积极宣传残疾人事业,进一步营造了关爱残疾人的舆论氛围;全社会依法维护残疾人权益的意识不断增强,发展残疾人事业的法治环境进一步改善;现代文明社会的残疾人观日益深入人心,人道主义思想得到弘扬。人人参与,人人奉献深入人心,残疾人回归主流社会,平等参与社会生活,各行各业涌现出一大批残疾人自强自立的典型。

(一)残疾预防与康复保障

为提升残疾人基本公共服务水平,我国开始强化残疾预防。2015年,1 739个县的1 912个医疗卫生机构陆续开展残疾儿童筛查工作,年度新诊断0—6岁残疾儿童4.8万人。依托各级各类残疾儿童康复机构建立儿童家长学校1 811个,开展家长学校活动5 006次,参与残疾儿童家长达11.1万人次。这有效地预防了残疾的发生。

---

[1] 中华人民共和国中央人民政府网站,"十三五"加快残疾人小康进程规划纲要,http://www.gov.cn/zhengce/content/2016-08/17/content_5100132.htm。

为了保障残疾人基本康复服务需求,我国全面推进无障碍环境建设,加强辅助器具推广和适配服务,2015年,为残疾人减免费用供应辅助器具195.9万件。目前,残疾人基本公共服务标准体系正在建立。2015年,全国已有残疾人康复机构7 111个。通过实施重点康复工程,754.9万残疾人得到康复服务。2015年,全国为29.9万例贫困白内障患者免费施行复明手术,完成白内障复明手术73.9万例。对3.1万名听障儿童进行康复训练,为39.8万名肢体残疾人实施康复训练,为18.6万名智力残疾人进行康复训练①。这些不但降低了医疗费用的支出,而且有利于残疾人回归主流社会,平等参与社会生活。

（二）残疾人脱贫

国家通过举办城市社会福利机构和农村五保供养机构,对无法定抚养人、无劳动能力、无生活来源的老年人、残疾人和未成年人实行集中供养。加大补贴,促进就业,促进人均可支配收入提高。2016年10月1日,国家再次提高部分优抚对象抚恤补助标准,伤残人员(残疾军人、伤残人民警察、伤残国家机关工作人员、伤残民兵民工)残疾抚恤金标准在现行基础上提高10%②。

为确保残疾人普遍享有基本住房、基本养老、基本医疗、基本康复,生活有保障,居家有照料,出行更便利,《"十三五"加快残疾人小康进程规划纲要》设立了一系列兜底保障重点政策,如困难残疾人生活补贴制度、重度残疾人护理补贴制度、残疾儿童康复救助制度以及残疾人基本型辅助器具补贴、贫困残疾人家庭无障碍改造补贴、困难残疾人社会保险个人缴费资助、重度残疾人医疗报销等。

（三）残疾人就业

我国政府高度重视残疾人就业工作,将其纳入就业促进工作的总体战略,统筹规划,重点考虑。截至2015年底,全国有为残疾人提供服务的机构1.5万个,吸纳残疾职工42.9万人就业。

为进一步做好残疾人就业,《"十三五"加快残疾人小康进程规划纲要》拟将农村贫困残疾人全部纳入精准扶贫建档立卡范围,强化分类施策和精准帮扶,政策、项目向贫困残疾人倾斜。推进残疾人按比例就业。落实税收优惠政策,完善残疾人集中就业单位资格认定管理办法。多渠道扶持残疾人自主创业和灵活就业。大力发展残疾人辅助性就业和多种形式就业。加强残疾人就业服务和劳动权益保护。为促进残疾人就业增收,下一阶段将设立8个重点项目,即残疾人职业技能提升计划、农村残疾人"阳光扶贫基地"和实用技术培训项目、农村基层党组织助残扶贫工程、党政机关按比例安排残疾人就业推进项目、残疾人创业孵化示范基地和文化创意产业基地建设项目、残疾人辅助性就业示范机构建设项目、支持性就业推广项目、低收入残疾人就业补助项目③。这些

---

① 2015年中国残疾人事业发展统计公报[残联发(2016)14号],http://www.cdpf.org.cn/zcwj/zxwj/201604/t2html0160401_548009.s。

② 中华人民共和国民政部网站,10月1日起国家再次提高部分优抚对象抚恤补助标准,http://www.mca.gov.cn。

③ "十三五"加快残疾人小康进程规划纲要,http://www.gov.cn/zhengce/content/2016-08/17/content_5100132.htm。

重点项目的实施有助于广大残疾人发扬自尊、自信、自强、自立精神,融入社会,参与发展,做出贡献,进而实现人生价值。

(四)残疾人教育

中国有多项法律规定要平等对待残疾人,包括赋予他们接受教育的平等权利。截至 2015 年底,全国共有特殊教育普通高中班(部)109 个,在校生 7 488 人,其中聋生 6 191 人,盲生 1 297 人。残疾人中等职业学校(班)100 个,在校生 8 134 人,毕业生 5 123 人,其中 3 761 人获得职业资格证书①。

我国针对残疾人推行单独、封闭的特殊教育体系,为改变这种状态,我国实施了《特殊教育提升计划(2014—2016 年)》,制定并执行《残疾人参加普通高等学校招生全国统一考试管理规定(暂行)》,与教育部、国家语委、新闻出版广电总局联合印发实施《国家手语和盲文规范化行动计划(2015—2020 年)》。截至 2015 年底,全国有 8 508 名残疾人被普通高等院校录取,1 678 名残疾人进入特殊教育学院学习②。

(五)残疾人权益

残疾人的社会保障权益获得了较好的保障。在社会保障缴费和给付方面,给予残疾人倾斜式优待,参保率高于一般民众,免缴费率也高于一般民众。截至 2015 年底,城乡残疾居民参加城乡社会养老保险人数达到 2 229.6 万,参保率 75.4%,60 岁以下的参保残疾人中有 422.1 万重度残疾人,其中 391.5 万得到了政府的参保扶助,代缴养老保险费比例达到 92.8%。有 247.6 万非重度残疾人也享受了全额或部分代缴养老保险费的优惠政策。领取养老金待遇的人数达到 883.8 万人③。

我国残疾人在基本生活、医疗卫生、康复、教育、就业、社会参与等方面虽然获得了很多成绩,但还存在一些困难。残疾人事业基础还比较薄弱,残疾人社会保障政策措施还不够完善,残疾人总体生活状况与社会平均水平仍存在差距,一些地方和部门对发展残疾人事业重视不够,一些人扶残助残意识不强,歧视残疾人、侵害残疾人权益的现象仍有发生。

第五节 妇女儿童社会福利

妇女和儿童是这个社会上一个不可或缺的特殊社会群体。妇女在人类的历史发展进程中承担重要的角色,既因为做出了重大的贡献,而获得了至高无上的地位,出现了母系社会,又因其特殊性,成为了弱势群体。儿童亦如此,既因为承载一个社会的希望,而饱受重视,又在因其发展过程中的依赖性,而成为了弱势群体。这种双重复杂性使得妇女儿童福利事业的研究也有其复杂性,既要关注其保护的一面,又要引导其强势的回

---

① 2015 年中国残疾人事业发展统计公报[残联发(2016)14 号],http://www.cdpf.org.cn/zcwj/zxwj/201604/t20160401_548009.shtml.

② 同上。

③ 同上。

归,避免因过于保护而给其带来实际的权益损失。

起始于法国大革命的女性主义运动,在19世纪六七十年代形成的女性主义运动的第一次浪潮中,除了力争妇女的政治权利之外,也关注女性的社会福利权。接着,发生在20世纪60年代的女性主义运动第二次浪潮中,福利保障成为这次运动的主要目标,议题几乎扩大到与妇女相关的社会保障、房屋、教育、医疗、社会服务制度以至家庭、生育、性生活、私人生活空间等各个方面。在第二次浪潮中,女性运动的目的在于提升妇女的福利水平,提高妇女在就业、社会生活、家庭生活中的权利。可见,在与现实生活中男女社会性别差异现象做斗争形成规模较大可以称之为运动的时候,女性的社会福利在其中是一个很重要的方面。

一、妇女儿童社会福利的必要性

首先,妇女与儿童的福利是交织在一起的。妇女对儿童的照料时间和关心度,在很大程度上影响着儿童的福利。虽然随着社会的发展,越来越多的男性也参与到照料下一代,照料家庭中其他成员的活动中,但就目前总体情况而言,女性在其中仍是起比较主要的作用。女性是下一代的直接创造者,故而女性自身的生存质量直接影响着下一代。如果女性自身受过良好的教育具有较高的素质,并且在孕育、生育、哺乳、教育下一代的时候有足够的营养保证,保持一个良好的精神状态,就有助于优生优育,从而保证了人口的质量。

其次,从女性所拥有的家庭关系来看,妇女儿童社会福利不仅与他们自身相关,而且与家庭社会成员的福祉状况和生活质量密切相关。妇女儿童社会福利的提供减轻了女性在家庭劳务和养育照料子女方面的负担,提高儿童生活的幸福度,有助于儿童幸福成长,保证了正常的家庭生活。这也有利于女性在社会活动中施展自己的才华,从而使女性的潜能得到进一步的发挥,在这样不断进步的社会里使女性发现自己的优势,更好的实现自己的价值。

再次,从女性所拥有的社会关系来看,当前女性处于家庭和工作双重角色冲突与矛盾下容易造成心理问题。随着社会的发展,越来越多的女性走出家庭,在社会上谋得属于自己的工作,在工作中展现自己的能力,实现自己的价值。但是面对自己可爱的孩子,面对最佳的抚育孩子的要求和责任,女性常在两种不同的规则与要求下无所适从,出现角色冲突,产生心理失衡,有关调查结果显示,女性是心理健康问题的重灾区。

最后,现阶段我们中国处于社会转型期间,面对正在发生巨变的调整与转变,使在社会、历史、生理方面处于劣势的妇女儿童面对更剧烈的冲击。在现实生活中,我们常常会耳闻目睹这样一种社会现象,即社会重要岗位常常优先考虑男性,而家庭主要家务却优先想到女性;在求职中常常男性优先,而下岗中女性优先。对于孩子也是如此,一方面,我们相信儿童是未来的希望,管好他们是管好社会的关键所在;另一方面,社会流动加大,贫富差距加大,不断的离异家庭产生了不少的问题儿童,孤儿、弃儿也为数不少。因此,目前我国应该重视对于妇女儿童社会福利问题的研究。

二、我国妇女儿童社会福利的内容与作用

(一) 妇女儿童社会福利的定义与内容①

妇女是成年女子的通称,一般是指已婚女子。其中"妇"有已婚女子、妻子的含义,但不单纯指已婚妇女,年满 18 岁的女青年也可称妇女,14—17 岁称少女,14 岁以下称幼女。但是,因法律上并没有相关规定,所有女性在法律上都可以认为是"妇女"。妇女问题是由于社会制度和文化等方面的因素而导致妇女在政治的、经济的、文化的、社会的和家庭的生活等方面没有享有与男子平等的权利或机会,并因此在各个方面与男性相比处于不利的地位。广义的妇女福利是指政府或其他组织为保护妇女的基本权利和满足妇女的基本需要而制定的各种政策法规和向妇女提供的各种社会服务的总和,包括保护妇女的经济社会权益与向妇女提供专门的福利服务两个方面。狭义的妇女福利是指向妇女提供的各种特殊福利待遇和社会服务。各国妇女福利的主要内容通常包括妇女教育福利、妇女就业保护、妇女职业福利、妇女卫生福利、妇女生育福利与妇女社会保障。

为所有儿童提供一个安心、安全,健康成长的家庭和社会环境,是儿童福利的核心部分。儿童福利有广义和狭义之分,广义的儿童福利是指一切针对全体儿童的,促进儿童生理、心理及社会潜能最佳发展的各种措施和服务,它强调社会公平,具有普适性。1959 年的《儿童权利宣言》会议对儿童福利作了定义:凡是促进儿童身心健全,发展与正常生活为目的各种努力、事业及制度等级均称为儿童福利②。狭义的儿童福利是指面向特定儿童和家庭的服务,特别是在家庭或其他社会机构中未能满足其需求的儿童,如孤儿、残疾儿童、流浪儿、被遗弃的儿童、被虐待或被忽视的儿童、家庭破碎的儿童、行为偏差或情绪困扰的儿童等,这些特殊困难环境中的儿童往往需要予以特别的救助、保护、矫治。因此,狭义的儿童福利强调的同样是社会公平,但重点是对弱势儿童的照顾。狭义的儿童福利一般包括实物授助和现金津贴两个方面,如实行各种形式的儿童津贴、对生育妇女的一次性补助,以及单亲父母各种待遇等。

(二) 我国的妇女儿童社会福利

我国妇女儿童社会福利经历了一个从无到有的过程。1949 年,《共同纲领》指出:妇女在政治的、经济的、文化教育的、社会生活的各方面,均有与男子平等的权利。现我国已经形成了以《宪法》为基础,以《妇女权益保障法》为主体,包括国家各种基本法律、单行法律法规、地方性法律法规和政府各部门行政法规在内的一整套保护妇女的法律体系。

妇女的福利很多时候是和儿童福利交织在一起的,儿童福利的监管不到位是会影响妇女的福利的。但现阶段,我国还没有形成健全的儿童福利政策法规及福利体系,其福利政策与服务是分散在不同部门的,各种不同类型服务之间缺乏协调和整合。儿童

---

① 参考了姜玉贞等人的课件,https://wenku.baidu.com/view/782baf51ad02de80d4d84067.html。
② "对我国儿童社会福利事业现状的反思",http://ishare.iask.sina.com.cn/f/25039124.html。

福利的缺位,且没有与妇女福利没有融合性考虑,这使得现有的福利设计不但没能弥补城乡二元福利体制和社会需求之间的落差,还加剧了家庭压力和家庭能力的失衡。这种制度性缺陷很容易使家庭陷入困境之中,也使得女性不停地在努力就业和努力做个好母亲之间摇摆。

首先,没有从性别平等的角度出发,关注女性面临的工作和家庭冲突。女性承担着生儿育女的重任,在招聘中,女性处于天然的不利的地位。在就业时,有可能因为职位的竞争,不敢怀孕;生育后,如果职业生涯中断三年,很难回到原岗位,不但面临转岗的压力,而且职业发展机会减少。就业女性的劳动保护不到位,职业福利分配中男女的不均衡等,都直接影响了就业女性的工作效率、生活质量、个人的发展等。

其次,没有从家庭照护的角度,关注妇女儿童所面临的冲突。0—3岁的孩子最依恋的人是母亲,对孩子照护最周到的也是母亲。但不是所有女性都敢轻易地离开职场,因为离开后,就不一定能顺利回归了。即使夫妻双方有一方收入足够高,生育后,也不敢轻易全职照顾孩子。不能辞职的压力也使得很多女性尽早地返回职场,在这种情况下,他们就必须把照护孩子的压力转嫁给第三方,但我国目前0—3岁孩子的照护体系是零散缺失的状态,照护的压力就转嫁给祖辈。当核心的双职工家庭面临这一问题时,只能将孩子放在托儿机构。

再次,没有从家庭类型的角度,考虑多样化的服务需求。目前,我国的妇女儿童福利的提供内容比较单一。女性社会福利大多是与就业挂钩的,很多的特殊津贴例如生育津贴、就业福利都是与职业直接联系在一起的,这就意味着没有职业没有工作就没有福利,这种现象在农村更为严重。这种经济导向的福利设计使得服务内容的丰富化问题被忽视。事实上,有幼儿的双职工家庭、低收入家庭、单亲家庭、失能老人家庭等有着不同类型的需求困难,这使得他们的服务需求具有多样性和复杂性。

最后,没有从女性固有的特点,考虑社会福利的深度。现阶段我国女性已经获得的社会福利的内容大致就包括一些特殊津贴、就业权益、职业权益、特殊劳动权益保护等一些方面得到了保障,但是这些是远远不够的。此外,政府对女性社会福利实施的重视度不足,社会政策、法律法规未能为女性社会福利的有效实施提供强有力的条件。

三、建立健全妇女儿童社会福利的探索性建议

虽然我国的妇女儿童的社会福利取得了长足的进步,但随着社会转型、家庭的变迁,原有的制度设计有待于向家庭建设转型,其深度和广度还有进一步提升的空间。

首先,在政策上,要关注家庭建设。"二胎政策"的全面放开,并没有达到预计的效果。很多高知女性放弃"二胎"的生育,是与育儿阶段的女职工劳动权益保护政策、儿童福利保障政策不到位相关联的。应该借鉴经济发达国家的家庭补助政策、税收补贴政策、育儿假期、弹性工作时间、母亲工作帮助等政策[①],促进妇女儿童福利的提高。

其次,提高家庭的凝聚力,政策设计以家庭能力提升为导向。福利领取不以女性的

---

① 2017年法政论坛,郝勇老师的发言。

就业为标准,而是以核心家庭中的任何一方就业为依据。例如生育津贴,如果丈夫交了生育保险,妻子无论是否就业,都应该享受生育津贴,像目前上海所实施的那样。又比如,一旦核心家庭中有一人就业,就不能享受失业保险。

再次,对不同的家庭实施不同的援助方式。可参照国外的志愿服务交换,鼓励母亲参与社会工作,提供照护孩子的援助。对于特殊的家庭,优先进行零就业援助。对单亲家庭的孩子进行心理疏导等。在家庭建设过程中,应该抛弃刻意的性别对立的思维中,充分肯定和注重女性对家庭乃至对社会做出的特殊贡献,对女性给予特殊并且是女性所必需的注意和照顾。

最后,完善0—3岁的儿童照护福利,或者制定有性别意识的公共政策。为发展女性福利服务,对女性进行心理健康教育,自我素质训练,女性职业培训与辅导,提高女性的应对能力创建一个良好的外部环境。完善法律法规,加大司法执法力度,对侵犯女性合法权益的行为做坚决的斗争,依法严肃处理。

本章重要概念

社会福利(social welfare)
自由型福利国家(liberal welfare state)
保守型或合作主义福利国家(conservative/corporatist welfare state)
社会民主型福利国家(social democratic welfare state)
剩余型福利模式(the residual welfare model)
工业绩效型福利模式(the industrial achievement-performance model)
制度再分配型福利模式(the institutional redistributive model)
老年人福利(old people welfare)
残疾人福利(disability welfare)
女性社会福利(women welfare)
儿童福利(children welfare)

本章思考题

1. 如何理解社会福利的概念?
2. 社会福利与社会救助、社会保险有何区别与联系?
3. 简述福利国家的类型。
4. 简述文化与老年福利的关系。
5. 我国残疾人福利有哪些内容?

本章实训

北京红黄蓝幼儿园虐童事件

2017年11月22日晚开始,有十余名幼儿家长反映北京市朝阳区管庄红黄蓝幼儿园(新天地分园)国际小二班的幼儿遭遇老师扎针、喂不明白色药片,并提供孩子身上多个针眼的照片。

朝阳警方接到家长报案后根据家长反映情况进行调查取证。11月25日,涉事幼儿园教师刘某某(女,22岁,河北省人)因涉嫌虐待被看护人罪已被依法刑事拘留。北京市教委强烈谴责涉案人员严重违反师德的行为,红黄蓝教育机构宣布立刻免去新天地幼儿园园长职务。

思考题

请结合本章内容,试从妇女儿童福利的角度谈谈这一事件发生的深层原因,并就减少、避免此类事件的发生谈谈个人观点。

第五章 社会优抚

【本章导言】

社会优抚是中国社会保障制度的特殊部分,它是针对特殊人群提供的优抚保障。通过本章学习,了解社会优抚概念及其制度框架,把握社会优抚的特殊性及其在整个社会保障体系的独特地位,熟悉社会优待、军人退役就业安置、伤残军人抚恤待遇、死亡抚恤等制度的基本政策内容。

引 导 案 例

农村孩子当兵,优抚政策知多少?

案例视频链接:http://baishi.baidu.com/watch/4952139008071060960.html?frm=FuzzySearch&page=videoMultiNeed。

在中国,每年都会有很多农村适龄青年应征入伍,报效祖国。那么国家对于这些应征入伍的农村青年会有哪些优抚政策?地方政府又会为他们提供哪些补贴政策呢?

第一节 社会优抚概述

一、社会优抚的概念及特点

社会优抚制度是国家通过法定形式,通过政府行为,对优抚对象实行具有褒扬和优待抚恤型的社会保障措施。社会优抚是现代社会保障体系中的特殊部分,是我国军民在长期的革命和建设实践中逐步形成并发展起来的一项传统工作,它通过对以军人及其家属为主体的优抚对象实行物质照顾和精神抚慰,直接服务于军队和国防建设,是我国社会保障体系的重要组成部分。优抚工作实行"国家、社会、群众"三结合的优抚制度,在国家抚恤的基础上,发挥社会和群众力量,依靠全社会共同做好优抚工作,保障优抚对象的抚恤优待与国民经济的发展相适应,使抚恤优待标准与人民的生活水平同步提高。

社会优抚制度与社会保险、社会救助等其他社会保障制度不同,它是针对特殊社会成员提供的优待抚恤,保障的对象包括中国人民解放军的现役军人、革命伤残军人、复员退伍军人、革命烈士家属、因公牺牲军人家属、病故军人家属、现役军人家属。优待措施包括政治、经济两方面的优待。抚恤措施包括抚慰和恤赈。抚慰主要是给予精神上的安慰和政治上的荣誉,恤赈则是在物质和钱款上的帮助。具体来说,社会优抚制度具有以下四个特点。

(1) 社会优抚的对象是社会上具有特殊贡献的一部分人。不仅包括贡献者本人,也包括贡献者的家属。这种特殊贡献是针对国家和民族而言的,是为了维护国家民族利益,保护国家和民族的安全而牺牲了个人利益,影响了个人需求或利益发展,为国家和民族做出了贡献的那部分人。

(2) 社会优抚工作是国家维护自身利益的需要,也是国家与社会的责任。优抚对象是曾经或正在为国家做出特殊贡献者,国家与社会有责任对他们及其家属实行直接保障,以确保他们的生活。

(3) 社会优抚是优惠性保障措施,相比其他保障对象而言,优抚对象的贡献和牺牲是针对国家和社会。因此,国家对优抚对象所实施的保障标准也相对较高,保证其生活水平略高于一般被保障对象的平均水平。

(4) 社会优抚是一种荣誉性的社会保障措施,具有赞颂和表彰的含义。国家和社会除了提供现金补贴和服务帮助以外,还通过各种优抚活动,向全社会宣传有贡献者的特殊功绩和高尚品德,从而增加他们的荣誉感和提高他们的社会地位,使他们成为社会尊敬和效仿的楷模与榜样。

二、社会优抚的基本原则与形式

(一) 社会优抚的基本原则①

1. 政府主导与社会参与相统一的原则

优抚工作是一种政府行为,集中体现着党和国家的意志,各级政府对优抚工作的主体责任不会因市场经济的运作方式的改变而改变。同时,优抚工作是一项社会工作,一种社会行为,需要社会各方面的全面参与,全方位调动各行各业的积极性,通过扶持生产、安排就业、解决医疗困难等多种渠道来保障优抚对象的生活。

2. 社会优抚标准与国民经济发展相适应的原则

社会优抚标准不是固定不变的,而是与整个社会的经济发展水平相联系的。随着国民经济发展水平的提高,国家要通过增加财政补助,使社会优抚标准随着当地经济发展水平的提高而提高。同时,社会优抚标准还必须与当地人民生活水平相适应,使社会优抚对象的生活水平保持或略高于当地人民群众的生活水平。

---

① 苏振芳:《社会保障概论》,中国时代经济出版社,2001年版,第282—283页。

3. 社会优抚对象新老兼顾原则

由于社会发展状况的复杂性和执行政策的灵活性,又加上历史上遗留下来的各种问题,对如何处理新老优抚对象之间的权益关系,难免会存在这样或那样的问题。针对这一状况,在实施优抚待遇的过程中,既要照顾到新优抚对象的利益,又要考虑到老优抚对象的利益,做到新老优抚对象的利益兼顾,避免出现"优生不优死,优新不优老"的现象。

(二) 社会优抚的形式

优抚保障虽然性质特殊,但并不是独立于其他社会保障措施之外的,而是与其他保障形式相互结合,交叉发展。结合当代各国社会优抚事业,其形式有以下三类①。

1. 社会保险式的优抚保障

社会保险式的优抚保障,是以社会保险方式来实施社会优抚保障措施,将社会优抚纳入社会保险系列。美国就采用此种类型。在美国,从1957年开始,政府在实行职业军人特殊退休制度的同时,就对所有的军事人员实行"老残遗属及健康保险"的投保制度。

2. 社会救济式的优抚保障

此方式是由政府对退役人员或对现役者的家属提供救济和帮助。日本的退役军人在患病就医期间,可得到生活津贴。在我国,对待优抚对象,特别是针对农村的退伍军人及现役人员的家属实行救助性措施,如定期补助、临时性补助、可优惠得到发展生产的资金或贷款及物资。

3. 社会福利褒扬性的优抚保障

由于优抚对象在社会保障中具有特殊地位,因此福利褒扬措施较多。福利性也是现代优抚活动的主要方式。其中,包括资金保障和服务保障。资金保障是由政府对死亡军人家属或伤残军人提供抚恤金,对退役军人发放复员费或安家费。另外,政府对优抚对象减免税收、减免交通费,实行免费医疗等,也构成资金保障的内容。服务保障是指对优抚对象优先安排就业和就学,优先安排就业前的职业培训,如我国培养军地两用人才的工作。对伤残军人则实行福利性收养,如荣复军人光荣院、疗养院等。

以上几种主要优抚形式相互结合,发挥综合作用。在一个国家里,政府通常可以采用多种优抚形式来实现优抚保障。目前,福利性的优抚形式是当代社会优抚的主要形式。

三、社会优抚的对象、项目与标准

(一) 社会优抚的对象

由于各个国家的政治背景和社会发展水平的不同,各国政府对社会优抚对象的界定标准也不同。在我国,根据2004年10月1日起正式实施的《军人抚恤优待条例》,直接得到优待的对象包括以下几类。

(1) 中国人民解放军的现役军人(含中国人民武装警察部队现役指战员)。

---

① 马斌:《社会保障理论与实践》,中国劳动社会保障出版社,2006年版,第248页。

(2) 革命伤残军人（含伤残军人、伤残民兵、伤残民警）。

(3) 复员军人，指在 1954 年 10 月 31 日之前入伍，后经批准从部队复员的人员。

(4) 带病回乡退伍军人，指在服现役期间患病，尚未达到评定残疾等级条件并有军队医院证明，从部队退伍的人员。

(5) 革命烈士家属，指为革命事业牺牲并取得革命烈士称号的人员的遗属。

(6) 因公牺牲军人家属，指因执行公务而牺牲的军人的遗属。

(7) 病故军人家属，指在各个时期病故的革命军人的遗属。

(8) 现役军人家属，指现役军人和实行义务兵役制的人民警察（包括武装、边防、消防民警）的家属。

（二）社会优抚的项目

社会优抚项目包含以下几类。

(1) 褒扬革命烈士，是国家和社会依法采取各种方式，褒扬革命烈士的高尚精神，抚慰烈士家属。

(2) 伤残军人抚恤待遇，是现役军人残疾被认定为因战致残、因公致残或者因病致残的，依法享受残疾抚恤待遇。

(3) 社会优待，是国家和社会按照立法规定和社会习俗对优抚对象提供资金和服务的优待性保障制度。

(4) 军人退役就业安置，是国家和社会依法向退出现役的军人提供资金和服务保障，使其重返并适应社会的一项优抚保障制度。

(5) 死亡抚恤，是国家对革命烈士家属，因公牺牲、病故军人的家属，因公牺牲、病故的国家机关工作人员和人民警察的家属采取的一种物质抚恤形式。

（三）社会优抚的标准

随着现代社会经济的发展和人民生活水平的不断提高，继 2015 年调整优抚对象抚恤补助标准之后，从 2016 年 10 月 1 日起，中央财政再次较大幅度地提高了部分优抚对象的抚恤补助标准，全年中央财政抚恤事业费支出 380 亿元。调整后，一级因战、因公、因病残疾军人抚恤金标准为每人每年 72 850 元、70 550 元、68 240 元，分别比 2015 年提高了 6 620 元、6 410 元、6 200 元，调整后的具体标准见表 5-1、表 5-2、表 5-3①。

表 5-1 残疾军人、伤残人民警察、伤残国家机关工作人员、伤残民兵民工残疾抚恤金标准表

（2016 年 10 月 1 日起执行） 单位：元/年

残疾等级	残疾性质	抚恤金标准	残疾等级	残疾性质	抚恤金标准
一级	因战	72 850	二级	因战	65 930
	因公	70 550		因公	62 460
	因病	68 240		因病	60 130

---

① 中华人民共和国民政部网站，http://www.mca.gov.cn/article/fw/cx/fxbz/201610/20161000001969.shtml。

(续表)

残疾等级	残疾性质	抚恤金标准	残疾等级	残疾性质	抚恤金标准
三级	因战	57 850	六级	因公	27 380
	因公	54 360		因病	23 130
	因病	50 920	七级	因战	21 990
四级	因战	47 410		因公	19 680
	因公	42 800	八级	因战	13 880
	因病	39 330		因公	12 710
五级	因战	37 040	九级	因战	11 530
	因公	32 380		因公	9 260
	因病	30 070	十级	因战	8 100
六级	因战	28 940		因公	6 930

表 5-2　烈属、因公牺牲军人遗属、病故军人遗属定期抚恤金标准表

单位：元/年

烈　属	因公牺牲军人遗属	病故军人遗属
23 130	19 860	18 680

表 5-3　在乡退伍红军老战士、在乡西路军红军老战士、
　　　　红军失散人员生活补助标准表

单位：元/年

在乡退伍红军老战士	在乡西路军红军老战士	红军失散人员
45 930	45 930	20 720

四、我国社会优抚发展沿革

第二次国内革命战争时期，在革命根据地建立的苏维埃政府，就把优抚工作作为一项重要任务。在抗日战争、解放战争期间，中国共产党领导下的抗日根据地和解放区，都组织群众开展了大量的优抚活动，这对于中国革命的胜利发挥了巨大的历史作用。中华人民共和国成立之初，我国颁布了一系列优抚优待的法规，建立起以军人及其家属为对象的优抚制度。

改革开放以来，中央财政先后 23 次提高残疾军人抚恤金标准，26 次提高烈属定期抚恤金标准和在乡退伍红军老战士生活补助标准，5 次提高在乡复员军人的定期定量补助标准，各级财政部门不断加大资金投入，并完善了《军人抚恤优待条例》和《烈士褒

扬条例》等政策法规,开展了"爱心献功臣行动"等一系列全社会大行动。1981年和1982年国务院和中央军委分别颁布了《关于军队干部退休的暂行规定》和《关于军队干部离职休养的暂行规定》,对军队干部离退休问题作了具体的规定。1984年全国人大二次会议上通过了《兵役法》,其中对军人的抚恤、优待、退休养老、退役安置等问题都作了原则性规定。1987年和1988年先后颁布了《退伍义务兵安置条例》和《军人抚恤优待条例》,建立健全了社会优抚安置的法规体系,形成了有中国特色的国家、社会、群众三结合的社会优抚制度。

2007年,在纪念建军80周年之际,出台了《优抚对象补助标准》《伤残抚恤管理办法》等五个政策性文件,提高了优抚对象抚恤补助标准,扩大了抚恤补助范围,解决了优抚对象医疗保障和部分退役人员再就业、住房、社会保险接续等方面的实际困难。截至2015年底,国家抚恤、补助各类重点优抚对象897万人,抚恤事业费337亿元。

第二节 社会优待

社会优待是国家和社会按照立法规定和社会习俗对优抚对象提供资金和服务的优待性保障制度①,其主要目标是为了保证现役军人,特别是义务兵及其家属维持一定的生活水平,并随着社会的发展不断提高他们的生活质量。社会优待手段既包括资金保障,也包括服务保障。

一、不同对象的优待

(一) 现役军人家属优待

现役军人在服兵役期间,现役义务兵的家属可以领取优待金,优待金的发放由省、自治区、直辖市人民政府根据本地区的实际情况,制定具体办法。优待金按照下列原则办理:一是优待金按照《中华人民共和国兵役法》规定的义务兵服现役的期限发。超期服役的,部队团以上单位机关应该及时通知地方政府,可以继续给予优待;没有部队通知的,义务兵服现役期满,即停止发放优待金。二是优待金由义务兵入伍时的户口所在地政府发放,非户口所在地的义务兵,不给予优待。三是从地方直接招收的军队院校的学员及文艺体育专业人员的家属,不享受义务兵家属的优待金待遇。优待金标准的确定:一是要与当地经济条件和人民群众生活水平相适应;二是要保障优抚对象相当或略高于当地一般群众的生活水平;三是要考虑优待金筹集的可行性。

(二) 烈士子女优待

一是革命烈士、因公牺牲军人、病故军人的子女、弟妹,自愿参军并符合征兵条件的,在征兵期间可优先批准一人入伍;二是家居农村的革命烈士家属符合招工条件的,当地人民政府应安排其中一人就业;三是革命烈士子女、革命伤残军人报考中等学校、

---

① 刘钧:《社会保障理论与实务》,清华大学出版社,2005年版,第350页。

高等院校,录取的文化要求和身体要求应适当放宽;四是革命烈士子女考入公立学校的,免交学杂费并优先享受助学金或者学生贷款。

(三) 伤残军人优待

退出现役的特等、一等革命伤残军人,由国家供养终身。需要集中供养的,由国家设置专门的机构供养;需要分散供养的,由地方人民政府负责妥善安置,并按照规定发放护理费。一般来说,需要集中供养的伤残军人需要具备以下条件之一:一是因伤残后遗症需要经常医疗处置的;二是生活需要护理、不便分散照顾的;三是独身一人不便分散照顾的。我国政府为残疾军人设置的休养院主要包括残废军人休养院、复员军人慢性病疗养院、复员军人精神病院和光荣院等。

(四) 复员、带病回乡退伍军人的优待

复员军人未参加工作,因年老体弱,生活困难的,按照规定的条件,由当地民政部门给予定期定量补助,并逐步改善他们的生活待遇。享受补助的资格条件具体是指:一是孤老;二是年老体弱、丧失劳动能力,生活困难的;三是带病回乡不能参加生产劳动,生活困难的。另外还规定,在部队期间立功受奖,服役年限长,贡献较大的老复原军人,定期定量补助标准应适当提高。带病回乡退伍军人中,患慢性病的义务兵和初级士官退伍回乡生活困难的,可以向县级人民政府民政部门申请享受定期补助及享受其他相关待遇。

二、社会优待项目

(一) 生活优待

根据我国政府的相关规定,社会优待更多地体现在对军人的优待措施中。优待是面向军人的一种特殊的福利,根据 2014 年 8 月 1 日起执行的《优抚对象补助标准》[①],对义务兵的优待包括以下内容。

(1) 义务兵服现役期间,其家庭由当地人民政府发给优待金或者给予其他优待,优待标准不低于当地平均生活水平。

(2) 义务兵和初级士官入伍前是国家机关、社会团体、企业事业单位职工(含合同制人员)的,退出现役后,允许复工复职,并享受不低于本单位同岗位(工种)、同工龄职工的各项待遇;服现役期间,其家属继续享受该单位职工家属的有关福利待遇。

(3) 义务兵和初级士官入伍前的承包地(山、林)等,应当保留;服现役期间,除依照国家有关规定和承包合同的约定缴纳有关税费外,免除其他负担。

(4) 义务兵从部队发出的平信,免费邮递。

(二) 医疗优待

国家除了对义务兵、士官和复员军人采取优待措施,对一级至六级残疾军人的医疗费用按照规定也予以保障,并且由所在医疗保险统筹地区社会保险经办机构单独列账

---

① 中华人民共和国民政部网站,http://www.mca.gov.cn/article/zwgk/mzyw/201108/20110800171371.shtml。

管理。中央财政对抚恤优待对象人数较多的困难地区给予适当补助,用于帮助解决抚恤优待对象的医疗费用困难问题。

七级至十级残疾军人旧伤复发的医疗费用,已经参加工伤保险的,由工伤保险基金支付,未参加工伤保险的,有工作的由工作单位解决,没有工作的由当地县级以上地方人民政府负责解决;七级至十级残疾军人旧伤复发以外的医疗费用,未参加医疗保险且本人支付有困难的,由当地县级以上地方人民政府酌情给予补助。

残疾军人、复员军人、带病回乡退伍军人以及烈士遗属、因公牺牲军人遗属、病故军人遗属享受医疗优惠待遇。具体办法由省、自治区、直辖市人民政府规定。

在国家机关、社会团体、企业事业单位工作的残疾军人,享受与所在单位工伤人员同等的生活福利和医疗待遇。所在单位不得因其残疾将其辞退、解聘或者解除劳动关系。

(三) 交通优待

在交通、入学条件、住房分配等方面,国家对伤残军人实行优待政策。

现役军人凭有效证件、残疾军人凭《中华人民共和国残疾军人证》优先购票乘坐境内运行的火车、轮船、长途公共汽车以及民航班机;残疾军人享受减收正常票价50%的优待。

现役军人凭有效证件乘坐市内公共汽车、电车和轨道交通工具享受优待,具体办法由有关城市人民政府规定。残疾军人凭《中华人民共和国残疾军人证》免费乘坐市内公共汽车、电车和轨道交通工具。

现役军人、残疾军人凭有效证件参观游览公园、博物馆、名胜古迹享受优待,具体办法由公园、博物馆、名胜古迹管理单位所在地的县级以上地方人民政府规定。

三、社会优待的优待金制度和经济补助制度

(一) 优待金制度

从我国军队士兵主要来源于农村青年的实际出发,长期以来,解决农村烈军属因为无劳力或缺少劳力造成生活困难是优待工作的主要内容。随着社会经济的变化和发展,优待方式经历了代耕土地、优待劳动日和发放优待金的变化。发放优待金是现阶段采用的主要方式。

农村实行家庭联产承包责任制后,劳动收益与劳力多寡密切相关,家庭减少一个劳动力,会给家庭的经济收入带来直接影响。根据这种情况,1984年颁布的《兵役法》确定由乡、镇人民政府采取平衡负担办法,通过农民群众统筹给予农村义务兵家属现金优待。对家居城镇的义务兵家属生活困难的,由县、市、市辖区人民政府给予适当的现金补助。目前,一些省、市、自治区对城镇籍的义务兵家属实行了普遍的优待。

此外,根据《军人抚恤优待条例》的规定,除享受优待的义务兵家属外,烈属、伤残军人、生活困难的在乡复员军人和带病回乡的退伍军人在享受国家抚恤补助的基础上,其生活水平尚未达到当地一般群众水平的可享受优待金。

(二) 经济补助制度

对优抚对象实行经济补助,是国家保障优抚对象生活的又一项重要方式。我国的经济补助是定期定量进行的,即由国家拨出专项经费,按照不同的对象和条件,定期(每

月)向优抚对象发给一定限额的生活补助费。

1. 经济补助的对象

(1) 在乡退伍红军老战士。

(2) 红军失散人员。

(3) 在乡西路军红军老战士。

(4) 在乡复员军人和带病回乡退伍军人。

2. 经济补助的标准

在乡退伍红军老战士、在乡西路军红军老战士和红军失散人员均享受国家提供的定期定量经济补助。

2018年,民政部、财政部《关于调整部分优抚对象等人员抚恤和生活补助标准的通知》规定的补助标准是:在乡退伍红军老战士每人每年补助50 520元;在乡西路军红军老战士每人每年补助50 520元;红军失散人员每人每年补助22 790元。在乡退伍红军老战士和西路军红军老战士,除享受定期定量补助外,另享受到光荣院供养,不愿去的由所在乡、村安排专人照顾,并给予适当的护理费。退伍红军老战士本人的口粮、食油和副食品均由国家按当地机关干部的粮、油标准供应。对在乡复员军人中的孤老,以及年老体弱、丧失劳动能力、生活困难的和带病回乡不能经常参加生产劳动、生活困难的人员实行定期定量补助。部分带病回乡的退伍军人也享受这一待遇。

第三节 军人退役就业安置

一、军人退役就业安置概述

(一) 军人退役就业安置概念

一个完整的社会保障系统,除了包括军人抚恤优待与军人保险这些内容之外,就业安置保障也是其中一项重要的内容。军人退役安置与兵役制度、军队性质有着密切的关系,同时也受国家的经济发展状况、政治制度、军事需要以及国际国内形势的影响[①]。军人退役就业安置是国家和社会依法向退出现役的军人提供资金和服务保障,使其重返并适应社会的一项优抚保障制度。这一概念包含以下三层意思和内容。

(1) 退役就业安置是国家和社会向退出现役的军人提供的。国家的兵役法从保持军队的活力和战斗力的目标出发,对现役军人退出现役做出了有关优抚保障方面的规定,对现役军人的类别和退役待遇做出了明确的界定和要求。优抚安置的具体方式和等级划分,要依据现役军人的类别、职别及服役期间获得的荣誉称号确定。

(2) 退役就业安置是为了帮助一度生活和工作在军队系统中的军人,在退役后做好重返社会的必要准备。军人退役后,在培养职业能力和改变生活方式方面,需要有一

---

① 余卫明:《社会保障法学》,中国方正出版社,2002年版,第280页。

个再社会化的过程。退役就业安置就是为了完成这一过程而创造必要的条件。

（3）退役就业安置对退役军人既提供资金保障，又提供服务保障。资金保障包括退役安置费、各种临时性生活津贴和生产性贷款。服务保障包括就业安置、就学安置、落户安置、职业培训、技术培训等项目。

（二）军人退役就业安置的内容

军人退役就业安置工作是为军队建设服务的，是国防建设的一个组成部分，直接关系到国家的政治稳定、经济建设和社会发展。安置保障的主要内容包括：一是对军队转业干部和城镇退伍义务兵的就业安置。二是对军队离、退休干部晚年生活的安置。三是对农村义务兵的退伍安置。四是士官退役安置。

军人退役就业安置政策总的来说按《暂行条例》和《安置条例》规定：退出现役的特等、一等革命残疾军人由国家供养终身；二等、三等革命残疾军人家居城镇的，由本人所在地的县、自治县、市、市辖区的人民政府安排力所能及的工作；家居农村的，其所在地区有条件的，可以在企业、事业单位安排适当工作，不能安排的，按照规定增发残疾抚恤金，保障他们的生活。对转业志愿兵安置的规定：志愿兵退出现役后，由原征集的县、自治县、市、市辖区人民政府安排工作，遇到特殊情况，也可以由上一级或省、自治区、直辖市人民政府统筹安排；自愿回乡生产的，给予鼓励，增发安家补助费。

党中央、国务院历来高度重视做好优抚对象和军队退役人员工作，政治上予以关心，待遇上予以照顾，使他们得到妥善安置，基本保障了他们退役后的生活和就业。妥善安置他们，使他们各得其所，在各个工作岗位和生产战线上发挥积极作用，是国家的一项长期重要政策，也是各级政府和全体人民群众的一项经常的、光荣的政治任务。长期以来，各地区、各部门都认真贯彻落实《中华人民共和国兵役法》和国家有关政策，积极做好城镇退役士兵安置工作，取得很大成绩。

二、义务兵退役就业安置的政策

义务兵退役就业安置的政策主要依据于1987年国务院发布的《退伍义务兵安置条例》。

（一）义务兵退役就业安置的对象

义务兵是指中国人民解放军和中国人民武装警察部队的下列人员。

（1）服现役期满（包括超期服役）退出现役的。

（2）服现役期未满，因下列原因之一，经部队师级以上机关批准提前退出现役的：因战、因公负伤（包括因病）致残，部队发给《革命伤残军人抚恤证》的；经驻军医院证明，患病基本治愈，但不适宜在部队继续服现役以及精神病患者经治疗半年未愈的；部队编制员额缩减，需要退出现役的；家庭发生重大变故，经家庭所在地的县、市、市辖区民政部门和人民武装部证明，需要退出现役的；国家建设需要调出部队的。

（二）义务兵退役就业安置的方针和机构

退伍义务兵就业安置工作必须贯彻从哪里来、回哪里去的原则和妥善安置、各得其所的方针。

退伍义务兵安置工作,在地方各级人民政府领导下进行。地方各级人民政府,可以根据安置工作的情况设置退伍军人安置机构或者指定工作人员负责办理退伍义务兵安置的日常工作。退伍军人安置机构设在民政部门,人民武装、计划、劳动人事等各有关部门应当协助民政部门做好退伍义务兵的安置工作。

三、士官退役就业安置政策

根据《中国人民解放军士官退出现役安置暂行办法》,士官退役就业安置主要有以下几种安置方式。

1. 退役安置

士官符合下列情况之一的,退出现役:一是服现役满本期规定的年限,未被批准继续服役的;二是服现役满30年或者年满55岁的;三是军队编制员额缩减需要退出现役的;四是国家建设需要调出军队的;五是经驻军医院诊断证明本人健康状况不适于继续服现役的。

2. 复员安置

退出现役的士官符合下列条件之一的,做复员安置:一是服现役满第一期或者第二期规定年限的;二是符合转业或者退休条件,本人要求复员并经批准的。士官复员后,由征集地的县(市)人民政府按义务兵的规定妥善安置。农村入伍的初级士官服现役期间,保留承包土地、自留地;中级以上士官复员后,没有承包土地、自留地的,重新划给。城镇入伍的复员士官等待安置期间,由当地人民政府按照不低于当地最低生活水平的原则发给生活补助费。

3. 转业安置

退出现役的士官符合下列条件之一的,做转业安置:一是服现役满10年的;二是服现役期间,荣获二等功以上奖励的;三是服现役期间因战、因公致残,被评为二等、三等伤残等级的;四是服现役未满10年由于国家建设需要调出军队的;五是符合退休条件,地方需要和本人自愿转业的。农村入伍符合转业条件的士官,本人要求并经批准作复员安置的,允许落城镇户口,转业士官待安置期间,由当地人民政府按照不低于当地最低生活水平的原则发给生活补助费。

4. 退(离)休安置

退出现役的士官符合下列条件之一的,做退休安置:一是年满55岁的;二是服现役满30年的;三是服现役期间因战、因公致残,被评为特等、一等伤残等级的;四是服现役期间,因病丧失劳动能力,并经驻军医院诊断证明,军以上卫生部门鉴定确认的。退(离)休安置是对军队干部和技术人员实行的优抚保障。凡符合退休条件的干部和技术人员退休后,除按月发给退休费,享受医疗费、福利费、车旅费等补贴,以及抚恤费、遗属生活费、补助费等待遇外,还在安置去向、住房、家属及子女就学等方面做出妥善安排,其待遇略高于一般退役军人。

四、军队离、退休干部的安置

(一) 军队退(离)休干部的条件

1. 离休干部的条件

凡在 1949 年 9 月 30 日前参加中国共产党所领导的革命军队;或中华人民共和国成立以后入伍,中华人民共和国成立前在解放区参加革命工作并且享受供给制待遇的;或者中华人民共和国成立后入伍,中华人民共和国成立前在敌占区从事地下革命工作的,达到退休年龄的军队干部均可离休。1948 年底以前在解放区享受当地人民政府制定的薪金待遇的,也可以享受离休待遇。具备上述条件的军队干部离休的年龄为:师职以下干部年满 55 周岁,军职干部年满 60 周岁,兵团职和大军区职干部年满 65 周岁。身体不能坚持正常工作的,可提前退休;因工作需要,身体又能坚持正常工作的,可推迟退休。

2. 退休条件

军队干部退休条件包括年龄和身体。年龄条件规定:男年满 55 周岁,女满 50 周岁;身体条件规定:因战、因公致残、积劳成疾,基本丧失劳动能力。符合这两个条件之一的,即可退休。但对已达到上述年龄的专业技术干部以及其他干部,因工作需要,身体又能坚持正常工作的,退休时间可以适当推迟。

(二) 军队离退休干部的安置去向

军队离退休干部的安置去向,直接关系到军队离退休干部的切身利益,因此,在确定军队离退休干部安置去向的时候,既要考虑怎样便于安置落实,又要考虑军队离退休干部本人的意愿。根据《军队干部退休的暂行规定》《军队干部离职休养的暂行规定》以及其他有关法规的规定,军队离退休干部的安置去向有以下几个。

1. 就地安置

指在离休干部服现役所在地安置。由于离退休干部对服现役所在地情况比较熟悉,社会关系比较多,安置起来也比较方便,故安置对象要求就地安置的,一般应予接收。

2. 回本人原籍、到配偶原籍或居住地安置

指安置对象离开服役所在地,回本人原籍、到配偶原籍或居住地安置。安置对象要求回本人原籍、到配偶原籍或居住地安置的,一般应予接收。

3. 到父母、子女居住地安置

安置对象要求到父母、子女(不含现役军人、在校学生)居住地安置的,该地是中小城市(50 万人口以下)的,一般应予接收;该地是大城市(50 万人口以上)的,如父母身边无直系亲属,本人未婚或身边无子女的,一般也应予接收。

4. 回原籍农村安置

原籍是农村的安置对象,本人自愿回农村安置的,应予鼓励。军队退休干部的配偶系农村户口的,应尽量回农村安置。

(三) 军队离退休干部的安置方式

军队离退休干部的安置方式是指军队离退休干部到地方后,是采用集中安置的方式,还是采用分散安置的方式。从我国现行的安置方式看,主要采用建立军队离退休干部休养所进行集中安置。

除建立军队离退休干部休养所集中安置军队离退休干部外,也有一小部分军队离退休干部实行分散安置,即把建房经费、服务管理经费一次性发给个人,由自己购房或通过其他方式解决住房及其他生活问题。

从长远看,军队离退休干部安置采取分散型一次性安置是总的发展趋势,但就我国目前的情况而言,由国家一次性拿出一大笔经费安置军队离退休干部还不太可能。因此,军队离退休干部安置工作只能逐步由目前的集中安置服务管理方式向分散型一次性安置过渡。

第四节 伤残军人抚恤待遇

一、伤残军人抚恤概述

伤残军人抚恤是国家对按规定取得革命伤残人员身份的人员,根据其伤残性质和丧失劳动能力及影响生活能力的程度,以现金津贴形式给予的抚慰保障。伤残军人抚恤也是优抚保障制度中的重要内容之一。军人在服役期间受伤致残或患病致残的情况对其本人及其家属不论在生活上还是经济上都会带来很大的困难。因此,国家通过伤残军人抚恤对现役伤残军人及其家属提供保障其生活的资金和服务性的特殊保障项目。

伤残军人抚恤要保证抚恤对象及其家属的生活能够达到当时当地社会的一定水平。伤残军人抚恤既包括对保障对象提供资金保障,也包括对保障对象提供相关服务。伤残抚恤所保证的生活水平或抚恤标准,要根据其本人致残的性质、类型、劳动能力丧失程度及生活能力受影响的程度等因素确定。伤残抚恤的资金保障,包括按规定支付的抚恤费、保健费和护理费等;服务保障包括就业、就学、就养、康复治疗等。

伤残按照性质区分为"因战""因公""因病"三种。伤残性质和等级不同的人员,享受不同标准的抚恤金待遇。伤残军人抚恤分为两种,国家对革命伤残人员中无工作的,发给伤残抚恤金;对参加工作的革命伤残人员,发给伤残保健金。伤残抚恤金,是对没有参加工作的革命伤残人员具有生活保障性质的一种补偿费。由民政部门发放给退役后回乡务农或安排在休养所休养的残废军人等革命伤残人员、在乡因战特等革命伤残军人的抚恤标准(包括按规定发给副食品价格补贴和生活补贴),参照全国一般职工的工资收入为基础确定。其他各个伤残等级根据丧失劳动能力的程度,依次按一定比例计发。同一等级因战、因公和因病致残的抚恤标准,拉开档次,体现差别。各个等级的伤残抚恤金,随着国家经济的发展,其标准都有所提高。伤残保健金,是对参加工作的革命伤残人员具有保健性质的一种补助费。由民政部门发放给退出现役后参加工作或者享受离、退休待遇的伤残军人等革命伤残人员。继续留在部队服役的伤残军人,由所在部队发给伤残保健金。考虑到领取伤残保健金(在职残废金)的革命伤残人员在生活和医疗等方面均有保障,但他们的工资收入一般较低,为适当增加营养补助,其保健金标准参照在乡伤残人员抚恤金标准。

二、伤残军人抚恤待遇的对象及事故范围

(一)伤残军人抚恤待遇的对象

根据2013年7月5日起执行的《伤残抚恤管理办法》规定,伤残抚恤适用对象为下列中国公民。

一是在服役期间因战因公致残退出现役的军人,在服役期间因病评定了残疾等级退出现役的残疾军人;

二是因战因公负伤时为行政编制的人民警察;

三是因战因公负伤时为公务员以及参照《中华人民共和国公务员法》管理的国家机关工作人员;

四是因参战、参加军事演习、军事训练和执行军事勤务致残的预备役人员、民兵、民工以及其他人员;

五是为维护社会治安同违法犯罪分子进行斗争致残的人员;

六是为抢救和保护国家财产、人民生命财产致残的人员;

七是法律、行政法规规定应当由民政部门负责伤残抚恤的其他人员。

其中,因参战、参加军事演习、军事训练和执行军事勤务致残的预备役人员、民兵、民工以及其他人员;为维护社会治安同违法犯罪分子进行斗争致残的人员;为抢救和保护国家财产、人民生命财产致残的人员,根据《工伤保险条例》应当认定视同工伤的,不再办理因战、因公伤残抚恤。

(二)伤残军人抚恤待遇的事故范围

现役军人伤残,根据伤残性质可确定为因战致残、因公致残和因病致残三种。

三、伤残等级的划分与评定

(一)伤残等级的划分

军人残疾的等级根据劳动功能障碍程度和生活自理障碍程度确定,残疾的等级由重到轻分为一级至十级。残疾等级的具体评定标准由国务院民政部门、劳动保障部门、卫生部门会同军队有关部门规定。

(二)伤残等级的评定

1. 伤残等级的评定内容

伤残抚恤工作应当遵循公开、公平、公正的原则。县级人民政府民政部门应当公布有关评残程序。

残疾等级评定包括新办评定残疾等级、补办评定残疾等级、调整残疾等级。新办评定残疾等级是指除在服役期间因战因公致残退出现役的军人,在服役期间因病评定了

残疾等级退出现役的残疾军人以外的人员认定因战因公残疾性质,评定残疾等级。补办评定残疾等级是指对现役军人因战因公致残未能及时评定残疾等级,在退出现役后依据《军人抚恤优待条例》的规定,认定因战因公性质、评定残疾等级。调整残疾等级是指对已经评定残疾等级,因残疾情况变化与所评定的残疾等级明显不符的人员调整残疾等级。

现役军人因战、因公致残,医疗终结后符合评定残疾等级条件的,应当评定残疾等级。义务兵和初级士官因病致残符合评定残疾等级条件,本人(精神病患者由其利害关系人)提出申请的,也应当评定残疾等级。因战、因公致残,残疾等级被评定为一级至十级的,享受抚恤;因病致残,残疾等级被评定为一级至六级的,享受抚恤。评定残疾等级,应当依据医疗卫生专家小组出具的残疾等级医学鉴定意见,由认定残疾性质和评定残疾等级的机关发给《中华人民共和国残疾军人证》。

2. 伤残等级的评定权限

根据《军人抚恤优待条例》有关规定,因战、因公、因病致残性质的认定和残疾等级的评定权限如下。

(1) 义务兵和初级士官的残疾,由军队军级以上单位卫生部门认定和评定。

(2) 现役军官、文职干部和中级以上士官的残疾,由军队军区级以上单位卫生部门认定和评定。

(3) 退出现役的军人和移交政府安置的军队离休、退休干部需要认定残疾性质和评定残疾等级的,由省级人民政府民政部门认定和评定。

现役军人因战、因公致残,未及时评定残疾等级,退出现役后或者医疗终结满3年后,本人(精神病患者由其利害关系人)申请补办评定残疾等级,有档案记载或者有原始医疗证明的,可以评定残疾等级。

现役军人被评定残疾等级后,在服现役期间或者退出现役后残疾情况发生严重恶化,原定残疾等级与残疾情况明显不符,本人(精神病患者由其利害关系人)申请调整残疾等级的,可以重新评定残疾等级。

四、伤残军人抚恤待遇与抚恤金

(一) 抚恤待遇

退出现役后没有参加工作的革命伤残军人,由民政部门发给伤残抚恤金;退出现役后参加工作,或者享受离休、退休待遇的革命伤残军人,由民政部门发给伤残保健金。继续在部队服役的革命伤残军人,由所在部队发给伤残保健金。伤残抚恤金的标准,根据伤残性质和伤残等级,参照全国一般职工的工资收入确定。退出现役的特等、一等革命伤残军人,由国家供养终身。因战致残的革命伤残军人在评残发证后,一年内因伤口复发死亡的,按照革命烈士的抚恤规定,发给其家属一次性抚恤金和定期抚恤金;一年后因伤口复发死亡的,按照因公牺牲军人的抚恤规定,发给其家属一次性抚恤金和定期抚恤金。因战、因公致残的特等、一等革命伤残军人因病致残死亡后,其家属按照病故军人家属的抚恤规定享受定期抚恤金。

(二) 伤残抚恤金

伤残抚恤金是国家给予的生活保障待遇,其中包括按规定支付的抚恤费、保健费和护理费等。

1. 伤残抚恤金标准

残疾军人的抚恤金标准应当参照全国职工平均工资水平确定(现行标准见表5-1)。残疾抚恤金的标准以及一级至十级残疾军人享受残疾抚恤金的具体办法,由国务院民政部门会同国务院财政部门规定。县级以上地方人民政府对依靠残疾抚恤金生活仍有困难的残疾军人,可以增发残疾抚恤金或者采取其他方式予以补助,保障其生活不低于当地的平均生活水平。

退出现役的残疾军人,按照残疾等级享受残疾抚恤金,残疾抚恤金由县级人民政府民政部门发给。因工作需要继续服现役的残疾军人,经军队军级以上单位批准,由所在部队按照规定发给残疾抚恤金。退出现役的因战、因公致残的残疾军人因旧伤复发死亡的,由县级人民政府民政部门按照因公牺牲军人的抚恤金标准发给其遗属一次性抚恤金,其遗属享受因公牺牲军人遗属抚恤待遇。退出现役的因战、因公、因病致残的残疾军人因病死亡的,对其遗属增发12个月的残疾抚恤金,作为丧葬补助费;其中,因战、因公致残的一级至四级残疾军人因病死亡的,其遗属享受病故军人遗属抚恤待遇。退出现役的一级至四级残疾军人,由国家供养终身;其中,对需要长年医疗或者独身一人不便分散安置的,经省级人民政府民政部门批准,可以集中供养。

根据《军人抚恤优待条例》第三十条规定,对分散安置的一级至四级残疾军人发给护理费,护理费的标准如下。

(1) 因战、因公一级和二级残疾的,为当地职工月平均工资的50%;

(2) 因战、因公三级和四级残疾的,为当地职工月平均工资的40%;

(3) 因病一级至四级残疾的,为当地职工月平均工资的30%。

退出现役的残疾军人的护理费,由县级以上地方人民政府民政部门发给;未退出现役的残疾军人的护理费,经军队军级以上单位批准,由所在部队发给。

残疾军人需要配制假肢、代步三轮车等辅助器械,正在服现役的,由军队军级以上单位负责解决;退出现役的,由省级人民政府民政部门负责解决。

2. 伤残抚恤金的发放

根据《伤残抚恤管理办法》规定,伤残人员从被批准残疾等级评定后的第二个月起,由发给其伤残证件的县级人民政府民政部门按照规定予以抚恤。伤残人员抚恤关系转移的,其当年的抚恤金由部队或者迁出地的民政部门负责发给,从第二年起由迁入地民政部门按当地标准发给。

伤残人员死亡的,从死亡后的第二个月起停发抚恤金。县级人民政府民政部门依据人民法院的判决书,或者公安机关发布的通缉令,对具有中止抚恤情形的伤残人员决定中止抚恤,并通知本人或者其家属。中止抚恤的伤残人员在刑满释放并恢复政治权利或者取消通缉后,经本人申请,并经民政部门审查符合条件的,从第二个月起恢复抚恤,原停发的抚恤金不予补发。办理恢复抚恤手续应当提供下列材料:本人申请、户口簿、司法部门的相关证明。需要重新办证的,按照证件丢失规定办理。

第五节 死亡抚恤

一、死亡抚恤的概念、对象及其认定

(一) 死亡抚恤的概念

死亡抚恤是优抚保障制度中的最基本的内容。军人若在服役中为国牺牲,必然会造成亲人尤其是被赡养人巨大的损失。因此,国家有责任抚慰其家属,保障其生活,提供既有褒扬意义又有物质补偿性的抚恤金。死亡抚恤是政府按规定向遗属提供的保障。现役军人死亡,根据死亡的性质确定为:革命烈士、因公牺牲、病故军人。根据现行规定,凡现役军人死亡被批准为烈士,被确认为因公牺牲或者病故的,其遗属依法享受抚恤待遇,其中,烈士的抚恤待遇最高,因病死亡的抚恤待遇较低[1]。

根据抚恤的内容和性质不同,死亡抚恤分为一次性给付和定期给付两种形式。一次性给付是具有褒扬和社会补偿性质的社会津贴,主要用于抚慰死者家属,并帮助解决突然发生的生活困难;定期给付则是具有救助性质的国家补助,为了解决长期发生的生活困难问题。

(二) 死亡抚恤的对象及其认定

1. 革命烈士

革命烈士是指在革命斗争、保卫祖国和社会主义现代化建设事业中壮烈牺牲的我国人民和人民解放军指战员。根据《革命烈士褒扬条例》《军人抚恤优待条例》等有关规定,可批准为革命烈士的标准为:(1) 是对敌作战死亡,或者对敌作战负伤在医疗终结前因伤死亡的;(2) 是因执行任务遭敌人或者犯罪分子杀害,或者被俘、被捕后不屈遭敌人杀害或者被折磨致死的;(3) 是为抢救和保护国家财产、人民生命财产或者参加处置突发事件死亡的;(4) 是因执行军事演习、战备航行飞行、空降和导弹发射训练、试航试飞任务以及参加武器装备科研实验死亡的;(5) 在执行外交任务或者国家派遣的对外援助、维持国际和平任务中牺牲的;(6) 其他死难情节特别突出,堪为楷模的。现役军人在执行对敌作战、边海防执勤或者抢险救灾任务中失踪,经法定程序宣告死亡的,按照烈士对待。

批准烈士,属于因战死亡的,由军队团级以上单位政治机关批准;属于非因战死亡的,由军队军级以上单位政治机关批准;属于《军人抚恤优待条例》第一款第六项规定情形的,由中国人民解放军总政治部批准。

2. 因公牺牲

现役军人死亡,符合下列情形之一的,确认为因公牺牲:(1) 在执行任务中或者在上下班途中,由于意外事件死亡的;(2) 被认定为因战、因公致残后因旧伤复发死亡的;

---

[1] 郑功成:《社会保障学》,中国劳动社会保障出版社,2005年版,第407页。

(3)因患职业病(参照《职业病范围和职业病患者处理办法的规定》)死亡的;(4)在执行任务中或者在工作岗位上因病猝然死亡,或者因医疗事故死亡的;(5)其他因公死亡的。现役军人在执行对敌作战、边海防执勤或者抢险救灾以外的其他任务中失踪,经法定程序宣告死亡的,按照因公牺牲对待。

3. 病故军人

现役军人除因患职业病死亡的,在执行任务中或者在工作岗位上因病猝然死亡,或者因医疗事故死亡的规定情形以外,因其他疾病死亡的,确认为病故。现役军人非执行任务死亡或者失踪,经法定程序宣告死亡的,按照病故对待。现役军人病故,由军队团级以上单位政治机关确认。

对烈士遗属、因公牺牲军人遗属、病故军人遗属,由县级人民政府民政部门分别发给《中华人民共和国烈士证明书》《中华人民共和国军人因公牺牲证明书》《中华人民共和国军人病故证明书》。

▶ 二、一次性抚恤待遇

一次性抚恤待遇主要是指国家规定一次性发给革命烈士家属、因公牺牲军人家属、病故军人家属的抚恤金。《军人抚恤优待条例》规定:现役军人死亡,根据死亡性质和本人死亡时的工资收入,由民政部门发给其家属一次性抚恤金。

现役军人死亡,根据其死亡性质和死亡时的月工资标准,由县级人民政府民政部门发给其遗属一次性抚恤金,标准是:烈士和因公牺牲的,为上一年度全国城镇居民人均可支配收入的20倍加本人40个月的工资;病故的,为上一年度全国城镇居民人均可支配收入的2倍加本人40个月的工资。月工资或者津贴低于排职少尉军官工资标准的,按照排职少尉军官工资标准发给其遗属一次性抚恤金。军人死亡时的工资、现役军官的工资收入是指职务薪金、军衔薪金和军龄(含工龄)薪金之和;军队文职干部的工资收入是指职务工资和军龄(含工龄)薪金之和;未参加工资改革的军队离退休干部的工资收入是指职务薪金、行政级别薪金、军龄(含工龄)薪金和生活补贴4项之和;参加工资改革和授予军衔的军队离休干部的工资收入,具体标准按中央军事委员会的规定执行。

获得荣誉称号或者立功的烈士、因公牺牲军人、病故军人,其遗属在应当享受的一次性抚恤金的基础上,由县级人民政府民政部门按照下列比例增发一次性抚恤金:一是获得中央军事委员会授予荣誉称号的,增发35%;二是获得军队军区级单位授予荣誉称号的,增发30%;三是立一等功的,增发25%;四是立二等功的,增发15%;五是立三等功的,增发5%。

多次获得荣誉称号或者立功的烈士、因公牺牲军人、病故军人,其遗属由县级人民政府民政部门按照其中最高等级奖励的增发比例,增发一次性抚恤金。

对生前做出特殊贡献的烈士、因公牺牲军人、病故军人,除按照本条例规定发给其遗属一次性抚恤金外,军队可以按照有关规定发给其遗属一次性特别抚恤金。

根据《关于调整一次性抚恤金发放办法的通知》,从2002年1月1日起,调整一次性抚恤金发放办法:一是国家机关(含民主党派、人民团体)工作人员、人民警察因公牺牲、病故后,一次性抚恤金由死者生前所在单位发放,发放标准和计算办法仍按民政部、财政部的有关规定执行,列"抚恤金"科目。二是革命烈士和因公牺牲、病故军人的一次性抚恤金发放办法仍按现行政策执行,即由家属户口所在地的民政部门发放。

一次性抚恤金发给烈士、因公牺牲军人、病故军人的父母(或抚养人)、配偶、子女;若无上述亲属的,则不发。具体发放对象的发给顺序为:有父母(或抚养人)无配偶的,发给父母(或抚养人);有配偶无父母(或抚养人)的,发给配偶;既有父母(或抚养人)又有配偶的各发半数;无父母(或抚养人)和配偶的,发给子女;无父母(或抚养人)、配偶、子女的,发给未满18周岁的兄弟姐妹和已满18周岁但无生活费来源且由该军人生前供养的兄弟姐妹。

三、定期抚恤待遇

(一) 定期抚恤待遇的由来

定期抚恤待遇是由原来的定期补助发展来的。对生活极困难的优抚对象,国家给予补助。早在50年代对此就有所规定,当时补助的是粮食,因而称为"实物补助"。1985年,根据《中华人民共和国兵役法》的规定,民政部和财政部联合发出通知,决定对无劳动能力或者无固定收入不能维持生活的革命烈士家属、因公牺牲军人家属、病故军人家属,自1985年1月1日起,由国家发给定期抚恤金。至此,定期定量补助发展为定期抚恤。到1988年,《军人抚恤优待条例》明确规定:"革命烈士、因公牺牲军人、病故军人的家属,按照规定的条件享受定期抚恤金。"第一次以法规的形式把定期抚恤规定下来。

(二) 享受定期抚恤待遇的条件

定期抚恤待遇和一次性抚恤待遇相比最大的差别在于:对领取抚恤家属,一次性抚恤待遇没有附加条件,而定期抚恤待遇则规定了较严格的条件。烈士遗属、因公牺牲军人遗属、病故军人遗属,按照规定的条件享受定期抚恤金。符合定期抚恤待遇条件的标准包括以下几条。

(1) 父母(抚养人)、配偶无劳动能力、无生活费来源,或者收入水平低于当地居民平均生活水平的。

(2) 子女未满18周岁或者已满18周岁但因上学或者残疾无生活费来源的。

(3) 兄弟姐妹未满18周岁或者已满18周岁但因上学无生活费来源且由该军人生前供养的。

(三) 定期抚恤待遇标准及发放

定期抚恤金标准应当参照全国城乡居民家庭人均收入水平确定(现行标准见表5-2)。定期抚恤金的标准及其调整办法,由国务院民政部门会同国务院财政部门规定。县级以上地方人民政府对依靠定期抚恤金生活仍有困难的烈士遗属、因公牺牲军人遗属、病故军人遗属,可以增发抚恤金或者采取其他方式予以补助,保障其生活不低于当地的平均生活水平。

享受定期抚恤金的烈士遗属、因公牺牲军人遗属、病故军人遗属死亡的,增发6个月其原享受的定期抚恤金,作为丧葬补助费,同时注销其领取定期抚恤金的证件。

现役军人失踪,经法定程序宣告死亡的,在其被批准为烈士、确认为因公牺牲或者病故后,又经法定程序撤销对其死亡宣告的,由原批准或者确认机关取消其烈士、因公牺牲军人或者病故军人资格,并由发证机关收回有关证件,终止其家属原享受的抚恤待遇。

四、特别抚恤待遇

在国防和军队建设、科研事业或者作战中做出特殊贡献的现役军人死亡,根据《军人抚恤优待条例》,国防部还发给特别抚恤金①。参照该条例,凡在本职工作中做出特殊贡献的人民警察和检察机关工作人员死亡后,其家属也可享受特别抚恤,所需经费在本系统机关经费中统一列支。

1. 享受特别抚恤待遇的条件

(1) 现役军人。现役军人死亡,除按照《军人抚恤优待条例》和军队现行规定,发给其家属抚恤金外,凡具备下列条件之一者,经大军区级以上单位的政治机关批准,由其生前所在单位给予一次性特别抚恤:① 被大军区级(含)以上单位授予荣誉称号的英雄人物或荣立一等功的人员;② 生前在边防、海岛、高原部队或其他特别艰苦的环境工作以及在国防科研中从事国家规定的有害工种连续满 20 年,并有显著成绩者;③ 生前为师职(含)、专用技术 7 级(含)以上干部或军龄满 30 年的干部,且成绩突出者。

(2) 人民警察。公安机关人民警察死亡,除按规定发给其家属抚恤外,符合下列条件之一的,经省、自治区、直辖市公安厅、局(含)以上单位的政治机关批准,并负责发给特别抚恤金:① 荣立或被追记一等功以上的人员;② 生前职务为处级(含)、专用技术职务为高级工程师(含)以上,或警龄(含参加革命工作时间)满 30 年,且事迹突出者;③ 生前在边防、海岛、高原部队或其他特别艰苦的环境工作连续满 20 年,并有显著成绩者。

2. 特别抚恤待遇的标准

特别抚恤金按上述条件依次划分为一、二、三等,一等 15 000 元、二等 12 000 元、三等 10 000 元。

本章重要概念

社会优抚(social special care)　社会优待(social preferential treatment)
军人退役就业安置(retired military job placement)　死亡抚恤(death pension)
伤残军人抚恤待遇(compassionate treatment of disabled soldiers)

本章思考题

1. 辨析伤残抚恤金和伤残保健金。

---

① 熊敏鹏:《社会保障学》,机械工业出版社,2004 年版,第 278 页。

2. 区分退役义务兵与退役士官就业安置政策的不同。
3. 简述一次性抚恤待遇和定期抚恤待遇。
4. 简述我国社会优抚沿革,并谈谈新形势下社会优抚事业的发展趋势。

本章案例讨论

案例一 "三元钱"的权利之争

革命伤残军人李存厚老人于 2000 年 6 月 30 日及 7 月 19 日在郑州市内分三次乘坐市公交公司的 202 路、9 路及 103 路公交车,欲凭《革命伤残军人证》享受免费乘车待遇,但都被司乘人员拒绝,并称该证无效,要求其购买车票,李无奈分三次共花人民币 3 元购买了车票。李存厚认为,作为革命伤残军人,依法应受到抚恤,应享受凭证免费乘坐市内公交汽车的待遇。而公交公司拒绝这样做,显然侵犯了其及广大革命伤残军人的合法权益,也会伤害他们的感情。于是,于 2000 年 7 月一纸诉状将市公交公司告上法庭,要求公交公司依法恢复伤残军人免费乘车的合法权益,并在《河南日报》《郑州晚报》向革命伤残军人道歉。又于 8 月 29 日,向法院申请变更诉讼请求,请求判决市公交公司赔偿经济损失 3 元,精神损失费 1 元,并承担全部诉讼费用。

被告郑州市公共交通总公司辩称,公交总公司受郑州市政府和公用事业行政管理部门的领导,政府让企业行使社会义务应考虑企业的承受能力和企业职工的经济利益,尤其是在市场经济条件下,政府无权让企业在市政府公用事业行政管理部门下达的责任目标之外无偿尽义务;原告所依据的河南省人民政府 1990 年 4 月 13 日发布的《河南省军人抚恤优待条例实施办法》属地方性法规,国家没有关于伤残军人免费乘车的规定,民政部门不是公交行业的主管部门,故其相关规定对企业不具有约束力。

案例来源:中青在线。

思考提示:
根据案例材料分析我国社会优待制度中伤残军人享受哪些交通优待?

案例二 退伍转业军人军龄应当作为计算职工经济补偿金的年限

2004 年 4 月,劳动保障监察机构接到某大型工业企业职工举报,反映该厂近日与其解除劳动合同关系时发生矛盾,矛盾焦点是单位不肯将他参军的三年军龄算作支付经济补偿金的年限。劳动保障监察机构受理该举报后立即介入调查,经了解,举报人退伍后即被安置到该厂工作,签订的是无固定期限劳动合同,目前已工作了六年。由于近期该厂经营方向发生变化,对部分岗位人员进行裁减,举报人就是被解除劳动合同的职工之一。由于单位认为举报人参军的三年并没有对该厂有所贡献,因此支付经济补偿金只计算他在本厂工作的年限,即支付六个月的工资。劳动保障监察员对单位的错误认识进行了教育和批评,根据《江苏省劳动合同条例》第五十七条规定下达了限期改正指令书,要求单位在十五天内支付举报人九个月的工资作为经济补偿金。十天后,举报人收到了单位支付的九个月工资的经济补偿金。

案例来源：河北劳动维权网。

思考提示：
讨论复转军人军龄及有关人员工龄是否能作为计算职工经济补偿金年限。

本 章 实 训

老张是某部队的高级军官，去年年底从部队退休。离开部队回到家中的生活让老张非常不适应，待在家里无所事事，又不愿意外出活动与邻居交流，只有在每次说起部队的生活时才会神采奕奕。老张的这种情况让老伴很是担心，鼓励他多出去走走，参加社区内的活动，却被老张拒绝了。无奈的老伴只能找到社会工作者，希望社会工作者可以帮助老张。

假定你是社会工作者，你应该如何帮助老张？请结合实际设计帮扶方案。

第六章 社会救助

【本章导言】

社会救助是现代反贫困措施中的一个重要内容,它是保障社会成员生存权的最后一道防线。通过本章的学习,掌握社会救助的概念、类型、组成体系和基本特征。本章将分别讲述社会救助的各个主要项目,包括最低生活保障制度、农村五保制度、扶贫开发、灾害救助等;介绍各主要社会救助项目的特点、原则、运行过程,以及建立制度的意义;同时,强调各社会救助项目的不可替代性以及它们在实际工作中发挥的重要作用,从而较为全面地展示我国社会救助体系的现状并客观指出实际执行中仍然存在的不足。

引导案例

我们的社会救助体系怎么了?

请点击网络链接,观看视频《我们的社会救助体系怎么了?》,与同学、老师一起讨论被救助对象需要什么,社会救助的初衷是什么,政府、市场、社会三方力量应如何分工,并开始本章社会救助内容的学习。

案例视频链接:网易公开课,[TED],http://open.163.com/movie/2015/11/2/E/MB86FPNGN_MB86I3C2E.html?referered=http%3A%2F%2Fopen.163.com%2Fmovie%2F2015%2F11%2F2%2FE%2FMB86FPNGN_MB86I3C2E.html。

第一节 社会救助概述

一、社会救助的基本含义

(一)社会救助的含义及特点

社会救助是指通过立法由国家或者政府对因为失业、疾病、灾害等原因造成收入中断或收入降低并陷入贫困的人员或者家属实行补偿的一种社会保障制度。社会救助的概念要点具体包括以下内容。

(1) 社会救助的责任主体是国家。首先,国家有能力通过国民收入的分配和再分配对全体社会成员实行生活保障。其次,国家承担社会救助的责任,可以降低分散化保障过高的执行成本。国民只要符合救助的条件,国家和政府就有责任来保证其得到救助。

(2) 社会救助体现了公民的生存权。社会救助强调,只要陷入生存困境的公民就有权利申请救助,通过审核就能得到保障最低生活标准的救助。它的对象是全体社会成员,它是民主法制时代公民享受的一项重要权益。

(3) 依法救助。现代社会救助有法可依、有章可循,有其自身的权威性和持续性。

(4) 救助方式人性化。依据社会救助对象陷入生活困难的不同原因和特点,国家和政府采取了多种救助方式,如现金救助、食物救助、服务救助等。

社会救助作为社会保障制度体系中的一个子系统,在解决贫困问题、保障公民基本权利和促进社会安定方面发挥着极为重要的作用,被称为社会保障制度中的最后一张安全网。社会救助的基本特点如下。

(1) 权利与义务的不对等性。当某一些人或者一部分家庭依靠自身力量无法应付或者解决各种风险而陷入贫困时,国家通过社会救助手段向他们提供物质上的帮助。除了必须满足家庭人均收入低于国家规定的法定贫困线这一要求外,国家为他们提供社会救助待遇可以说是无条件的。也就是说,享受社会救助待遇的人员和家庭无需尽自己的义务或者尽少量义务就可以享受待遇,因此,在社会救助中存在一个权利与义务不对等的属性。

(2) 资金来源的单一性。由于实施社会救助是国家的一项义不容辞的责任,以及不具有权利与义务的对等性,因此社会救助资金来源具有单一性。社会救助资金的主要来源是国家财政,这里既包括中央财政也包括各级地方财政,只有通过财政支出才能保证社会救助资金来源的充分性和及时性,才能让贫困人员不需要支付任何费用就能够领取社会救助金。

(3) 享受对象的有限性。虽然社会救助的实施具有普遍性,即任何个人和家庭只要符合了家庭人均收入低于国家法定贫困线以下的条件就可以享受社会救助待遇,因而任何一个社会成员都有可能成为社会救助的实施对象。但实际上,由于符合条件有资格享受社会救助待遇的人员和家庭在整个社会中往往仅是一小部分,从这个意义上来说,社会救助待遇享受对象具有有限性。

(4) 资格审查的严格性。贫困人员在享受社会救助待遇之前,首先向当地社会救助相关管理部门提出申请,当地管理部门对申请材料进行审查和核实,然后将经核实属实的申请材料提交给高一级社会救助行政管理部门作进一步检查。对申请材料审查和核实的主要内容是申请人员是否符合国家规定的法定贫困线这一条件,经核实和批准后才发放社会救助金。

(5) 保障水平的最低性。虽然与其他社会保障制度一样,社会救助是帮助国民应付或者解决各种经济风险以免陷入贫困,但它们的保障水平是各不相同的。社会保险保障基本生活;社会福利旨在提高社会成员的生活质量;社会救助的保障水平是最低的,仅仅用以维持贫困人员的最低生活水平。

(二) 社会救助制度的思想基础

1. 社会救助的思想基础与理论依据①

在现代社会保障制度形成之前,社会救助的思想就早已存在。在创立比较系统的社会保障理论之前,就已经存在一些与社会救助有关的思想,主要表现在以下三个方面。

(1) 慈善或恩赐思想。人们最初是从慈善或恩赐的角度来研究和解决贫困问题的。基于这种思想,政府和社会建立了各种各样的孤儿院、济贫院等机构,并对贫困人员发放救济金等。其中,宗教中的一些教义成为社会救助思想的来源之一,尤其是基督教中的一些思想对社会救助的影响最大。许多宗教机构根据宗教教义来举办各种慈善事业,而这些慈善行为又有社会救济的一些特征。但是由于这种具有部分社会保障特征的思想自身的局限性,基于这种思想的社会救助措施和对策也具有不彻底性和不完善性。

(2) 平等或公平思想。这种思想应该说是比慈善或恩赐思想更加进步或者说更高层次的与社会保障有关的思想。随着社会经济的发展,人们有了进一步的自身权利保护意识,一些进步人士认识到每个人都享有一定生活水平的权利,国家和社会有保护每个人的责任。因此,随着这种思想认识的产生,社会救助思想也随之发生了变化,即从一种慈善或恩赐转变为一种平等权或公平权。

(3) 空想社会主义。这种思想从严格意义上说是一种被理想化的与社会保障有关的思想。柏拉图在2 400年以前写的《理想国》一书中主张消除贫富差距,实现社会平等。到15世纪,托马斯·莫尔在《乌托邦》一书中提出了一个通过照顾老人和病人等互相帮助的方式,来克服贫困并实现人人幸福的理想蓝图。19世纪,圣西门、傅立叶和欧文等人更是把空想社会主义思想发展到了顶峰。其中圣西门把"满足人们的需要""促进无产者福利的提高""保证社会安宁"作为整个社会的奋斗目标。他们不仅提出了这方面的思想,而且还勇于实践。这种思想虽然是一种空想,但客观上对社会救助理论的形成产生了重大影响。

2. 社会救助的理论依据②

西方的"福利国家理论"直接促成现代社会救助制度的形成和发展。它是由一些资产阶级经济学家的理论观点、工人运动中某些社会主义派别的纲领以及社会民主党人的政治主张综合而形成的理论,包括德国新历史学派的理论、费边社会主义和新自由主义、福利经济学、凯恩斯的经济理论,以及二战后社会救助理论的新发展。这段时期的理论主要是新剑桥学派理论、货币主义理论及供给学派理论(具体内容见第二章)。

(三) 社会救助的发展趋势

1. 救助权益呈现"强制—恩惠—权利"的变迁

社会救助在原始阶段是民众个体行为,主要以社会互助、宗教慈善行为等形式出

---

① 钟仁耀:《社会救助与社会福利》,上海财经大学出版社,2005年版。
② 曹立前:《社会救助与社会福利》,中国海洋大学出版社,2006年版。

现。最早出现的英国《伊利莎白济贫法》宣布建立"贫民习艺所",强迫贫民劳动以杜绝流浪现象,过于强调对不劳动者的惩罚而比较忽略对需求者的帮助,其动机是统治者意识到贫困和失业对其统治的威胁而必须由政府采取某种措施来缓和这些社会矛盾。所谓的社会救助呈现出的强制性特征,统治者仅把它作为一种权宜之计,目的是要避免各种不满力量的汇集而形成大的爆发,用济贫法来设置一道阻止人们铤而走险的屏障。

随着社会生产力迅速发展、社会财富急剧增加、有产者惊人的富裕与穷人的贫困形成尖锐对比,在社会矛盾和冲突不可避免的形势下,统治者意识到要避免革命,必须缓和社会矛盾,将各种冲突控制在一定的范围之内,政府必须将穷人的数量和贫困的程度控制在一个不至于引起动乱的"度"上,必须采取缓和社会矛盾的政策和制度。这使社会救助的选择表现为一种恩惠思想。统治者以同情和怜悯的姿态给予贫民适当的救济,以劳动者能勉强生存而不致威胁其统治为限。

资产阶级革命的爆发创造了一种民有、民治、民享的政体模式,"天赋人权""私权神圣"等理念深入人心,人民的权利得到空前的张扬和维护,社会救助利益的享有成为一种权利,认为国家有义务和责任为民众提供社会救助。这种权利不仅包括了生存权的需求,当经济发展到一定程度之后,适当的发展权也被纳入。

2. 救助方式由消极被动到积极主动模式选择的变迁

在强制性社会救助思想的指导下,视贫困为个人的罪恶,仅仅在其影响到统治者地位时才被动地、消极地予以应付,并没有想从根本上遏制贫穷,也并不会意识到贫民怎么还会有获得救助的权利,至多也是以同情和怜悯的姿态给予一些恩惠性的救济就认为已经是对贫民的最大照顾了。

民权时代的到来,民众才有了自己的代表,才能反映出自己的声音,自己的社会救助权利才得到了重视和维护;政府才会进行制度化和系统化的安排和设计,主动积极地维护和保障民众的社会救助权利。其救助方式的选择和采纳还照顾到接受人的心理和进一步发展等多方面的考虑,如提供就业指导、职业训练、小额贷款、以工代赈、发展生产等,帮助受救助人自立,维护他们的尊严,提供他们独立生活的能力。尤其是发展中国家更为重视扶持有劳动能力的贫困对象发展生产,通过给贫困对象贷款、借给生产工具等方式,帮助贫困对象就业和进行生产经营,努力发展经济才能从根本上解决贫困问题。

3. 救助由完全无偿向履行适当义务转变

由于经济人的本性,接受社会救助的权利也不能是没有任何限制的。各国逐渐变革完全无偿提供救助的模式,使有一定能力的接受救助的人也能负担一定的义务,如参加社区劳动、参与一些公益事业、偿还小额贷款、以工代赈、参加就业培训辅导、积极寻找就业机会等。这种制度安排可以有效地监督受救助人的行为,督促其自立,并保证社会救助金的有效使用,降低其"漏出率"。

4. 民间力量在社会救助中的作用日益凸显

事实证明仅仅依靠国家单独解决贫困问题是不够的,必须把民间力量的作用有效地规范和整合起来,才能更好地发挥社会救助制度的作用。于是当代各国政府积极鼓励民间组织作用的挖掘和发挥,与政府进行分工,通力协作。德国就通过立法规定,社会救助要坚持政府与民间合作的原则,联邦救济法不得侵犯教会、宗教团体、民间组织的地位和活动,社会救助实施机构在与各团体机构合作时,应考虑到其独立性,相互取长补短,并支援民间团体。除了现金的发放以外,民间救助活动应优先进行。智利、中国台湾地区等都对民间力量进行的社会救助十分重视,立法上都相应予以规范。

二、社会救助的制度构成

(一) 社会救助的内容、对象和主要功能

1. 社会救助的内容

社会救助的内容主要包括以下几方面。

(1) 贫困救助。它是指对因多种原因而使自己和家庭陷入生活困难者予以的物质帮助,目的是为了保障被救助者的生活,使其能够维持当时当地最低限度的生活水平。对贫困人口的救助主要有最低生活保障制度、五保供养制度和扶贫等。

(2) 灾害救助。它是指国家和社会对于突然遇到紧急或重大灾难的人口和家庭提供资金和其他形式的资助,帮助当事人摆脱困境、渡过难关的一种临时性救助措施。其主要任务是抢救被灾害威胁、损害的国家和公民的生命和财产,解决灾害对公民造成的生产和生活困难。

(3) 社会互助。它是指热心助人的公民和团体本着人道主义精神开展的扶贫济困、帮助社会上不幸的个人或团体的社会救助活动。其救助基金和物资是民间自愿捐款捐物形成的,通常也称为民间救助。

2. 社会救助的对象

在我国,社会救助的对象按照造成贫困的原因大致分为以下几类。

(1) 无劳动能力、无依无靠又无生活来源的公民,即"三无"人员。这类公民多数属于长期救助对象,主要包括孤儿、无社会保险津贴的劳动者、长期患病者、未参加社会保险且又无子女和配偶的老人。

(2) 因天灾人祸造成一时生活陷入困境的公民,即灾民。这类救助起因于突发性和损害程度严重的灾害,难以预测和预先加以防范。这类公民的生活困难源于客观原因,给予救助是完全合情合理的。

(3) 虽有劳动能力、有收入来源,但收入过少,生活水平低于国家法定最低工资标准的公民,即贫困人员。如工资收入过低的公民,需赡养或抚养的人口过多的家庭,家人长期患病而支出沉重的家庭,享受失业津贴期满之后仍未找到工作的就业困难人群等等。

现代社会救助的对象还可以按照具体的公民群体划分,包括儿童、老人、残疾人、失业者、病人、患难者等。按照一般的规定,首先必须由申请者提出申请,并由主管部门对申请者财产和收入进行调查,对合乎条件的确定救助标准,付给社会救助金。对申请者的调查一般称为家庭经济情况调查,它的目的有两个:一是确定一定时期社会最低生

活水平标准,为确定社会救助标准提供参考资料;二是确定社会救助申请家庭的经济状况,确保社会救助资金发放到最需要者手中。根据调查结果和核实情况,社会保障机构便可做出是否批准救助申请的报告,一经批准,即应按期发给社会救助金。

3. 社会救助的主要功能

社会救助的最终目的就是消除贫困和促进发展,社会救助的功能大致有以下几方面。

(1) 整合功能。社会整合是指社会不同的因素,部分结合为一个统一、协调整体的过程及结果。实施社会救助制度,通过对贫困者或者其他需要帮助者进行帮助和救助,就会使受助者更好地融入社会,对社会有一种认同感和归属感。因此,社会救助制度的实施可以发挥社会整合的功能。

(2) 保护功能。社会救助的首要功能就是保护功能,即在法律上、经济上为社会成员的基本生活权利提供保护。社会救助在保护贫困者的同时,也保护了社会的良性运行。

(3) 稳定功能。社会经济的发展和进步离不开稳定的社会秩序和社会环境。但现实中由于各种特殊事件的客观存在,又往往给社会成员造成群体性的危机,如人口老龄化、自然灾害、疾病等,如果国家不能妥善解决这些问题,就会给经济发展带来负面影响。社会救助的稳定功能就是稳定社会秩序,保障社会成员安居乐业。

(4) 恢复与发展功能。社会救助的恢复功能是指恢复受创的社会、家庭、个人正常生活秩序的功能。在社会发展过程中尤其是在社会的转型时期,由于社会的结构性因素或其他个人原因会导致贫困的发展,依靠社会救助来解决这种社会问题就是为了恢复正常的社会发展秩序和受困家庭的生活秩序。同时,社会救助对社会和个人发挥恢复作用的同时,还促进了社会成员适应社会发展变化,并同社会协调发展,更有效地为社会工作,实现社会生活的良性循环。

(二) 社会救助的目标和原则

1. 社会救助的目标

社会救助的目标是克服现实的贫困,维持贫困社会成员的最低生活需要。社会救助制度是为了解决处在生存困境中的贫困社会成员的生活困难而建立的。当社会成员由于社会的或个人的、生理的或心理的原因致使其收入低于最低生活保障线而陷入生活困境时,社会救助就会发生作用,以帮助他们克服贫困,提高贫困人员的生活水平。扶贫济贫是社会救助的目标和目的所在。

2. 社会救助的原则

(1) 政府为主,社会为辅的原则。市场经济条件下产生的贫困问题和社会分配不公是市场经济本身无法解决的,因此,政府应当适度干预。政府的职能之一就是用社会政策维护社会公平,各种社会团体的救助行为只能作为辅助和必要的补充。政府在发挥自身作用的同时,应当引导社会救助行为的发展,使两者有机结合,促进救助制度的完善。

(2) 全民性与选择性相结合的原则。在社会救助制度面前,全体公民一律平等,都有享受社会救助的权利。但并非人人都能得到实际的给付,必须要经过严格的经济状况调查,确定该公民及家庭确实不能维持最低生活水平,公民才有资格申请救助。

(3) 提供最低生活保障原则。在社会保障制度体系中,社会救助的标准最低,以维持最基本的物质生活为原则。它作为社会保险的补充形式而存在。在社会保险津贴不足以维持最低生活或者已经超过领受社会保险津贴的期限,或者社会保险制度尚未覆盖的情况下,给予社会救助。

(4) 无差别待遇原则。当确定最低生活标准线后,以经济状况调查为依据,提供弥补申请者的收入水平与最低生活标准线差额的援助。即不论申请者的收入水平高低,社会救助补贴将使贫困线以下的个人或家庭达到最低生活保障标准,使他们的生活处于同一水平线上。

(5) 积极救助的原则。社会救助不是建立在恩赐、施舍、怜悯基础上的单纯赈济,而是通过"生产自救""科技扶贫""以工代赈"等积极的救助方式,把扶贫和自力更生有机结合起来,一方面,使被救助者感到自己获得的救助是一种劳动报酬,维护了他们的自尊心;另一方面,通过"造血性"救助也使被救助者彻底摆脱贫困,走向富裕。

三、中国的社会救助体系

我国的社会救助体系按照不同的划分标准,有不同的组成。例如按照城乡划分,则城市社会救助体系主要包括城市最低生活保障制度及相关专项救助制度(如医疗救助、住房救助、教育救助、司法救助等)和流浪乞讨人员救助。农村社会救助主要包括农村最低生活保障、农村医疗救助、农村灾害救助、农村五保供养制度和农村扶贫开发等。

根据国务院颁布的《社会救助暂行办法》所确立的我国城乡社会救助体系的总体框架看,我国的社会救助以日常生活救助为基本内容,并根据实际情况实施专项救助、受灾人员救助、临时救助以及国家确定的其他救助。其中,日常生活救助包括最低生活保障和特困人员供养,专项救助主要包括医疗救助、教育救助、住房救助和就业救助等。

延伸阅读

社会救助亟待立法

我国第一部统筹各类社会救助制度的行政法规《社会救助暂行办法》已于2014年5月1日起正式实施。但在许多法学专家看来,国务院制定的《社会救助暂行办法》从效力而言还不够,其法律效力及不上《社会救助法》,对于社会救助存在的许多问题依然无法解决。因此,提高社会救助立法层级是国家立法机关必须要考虑的现实问题。

当前社会救助制度的"碎片化"问题折射了立法的滞后和欠缺,也在相当程度上制约了社会保障这张民生保障网的编织进程。因此,我国有必要立法织牢保障困难

社会保障理论与政策

群众基本生活的安全网,把已有的成功做法和政策措施上升为法律制度,发挥《社会救助法》的纲领性作用,给"碎片化"的社会救助制度打上法律的补丁。第八届全国人大常委会便将《社会救济法》列入立法规划;制定《社会救济法》也是第十届全国人大常委会立法规划确定的立法项目;第十一届全国人大常委会再次将制定该法列入5年立法规划。

行政法规性质的《社会救助暂行办法》的出台,也意味着《社会救助法》的立法进程放缓。当前在社会救助立法中,存在着不同部门的利益分歧,各部门均想将自己负责的相关工作纳入法律,这也是《社会救助法》立法进程受阻的重要原因。社会救助投入由财政全额拨款,政府主导性很强。各方面都认为社会救助必须办好,但具体由谁来办、怎样才能办好、中央和地方责任如何划分,仍然存在分歧。

资料来源:马克,"社会救助亟待立法",新华网,http://www.xinhuanet.com/gongyi/2016-04/12/c_128883998.htm,有调整。

第二节 贫困救助

延伸阅读

扶贫≠脱贫

在2015年的中央扶贫开发工作会议上,习近平总书记就扶贫工作作出了详细部署,并回答了关键三问:扶持谁?谁来扶?怎么扶?

一说到扶贫,人们常常想到授人以鱼不如授人以渔,还会想到输血重要造血更重要。诚然,如果只是单纯给钱给物,必然不可持续,甚至可能养懒汉。说一千道一万,扶贫不是光靠扶就能彻底解决问题。正如习总书记所称,脱贫致富终究要靠贫困群众用自己的辛勤劳动来实现,让他们的心热起来、行动起来,靠辛勤劳动改变贫困落后面貌。扶贫先扶志,大概就是此理。

更应该看到的是,不少人之所以贫困,不是因为他们好吃懒做,也不是因为他们目光短浅。权利不足、权利贫困、权利受损等状况,或是导致贫困的主要原因。没有公平的成长环境,没有公正的发展范围,特别是如果无法实现最起码的权利,比如受教育权,贫困人口就很难脱贫,脱了贫也容易返贫。

习总书记在讲话中谈到了若干扶贫"常识",除了众所周知的精准扶贫,还提到了"教育扶贫",即国家教育经费要继续向贫困地区倾斜、向基础教育倾斜、向职业教育倾斜,帮助贫困地区改善办学条件,对农村贫困家庭幼儿特别是留守儿童给予特殊关爱。此外还有社会保障兜底,加强医疗保险和医疗救助,新型农村合作医疗和大病保险政策要对贫困人口倾斜,等等。所有这些并不是给钱给物,可称为权利扶贫。让贫穷人口享受到本应享受的受教育权和医保等等。这些扶贫，也许不能立竿见影，但持续下去就能彻底摆脱穷根。

更值得一提的是，在中央扶贫开发工作会议上，习总书记多次强调脱贫。从扶贫到脱贫，从扶贫攻坚战到脱贫攻坚战，一字之差内涵大不同。如果扶贫只是一种动作或者状态，那么脱贫则意味着一种结果。扶贫了不等于一定有效果，但脱贫了就说明告别贫穷。毋庸讳言，在扶贫过程中不少地方、不少贫困人口出现反复——经由扶贫而暂时脱贫，但不久又返贫。而脱贫攻坚战传递的信号很明确，就是让贫困人口脱贫，如果脱不了贫，扶贫有何意义？

资料来源：王石川，"从扶贫到脱贫，一字之变境界出"，《杭州日报》，2015年11月30日第002版，有删减。

思考提示：

结合所学，思考我国从原来的扶贫开发变成了脱贫攻坚，其实质是什么？

一、贫困理论

（一）贫困的概念

贫困不仅是一个极为复杂的社会经济现象，同时还被认为是一个政治现象，这是因为它涉及政治、经济、社会、文化、心理、生理等各个方面。各个国家在不同时期对贫困的认识和解释是不同的，具有不同文化背景和传统习惯的人们往往从不同的视角来认识和解释贫困，即使在同一个国家，随着时间的推移，对贫困的认识也是在变化的。例如，我国基本上把贫困理解为衣、食、住等物质生活方面的困难，这是对一种绝对贫困的认识，而发达国家认为贫困不仅应该包括物质生活方面的困难，还应把精神生活方面的贫困纳入其中，这实际上是一种相对贫困的认识和理解。

（二）贫困的类型

从不同的视角，我们把贫困分为绝对贫困和相对贫困，狭义贫困和广义贫困，长期贫困和暂时贫困。

1. 绝对贫困和相对贫困

（1）绝对贫困。绝对贫困是指在某一个时期，个人或家庭依靠劳动收入或其他合法收入不能维持其基本生存需要的生活状态。绝对贫困是从人维持生命的角度出发，以维持人的最低生理需要为标准加以区分的。大多数国家一般采用绝对生存贫困线作为衡量标准来确定绝对贫困。绝对生存贫困线就是购买基本的生活必需品或维持最低限度生理需要的最低收入水平，处在这个贫困线以下的生活状态就被视为绝对贫困。目前世界银行确定的绝对贫困线标准是，每人每天的食品提供为2 150千卡热量，食品支出占总支出的比例在农村为63%，在城市为61%。我国政府确定的农村绝对贫困线标准是每人每天的食品提供为2 100千卡热量，食品支出占总支出的60%。

(2) 相对贫困。相对贫困是指在同一时期或同一国家,由于某些人或家庭的收入水平不如另外一些人或家庭而产生的低于一般人或者一般家庭的生活状况或者贫困状态。由于相对贫困不是从最低生理需要出发解释贫困,因此在任何一个国家,即使其社会经济非常发达也必然存在相对贫困。许多国家运用相对贫困线,即低于一般社会认定的某种生活水平状况来确定相对贫困。例如,许多发达国家把相对贫困线确定为社会平均工资的一定比例,如50%或者60%,处于这个相对贫困线以下的生活状况被视为相对贫困。

2. 狭义贫困和广义贫困

绝对贫困和相对贫困是从最低生理需要与相对生活需要角度来划分贫困,而狭义贫困和广义贫困主要是从是否包括精神文化生活这个角度来区别的。

(1) 狭义贫困。狭义贫困是指某一些人或者家庭的生活在物质方面的一种困难状况,它不包括人们的精神文化生活质量如何。狭义贫困与绝对贫困和相对贫困既有交叉点,又有不同的地方。狭义贫困中有可能既包括绝对贫困也包括相对贫困,这是因为绝对贫困和相对贫困主要是指物质生活方面的贫困。虽然狭义贫困和绝对贫困都是指物质生活方面的困难,但两者并不等同,因为狭义贫困有时候指的是一种相对的物质生活水平,即相对贫困。同样,狭义贫困也不等同于相对贫困,因为许多发达国家中的相对贫困往往包括精神文化方面的贫困。

(2) 广义贫困。广义贫困指的是某一些人或者家庭不仅在物质生活方面而且在精神文化生活方面也贫困的一种生活状态。广义贫困与绝对贫困、相对贫困既有相同的一面,也有不同的一面。广义贫困与相对贫困虽然都包括物质生活和精神文化生活两方面,但广义贫困强调的是衡量一种生活状况时包括了哪些方面,而相对贫困强调的则是一种相对于另外一些人或家庭的生活水平。

3. 长期贫困和暂时贫困

(1) 长期贫困。长期贫困指的是某一些人或者家庭长时间处于贫困的一种状态。如果某种贫困状态已经持续了很长时间或者经过长期努力仍无法摆脱,那么这种贫困就视为长期贫困。长期贫困既可能是绝对贫困也可能是相对贫困,既可能是狭义贫困也可能是广义贫困。

(2) 暂时贫困。暂时贫困指的是某一些人或者家庭的生活因自然灾害、疾病或其他突发事件所致,而暂时陷入贫困状态。暂时贫困有可能会转变为长期贫困,当消除暂时贫困的措施不当或者由于其他原因发生,暂时贫困就会变为长期贫困。因此,在某些人或者家庭发生暂时贫困时,我们要积极有效地采取措施,帮助他们克服暂时困难,防止转变成长期贫困。

(三) 贫困的测量

无论是相对贫困还是绝对贫困,贫困都是可以测量的。通常测量贫困的方法有四种:恩格尔系数法、市场菜篮子法、收入比例法和生活形态法。

(1) 恩格尔系数法。它的原理来自19世纪德国统计学家恩格尔经过大量统计调查出来的"恩格尔定律",即各个家庭用于饮食的支出占家庭总支出的比例大体可测出该家庭的经济水平,两者成反比例关系。

用公式表示为：恩格尔系数＝(家庭食物支出金额/家庭总支出金额)×100%。

如果饮食支出占家庭总支出的比例很高，则说明家庭生活水平很低。我们可以用一个家庭的饮食支出的绝对值来除以给定的恩格尔系数而求出所需的消费支出。国际粮农组织认为，恩格尔系数在59%以上的属于贫困，用这个数据求出的消费支出则是最低生活保障线。

(2) 市场菜篮子法。它是根据满足人们的生活需求的最低日营养摄取量标准，来确定食品消费的项目和数量，并按照市场上这些食品的价格估算出食物费用，再用它除以相应的恩格尔系数，所得数值即为贫困标准。以市场菜篮子法来测算贫困线的优点是集中了人们的基本生活需求中最重要的部分——食物消费，同时以合理的比例考虑了其他生活和服务等消费需求，程序简单，容易操作。

(3) 收入比例法。又被称为国际贫困线法。一些发达国家或地区用相对的方法来衡量贫困，通常以一个国家或地区中等收入或平均收入的50%—60%作为这个国家或地区的贫困线。此方法适用的前提是对该国或地区的收入状况进行全面调查。

(4) 生活形态法。它是对于人们的生活方式、消费方式等"生活形态"的指标进行舍弃后分离出必备的生存指标，从而确定贫困线。这种方法可以用比较具体形象的描述或指标来考察贫困，但实际操作相当复杂。最低保障标准应该随着全体劳动者的平均工资提高而相应提高，这是因为公民有权利享受国家经济发展的成果，同时也应随着物价水平的波动而作相应的变动，这样才能符合最低生活保障制度的本质要求。

二、城市贫困救助

(一) 城市居民最低生活保障制度

1993年6月，上海市在全国率先建立起了城市居民最低生活保障制度，在全市范围内按最低生活保障线标准救助生活困难的居民。随后，民政部门肯定了上海的经验，并部署在东部沿海地区进行试点。1995年5月，民政部在厦门、青岛分别召开了全国城市居民最低生活保障工作座谈会，号召将这项制度推向全国。1997年9月，国务院颁布了《国务院关于在各地建立城市居民最低生活保障制度的通知》(国发〔1997〕29号)，这标志着建立城市最低生活保障制度上升为国家的一项重要政策。1999年9月，国务院颁布了《城市居民最低生活保障条例》(以下简称《条例》)，并立即于10月1日正式实施。《条例》的颁布和实施，标志着我国的城市居民最低生活保障工作正式走上了法制化的轨道。截至2015年底，历年城市居民最低生活保障人数变化情况见图6-1①。如图所示，自制度运行以来，保障人数逐年增长，经历了保障人数增长的井喷，而后城市最低生活保障制度不断完善、规范，保障人数相对稳定。

1. 保障对象

根据《条例》规定，城市居民最低生活保障的保障对象是家庭人均收入低于当地最

---

① 数据来源于国家统计局网站。

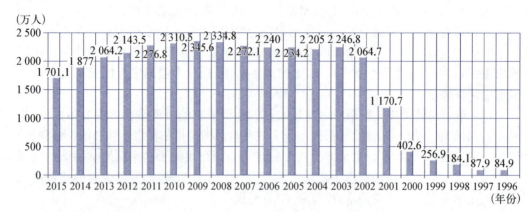

注：1996—2014年数据来源于国家统计局网站。2015年数据来自《2015年社会服务发展统计公报》。

图6-1 历年城市居民最低生活保障人数变化图

低生活保障标准的、持有非农业户口的城市居民，主要包括三类人员：一是无生活来源、无劳动能力、无法定赡养人或抚养人的居民；二是领取失业救济金期间或失业救济期满仍未重新就业，家庭人均收入水平低于最低生活保障标准的居民；三是在职人员和下岗人员在领取工资、基本生活费后以及退休人员领取退休金后，其家庭人均收入水平低于最低生活标准的居民。

需要注意的是，这里的"收入"是指共同生活的家庭成员的全部货币收入和实物收入，但不包括优抚对象按照国家规定所享受的抚恤金、补助金。

2. 保障标准

《条例》规定，城市居民最低生活保障标准，按照当地维持城市居民基本生活所必需的衣、食、住费用，并适当考虑水电燃煤费用以及未成年人的义务教育费用确定；对无生活来源、无劳动能力又无法定赡养人、扶养人或抚养人的城市居民，批准其按照当地城市居民最低生活保障标准全额享受；对尚有一定收入的城市居民，批准其按照家庭人均收入低于当地城市居民最低生活保障标准的差额享受。

科学准确地确定最低生活标准是实施居民最低生活保障制度的一项重要工作。由于我国地域辽阔，社会经济文化发展水平很不平衡，各地生活水平差异较大。考虑到各地的差异，国家对最低生活保障标准只提出了原则要求，具体标准由各地民政部门会同财政、劳动保障、统计、物价等部门，根据当地的消费水平、物价水平、生活习惯和财政能力而定。2011年，民政部《关于进一步规范城乡居民最低生活保障标准制定和调整工作的指导意见》明确城乡低保标准制定和调整工作，必须结合当地社会救助事业发展实际，不断完善和创新机制。坚持科学性原则，以维持当地居民基本生活所必需的消费品支出数据为基础，科学测算，充分论证；坚持合理性原则，统筹考虑困难群众基本生活保障需要、当地经济社会发展水平和财力状况，使城乡低保标准与失业保险、最低工资、扶贫开发等政策标准合理衔接；坚持动态性原则，建立和完善城乡低保标准与物价上涨挂钩的联动机制，并随着当地居民生活必需品价格变化和人民生活水平的提高定期调整城乡低保标准；坚持规范性原则,制定和调整城乡低保标准要严格遵循有关政策规定和程序规范,确保公开、公正和透明。

3. 资金来源

我国在开始建立城市居民最低生活保障制度时,各省主要靠以下两种办法筹集经费:一种是由市、区两级财政负担;另一种是由市、区财政和企事业单位共同负担,即单位能解决的自行解决,解决不了的再由民政部门解决。后来,《条例》作出了明确规定:城市居民最低生活保障所需资金,由地方政府列入财政预算,纳入社会救济专项资金支出项目,专项管理,专款专用。同时,《条例》还规定:国家鼓励社会组织和个人为城市居民最低生活保障提供捐赠、资助;所提供的捐赠资助,全部纳入当地城市居民最低生活保障资金。以上规定明确了财政和社会捐助是城市居民最低生活保障制度资金来源的两个渠道,明确了地方政府是城市居民最低生活保障资金的主要责任者。

4. 申领程序

《条例》规定:申请享受城市居民最低生活保障待遇,由户主向户籍所在地的街道办事处或者乡镇政府提出书面申请,并出具有关证明材料,填写《城市居民最低生活保障待遇审批表》。申请人及有关单位、组织或者个人应当接受调查,如实提供有关情况。需要救助者必须经过申请和接受家庭经济状况调查两道程序。一般是个人提出申请,交由居委会核实、街道办事处或乡镇政府审核,经县级民政部门审批后由市民政部门复核备案。一经批准,便可依法给予贫困者生活补助。

（二）流浪乞讨人员的生活社会救助

对于城市流浪乞讨人员,我国一直按照 1982 年颁布的《城市生活无着的流浪乞讨人员收容遣送办法》来实施社会救助的。但是,在实施救助的过程当中,一些地方借加强城市管理之名,将流动人口的暂住证与收容遣送混为一谈,把农民工变成收容遣送对象,严重侵犯了收容人员的权利。"孙志刚事件"发生后,国务院废止了《城市生活无着的流浪乞讨人员收容遣送办法》。

2003 年 6 月国务院第 12 次常务会议通过了《城市生活无着的流浪乞讨人员救助管理办法》,并于同年 8 月 1 日起施行。该管理办法规定:县级以上城市人民政府应当根据需要设立流浪乞讨人员救助站。将救助工作所需经费列入财政预算,予以保障。

救助站应当根据受助人员的需要提供下列救助:

第一,提供符合食品卫生要求的食物;

第二,提供符合基本条件的住处;

第三,对在站内突发急病的,及时送医院救治;

第四,帮助与其亲属或所在地单位联系。

对没有交通费返回其住所地或所在单位的,提供乘车凭证。

设立救助站帮助受助人员解决生活困难,是维护社会稳定,促进经济社会可持续发展的长久需要,也是我国城市生活社会救助制度的一个重要内容。

三、农村贫困救助

我国农村地区的贫困救助制度主要包括农村居民最低生活保障制度和农村五保供养制度。这两项制度是我国农村社会保障的重要组成部分,保障着农村鳏寡孤独老人和生活困难家庭居民的基本生活。

(一) 农村居民最低生活保障制度

一段时期以来,我国实行城乡分割的社会救助制度。城市低保制度实施十多年来,已形成了较为规范的制度体系。我国农村的社会救助事业与城市相比,尚处于起步阶段,与农村的经济发展水平和农民的实际需要不适应,与基本公共服务均等化的要求不相适应。2007年8月,国务院发布《关于在全国建立农村最低生活保障制度的通知》,明确在全国建立农村最低生活保障制度的目标和总体要求。

以《关于在全国建立农村最低生活保障制度的通知》为时间起点,农村最低生活保障制度推行的时间较之于城市居民最低生活保障制度整整迟滞了10年,而推进决心之大、速度之快前所未有[①]。建立农村最低生活保障制度,为促进社会主义新农村建设,构建社会主义和谐社会发挥了积极作用。

(二) 农村五保供养制度(即农村特困人员供养制度)

1956年出台了我国最早提出关于农村五保供养的法规性文件——《1956年到1967年全国农业发展纲要(草案)》和《高级农业生产合作社示范章程》[②]。前者规定:"农业合作社对于社内缺乏劳动力、生活无依靠的鳏寡孤独农户和残废军人,应当在生产上和生活上给以适当的安排,做到保吃、保穿、保烧(燃料)、保教(儿童和少年)、保葬,使这些人的生养死葬都有指靠。"后者规定:"农业生产合作社对于缺乏劳动力或者完全丧失劳动力、生活没有依靠的老、弱、孤、寡、残疾的社员,在生产上和生活上给以适当的安排和照顾,保证他们的吃、穿和柴火的供应,保证年幼的受到教育和年老的死后安葬,使他们生养死葬都有依靠。"这两部法规性文件构建了我国农村五保供养制度的雏形。制度建立之初,我国的农村五保供养是一种集体保障形式。1994年,国务院颁布了《农村五保供养工作条例》,规定了农村五保的性质、对象、确定对象的程序、供养的内容和标准、经费来源与筹集办法等。为了规范和发展敬老院,推动集中供养,1997年民政部颁布了《农村敬老院管理暂行办法》,进一步明确了五保供养的筹资渠道,并将这一制度纳入了法制化轨道。

2006年修订颁布了《农村五保供养工作条例》(以下简称《条例》),明确规定农村五保供养资金在地方人民政府财政预算中安排;中央对财政困难地区的农村五保供养,在资金上给予适当补助。这标志着农村五保供养正式纳入了国家财政的保障范围,实现了从传统农民互助共济的集体保障模式向现代社会保障模式的转变。国家

---

① 李春根、李建华:"农村低保制度:政府行为与政策结论",《财政研究》,2009年第1期,第33—36页。
② 李春根、赖志杰:"我国农村五保供养制度:回顾与评述",《沈阳师范大学学报(社会科学版)》,2009年第1期,第79—83页。

成为供养责任主体,适应了农村经济发展状况,尤其是政府实际承担了供养的职责,解决了资金筹集的难题,进一步完善了农村五保供养制度。同时,为解决各地供养设施滞后的问题,民政部决定利用彩票公益金开展"霞光计划",各级民政部门从本级留用的彩票公益金中划拨一部分资金资助五保供养服务设施建设。地方各级政府利用这一契机,加大了敬老院的建设力度,崭新、整洁的敬老院成为当前新农村一道亮丽的风景。

(1) 供养对象。《条例》规定,老年、残疾或者未满16周岁的村民,无劳动能力、无生活来源又无法定赡养、抚养、扶养义务人,或者其法定赡养、抚养、扶养义务人无赡养、抚养、扶养能力的,享受农村五保供养待遇。对批准给予农村五保供养待遇的,发给《农村五保供养证书》。

(2) 供养内容。《条例》规定五保供养的内容是农村五保供养包括下列供养内容:供给粮油、副食品和生活用燃料;供给服装、被褥等生活用品和零用钱;提供符合基本居住条件的住房;提供疾病治疗,对生活不能自理的给予照料;办理丧葬事宜。

同时还规定,对于未满16周岁或者已满16周岁仍在接受义务教育的供养对象,应当保障他们依法接受义务教育所需费用。农村五保供养对象的疾病治疗,应当与当地农村合作医疗和农村医疗救助制度相衔接。

(3) 供养标准。《条例》要求农村五保供养标准不得低于当地村民的平均生活水平,并根据当地村民平均生活水平的提高适时调整。村五保供养标准,可以由省、自治区、直辖市人民政府制定,在本行政区域内公布执行,也可以由设区的市级或者县级人民政府制定,报所在的省、自治区、直辖市人民政府备案后公布执行。

(4) 供养形式。农村五保供养对象可以在当地的农村五保供养服务机构集中供养,也可以在家分散供养。农村五保供养对象可以自行选择供养形式。

集中供养的农村五保供养对象,由农村五保供养服务机构提供供养服务;分散供养的农村五保供养对象,可以由村民委员会提供照料,也可以由农村五保供养服务机构提供有关供养服务。

四、农村扶贫开发

农村扶贫开发是指国家和社会对贫困地区、农村贫困户,从政策、资金、物质、技术、信息等方面进行扶持,致力于发展生产,消除贫困。扶贫开发的对象有两个:贫困地区和农村贫困户。一般而言,"大扶贫"指的是对由于地区发展不均衡造成的地区性贫困进行扶贫;而"小扶贫"指的是对特殊农村贫困户的救助。真正严格意义上的扶贫,是在改革开放以后提出并大规模实施的。1978年以来,中国的扶贫开发大致经过了四个阶段。

第一阶段:体制改革推动扶贫阶段(1978—1985年)。1978年,按中国政府确定的贫困标准统计,贫困人口为2.5亿人,占农村总人口的30.7%。导致这一时期大面积贫困的原因是多方面的,主要是农业经营体制不适应生产力发展需要,造成农民生产积极性低下。因此,制度的变革就成为缓解贫困的主要途径。中国自1978年开始的改革,首先是土地经营制度的变革,即以家庭承包经营制度取代人民公社的集体经营制度。这种土地制度的变革极大地激发了农民的劳动热情,从而极大地解放了生产力,提高了土地产出率。与此同时,在农村进行的农产品价格逐步放开、大力发展乡镇企业等多项改革,也为解决农村的贫困人口问题打开了出路。

第二阶段:大规模开发式扶贫阶段(1986—1993年)。贫困地区与其他地区,特别是与东部沿海发达地区在经济、社会、文化等方面的差距逐步扩大。中国农村发展不平衡问题凸显出来,低收入人口中有相当一部分人经济收入不能维持其生存的基本需要。为进一步加大扶贫力度,中国政府自1986年起采取了一系列重大措施:成立专门扶贫工作机构,安排专项资金,制定专门的优惠政策,并对传统的救济式扶贫进行彻底改革,确定了开发式扶贫方针。自此,中国政府在全国范围内开展了有计划、有组织和大规模的开发式扶贫,中国的扶贫工作进入了一个新的历史时期。经过八年的不懈努力,国家重点扶持贫困县农民人均纯收入从1986年的206元增加到1993年的483.7元;农村贫困人口由1.25亿人减少到8000万人,平均每年减少640万人,年均递减6.2%;贫困人口占农村总人口的比重从14.8%下降到8.7%。

第三阶段:扶贫攻坚阶段(1994—2000年)。我国是一个发展中国家,人口众多,生产力水平相对较低,地区发展不平衡,大量农村地区经济不发达。针对农村地区贫困的现状与实际,我国政府对农村"大扶贫"采取了一系列措施。1994年实施的《国家"八七"扶贫攻坚计划》,作为我国历史上第一个有明确目标、明确对象、明确措施和明确期限的扶贫开发行动纲领,经过多年努力,取得了显著成效。主要是明显改善了贫困地区的生产、生活条件,促进了贫困地区的经济与社会发展,减少了贫困人口的数量。到2000年年底,全国农村没有解决温饱问题的贫困人口(2000年的人均纯收入低于625元)减少到3 000万人,贫困人口占农村总人口的比例由30.7%下降到3%左右。

第四阶段:继续发展阶段(2001年至今)。二十一世纪初中国的农村扶贫开发,既面临难得的历史机遇,也面临严峻挑战和尖锐问题。二十一世纪初中国扶贫开发面临的难点和比较突出的问题是:第一,虽然贫困人口的收入水平明显提高,但目前中国扶贫的标准是低水平的。第二,由于受自然条件恶劣、社会保障系统薄弱和自身综合能力差等因素的掣肘,目前已经解决温饱问题的贫困人口还存在很大的脆弱性,容易重新返回到贫困状态。第三,尽管扶贫开发已使广大农村贫困地区的贫穷落后状况明显改变,但贫困农户的基本生产生活条件还没有质的变化,贫困地区社会、经济、文化落后的状况还没有根本改观。第四,由于中国人口基数很大,在今后相当长的一个时期将面临就业压力,这必然会影响到贫困人口的就业,使很多本来能够奏效的扶贫措施难以发挥出应有的作用。第五,尚未解决温饱的贫困人口一般都生活在自然条件恶劣、社会发展程度低和社会服务水平差的地区,这些地区投入与产出效益的反差较大。

在这一阶段,先后颁布实施了《中国农村扶贫开发纲要(2001—2010)》《中国农村扶贫开发纲要(2011—2020)》。习近平总书记在2013年11月于湖南湘西考察时,首次提出了"精准扶贫",指出:扶贫要实事求是,因地制宜。要精准扶贫,切忌喊口号,也不要定好高骛远的目标。自提出精准扶贫思想以来,习近平在各地调研时多次提及这一理念,并于2015年6月在贵州提出,扶贫工作要做到"切实落实领导责任、切实做到精准扶贫、切实强化社会合力、切实加强基层组织",并将精准扶贫思想概括为"扶贫对象精准、项目安排精准、资金使用精准、措施到户精准、因村派人精准、脱贫成效精准"。习近平的精准扶贫思想是中国共产党和政府今后一个时期对于贫困治理工作的指导性思想,将对中国扶贫成败起到决定性作用。

延伸阅读

精准扶贫 先破解"三题"

真正实现精准扶贫脱贫、使善政落到实处,要做到"扶真贫、真扶贫、贫真扶",这三点应该是精准扶贫的题中应有之义。

首先是要"扶真贫"。精确识别扶贫对象是精准扶贫的前提和基础,也是一大难点。长期以来,我们的扶贫开发工作相对粗放,采取"大水漫灌"的方式,由于贫困户底数不清,具体情况不了解,使得真正最贫困的对象获得合理救助,扶贫绩效和公平性有待提升,这在一定程度上也造成了国家资源的浪费。因此,要做到扶真贫就要做到精准识别,完善贫困户的建档立卡制度,在贫困户申请、入户调查、审核、公示等各个阶段层层把关负责。要充分发扬基层民主,开展民主评议,审核结果透明公开。在审核调查过程中要了解贫困户的经济来源、家庭收支、劳动能力等具体情况,做到审核细、把关严,把真正贫困的人纳入其中,并做到定期动态调整,有出有进。

其次是要"真扶贫"。在准确确定扶贫对象之后,就要找贫困症结,有针对性地施策,因地制宜,因人而异,这是确保后续扶贫措施精准到位,实现真扶贫的基本方法。首先要通过对贫困村、贫困户的具体调查,找到致贫原因。有的是因为缺乏劳动能力没有经济来源,或者具备劳动能力但是缺乏创业就业资金、技术、专业知识;有的是因为居住的地理环境极其恶劣,有的是读不起书、看不起病等等。面对情况的多样性,群众的脱贫要求也各异,因此必须对症下药,找到开启每家每户脱贫致富大门的钥匙。

最后是要"贫真扶"。"授人以鱼,不如授人以渔"。扶贫工作要彻底把贫困群体扶起来,拔掉"穷根",一定要把"输血"工程转变为"造血"工程。这就要求把贫困区贫困户的潜力开发出来,挖掘其内生动力,释放自身潜能,提高自我发展的能力,变"要我脱贫"为"我要脱贫",引导贫困区贫困户树立"脱贫光荣"的新观念。在党和政府的帮扶下,通过精准施策精准帮扶,使得贫困群体真正强身健体,走上脱贫致富奔小康的大道,共建全面小康社会,共享发展改革的成果。

资料来源:李春根、熊艺茗,"精准扶贫 先破解'三题'",《江西日报》2016年06月01日第B3版,有删减。

神救助安抚灾民情绪,也是灾害社会救助的重要内容。

4. 帮助灾民确立自力更生的能力

灾民自力更生的能力指灾民在大规模救灾活动停止后,依靠自己的力量,进行正常的物质和精神生活的能力。恢复或帮助灾民确立自力更生的能力既是灾害社会救助的重要内容,也是灾害社会救助的根本目的。从"脱灾"到"脱贫"是实现这一目的的根本途径。

因此,灾害社会救助的主要内容包括社会功能恢复、社会组织的重构、社会机制的整合、公共设施的恢复、社会控制力量的加强、社会生活的有序化等。灾害社会救助就是借助一切可利用的手段,整合社会组织,恢复社会功能,实现社会生活的全面正常化。灾害社会救助任务的全面完成,必须将对灾区灾民的救助与灾区社会的救助正确地结合起来。

五、我国的自然灾害救助

(一) 我国自然灾害救助工作的方针

从1949年到现在,救灾工作方针的提法虽然在各个时期有所不同,但其基本精神都是一致的,核心内容都是通过恢复和发展灾区生产,克服灾害带来的困难。我国现阶段救灾工作的方针,其主要精神可概括为以下几点:第一,充分调动灾区广大群众抗灾度荒的积极性,依靠群众和集体的力量战胜灾荒。第二,从生产着手,尽快地恢复灾区的农业、工业、副业生产,千方百计地增强群众和集体抗灾度荒的力量。第三,对于群众和集体经过努力还不能解决的灾民生活困难,国家和社会给以必要的救助和扶持。

(二) 我国自然灾害救助工作的管理

长期以来,我国的自然灾害救助主要是由民政部门承担管理的职责。但是,由于自然灾害救助是一种非常规的、大范围救助,所以仅靠民政部门是不够的,需要多部门之间的共同协作,需要中央与地方的相互结合。因此,自然灾害救助的管理,是通过以民政部门为主,多部门参与,中央与地方政府相结合的方式来进行的,它要求各部门各司其职,各负其责。

自然灾害救助工作的管理,应以下列五个方面为中心。

(1) 及时报灾。灾害发生以后,灾害管理部门与救灾职能部门应当严格的按照规定要求及时报灾,并且做好紧急救助工作。

(2) 准确查灾。实事求是地调查灾情是做好自然灾害救助工作的基础。既不允许夸大灾情,也不允许隐瞒或缩小灾情,更不允许在查灾过程当中有索贿受贿的行为。

(3) 严格核灾。救灾机构必须严格的按照规定要求来审核灾情,准确地核实灾情,为救灾工作提供切实可靠的依据。

(4) 依法救灾。严格按照国家的救灾政策对灾民进行救助,救助对象、救助标准、救助内容等方面都必须符合国家的有关法律和政策。

(5) 完备手续。救灾款物的发放必须有严格而完备的手续,防止漏发错发。有关单证必须填写清楚,每一道环节都必须有当事人、经办人和负责人的签章,以便于分清出了"精准扶贫",指出:扶贫要实事求是,因地制宜。要精准扶贫,切忌喊口号,也不要定好高骛远的目标。自提出精准扶贫思想以来,习近平在各地调研时多次提及这一理念,并于2015年6月在贵州提出,扶贫工作要做到"切实落实领导责任、切实做到精准扶贫、切实强化社会合力、切实加强基层组织",并将精准扶贫思想概括为"扶贫对象精准、项目安排精准、资金使用精准、措施到户精准、因村派人精准、脱贫成效精准"。习近平的精准扶贫思想是中国共产党和政府今后一个时期对于贫困治理工作的指导性思想,将对中国扶贫成败起到决定性作用。

延伸阅读

精准扶贫 先破解"三题"

真正实现精准扶贫脱贫、使善政落到实处,要做到"扶真贫、真扶贫、贫真扶",这三点应该是精准扶贫的题中应有之义。

首先是要"扶真贫"。精确识别扶贫对象是精准扶贫的前提和基础,也是一大难点。长期以来,我们的扶贫开发工作相对粗放,采取"大水漫灌"的方式,由于贫困户底数不清,具体情况不了解,使得真正最贫困的对象获得合理救助,扶贫绩效和公平性有待提升,这在一定程度上也造成了国家资源的浪费。因此,要做到扶真贫就要做到精准识别,完善贫困户的建档立卡制度,在贫困户申请、入户调查、审核、公示等各个阶段层层把关负责。要充分发扬基层民主,开展民主评议,审核结果透明公开。在审核调查过程中要了解贫困户的经济来源、家庭收支、劳动能力等具体情况,做到审核细、把关严,把真正贫困的人纳入其中,并做到定期动态调整,有出有进。

其次是要"真扶贫"。在准确确定扶贫对象之后,就要找贫困症结,有针对性地施策,因地制宜,因人而异,这是确保后续扶贫措施精准到位,实现真扶贫的基本方法。首先要通过对贫困村、贫困户的具体调查,找到致贫原因。有的是因为缺乏劳动能力没有经济来源,或者具备劳动能力但是缺乏创业就业资金、技术、专业知识;有的是因为居住的地理环境极其恶劣,有的是读不起书、看不起病等等。面对情况的多样性,群众的脱贫要求也各异,因此必须对症下药,找到开启每家每户脱贫致富大门的钥匙。

最后是要"贫真扶"。"授人以鱼,不如授人以渔"。扶贫工作要彻底把贫困群体扶起来,拔掉"穷根",一定要把"输血"工程转变为"造血"工程。这就要求把贫困区贫困户的潜力开发出来,挖掘其内生动力,释放自身潜能,提高自我发展的能力,变"要我脱贫"为"我要脱贫",引导贫困区贫困户树立"脱贫光荣"的新观念。在党和政府的帮扶下,通过精准施策精准帮扶,使得贫困群体真正强身健体,走上脱贫致富奔小康的大道,共建全面小康社会,共享发展改革的成果。

资料来源:李春根、熊艺茗,"精准扶贫 先破解'三题'",《江西日报》2016年06月01日第B3版,有删减。

第三节 自然灾害救助

一、自然灾害救助的基本内涵

自然灾害救助是一个内涵和外延都比较广泛的范畴,它是指为了让灾民摆脱生存危机,国家和社会依法向遭受自然灾害袭击而造成生活贫困的社会成员进行抢救和援助,在衣、食、住、医疗等基本生活资料方面给予其最低生活水平保障,帮助灾民确立自行生存能力的社会救助项目。灾害社会救助,不仅较全面地包括了受灾中和受灾后及时且持续的帮助,同时还强调了在切实解决灾民基本生活的前提下,帮助灾民重建生产,脱贫致富,提高抵御灾害的能力。

自然灾害具有强大的破坏性,它可以摧毁人类的家园,使人们多年积累的财富毁于一旦,使人民生活陷入困境。灾害发生后,灾民的生活需要政府和社会给予救助,灾后的重建也需要政府和社会的帮助和扶持,因此,自然灾害救助是世界各国社会救助制度的一项经常的重要内容。

二、自然灾害救助的基本功能

作为社会救助的重要组成部分,灾害救助的社会本质在于坚持以人为本,通过在特殊的社会状态下(灾害发生情况下)维护和保障灾民的基本生活需要,以解决灾害社会问题,努力减少人员伤亡,最大限度地减轻国家和人民群众的财产损失,尽快恢复基础设施,维持社会稳定,推动社会发展。其社会目标首先是使灾区和灾民脱灾,然后最根本的是要通过行使各种手段帮助灾民恢复生产,脱贫致富。

(一)能够使灾民脱灾

灾害社会救助的脱灾作用是指能够帮助灾民恢复和重建被破坏了的人的生存和发展所必需的物质与精神的生存条件。灾害尤其是重大灾害后,灾民赖以生存的环境就被破坏甚至是毁灭性的毁损。此时,灾民的生存问题尤为突出,但是恶劣的生活环境无法保证他们的基本生活需要,因此给予他们基本而可靠的生活保障成了灾后首要解决的问题。灾害救助的作用首先在于对人的救护包括抢救、安置灾民,发放救灾物品,医治伤病员等。

(二)能够帮助灾民由脱灾向脱贫转变

通过灾害社会救助使灾民脱灾,但是由于生产发展的条件没有恢复,灾民无法独立地生存,脆弱和易损灾区的长期存在对整个国家的经济与社会发展带来了很大的影响。因此,营建灾区恢复与重建其生存条件的能力,就能使灾民真正达到"脱灾"的根本目标。灾害救助的内容不仅是简单的恢复与重建灾区与灾民生存的生存条件,而是使灾区和灾民在"脱灾"的基础上脱贫。因此在进行灾害救助的时候,就要把救灾和扶贫结合起来,救灾款在保障灾民基本生活的前提下,可用于灾民生产自救,扶持贫困户发展生产。

三、自然灾害救助的基本特征

灾害社会救助的基本特点是内容的广泛性、手段的多样性和对象的复杂性。

1. 内容的广泛性

灾害社会救助的内容是相当广泛的,不仅包括对人的救助,还包括对物的转移和保护;不仅包括对具体灾民个人的救助,还包括对由人所组成的灾区社会的救助;不仅包括对灾民身体和物质财富的保护,还包括缓解灾民心理压力,帮助他们重建信心。

2. 手段的多样性

通过各种手段对灾害社会救助的对象实施救助,是保证灾害社会救助目标实现的客观条件和可靠保障。灾害社会救助手段主要有物质手段、精神手段和组织手段三种。这些手段直接决定着灾害社会救助能否成功以及在多大程度上获得成功。灾害社会救助手段的种类繁多以及每种具体手段的内容多样化决定了构成灾害社会救助手段的多样性。

3. 对象的复杂性

灾害社会救助的对象是灾民和灾区,灾民的复杂性以及灾区社会关系的复杂性给灾害社会救助带来了挑战。在灾害的冲击下,灾民正常的追求、乐趣、目标、心理、行为等都被中断和打破了,无论是心态还是行为都表现出异常复杂的特点。因此,对灾民和社会的救助都是比较复杂和困难的。

四、自然灾害社会救助的主要内容

灾害社会救助内容由两大部分组成,即对灾区灾民的救助和灾区社会的救助。对灾民的救助包括以下几方面内容。

1. 救助灾民生命、减少财产损失

这是灾中救援的基本内容。由于灾害社会救助尤其是突发性的重大自然灾害常常是会造成人员死伤以及财产的损失,因此如何尽最大的可能减少灾害对灾民造成的各种伤亡和损失,就成了灾害社会救助的最直接目的和主要内容。

2. 为灾民提供基本生活保障

灾害社会救助尤其是突发性的重大自然灾害的发生往往给灾民带来致命的打击,使灾民的衣食住医疗等生存条件丧失殆尽。因此,在救助灾民生命的同时,还要及时到位地解决灾民基本生存问题,为灾民提供基本的生活资料,包括发放救灾物品、帮助灾民恢复生产、搭建灾民临时住所等。

3. 安抚灾民情绪,实施精神救助

灾害的发生不仅摧毁灾民的生存条件,同时还考验着灾民的精神和心理,如果没有帮助他们度过心理难关,很可能灾民们会产生不利于恢复的消极情绪和心态。实施精神救助安抚灾民情绪,也是灾害社会救助的重要内容。

4. 帮助灾民确立自力更生的能力

灾民自力更生的能力指灾民在大规模救灾活动停止后,依靠自己的力量,进行正常的物质和精神生活的能力。恢复或帮助灾民确立自力更生的能力既是灾害社会救助的重要内容,也是灾害社会救助的根本目的。从"脱灾"到"脱贫"是实现这一目的的根本途径。

因此,灾害社会救助的主要内容包括社会功能恢复、社会组织的重构、社会机制的整合、公共设施的恢复、社会控制力量的加强、社会生活的有序化等。灾害社会救助就是借助一切可利用的手段,整合社会组织,恢复社会功能,实现社会生活的全面正常化。灾害社会救助任务的全面完成,必须将对灾区灾民的救助与灾区社会的救助正确地结合起来。

五、我国的自然灾害救助

(一) 我国自然灾害救助工作的方针

从 1949 年到现在,救灾工作方针的提法虽然在各个时期有所不同,但其基本精神都是一致的,核心内容都是通过恢复和发展灾区生产,克服灾害带来的困难。我国现阶段救灾工作的方针,其主要精神可概括为以下几点:第一,充分调动灾区广大群众抗灾度荒的积极性,依靠群众和集体的力量战胜灾荒。第二,从生产着手,尽快地恢复灾区的农业、工业、副业生产,千方百计地增强群众和集体抗灾度荒的力量。第三,对于群众和集体经过努力还不能解决的灾民生活困难,国家和社会给以必要的救助和扶持。

(二) 我国自然灾害救助工作的管理

长期以来,我国的自然灾害救助主要是由民政部门承担管理的职责。但是,由于自然灾害救助是一种非常规的、大范围救助,所以仅靠民政部门是不够的,需要多部门之间的共同协作,需要中央与地方的相互结合。因此,自然灾害救助的管理,是通过以民政部门为主,多部门参与,中央与地方政府相结合的方式来进行的,它要求各部门各司其职,各负其责。

自然灾害救助工作的管理,应以下列五个方面为中心。

(1) 及时报灾。灾害发生以后,灾害管理部门与救灾职能部门应当严格的按照规定要求及时报灾,并且做好紧急救助工作。

(2) 准确查灾。实事求是地调查灾情是做好自然灾害救助工作的基础。既不允许夸大灾情,也不允许隐瞒或缩小灾情,更不允许在查灾过程当中有索贿受贿的行为。

(3) 严格核灾。救灾机构必须严格的按照规定要求来审核灾情,准确地核实灾情,为救灾工作提供切实可靠的依据。

(4) 依法救灾。严格按照国家的救灾政策对灾民进行救助,救助对象、救助标准、救助内容等方面都必须符合国家的有关法律和政策。

(5) 完备手续。救灾款物的发放必须有严格而完备的手续,防止漏发错发。有关单证必须填写清楚,每一道环节都必须有当事人、经办人和负责人的签章,以便于分清责任。

(三) 新型的灾害救助——救灾合作保险①

救灾合作保险是农民群众在国家的扶持下,进行互助合作、自我保障的农村社会保险事业,也是我国自然灾害救助工作改革和发展的产物。我国从1986年底开始,逐渐地在一些有条件的地区进行农村救灾合作保险的试点工作。实行救灾合作保险,并没有改变政府的救灾职责,保险业务的内容仍然是以传统的救灾项目为主,比如农作物、大牲畜、农民住房以及农村劳动力的意外伤害等,保险的目的就是为了保障灾民的基本生活,恢复和发展生产。

救灾合作保险项目是将农民遭受自然灾害和经营风险的损失赔偿与投保的项目、交付的保费相挂钩其业务活动不以营利为目的,坚持低保额、低收费、高保面的政策,采取社会保险的形式,使国家的救灾款和筹集的保险基金在分配上更加合理得当,从而切实的保障灾民的基本生活,尽快地恢复和发展生产。

救灾保险的资金来源主要有三部分:一是国家每年从救灾款种拨付一部分作为保证金。实行救灾保险后,从中央财政拨出一部分资金作为农村救灾保险基金,由临时资金成为固定资金,在保险对象因灾害遭受经济损失时,作为补偿资金中的一部分发给灾民;二是从乡镇企业利润中提取一部分作为保险基金;三是被保险人缴纳的保险费。

目前,根据我国农村经济的发展状况以及农民群众的保险意识,救灾合作保险还不能够在全国推行。但是,建立救灾合作保险是为来的发展趋势,也是我国救灾工作改革的重要出路,最终将会成为我国农村社会保障制度的一个重要组成部分。

本章重要概念

社会救助(social assistance)　　贫困救助(poverty assistance)
自然灾害救助(natural disaster assistance)

本章思考题

1. 简述社会救助的概念及特点。
2. 谈谈对我国社会救助体系的认识。
3. 简述我国城市居民最低生活保障制度的特点及建立该制度的意义。
4. 何谓贫困?贫困有哪些类型?试述消除贫困的途径。
5. 我国现行灾害救助体系是如何运行的,存在哪些不足?

本 章 实 训

模拟农村最低生活保障操作实务

实训目的:
(1) 通过模拟,加强对农村低保工作的感性认识;

---

① 曹信邦:《社会保障学》,科学出版社,2007年版。

(2) 掌握基本的审批操作程序。

实训内容：

(1) 学生模拟农村居民对低保的申请，村委会调查，乡镇人民政府政府审核，县级人民政府民政部门审批；

(2) 模拟村委会组织村民会议评议村民是否符合低保条件。

完成任务：

(1) 填写申请审批表；

(2) 做出是否符合低保条件的评议结论。

第七章 社会保障适度水平理论

【本章导言】

随着经济的不断发展,人们总是期待国家的社会保障项目能不断地丰富,保障的力度和范围也能不断地增强和扩大。然而,从社会保障的功能要求来看,无论是哪种社会体制,社会保障都不可能是无限制地提供给民众。社会保障水平是否越高越好?社会保障处在何种水平下才能达到效用的最大化?本章将介绍社会保障水平适度的内涵、理论意义和社会保障水平适度的经济社会功能,并对如何达到社会保障水平的适度状态以及适度社会保障水平下的供求平衡等问题作一探讨。

引导案例

北欧福利

北欧的社会保障是典型的福利国家型社会保障模式,实行的是从"摇篮"到"坟墓"的普遍主义原则。北欧各国"高税率、高福利"的制度模式对社会发展起过十分积极的促进作用,但也由于其存在诸多弊端一度陷入困境。请点击网络链接观看视频《北欧福利》,了解应该如何确定适度的社会保障水平,并开始本章的学习。

案例视频链接:http://v.youku.com/v_show/id_XMzA1NTU5MzQxNg==.html。

第一节 社会保障水平概述

一、社会保障水平的基本含义

社会保障水平是指一定时期内一国(地区)社会成员享受社会保障经济待遇的高低程度。它是社会保障体系中的关键要素之一,直接反映出社会保障资金的供求关系,也间接反映着社会保障体系的运行状况。一般来说,随着社会经济的发展,社会保障水平会有上升趋势。但社会保障水平必须同经济发展和社会的承受能力相适应,过高和过低的社会保障水平都会对社会保障制度自身运行机制和社会经济发展产生不良影响。

社会保障水平通常用社会保障支出占国内生产总值的比重——社会保障水平系数来反映。社会保障支出的增长主要取决于国民收入及国民经济增长速度,但不能超越国民经济增长。社会保障水平应该保持与社会保障自身的维持社会成员生活和社会公平、提高公民素质和社会效率、促进经济发展和社会进步等基本功能相适应。

二、社会保障水平的理论和实践意义

(一) 在社会保障理论中的重要价值

社会保障水平在经济学、社会保障理论中具有重要价值。

首先,社会保障水平与经济发展的最终目标直接相关。科学发展观提出"以人为本"的核心要求,人的发展是社会经济发展的根本目的。现代经济学理论也指出,经济发展的重要标志不仅在于经济总量的增长,更关键的是促进国民生活质量的提高,毕竟经济总量增长的最终意义在于提高国民的生活质量。社会保障水平能直观地反映出国民生活保障程度的大小,反映出整体国民生活质量的状况。

其次,通过社会保障水平的比较分析,可以发现经济与社会协调发展的机制和规律,社会保障水平与国民经济发展密切相关。通过社会保障水平的客观描述,可以发现社会保障资金供求状况对GDP、失业率、储蓄、投资、消费等经济变量的影响,发现社会保障运行的经济效应和经济规律。通过社会保障水平的具体分项比较研究,有利于发现国民财富分配和收入再分配的某些具体过程,发现其内在的运行规律。

最后,社会保障水平是社会保障体系运行的指示器。通过社会保障运行规律研究,建立起社会保障适度水平经济学模型,在此基础上进而可以建立"社会保障运行预警系统",用于监测和评价社会保障体系整体运行状况,预测社会保障的未来发展趋势,避免出现社会保障的财务危机以及由此导致的各种社会问题,保证社会保障体系的良性运行和社会经济的可持续发展。

(二) 在社会保障体系中的重要地位

社会保障水平的实质是社会保障程度的高低和资金需求的大小,保障水平越高,保障程度就越高,资金需求量就越大。因此,社会保障水平的高低,对政府财政的收支以及企业的生存发展和职工工资的增长等实际问题有重要的影响。社会保障水平过高,政府和企业在经济上都难以承受;保障水平过低,一部分人的基本生活难以保证,社会就会动荡。

一些国家由于社会保障支出占国内生产总值的比重不断增长,导致预算赤字大幅度上升,政府被迫巧立名目增加税收,致使群众不满,社会不安定;与此同时,由于社会福利过多,增加了生产成本,相应地减弱了产品的市场竞争能力,因此制约了经济的发展。社会保障水平具有刚性,基线一旦确立,就易升不易降。国外的经验和国内的实践都指出了这样一个迫切需要研究和解决的问题,即如何确立适度的社会保障水平。倘若起点过高,最后很可能会导致进退两难的境地,使社会保障成为不堪承受的重负。

(三) 社会保障水平适度性研究的必要性

社会保障水平在社会保障体系中的特殊地位决定了对其适度性研究的必要性。

随着我国国民经济的发展,国内生产总值保持着较高的增长速度,财政收入不断提高,中央和地方财力不断增强。近年来,政府加快了社会保障体系改革的步伐。国家加大了对社会保障事业的财政投入,社会保障的覆盖面不断扩大,更多的边缘群体被纳入社会保障体系,更多的困难群众的基本生活得到了基本的保障;国家财政转移支付水平的提高,也使得中西部欠发达地区的社会保障制度改革获得了强有力的财政支持,这有利于缩小区域社会发展差距,最大可能的实现各地区社会保障水平的合理化;协调发展、共享发展等发展新理念的提出,以及国家各项配套措施的实施,使我国农村各项社会保障事业也进入了新的发展时期。

虽然我国不断加快社会保障体制改革的步伐,社会保障各项事业蓬勃发展,但我们不能就此判断我国社会保障水平将在一个很短的时间内达到合乎规律的标准,即实现社会保障全部功能充分发挥的同时又为国民经济发展提供基本动力。我国作为一个发展中国家,人均国内生产总值还处在一个较低的水平上,区域经济社会发展不平衡的事实仍然提醒我们:我国的特殊国情决定了社会保障水平所存在的结构性不合理必将长期存在,设计适合我国国情的社会保障水平需要付出更多艰辛的努力来探索。

因此,无论是在社会保障制度的理论研究中,还是在具体的社会保障实践中,考察社会保障水平都是极其重要的内容。

> **延伸阅读**
>
> **人力资源社会保障部长谈社会保障水平发展**
>
> 2015年10月14日,时任人社部部长尹蔚民作客央视网,谈到我国社会保障水平发展问题:十二五时期,我国的社会保障水平稳步提高,企业养老保险的待遇水平十一年连续提高,由2005年的月养老金人均700元,一直到现在人均超过2 000元。医疗保险方面,我们现在职工医疗保险和城镇居民医疗保险以及新农合,在政策范围内支付比例都达到了80%、70%、60%。我们的支付比例跟世界上大多数国家来比是中等水平。在待遇水平这个方面,我们必须要从中国的国情出发,我们是一个人口大国,是一个发展中国家,所以尽力而为,量力而行。这次世界金融危机,其中的一个启示,就是给一些以北欧国家为主的福利型国家带来很大的冲击。尽管它是建立在高收入的基础上的高福利,但国家也是难以承受的。
>
> 资料来源:央视网,http://news.cntv.cn/zhibo/tuwen/sewldbz/index.shtml。

第二节 社会保障水平的"度"及其数理模型

社会保障是经济社会运行体系中重要组成部分,与财政、储蓄、消费、投资等多种经济因素密切地相关。为了准确地把握社会保障的运行状况和趋势,需要有一套科学的技术测定指标或数理模型来监测社会保障水平及其波动区间,通过这些模型来比较完整地描述社会保障对经济社会发展的反应以及社会保障对经济社会发展产生的作用。

一、社会保障水平系数

(一) 社会保障水平系数界定

社会保障水平可以通过社会保障水平系数进行考察。社会保障水平系数通过社会保障费用总支出占国内生产总值(GDP)的比重指标,或人均支出占人均生产总值的比重指标来表示。

社会保障的国内生产总值比重也被称为"国民收入分配社会保障系数",它是一种从总体上测定和表达社会整体保障状况和水平的系数,是国际上通用的社会保障水平测定的主要指标。这一系数集中地反映一国或地区的经济资源用于居民社会保障待遇的程度。用这种系数指标测定和表达的社会保障水平,可以称为"社会保障总水平"或"国民收入分配社会保障水平"。社会保障的国内生产总值比重系数的表达公式为

$$社会保障水平系数 = \frac{社会保障支出总额}{国内生产总值} \tag{7.1}$$

其中社会保障支出总额和国内生产总值为同一地区的同期值。

在社会保障水平系数指标中,国内生产总值是一个比较确定的变量,而社会保障支出总额往往因统计口径不同而有所差异。社会保障支出总额在不同国家或地区有不同的支出项目,即使在同一国家或地区的不同时期也常常有具体社会保障项目的增减。世界各国社会保障的支出范围可以概括为三大领域:(1)面向劳动者的社会保障,如养老保险、医疗保险、失业保险、工伤保险等;(2)面向全体社会成员的社会保障,如"从摇篮到坟墓"的各项社会福利制度等;(3)面向低收入者的社会保障,如对贫困和低收入者的社会救助等。我国的社会保障支出范围主要包括社会保险、社会福利、社会救助、社会优抚四个方面,社会保障支出内容基本上与上述三大领域相吻合。

社会保障支出总额占国内生产总值的比重系数是社会保障水平测定的总体指标,但不是绝对指标。有些国家和地区的社会保障支出总额占国内生产总值的比重相同,但由于社会保障主要对象不同,社会保障覆盖面不同,社会保障程度和效果也可能有很大区别。因此,在具体衡量社会保障水平时,除了考虑社会保障总支出占国内生产总值的比重系数外,辅助以社会保障的工资比重系数[1]、财政支出比系数[2]、社会保障覆盖面、人口抚养比等指标,方能对社会保障的实际效用水平做出全面客观的评价。

---

[1] 社会保障支出额和工资总额之比。是在劳动生产要素分配层次上的收入再分配项目及其程度的表达方式。这种指标系数用于对某一家企业、公司等组织内部员工的社会保障水平的测定和表达,也可以扩大应用到相同领域,如某一地区乃至全国的某一产业领域等。用这种指标系数测定的社会保障水平,可以把它称为"部门行业领域社会保障水平"或"劳动工资社会保障水平"。

[2] 社会保障支出占财政支出的比重。是用于说明社会保障在政府公共财政支出中的地位的水平指标。用这一指标系数测定和表达的社会保障经费支出水平,可以把它称为"财政社会保障水平"或"财政转移支付社会保障水平"。

(二) 社会保障水平系数模型

由社会保障系数的含义可知,社会保障系数基本模型为

$$S = \frac{S_a}{G} \tag{7.2}$$

其中 S 为社会保障系数,S_a 为社会保障支出总额,G 为国内生产总值。根据穆怀中的研究[①],模型可以变形为

$$S = \frac{S_a}{G} = \frac{S_a}{W} \times \frac{W}{G} = Q \cdot H \tag{7.3}$$

其中,W 为工资收入总额;Q 为社会保障支出占工资收入总额的比重,即社会保障负担系数;H 为工资总额占国民收入的比重,也即劳动生产要素分配比系数。这样,对社会保障水平的深入研究和判定就有了更丰富的分析依据。

二、社会保障水平"度"的测算

(一) 社会保障水平适度的内涵

社会保障水平的"度"是指社会保障水平所能被接受的一个有利于社会经济发展的限度范围,也就是社会保障水平系数处于某一段促使社会保障目标基本得以实现的上、下限取值区间。我们通常称这种区间为"适度"水平,其具体的标准应该是社会保障支出是否与社会生产力的发展水平相适应,是否与国家政治功能的发挥相适应,是否与社会各方面的承受能力相适应。适度社会保障水平的原则首先是能满足社会成员的基本生活需求,并且保留适当的发展空间,同时体现一定的个人激励作用;其次要与生产力水平和社会承受能力相适应,渐进性发展。也就是说,适度的社会保障水平必须与社会保障的基本功能相适应,不能超越国民经济的增长速度,不能超越社会及各方面的承受能力,必须既能保证社会稳定和进步发展,又能促进经济发展、提高公民素质;既有利于社会公平,又有利于提高效率,保持社会经济活力;既能保障公民基本生活需要,又能激励公民的劳动积极性。

衡量社会保障水平的是社会保障支出占国内生产总值的比重,因此,要了解一个国家在一定时期社会保障水平度,必须先统计出这一时期的社会保障总支出。而要统计社会保障支出,首先应确定合适的社会保障统计口径。如我国现有社会保障水平有三种统计口径:不含住宅投资和价格补贴的保障水平,称"小口径统计分析"保障水平;含住宅投资的保障水平,称"中口径统计分析"保障水平;含住宅投资和价格补贴的保障水平,称"大口径统计分析"保障水平。由于近年来我国逐渐减少在住宅投资和价格补贴上的支出,一般研究多采用的是"小口径统计分析"保障水平,即不含住宅投资和价格补贴的保障水平。社会保障支出统计的测算方法:一是按照社会保障统计口径所包含的内容分项进行,先统计社会保险、社会福利、社会救济、社会优抚四个子项目,再进一步

---

① 穆怀中:《国民财富与社会保障收入分配》,中国劳动社会保障出版社,2003年版,第42页。

加总得出社会保障总支出;二是根据社会保障支出承担主体进行统计,这些主体包括国家财政、企事业单位、城乡社会集体、社会团体等。统计时先确定每一主体的支出中属于社会保障范畴的部分,再将其加总成为社会保障总支出。

(二) 社会保障水平适度模型

确定了社会保障支出范围的统计口径之后,可以对社会保障系数模型进行上、下限分析。

在模型数学式(7.3)中,社会保障负担系数 Q 的测算模型为

$$Q = O + Z + E + J + M \tag{7.4}$$

其中,O 为养老金支出占工资收入总额比重;Z 为失业金支出占工资收入总额比重;E 为医疗保险支出占工资收入总额比重;J 为工伤保险、生育保险支出占工资收入总额比重;M 为社会福利、优抚支出占工资收入总额比重。

劳动生产要素分配系数模型为

$$H = \frac{W}{G} \tag{7.5}$$

其中,W、G 分别为工资收入总额和国内生产总值。

而根据人口老龄化的趋势推论,在社会保障费用中用于老年保障的支出比重将越来越大,老年人口将花费掉总医疗保险支出的绝大部分[①]。据此,社会保障负担系数模型可以简化为

$$Q = Q_0 + Z + J + M \tag{7.6}$$

Q_0 为包括了养老金和医疗保险支出的老年抚养性社会保障负担系数,分析统计数据发现,该系数与老年人口比例存在高度的接近性,在实际运用中可以用老年人口比重作简化替代。

由此,社会保障水平适度模型可以推导为

$$S = Q \cdot H = (Q_0 + Z + J + M) \cdot H \tag{7.7}$$

结合劳动生产要素分配系数模型数学式(7.6),可以对社会保障水平的上限作进一步分析。

首先,根据经验数据及学者的相关研究可以获得社会保障负担系数水平的合理上限值,即在人口零增长条件下,依据人口抚养比的最高承受限度和社会保障支出占工资收入总额的最大合理限度,社会保障负担系数的限度(也就是合理最大值)为 34.887%[②]。

其次,根据 C-D 生产函数模型和柯布、道格拉斯对历史数据研究的结果,劳动生产要素分配系数被界定为 0.75[③]。

[①] 杜鹏:《中国人口老龄化过程研究》,中国人民大学出版社,1994 年版,第 97 页。
[②] 穆怀中:《国民财富与社会保障收入分配》,中国劳动社会保障出版社,2003 年版,第 46 页。
[③] 劳动生产要素分配系数作为要素分配的比例数值,从理论上验证确定其值为 75%左右。根据穆怀中结合魏杰等人的研究表明,中国的实际要素分配系数基本上也在 73%。

将两个系数值代入社会保障适度水平模型,可得

$$S = Q \cdot H = 0.348\ 87 \times 0.75 = 0.261\ 7$$

由此,在人口老龄化达到社会承受的极限30.5%时,社会保障水平适度的上限为26.17%。用这一数据与发达工业化国家社会保障水平的发展实践作比较,可以发现,发达国家多数在20世纪70、80年代超过了26%的社会保障水平。几乎与此同时,发达国家尤其是北欧高福利国家的社会福利和社会保障制度开始出现危机,社会经济发展速度大幅减缓,由过高的社会福利保障引发的社会问题不断涌现。

分析社会保障水平适度的下限时,考虑到各个国家社会经济发展的不同状况,从社会保障的实际意义来说,社会保障的水平至少应该超过当地贫困线标准。在国内生产总值G和劳动生产要素分配系数基本确定的前提下,社会老年人口的保障也固定于既定的老年人口比重。因此,社会保障适度水平的下限就由社会保障的其他分项比重系数来确定。按照国际经验和各国实际保障政策,失业保障支出比重系数Z一般下限取值为1‰;工伤、生育保险支出比重系数一般下限为0.016%;社会福利、优抚支出比重系数一般为1‰。

将上述系数值和老年人口比重值送入模型(7.6),经计算,就可以得出社会保障适度水平的下限值。

三、社会保障水平的适应性模型

在一国或地区内,随着经济社会发展状况的变化,社会保障水平也是必须适应社会需要而动态发展的。因此,在社会保障水平系数的基础上,就要构建能描述社会保障水平与经济发展适应程度的动态模型。国内有学者用社会保障水平发展系数(CSS)指标[①],对这一问题进行了探索。

社会保障水平的适应性是指从社会保障水平增长与经济增长之间的变动关系角度考察的,社会保障水平与经济水平之间的一种协调发展的状态。

社会保障水平的适应性模型为

$$CSS = \frac{RS}{RG} = \frac{\Delta S}{\Delta G} \cdot \frac{G}{S} \tag{7.8}$$

模型中的CSS为社会保障水平发展系数,表示社会保障水平增长对经济增长的反应程度;S为社会保障水平;G为经济发展水平,一般用GDP反映;RS为社会保障水平增长率,用社会保障支出增长率表达;RG为国民经济发展水平增长率,用GDP增长率反映。根据统计数据运算的结果,CSS系数反映出的社会经济意义如下:

若$CSS < 0$,表明社会保障水平增长与经济增长呈反向变动。出现这种结果,可分两种情况分析:(1)经济处于正增长状态,而社会保障水平是下降的,这种情况的发生可能是政府有意控制或削减社会保障支出,同时也反映该国可能面临某些重大的社会经济政策调整或改革;(2)经济处于负增长状态,而社会保障水平却是相对上升的,

---

① 杨翠迎:"社会保障水平与经济发展的适应性关系研究",《公共管理学报》,2004年第1期。

这主要应该源于社会保障水平的刚性作用。无论哪种情况,社会保障水平与经济发展均处于不适应状态。

若 CSS=0,表明社会保障水平在原有基础上没有发展,即"零增长"。如果经济处于正增长状态,则说明社会保障水平在下降;如果经济处于负增长,则说明社会保障水平在上升。此时,社会保障水平与经济发展二者之间也处于不适应状态。

若 0<CSS<1,表明社会保障水平增长与经济增长呈正向变动,社会保障水平是增加的,但其增长速度低于国民经济增长速度。从社会经济发展和理性分配角度看,社会保障水平与经济发展两者之间处于基本适应状态。

若 CSS=1,表明社会保障水平同经济发展同步增长。此时,社会保障水平与经济发展两者之间处于最佳适应状态。

若 CSS>1,表明社会保障水平的增长超越了经济的增长,社会保障水平发展有些过度,距离 1 越远,则过度越严重。这种状况持续下去会产生严重的负面效应,给社会经济的发展埋下隐患。

通过运用该模型对欧洲部分发达国家 20 世纪 50 年代—90 年代的社会保障水平与经济波动之间关系的考察,得到了与实际发展状况基本上相互印证的分析结果。

四、社会保障水平适度状况的国际比较

(一)社会保障总水平的支出范围比较

国际上的社会保障支出,通常划分为五个方面:养老、残障、死亡;疾病、生育、医疗护理;失业;家庭津贴;工伤及其他社会救助。

从国际社会保障经费支出范围看,大多数国家尤其是发达国家都设有养老、残障、遗属保险,医疗、生育、医疗护理保险和工伤保险;有些国家不设立失业保险、家庭津贴等保障项目。部分国家的详细情况见表 7-1。

表 7-1 部分国家社会保障支出范围的比较

国 家	养老、残疾、死亡	疾病、生育、医疗护理	工 伤	失 业	家庭津贴
英 国	○	○*	○	○	○
瑞 典	○	○*	○	○	○
芬 兰	○	○*	○	○	○
丹 麦	○	○*	○	○	○
挪 威	○	○*	○	○	○
美 国	○		○	○	
日 本	○	○*	○	○	○
德 国	○	○*	○	○	○
俄罗斯	○	○*	○	○	○

(续表)

国 家	养老、残疾、死亡	疾病、生育、医疗护理	工 伤	失 业	家庭津贴
法 国	0	0*	0	0	0
加拿大	0	0*	0	0	0
澳大利亚	0	0*	0	0	0
比利时	0	0*	0	0	0
中 国	0	0*	0	0	
智 利	0	0*	0	0	0
新加坡	0		0		
马来西亚	0		0		
印 度	0	0*	0		
韩 国	0		0		
科威特	0				
菲律宾	0	0	0		
埃 及	0	0	0	0	

资料来源：Social security throughout the world，SSA，1997。转引自穆怀中，《国民财富与社会保障收入再分配》，中国劳动社会保障出版社，2003年版。

注：0为有保障支出项目；* 为除疾病和生育保险外还提供医疗和住院保障。

从社会保障支出范围的情况可以看出，发达国家的社会保障项目比较齐全，发展中国家受经济发展水平的限制，支出范围明显不如发达国家。

(二) 社会保障水平的国际比较

依据社会保障水平测定和评价模型，我们可以对西方发达国家20世纪社会保障水平的发展作一个实证比较分析。通过分析，对西方发达国家奉行的社会保障模式所遇到的问题可以作出更理性的判断。

表7-2　20世纪50—80年代部分发达国家社会保障水平

国 家	1950年	1965年	1975年	1985年
英 国	5.7	14.4	19.5	24.5
法 国	11.3	15.8	22.9	28.6
德 国	7.3	19.0	27.2	23.4
意大利	9.3		19.6	11.2
丹 麦	5.8	12.5	24.8	29.1
美 国		11.2	18.6	28.0
日 本		11.0	17.7	26.6

资料来源：转引自杨翠迎，"社会保障水平与经济发展的适应性关系研究"，《公共管理学报》，2004年第1期。

社会保障理论与政策

表 7-3　部分发达国家社会保障水平适度状况（1995 年）

国　家	适度上限	适度下限	现实水平
美　国	20.8	17.4	33.2
英　国	22.0	18.7	29.8
法　国	21.8	18.4	32.9
德　国	22.2	18.8	33.9
瑞　典	23.1	19.7	35.8
丹　麦	21.9	18.6	32.2
日　本	21.3	17.9	25.8

资料来源：*OECD in Figures*，1997；*Social Security in the Nordic Countries*，1995。

表 7-4　我国社会保障水平及适度状况

	1978 年	1985 年	1992 年	1998 年
适度上限	9.99	10.61	11.31	10.61
适度下限	8.13	8.75	9.45	8.75
现实水平	2.53	3.36	5.09	5.27

资料来源：历年中国统计年鉴。
注：按小口径统计分析保障水平，即不含住宅投资和价格补贴的保障水平。

通过对表 7-2、表 7-3 和表 7-4 中的部分国家社会保障总水平数据比较可以看到，社会保障水平在国内外的变化都有一些规律性的现象。

（1）社会保障水平随着经济发展呈现出不断上升的趋势。20 世纪 60 年代以后，发达国家社会保障水平加速上升。社会保障支出的加速，导致了财政支出紧张，由此引发了所谓的社会保障"危机"，迫使发达国家先后采取措施控制社会保障支出，使社会保障支出的增长速度放慢。

（2）在社会保障水平不断上升的过程中，各国社会保障支出水平的发展趋势越来越接近。这说明社会保障水平有其共同的适度标准，不是无限制地快速上升。

（3）我国 20 世纪 90 年代社会保障支出水平仅相当于发达国家 20 世纪 50 年代水平。但是需要注意的是，在人均 GDP 方面，我国 90 年代的水平大大低于西方发达国家 50 年代水平。因此，西方国家社会保障水平发展不适度的教训仍值得我们吸取。

延伸阅读

社会保障水平变动规律的实证分析

国内有学者通过对 OECD（经合组织）国家社会保障水平与经济发展阶段相关关系的跨国回归分析，研究了社会保障水平与经济发展阶段的协调一致性关系。得出了社会保障水平与人均GDP呈倒U曲线变动规律的研究结论。同时,该回归模型对中国社会保障水平的变动状况进行了模拟,并判断了中国社会保障适度水平(2000—2050年)、中国社会保障现实水平(2000—2012年实际值)的高低及其与经济发展的协调水平。

附表:基于跨国模型的中国社会保障水平模拟值及现实水平　　　(单位:%)

年份	人均GDP	失业率	税收占GDP比重	议会女性席位比例	老年人口比重	社保水平预测	现实社保水平	社保适度水平下限	社保适度水平上限
2000	2 667.47	3.10	12.68	21.80	6.87	8.11	3.94	11.08	12.95
2002	3 108.05	4.00	14.66	21.80	7.19	9.55	5.09	11.34	13.20
2004	3 718.64	4.20	15.12	20.20	7.52	10.83	4.87	11.56	13.43
2006	4 611.30	4.10	16.09	20.30	7.81	12.21	5.22	11.79	13.65
2008	5 712.25	4.00	17.27	21.30	8.07	13.46	5.56	12.02	13.95
2010	6 819.32	4.10	18.23	21.30	8.35	14.35	6.32	12.54	14.40
2011	7 417.89	4.10	18.98	21.30	8.51	14.67	6.66	12.69	14.55
2012	7 957.93	6.00	19.37	21.30	9.31	16.17		12.25	14.11
2015	8 951.09	6.00	19.76	21.76	10.26	17.15		13.44	15.30
2020	10 847.14	6.00	20.44	22.56	12.57	18.92		14.85	16.71
2025	12 080.02	6.00	21.14	23.39	14.27	19.91		17.33	19.19
2030	13 580.89	6.00	21.86	24.25	17.26	21.25		20.44	22.31
2035	13 977.45	6.00	22.60	25.13	20.91	22.43		22.90	24.76
2040	14 429.29	6.00	23.38	26.06	23.56	23.17		23.93	25.79
2045	14 908.57	6.00	24.17	27.01	24.44	23.42		24.83	26.69
2050	15 472.11	6.00	25.00	28.00	25.11	23.61		26.71	28.57

(注:人均GDP指标按照GDP缩减指数转换成2005年不变价衡量的国际元数据;2012—2050年GDP缩减指数增长率为1960—2012年中国GDP缩减指数增长率的平均值0.035。)

中国现实的社会保障水平较低,不仅低于模拟值,也低于社会保障适度水平下限。按照社会保障制度的生命周期理论,中国现阶段大体上处于"成长阶段"中期,需要经过20年左右的努力才能进入生命周期的高级阶段。根据模拟结果,中国社会保障水平将随着人均GDP的增长而逐步提高,但有一个先快后慢的过程,大约在

社会保障理论与政策

> 2030年,人均GDP达到13 000美元以上时(进入高收入国家行列),社会保障水平增长开始放缓,之后保持一个相对稳定和缓慢增长的社会保障水。研究表明,中国现阶段的社会保障水平与经济发展的协调性较差。
>
> 资料来源:柳清瑞等,"社会保障水平变动规律的跨国实证分析",《人口与发展》,2014年第6期。
>
> **思考提示:**
>
> 社会保障水平与经济发展阶段的同步与协调是一个涉及政治、经济、人口等多变量的系统工程,在制定经济社会政策时应尽量考虑各种相关变量的影响。根据案例的研究,应如何进一步提高社会保障水平与经济发展的协调适应性?

第三节 社会保障水平适度的功能分析

社会保障体系是市场经济体制和国民经济的重要组成部分。通过前文分析,我们了解到,社会保障水平并不是越高越好,社会保障水平客观上存在一个"适度"区域,同时,社会保障水平对政府、消费、就业都有着重要影响,对国民经济和社会发展有着实质性的作用,过高和过低的社会保障水平都会对社会保障制度自身运行机制和社会经济发展产生不良影响。

一、适度保障水平的功能

社会保障制度基本职能的实现与否,关键要看社会保障水平是否"适度"。适度的社会保障水平,能够实现其功能目标,从而对国民经济的发展产生积极的作用。

首先,适度的社会保障水平保证了大多数人的最低生活要求,使社会保持稳定,为国民经济发展创造了有利的环境。发达国家完备的社会保障制度,扩大了教育投入,增强了医疗保健,对提高国民的素质进而提高民族整体文明程度起到了积极的推动作用。

其次,适度的社会保障水平有助于政府将社会保障制度作为调控经济活动的杠杆,调节社会需求,推迟或抑制消费,避免经济高增长与高通货膨胀并存,促进储蓄、投资和生产性资金的形成,从而有利于国民经济的发展与社会进步。凯恩斯主义把推行社会福利制度作为调节经济的一个杠杆,并取得了一定成效。

再次,适度的社会保障水平可以促进民众在确保基本生活的基础上扩大人力资本投资,提高人的素质,激励劳动者的积极性,促进社会进步。

最后,适度的社会保障水平可以促进第三产业的发展。社会保障制度的普遍推行使得西方发达国家的第三产业,如医疗、职业培训、老年保健等服务部门,获得了长足的发展。第三产业的发展,吸收了大批第一、第二产业中的失业者,这不但有利于解决社会失业问题,而且还有利于产业结构的调整和社会经济协调发展。

二、社会保障水平不适度的分析

社会保障水平的不适度性主要包含两种情况：过低和过度。社会保障制度的建立不等于保障功能的实现，这一制度提供的保障必须维持在一定的水平上才能起到应有的作用，不适度的社会保障水平无法保障其功能的实现，相反还会产生一系列的问题。

(一) 社会保障水平过低的消极作用

社会保障水平低于下限，不利于经济社会的发展。首先，无法保障劳动者的基本生活需求，无法发挥"安全网"的作用。尤其是老年人和贫困人群的基本生活得不到应有的保障，将影响社会安定。保障的不公平和过低会使某些困难群体产生"社会仇视"心理，许多没有任何保障的群体，在失去生活来源之后将会做出许多违法行为，而这些犯罪活动势必会危及社会的称定。国际劳工组织有一句名言，"没有社会的安定，就没有社会的发展；而没有社会保障，就没有社会的安定"，也辩证地说明了社会安定与社会保障的关系。国家要实现社会的安定团结，不但要有社会保障，而且要有"适度"的社会保障，使社会保障水平能涵盖全体国民，又能体现公平性。

其次，过低的社会保障水平影响劳动力的再生产，从而也无法促进生产力的发展，实现社会经济稳定持续的发展。人才是经济发展的主体，社会保障水平的落后影响到欠发达地区社会经济的发展，无法留住并吸引发展所需要的人才，使经济更加落后。这种由于经济发展水平引起的恶性循环必然使贫困国家和地区的贫富差距继续拉大。

最后，将对社会公共产品的投入产生影响，如公共卫生和义务教育的普及率偏低，降低国民素质；并且会造成恩格尔系数升高和社会保障支出不足，而居民生活保障主要依靠传统的家庭保障模式，因此会影响劳动者对自身教育文化素质和个人发展的投入，制约民族整体素质。

(二) 社会保障水平过度的消极作用

由于人口老龄化上升，失业率上升，医疗保健水平提高，社会福利政策变量和观念误差等原因常常导致社会保障水平过度。如部分欧洲高福利国家政策上保障项目过多，保障程度过高等导致的保障水平过度，这种政策的观念基础正是认为福利越多越进步，忽略了保障过度的消极影响。"过犹不及"，过度的社会保障水平也会给社会经济发展带来一系列问题，形成社会保障"危机"。

首先，过度的社会保障水平最直接的影响就是政府财政赤字的增加。由于要维系生产和扩大再生产的正常进行以及劳动者的现实利益，不断增长的社会保障支出，使得政府的财政预算无法承担，同时社会保障支出的刚性使得政府只能靠增发国债等方式来解决，政府的财政赤字便不断地增加。随着世界经济的发展，20世纪70年代，发达国家的税收占GDP比重普遍达到30%以上，北欧国家甚至超过了50%，其税收增长的主要推动因素来源于社会保障规模的高水平维持。发达国家公共部门中作为转移支出，从纳税人和缴纳保险金者那里转移到当前接受政府福利及救济的人手中的社会保障支出，在GDP中所占的比例持续增长，约占1/3左右，成为公共支出中最大的一项[①]。有人指出：西方福利

[①] 郑功成等：《中国社会保障制度变迁与评价》，中国人民大学出版社，2002年版。

国家的公民过着"离不开的好日子",同时又过着"过不起的好日子"。目前,欧盟成员国中,英、法、德、意等国的财政赤字都超过了《欧洲稳定与增长公约》规定的财政赤字占 GDP 比重 3% 的上限,并且由于经济增长情况不如预期,欧盟成员国的财政赤字状况在一个时期内还难以改善①。

其次,导致企业和个人的社会保障支出以及税负增加。社会保障支出除了国家财政的投入之外,还有企业和个人的缴纳,高保险费的缴纳势必抬高企业产品的成本,这必然会影响企业的利润和再投资,导致经济发展后劲不足。同时,政府为筹措社会保障资金,尤其是实行国家福利型社会保障制度的国家,除了推行各种社会保险制度外,还通过各种累进的税制补偿政府财政支出,这种税制主要是针对中产阶级和企业雇主阶层,这使得一些人的收入缩水。据国际货币基金组织统计,2000 年美国社会保障缴款占财政收入的 30.72%②。由于税率过高,生产企业和经营管理人才往往选择外流,随着生产要素的外流,失业问题变得严重。

最后,引发"福利病",滋生社会惰性。在西方福利国家,过度的社会保障已经导致了许多严重的社会问题。20 世纪 60—70 年代,欧洲主要发达国家的劳动者收入中来自工薪的份额不断下降,来自福利的份额不断上升,基本都达到 20%—40% 以上。过高的失业保险津贴和项目繁多的社会救助,使劳动者的收入中相当大的一部分来自社会福利收入,劳动者甚至无需工作,光靠社会福利就能生活下去。其结果是部分人滋生惰性心理,无法激活劳动者的积极性,劳动的主动性被严重削弱,经济效益受到损害。

社会保障水平的过度发展,对社会经济的不利影响已得到了理论和实际的明证。然而,由于社会保障水平的刚性,要使社会保障水平恢复到适度状态将剥夺许多人的既得利益,改革阻力巨大。

延伸阅读

中国城乡居民社会保障支出水平差异

中华人民共和国成立以来的较长一段时期,中国社会保障支出向城市倾斜的现象非常严重。

从城乡社会保障体系的项目来看,城市居民的社会保障项目全、水平高,不仅有五大社会保险项目,而且还有较为完善的社会福利与最低生活保障。农村社会保障项目则是以社会救济为主,主要包括最低生活保障制度、"五保户"供养制度、新型合作医疗等有限的几个项目。从社会保障支出的城乡分配上看,尽管目前的统计资料没有现成的具体数据,但理论界还是有学者曾在这方面作过估算。如孙光德、董克用(2000)的计算是,1991—1994 年间中国占总人口 80% 的农民只享有社会保障支出的 10% 左右,20% 的城市人口却占有接近 90% 的社会保障费用,从人均社会保障费用

---

① "欧盟成员国财政赤字将难以改善",http://finance.sina.com.cn,2005 年 04 月 14 日。
② 郑功成等:《中国社会保障制度变迁与评价》,中国人民大学出版社,2002 年版。

看,城市居民是农村居民的20倍以上。高利平(2002)对山东省的城乡格局进行过估算,其结论是,城市各项社会保障指标均远远高于农村。以1998年为例,城市社会保障支出总额为农村的30倍;人均社会保障支出为农村的100倍;城市社会保障支出占全省社会保障支出的比重高达90%以上,农村仅为2%—6%。

需要指出的是,农村社会保障水平非常低,但这仅是"名义"上的。国家通过给予土地使用权的方式,给农民一定的土地保障,实际上是国家(社会)保障。因此,如果把农民所享有的土地保障(老年人口可通过转让土地经营权,获得一定收益保障生活)算作"实际"的社会保障,农村的社会保障水平将略高于"名义"水平。但较之城市而言,农村社会保障水平还是严重低下。

资料来源:宋士云等,"1992—2006年中国社会保障支出水平研究",《中国人口科学》,2008年第3期。

思考提示:

有人认为,农村居民有土地收益作为保障,因此,农村居民不能享受和城镇居民均等的社会保障。农村居民的土地保障对农村社会发展来说是否适度,需不需要获得更高的社会保障水平?

第四节 社会保障水平的供求平衡

在社会保障体系中,既要保持合理水平,同时也要保持供给和需求的相对平衡。根据前面的分析,要确定一个适度的社会保障水平关键是政府在保持经济社会平稳发展的同时对制约社会保障水平的需求和供给因素的合理调控。正是基于此,有学者指出:社会保障水平的适度性原则主要体现在社会保障资金的筹集和运用的水平上[①]。要达到合理水平下的社会保障供求的协调,既不能一味增加供给,使政府财政支出出现赤字,亦不能过度压缩需求,使国民生存发展失去基本保障。

一、社会保障水平的供给和需求条件

决定社会保障水平的最基本条件是经济发展总水平,也就是国内生产总值(GDP)。国内生产总值是当今世界测定国民经济运行状况和国家经济实力的主要指标,也是决定社会保障需求水平和供给水平的最重要条件,其他决定社会保障需求和供给水平的条件都是在这一重要条件基础上具体展开的。

(一) 社会保障需求条件

社会保障需求条件,是决定社会保障经费支出水平的因素,它既包括现今需求状

---

① 成思危:《中国社会保障体系的改革和完善》,民主与建设出版社,2000年版,第19页。

况,又包括未来需求趋势。社会保障水平的确立,要立足于社会保障的当今需求,更要着眼于社会保障的未来需求。因为社会保障水平具有刚性,易升不易降,当未来社会保障需求大于当今需求时,当今适度的社会保障水平就会变成未来不适度的社会保障水平。从总体上看,社会保障需求条件主要包括以下几个方面。

(1) 享受社会保障待遇的人口总量。包括退休人口数、失业人口数、贫困人口数等。这是社会保障的规模条件。社会保障规模越大,社会保障资金需求量越大。

(2) 社会保障项目。包括社会保险、社会福利、社会救助、社会优抚等。在其他条件不变的情况下,社会保障项目越多,社会保障资金需求量越大。

(3) 社会保障程度。包括贫困线标准、退休金标准等。社会保障程度越高,社会保障资金需求量越大。

(二) 社会保障供给条件

社会保障供给条件是决定社会保障资金筹集水平的因素。从本质上说,社会保障供给条件,主要取决于国民经济总体发展水平。社会保障供给条件主要包括以下几个方面。

1. 居民收入和居民储蓄

当社会保障基金总体筹集水平确定后,个人在总体水平中承担多大比例,要由社会成员的经济承受能力来决定。测定社会成员对社会保障资金供给能力的主要指标是居民收入总额和居民储蓄状况,具体指标是城乡居民收入总额占 GDP 的比重和人均储蓄存款余额。

2. 政府财政收入

政府用于社会保障资金供给部分,主要来自政府财政收入。政府财政收入状况是决定政府用于社会保障资金供给水平的必要条件。社会保障中的社会救助、社会福利、社会优抚方面的资金及其他部分保障资金的供给主要来源于财政收入。2000 年,美国的社会保障与福利支出占财政总支出的 28.25%,卫生支出占总财政支出的 20.50%。在有些西方国家,社会保障资金支出已占政府财政支出的 50%[①]。

3. 企业利润

企业利润是社会成员创造的物质财富的积累,它既是社会用于生产和扩大再生产的条件,也是社会用于保障公民基本生活安全的条件。通过对企业利润的合理组合,可以在保证社会的生产和扩大再生产的前提下,把企业利润的部分资金转化为社会保障资金而用于社会保障供给。

4. 社会保障基金增值

社会保障资金的筹集和支出应该具有差额,保证社会保障资金的供给大于支出是社会保障资金正常运转的必要条件。社会保障资金暂时不用的部分可以采取有效的方式运营增值,储蓄、购买国债和股票等都是社会保障资金保值增值的有效方式。社会保障基金本身的增值,反过来也增加社会保障总资金的供给。因此,如果要分析社会保障资金供给,社会保障基金本身的增值也是一个重要条件。

---

① 郑功成等:《中国社会保障制度变迁与评价》,中国人民大学出版社,2002 年版。

另外,社团和民间捐献方面,发达国家的慈善理念和慈善事业的普及水平较高,社团和民间捐献在社会保障中发挥着较大的影响。而在我国目前不完善的市场经济体系中,慈善事业正处于发展期,社团和民间捐献的力量还相对较小,社会保障基本以政府为主导。

二、社会保障水平供求平衡的理论分析

(一)社会保障水平供求总平衡模型

社会保障水平"度"的实现,最终要求在最大限度下取得供求平衡。因此,社会保障水平供求平衡的约束条件是:适度下限＜S＜适度上限。

根据社会保障水平适度模型可知,在 GDP 既定的条件下,制约社会保障水平的关键因素是社会保障支出总额 S_a,它的数值越大,社会保障水平越高;它的数值越小,社会保障水平就越低。同时,社会保障水平在 GDP 既定的条件下,图中 O 点所示,在社会保障支出水平的最大可能性边界 S_a 上实现了需求与供给的平衡,也就实现了"有效率的社会保障供求平衡"。如果 O 点处于社会保障水平"度"的范围内,也就意味着实现了"适度社会保障水平的供求平衡"。

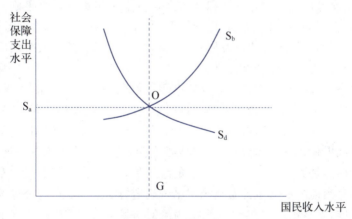

图 7-1　既定支出水平下的社会保障供求总平衡

据上述分析,可以构建适度保障水平总供求平衡模型:

$$S_a = S_d = S_b \tag{7.9}$$

适度社会保障水平的供求平衡,就是以"适度下限＜S＜适度上限"为条件的,社会保障需求水平和社会保障供给水平都与适度社会保障总水平 S 相平衡的社会保障支出状态。由于适度社会保障水平的确立必然要与社会生产力发展水平以及各方面的承受能力相适应,因而,适度社会保障水平实质也就体现了社会保障实有供给水平。要达到适度社会保障水平的供求平衡,社会保障需求水平就要与社会保障供给水平相适应,不能超过实有供给能力。

(二)社会保障的供求平衡系统

社会保障的供给和需求之间是一个"双向平衡系统"。政府从国民生产者集中社会

保障费用,再向有需求的国民支付社会保障费用。从社会保障收入的积累来看,国民生产者向政府交纳税费,使政府得以通过税收来进行国民收入的再分配,调节国民收入差距。这里就存在一个税费高低的平衡点,税率过高会降低高收入者生产积极性,税率过低则难以满足基本保障支出的需要;从社会保障支出的负担来看,国民向政府提出保障需求,政府为维护社会公平和发展做出财政支出(包括一部分基金给付)。这里也存在一个支出水平的平衡点,支出水平过高除了造成财政和保障基金运转困难之外还可能造成"鼓励社会惰性"的后果,支付水平过低则难以保障困难群体的基本生存,社会稳定将受冲击,最终阻碍社会经济健康发展。

在这个平衡系统中,有四条决定系统状态的平衡"管道",其中影响社会保障供给的主要是社保缴费率和转移支付水平,影响社会保障需求的是工资替代率和最低保障线。

缴费率是指社会保障缴费占工资总额的比重。缴费率制定的依据是未来享受社会保障给付的人口总量和给付水平。一般情况下,劳动者缴费时喜欢低缴费率,在享受社会保障待遇时希望高给付。如果给付水平最终高于缴费水平,政府就得给予财政补贴,由此可能导致财政赤字。

转移支付是政府通过税收和公共事业投资(包括社会保障投入)形式,实现不同经济收入、不同层次人口之间的财富转移或收入再分配。转移支付水平确立的依据是居民收入差距的大小和经济水平的高低。转移支付水平过高,损伤富裕阶层的生产和再投资的积极性,不利于经济的快速发展;转移支付水平过低,低收入阶层的生活以及受教育机会等就不能得到很好的保证。

工资替代率是指社会保障待遇享受者获得的给付占工资水平的比重,其主要表现形式有养老金替代率、失业金替代率等。替代率是表示社会保障给付水平的指标,替代率制定的依据是享受社会保障待遇的人口总量和给付标准。替代率过低,受保障人口的生活质量难以保障;替代率过高,又可能导致缴费率上升,进而引起一连串经济反应。

最低生活保障是面向贫困人口所给予的维持基本生活的经济补助。最低生活保障线制定的依据是当地的最低生活费支出水平。确定方法之一就是恩格尔系数。根据联合国制定的标准,恩格尔系数在60%以上为绝对贫困状态的消费,在这个消费水平上的生活状态也是最低生活水平。但是,据此得出的标准往往无法正常保证大多数贫困居民的生活,因此,要借用其他测定指标如"最低工资""生活物价""市场菜篮子"等方法作为补充。最低生活保障线水平过低,贫困人口的基本生活得不到保障,则会影响社会稳定;最低生活保障线水平过高,贫困人口容易形成依赖救助,则会增长劳动惰性,不利于自我脱贫,也不利于经济社会的健康发展。

适度的社会保障水平要求有适度的政府资金投入,也要有适度的个人保障缴款、适度的企业缴款和适度的缴款比例。社会保障水平的平衡,是为了达到效用的最大化和一个适度的收入再分配水平[①]。在四种"管道"之间,政府不断地根据当时的经济社会发展状况,调整相关标准,在公平和效率之间、穷人和富人之间进行政策性博弈,在供给和需求之间进行权衡。

---

① 穆怀中:《国民财富与社会保障收入再分配》,中国劳动社会保障出版社,2003年版,第27页。

三、社会保障水平供求平衡的实现途径

适度的社会保障水平来自社会保障需求条件和社会保障供给条件两方面的满足。社会保障水平的适度,其实质就是实现社会保障的"需求"与"供给"在适度水平上的平衡发展。

(一) 需求因素的调节

社会保障需求主要受四个方面制约因素的影响:国内生产总值(G)以及享受社会保障待遇的人口、社会保障具体项目、社会保障程度[①]。用函数描述为 $S_d = f(P, N, R)/G$,需求总量模型为

$$S_{ad} = P \cdot N \cdot R \tag{7.10}$$

其中,P 为享受社会保障待遇的人口;N 为社会保障具体项目;R 为社会保障程度。由此,实现社会保障适度水平内平衡的需求途径有四个。

1. 在国内生产总值不同增长速度下的适度调节

在 S_d 曲线上(图 7-1),若 $S_d > S_a$,在 P、N、R 保持不变的条件下,促进国内生产总值 G 提高,即可以降低社会保障需求水平 S_d,使其逐渐回到适度范围内;或者在国内生产总值 G 增长的条件下,控制 P、N、R 三项需求总额不增长,也可以使社会保障需求水平 S_d 逐渐回落到适度水平。若 $S_d < S_a$,可以在国内生产总值 G 增长的同时,以比 G 更快的增长速度提高 P、N、R 的增长速度;也可以在国内生产总值 G 增长减缓的条件下,适当提高 P、N、R,即可以使社会保障需求水平向适度水平接近。

2. 受保障人口数量的调节

若 S_d 高于适度水平,在 G、N、R 既定的前提下,可以通过减少受保障人口 P,而降低社会保障需求总量 S_d,向适度水平接近。20 世纪 80 年代以来,就有发达国家通过提高领取养老金的年龄(从 60 岁提高到 62 或 65 岁)来降低受保障人口数的措施,以应对社会保障支出水平过高的财政压力。这对中国的社会保障体系的完善是一个有益的提醒,在社会保障政策制定的过程中应该充分考虑社会保障需求与经济社会的承受力"度",控制受保障人口的无原则扩大。若 S_d 低于适度水平,可以提高受保障人口 P 的数量以使社会保障水平趋向适度。

3. 保障项目 N 的调节

若 S_d 高于适度水平,在 P、R、G 既定的前提下,可以通过压缩保障项目 N,使社会保障需求水平 S_d 向适度水平回落。西方发达国家采取的策略是减少儿童津贴、半残疾人福利等项目,以控制社会保障支出的上升。若 S_d 过低,可以通过扩大社会保障项目 N,提高保障水平,使社会保障需求水平向适度发展。

[①] 受保障人口领取各项保障金的水平,通常以占工资收入总额的比重或占平均工资收入的比重为测定指标。如养老金占平均收入的 60% 等,详见穆怀中,《国民财富与社会保障收入再分配》,中国劳动社会保障出版社,2003 年版,第 70 页。

4. 保障程度 R 的调节

若 S_d 高于适度水平,在 G、P、N 既定的前提下,可以通过降低社会保障程度 R,使社会保障需求水平 S_a 减少,逐渐趋近适度水平。如近年来,有些国家为了控制社会保障需求过快增长,开始把养老金计算基础从平均收入的 60% 降到 55%,把提前退休的工资份额从 82% 降到 70% 等①。若 S_d 低于适度水平,可以通过提高社会保障程度 R,使社会保障需求水平提高,向适度水平趋近。

(二) 供给因素的调节

影响社会保障供给水平的因素中关键的是劳动者所能承担的合理的负担系数 Q,社会保障的供给能力,取决于在劳动生产要素分配比重份额内,能给社会保障支出提供多大的供给份额 S_{ab},这决定于劳动人口所应该承担的保障人口的比重即制度赡养系数 O_a。

在社会保障资金供给体系中,供给来源主要有个人、单位(企业)和政府三方面,其供给资金量的大小也主要由这三方面的总体供给能力来决定。因此,社会保障资金供给的主要制约因素是个人、单位(企业)、政府三方的总体供给能力。函数描述为:$S_b = f(I, U, T)G$,供给总量模型为

$$S_{ab} = I + U + T \tag{7.11}$$

其中,I 为个人保障资金供给总额;U 为单位或企业保障资金供给总额;T 代表政府保障资金供给总额。

要实现适度保障水平内的社会保障供给水平 S_b 的平衡,具体策略和方法可以分三种情况分析。

(1) 如果社会保障水平 S_b 超过适度上限,造成社会保障资金供给困难,可以围绕 I、U、T 的供给比例进行调控。第一,在国内生产总值不变的条件下,降低政府、单位、个人的社会保障资金供给占 GDP 的比例,如在国内生产总值增长的条件下,以低于国内生产总值增长速度,缓慢地增加政府、单位和个人的保障资金供给总量,使社会保障资金供给水平回落到适度水平,解除因保障水平过"度"而造成的资金供给困难。第二,依据公平与效率统一原则,对 I、U 和 T 三者之间在资金供给比例上进行调节,在国内生产总值既定的条件下,通过改变供给主体的总额比例,如压低 T、U 的供给总额等战略和方法,使保障资金供给回落到适度水平,缓解因保障水平过"度"而造成的资金供给困难。

(2) 如果社会保障水平 S_b 处于适度范围内,依据"保护和激励统一"原则,如果 I、U 和 T 之间的供给总额比例关系不合理,如个人供给过少、单位供给过多,因而缺少激励作用,可以通过调整三者之间的供给比例关系,但不改变原有保障资金供给水平,从而使社会保障资金供给水平保持适度平衡。

(3) 如果社会保障水平 S_b 低于适度保障水平下限,可以依据国内生产总值 G 的增长速度,以比其更高的增长系数提高 I、U 和 T 的资金供给比例,从而使保障供给水平

---

① 中国社科院十国社会保障改革项目课题组:《社会保障制度的国际比较》,经济学动态,1994 年第 8 期。

接近适度范围;或在 I、U、T 之间,以不同的增长速度增加各自的资金供给总量,如以较低的速度增加 U 和 T 的供给总量并以较高的速度增加 I 的供给总量,从而使全社会供给总量增加,使保障供给水平适度平衡。

(三) 社会保障基金的供求平衡

1. 现收现付制度下的平衡

现收现付制度平衡主要问题是资金收入与资金支付基本相等,也就是缴费数量＝支付数量。模型为

$$S = D \tag{7.12}$$

公式中,S 包含缴费率 C(职工保障缴费与工资总额比)和在职职工平均工资水平 w;D 包含工资替代率 B(保障收入与平均工资比)、制度赡养比 E(保障人口与在职职工人数比)和在职职工平均工资水平 w。最终,影响现收现付制度平衡的关键变量是缴费率、工资替代率和制度赡养比。

模型公式转换为

$$C = BE \tag{7.13}$$

其中,C 为缴费率,B 为工资替代率,E 为制度赡养比。平衡模型的涵义为:缴费率取决于替代率和制度赡养比。模型中,除工资总额决定于经济发展的水平、社会分配模式、人口与就业状况等以外,其余指标为制度内生变量①,可以通过社会保险制度的政策取向来改革和调整。

2. 基金积累制度下的平衡

基金积累制度平衡中除负担水平和预期支付水平以外,还要受基金收益率的影响。在积累制度中,基金的积累量必须与积累时间长度后的支付总值相平衡。考虑到基金的最低投资增值(利率)和工资的增长,基金积累的平衡模型同样是 $S=D$,供给模型和支付模型分别为

$$S = Cw(1+g)^n n \tag{7.14}$$

$$D = Bw(1+g)^n m \tag{7.15}$$

其中,w 为初期工资,g 为工资增长率,n 为工作年份,m 为受赡养年份。如果利率与工资增长率相等,则缴费率为

$$C = B(m/n) \tag{7.16}$$

如果利率低于工资增长率,$C > B(m/n)$;反之,则 $C < B(m/n)$。

本章重要概念

社会保障水平(the level of social security)　适度性(moderation)
社会保障水平系数(the coefficient of social security level)

---

① 制度内生变量是指通过制度设计可以影响的变量,制度设计影响之外的变量为"外生变量"。

供求平衡系统(the system of balance between supply and demand)

本章思考题

1. 如何理解社会保障水平与社会经济发展产生相互作用的机理和机制?
2. 如何对社会保障水平进行适度可能性的预测?

本章实训

请结合相关统计资料,计算现阶段中国社会保障水平及适度区间。并依据所学理论判断当前哪些政策措施,能有效促进社会保障供求平衡的实现。

第八章 社会保障基金管理

【本章导言】

　　社会保障的核心是社会保险,而社会保险运行的物质基础是社会保险基金,也是社会保障的核心内容,社会保险基金的运行好坏直接关系到广大劳动者的切身利益,是老百姓的"养命钱""保命钱"。本章将重点介绍社会保障基金的筹集、营运和监督。

> **引 导 案 例**
>
> 　　《全国社会保障基金条例》于 2016 年 5 月 1 日起,对社会保障基金的运营管理提出了新的要求。点击网络链接,观看视频《社会保险基金管理重在安全》,讨论《全国社会保障基金条例》的出台对我国社会保障事业的发展有什么影响,并开始本章的学习。
>
> 　　案例视频链接:http://video.tudou.com/v/XMjEzNjAzMjI4MA==.html?__fr=oldtd。

第一节 社会保障基金概述

一、社会保障基金的含义和内容

　　社会保障基金是国家为实施社会保障制度而设立的专项基金,它以法定或约定方式,由参加社会保险的单位和个人缴纳的保险费汇集而成,并由专门社会保险经办机构组织管理,用于偿付参保人年老、疾病、失业、工伤、生育等的费用。社会保障基金的来源、筹集、管理、使用等都通过法律来规范,具有强制性。其使用方向是特定的,就是用于劳动者和社会成员年老、疾病、伤残、生育、死亡和失业风险时的物质帮助,以保障基本生活需要①。

　　经过长期发展,我国的社保基金主要分成三部分:全国社会保障基金、社会保险基

---

① 齐海鹏等著:《社会保障基金管理研究》,东北财经大学出版社,2002 年版。

金和补充保险基金。其中,全国社会保障基金是由中央财政拨入的资金,通过变现部分国有资产和股权划拨所获得的资金,经国务院批准以其他方式筹集的资金及上述积累资金的投资收益。社会保险基金是社会保障基金中最重要的来源和组成部分,它是由国家强制企业和个人缴费形成的,包括基本养老、基本医疗、失业、工伤和生育社会保险项目的基金。补充保险基金是企业和个人根据具体情况缴费形成的企业年金。

从基金来源看,社会保障基金是从国民收入的初次分配及再分配过程中形成的,从国家财政收入、企业收入和劳动者收入中分解出来的,用于社会保障事业的一种消费性的社会后备基金。作为一种社会后备基金,也决定了其用途只能用于全体社会成员和劳动者在特定情况下的经济帮助,作为保障社会成员基本需要的特定基金,而不能挪作他用,不能用于弥补财政赤字。

二、相关的法律政策和规定

对社会保险基金的管理和应用,我国一直采取比较审慎的态度。以基本养老保险为例,《国务院关于企业职工养老保险制度改革的决定》(国发〔1991〕33 号)规定:"企业和职工个人缴纳的基本养老保险费转入社会保险机构在银行开设的'养老保险基金专户',实行专项储存,专款专用,任何单位和个人均不得擅自动用。银行应按规定提取'应付未付利息',对存入银行的基金,按其存期比照人民银行规定的同期城乡居民储蓄存款利率计息,所得利息并入基金,积累基金的一部分可以购买国家债券"。《关于建立统一的企业职工基本养老保险制度的决定》(国发〔1997〕26 号)中规定:"基本养老保险基金实行收支两条线管理,要保证专款专用,全部用于职工养老保险,严禁挤占挪用和挥霍浪费。基金余额,除预留相当于两个月的支付费用外,应全部购买国家债券和存入专户,严格禁止投入其他金融和经营性事业"。基本养老保险个人账户储存额,每年参考银行同期存款利率计算利息。个人账户储存额只用于职工养老,不得提前支取。职工调动时,个人账户全部随同转移。职工或退休人员死亡,个人账户中的个人缴费部分可以继承。

政府对养老保险基金投资的渠道一直限定为专户储存和购买政府债券,严禁用作其他用途[①]。直到 2015 年,新的《基本养老保险基金投资管理办法》明确,养老金能以不超过其净资产的 30% 入市,实现基金的多元化投资[②]。

三、社会保障基金的构成

由社会保障基金的含义可见其为一种具有特殊用途的专款专用基金,通常由以下四个部分构成。

(一) 国家拨款

社会保险是以政府为主体举办的强制性保险,因此,社会保险的最终财政责任由政

[①] 包海红:我国社会保障基金投资运营管理问题研究,广西大学硕士论文,2007 年。
[②] 国务院,《基本养老保险基金投资管理办法》,2015 年。

府承担。国家为履行社会保险职责,每年都需要向社会保险部门拨付一定量的资金,以备急需。政府的社会保险拨款一般分为以下三种。

(1) 将社会保险支出纳入国家预算的预算拨款;
(2) 根据社会保险项目的实际需要,分项补助的专项拨款;
(3) 临时拨款,即根据意外事件发生的需要,应急性拨款。

政府拨款有以下两种方式。

(1) 事先拨付,即按社会保险发展规划预先向社会保险部门支拨;
(2) 事后拨付,即待社会保险部门收付后,如有缺口,由政府拨款填补,这就是通常讲的"国家扮演最后出场的角色"。但国家不论采取哪一种拨款形式,所给出的资金都构成社会保险基金的一部分。

(二) 企业和个人缴纳

由企业或事业单位和被保险人个人按规定向社会保险机构或国家授权单位缴纳的税费。在国外,企业按本企业工资总额和个人按本人工资的一定比例缴纳社会保险税。我国的社会保险也要求企业和被保险人共同承担缴费义务,如城镇职工基本养老保险基金筹集方面,企业按工资总额20%左右缴费,被保险人最终按本人工资的8%缴费。此外,医疗保险、失业保险均需要企业和被保险人共同缴费,工伤和生育保险也需要用人单位缴费(被保险人个人无需缴费)。企业和个人缴纳的社会保险费构成我国社会保险基金的主要部分。

(三) 社会捐赠

由社会团体、经济组织和个人自愿向社会保障部门捐款。在西方国家,个人慈善性捐款是每个公民和家庭的基本义务,由此所募集的资金,成为社会保障收入的重要组成部分。社会捐赠按规定一般用于灾区重建和人民生活安排,但某些捐赠款在未支出之前,仍可作为社会保险基金的组成部分。

(四) 投资盈利

即社会保险基金运用所获得的各种收益。

四、社会保障基金的特征

社会保障基金的主要特征可概括为以下四点。

(一) 强制性

由于基本社会保障项目由国家通过立法在全社会强制推行,社会保障基金的筹集、管理和使用都具有法律强制的特征,社会保障基金的运行过程必须做到法制化、程序化、规范化。社会保障的缴费标准与缴费项目、保障待遇的给付标准与给付条件等均由国家的法律法规或地方政府的条例统一规定,任何单位和劳动者个人均无自由选择与更改的权利。凡属于法律规定范围内的成员都必须无条件参加基本社会保障制度,按规定履行缴纳社会保障费或社会保障税的义务。社会保障基金管理机构必须依法实施社会保障基金的投资运营,确保社会保障基金具有稳定的资金来源和安全有效的基金管理方式。

(二) 适度性

社会保障作为保障劳动者和社会成员基本生活的一项制度保障措施,社会保障基金的功能是在社会成员生存受到威胁时保证其基本生活方面的需要,能基本实现老有所养,病有所医,残有所济,实现互助互济,维护安定团结,保持社会和谐运行和经济稳定发展。社会保障基金的筹集与分配要与国民经济承受能力相适应,尽力限制和避免社会保障基金的征集和使用对国民经济的消极影响,社会保障基金所提供的经济补偿水平只能以满足社会劳动者的基本生活需要为基准。

(三) 公平性

社会保障基金的公平性原则包括经济公平和社会公平两个层次,要求在社会保障基金的筹集和分配使用过程中建立经济利益主体之间的平等环境,在生产和分配存在不均衡、不同社会群体之间的分配关系有较大差距的情况下,社会保障基金的形成需要高收入劳动者比低收入劳动者缴纳较多的社会保障费或社会保障税,但社会保障基金的分配并不完全取决于个人缴纳社会保障费或社会保障税的多少或劳动贡献的大小,而是以被保障者及其供养的直系亲属的实际需要为主要依据。这种通过建立社会保障基金来调节经济、调节分配关系的制度机制,对缩小社会成员收入及生活水平的差距,实现经济公平和社会公平有一定的促进作用。

(四) 积累性

在完全积累制或部分积累制情况下,由于从社会保障缴费到社会保障金支出有一个长期的时间差,从根本上要求社会保障基金管理机构能够利用积累形成的社会保障基金进行投资组合管理,在动态经济条件下实现社会保障基金的安全营运、有效投资和保值增值,从而在提高资本形成效率、实现社会保障制度、资本市场与国民经济的互动、协调我国社会保障基金良性发展的基础上,使社会劳动者因社会保障基金的积累而得益,进一步增进社会保障制度的福利性[①]。

五、社会保障基金类型的划分

社会保障基金的类型依据基金的不同性质和特征进行划分,研究基金的类型及其性质,有利于采用科学的合理的基金运营及监管方式,最大限度地实现基金的保值增值。

(一) 按社会保障项目的专门用途及其功能分类

分为养老、医疗、失业、工伤、生育等保险基金,以及社会救济、优抚安置、住房保障等专用基金。

(二) 按筹资模式分类

(1) 按基金调剂范围划分,分为社会统筹模式和个人账户模式。

(2) 按是否基金积累划分,分为现收现付制和基金积累制。

在实践中,通常是上述两种划分方式相结合,派生出四种模式,一是现收现付社会统筹制;二是个人账户储存基金制;三是社会统筹部分基金积累制;四是社会统筹和个

---

① 杨良初:《社会保障基金管理》,中国财政经济出版社,2003年版。

人账户相结合部分基金积累制。

（三）按基金所有权分类

1. 公共基金

公共基金为公共所有。公共基金的来源有财政拨款、按法律规定由雇主或雇员缴纳的社会保险费(税)、社会捐赠、国际赠款。例如，养老、医疗、失业、工伤、生育等社会保险基金以及社会救济、社会福利、优抚安置等专业基金属之。

2. 个人基金

个人基金是归个人所有的社会性资金，是非财政性资金，但又不同于银行存款和各种有价证券的资金，它是按法律、法规、规章缴交记在个人账户用于专门用途的基金，例如个人账户的养老保险基金，住房公积金等。

3. 机构基金

机构基金是用人单位为其职工建立的福利性基金，所有权归集体，按照国家的政策和单位的规章对符合条件的职工给以补贴的资金，例如用人单位的福利基金，单位住房基金等。

（四）按基金的营运管理方式分类

1. 财政性基金

财政性基金按目前的管理方式又分为预算内管理资金和预算外管理资金。社会保险各类保险基金中的社会统筹基金属于公共所有的基金，应纳入预算外资金管理，建立财政专户，收入上缴财政专户，支出由财政部门按预算外资金收支计划从专户中核拨。

2. 市场信托管理基金

市场信托管理基金，基金来源按契约或章程，由用人单位和职工(或用人单位一方)缴存，记入个人账户，由基金法人委托受托人管理基金，基金营运管理(包括投资营运)通过市场竞争委托金融中介机构(基金管理公司，投资管理公司)具体运作。凡以个人账户储存积累式的基金都应按这种管理方式管理，例如企业补充养老基金。

3. 公积金

公积金基金来源是按照法律、法规规定，由用人单位和职工缴存，记入个人账户，产权归个人所有，不属财政性资金，也不同于银行储蓄资金，由法律规定用途和领取条件，并由法定机构(属金融机构)营运管理，综合用于养老、医疗、住房、教育、家庭和家属等保障功能。我国借鉴新加坡的中央公积金制度，在住房保障中建立了住房公积金制度，属于公积金基金。1996年8月，国务院办公厅印发《关于加强住房公积金管理的意见》，明确住房公积金的性质是职工个人住房基金，即归职工个人所有，不属财政预算资金，由公积金管理中心运作管理，委托银行开立专户存储和贷款，财政行使监督职能，此项基金按现行规定专项用于职工购、建、大修自住住房支出，职工离退休时本息余额一次结清，退还职工本人。

第二节 社会保障基金筹集

社会保障基金的筹集是社会保障制度的首要环节，完善社会保障基金筹资模式、管理方式及筹资形式,对更好地筹集社会保障基金、充分调动受益人地积极性、促进社会稳定和经济发展有着十分重要的作用。

我国1994—1996年在社会保障制度改革上,对基本内容作了以下的调整:缴费率由过去缺乏明确规定调整为不超过28%;养老保险进入个人账户比例由16%下降为11%,相应的社会统筹比例也提高了;养老保险的替代率由目前的83%逐步调整为50%—60%。1998年,国务院对原来医疗保险改革方案作了调整:覆盖范围扩大到城镇所有用人单位的职工;医疗保险缴费由用人单位和职工共同缴纳;建立医疗保险个人账户和社会统筹基金。

而最新的缴费比例调整为单位大约按20%、6%—8%、1.5%、1%、0.8%缴纳养老、医疗、失业、工伤、生育保险,而个人按8%、2%—4%、1%缴纳养老、医疗、失业保险。

一、社会保障基金筹集的原则

社会保障基金是社会保障制度得以正常运行的支柱,而社会保障基金的筹集模式、方式和原则是能否形成可靠的社会保障基金的关键。根据社会保障制度改革与发展的目标定位,社会保障基金筹集应当坚持如下原则。

1. 兼顾社会目标、经济目标和政治目标

(1) 社会目标。

社会目标是要达到公平和保障大多数人的基本权利,即社会保障。社会保障是人人平等享受的权利,但是,在市场经济条件下,受竞争规律的支配,优胜劣汰在所难免。市场机制,给予每个社会成员平等参与竞争的条件和机会,它自动向效率倾斜,但并不自动向公平倾斜,在竞争中的弱者贫困也在所难免。社会保障通过其基金的筹集和待遇的给付,把一部分高收入的社会成员的收入转移到另一部分生活陷入困境的社会成员手中,从而达到社会公平的目标。

(2) 经济目标。

经济目标是要达到收支方面的可持续性和对经济增长的激励作用,经济的发展是社会保障制度的保证,因而,社会保障体系不只是强调其社会功能,同时还要强调其经济功能,以达成经济发展的目标。筹集社会保障基金时,一旦筹集比重过重,那么对个人和企业的经济活动刺激就会减弱,从而有可能导致经济活力的下降。

(3) 政治目标。

政治目标是要达到不同人群利益关系的平衡及其连续性。其实,资本主义国家实行社会保障最初是由社会动荡逼出来的。社会保障被称为"减震器"和"安全网"。我国社会保障制度的建立和发展的实践也充分证明,社会保障维护了广大人民的利益,促进了社会的安定团结,推动我国良好稳定的社会秩序的建立。

2. 兼顾长期目标和短期目标

短期目标与长期目标兼顾,就是要在确定社会保障费率时,要立足于长远目标来设计,不能因为短期目标的需要而升降费率。总的原则是要随着经济发展水平的提高而逐步改善社会保障待遇。因为社会保障基金,特别是积累型的社会保障基金,涉及宏观经济中的积累与消费的关系问题。科学地确定社会保险基金在国民生产总值中的比重,确定企业和员工社会保险基金的负担程度,这对于社会保障的可持续发展和保证国民经济的正常运行是十分重要的。

3. 兼顾公平与效率

社会保障基金的筹集首先要保证公平,即每一个社会成员或劳动者,即使失去了收入来源或收入极低时,也应有获得基本生活资料的权利。这就要求社会保障基金在高低收入之间有筹集和再分配功能,让每一个劳动者在年老、失业、生病、伤残或死亡时能满足其基本生活要求。社会保障基金筹集在考虑公平的同时,还要考虑效率,就是要让对社会贡献大的,享受社会保障待遇高一些,也就是说按个人工资比例缴纳保费,工资高者缴得多,享受标准也高,这就激励劳动者更好地工作,以提高经济效益。如果不体现这一区别,职工退休时不管原来保费缴多少,拿一样多的退休金,无疑是打击先进,鼓励落后。可见,社会保险中要体现激励要求,效率原则,保险待遇一定要有差别。

二、社会保障基金筹集的模式

社会保障基金的筹集在宏观上的重要问题是资金的收支平衡问题,尤其是养老保险的财务安排必须遵循收支平衡的原则,即筹集模式问题。各国依不同的平衡理论(横向平衡、纵向平衡)形成了现收现付、基金积累(又分完全积累和部分积累)等制度①。它对于社会保障事业的壮大、国民经济健康发展和减轻国家财政负担具有重要意义。

三、社会保障基金筹集的途径

(一) 社会保障基金筹集的渠道

社会保障是一种凭借"社会"力量,保证社会成员基本生活,从而安定社会秩序的一种社会福利制度。目前我国进入"老龄化"社会,加之大量的国有企业经营亏损,失业人数逐年递增,社会保障基金收不抵支的格局没有改变,需要国家的大量补助,这同建立完善的社会保障制度相差甚远。社会保障资金用之于社会,来之于社会,可以通过多种渠道来弥补社会保障基金的缺口,由于社会保障基金是由多方面承担的,所以社会保障基金的筹集渠道也是多元化的。

1. 社会保障基金筹集的主要渠道

(1) 国家财政负担。为社会成员提供社会保障,是现代社会政府的重要职能。社会主义国家与政府代表全体人民的意志和利益,对发展社会保障事业、积极干预经济生活、关心人民疾苦、为人民谋福利负有不可推诿的义务和责任,有必要在国家预算中拿出一部分资金用于保障其公民的生存权利。国家财政负担在承担对低收入贫困阶层的援助以及社会的共同福利方面,作用卓著不可取代。此外,国家财政在社会保险中也承

---

① 关于基金的筹集模式,详见本书第三章第二节。

担了部分责任,如允许企业为职工缴纳的社会保险费在税前列支,在社会保险基金收支不平衡而出现赤字时提供补贴。总之,国家财政负担在社会保障基金的筹集中发挥着极其重要的作用。

(2) 用人单位负担。集体或企业团体作为社会的基本经济单位,有责任为其职工提供一部分社会保障基金的义务。职工不仅在其工作期间因病因伤时具有获得基本医疗和基本生活保障的权利,而且有权利在他们年老丧失劳动能力以后获得基本生活的保障。这就要求用人单位为职工向社会保险机构缴纳社会保险费,以解除职工的后顾之忧,稳定职工的工作情绪,调动其积极性。用人单位的这种负担,不是一种"额外"负担或财政性、社会性负担,而是一种"经济性"负担,是用人单位对职工的一种责任的具体体现。所以,用人单位为职工缴纳的社会保险费,可以在税前列支,成为人工成本的一部分,其实质是来源于职工必要劳动的一部分扣除。

(3) 个人负担。每个社会成员,尤其是有劳动能力和收入来源的成员,也有责任为自己的养老保障及其他保障提供一定的资金。因为谁都会遇到养老、失业、疾病、工伤等社会风险和自然灾害的风险,这时谁都需要得到基本生活的保障,但是只有承担缴纳义务的成员才具有相应享受的权利。尽管每个人缴纳的金额可以不同,个人的总缴纳在社会保障费中的比例并不大,但个人缴纳始终是必要的负担和享受的前提。

个人承担一部分保障费用,既有利于减轻社会压力和国家财政负担,又能够完整体现社会保障的权益结合,增强个人的责任心和自我保护意识,并有利于加强他们对社会保障基金的管理和监督。国家、单位、个人分担社会保障费用是社会保障基金的主要来源,按一定的比例由国家、单位和个人共同负担,有利于社会保障制度的自身完善,形成多元的保障行为主体,发挥多方面搞好社会保障的积极性。同时,就保障基金分配而言,通过再分配过程,还有助于进一步处理好国家、单位和个人之间的利益关系,有益于调动全社会力量,形成"人人自我保障,社会为人人保障"的新格局。

2. 社会保障基金筹集的其他渠道[①]

在我国经济体制转轨时期,社会保障制度面临的问题很多,社会保障资金缺口较大,除了主渠道外还需要采取多种途径筹集社会保障基金。可考虑如下途径。

(1) 减持国有资本。无论是企业还是机关、事业单位,改革前社会统筹和个人账户都未形成资金积累。社会统筹和个人账户资金已物化在国有资产中。社会保险从现收现付制向预筹积累制过渡,通过国有资本的减持补足改革前社会统筹和个人账户资金合情合理。

(2) 国债发行。目前,在体制并轨时期,可把重点放在无期国债发行上。无期国债可以在证券市场上流通,国家支付每年度的利息。在国家财政盈余年度,可以有计划地回购,直到回购完为止。通过这种途径就可以解决体制并轨所需的巨额资金。

(3) 彩票发行。多渠道筹集基金兴办福利设施和公益事业的办法,已为许多国家所采用。当今,无论是经济发达国家,还是发展中国家,不论是资本主义国家,还是社

---

① 李娅云、张弛:"社保基金管理问题及对策",《法人》,2005年第2期。

主义国家,普遍都在发行彩票。在我国的社会保障体系构成中,社会救济和社会福利可以通过发行彩票来进行筹集资金。

(4) 扩大社会保障覆盖面。我国蕴藏着筹集社会保障基金的宝贵资源,那就是目前尚未被社会保险制度覆盖的人群。这群人规模目前仍然较大,主要包括机关、事业单位职工、乡镇企业、三资企业、私营企业等雇员,城镇个体经济从业人员,进城农民工等。在社会保险基金的征缴上,应尽力提高收缴率,扩大覆盖面,使覆盖面真正扩大到全体劳动者。覆盖面越广,基金的规模也就相对越大,社会保险的共济互助功能也就越能发挥。

(5) 建立社会保障基金的投融资机制。社会保障积累的基金具有数额巨大、来源稳定并可长期使用等特点,是一笔质量很高的资金,是国家建设长期资金的重要来源。为使社会保障基金更好地保值、增殖,有必要建立和选择相应的社会保障基金投融资机制。要保证基金的保值增值,就必须合理运用投资工具,实现投资方式的多样化。应适当地涉足股票、企业债券、不动产、实业投资、投资基金等投资工具,在确保安全性的前提下,充分实现基金的投资盈利收益,扩大社会保障基金的规模。

(6) 充分利用社会力量筹集社会保障基金。吸收社会经济组织、社会团体及社会人士捐助,是多渠道地筹集社会保障基金的又一途径。

(二) 社会保障基金筹集的具体方式

1. 社会保障基金筹集的三种方式

社会保障基金筹集方式,就是指筹集社会保障基金所采取的具体手段。一个国家社会保障基金的筹集方式取决于社会保障体系总体的要求,由于社会保障体系内容的多样性和社会保障基金来源的多渠道以及筹集模式的多样化,社会保障基金的筹集手段也是多种多样的。

从世界各国的实践经验来看,筹集方式归结起来主要有三种。

(1) 社会保障税。目前世界上 170 多个国家建立了社会保障制度,其中以社会保障税方式筹集社会保障基金的国家占到一半以上,美国、英国属于比较典型的以社会保障税筹集社会保障基金的国家。开征社会保障税已成为非常重要的社会保障基金筹集方式,在一些发达国家社会保障税的收入占全部税收的 1/3 以上,有的国家甚至达到 50%[①]。

(2) 雇主和雇员缴费为主。以权利和职责相对等为原则,采用这种社会保障基金筹集方式的国家,社会保障基金的来源主要是以雇主和雇员的工资收入总额的一定比例缴纳社会保障基金,国家财政在社会保障基金的筹集方面主要起补充作用,这种方式主要以日本、德国为代表。

(3) 强制性储蓄。这种方式主要以新加坡和智利为主要代表,新加坡建立"中央公积金"制度来确保社会保障基金的筹集,智利从 1981 年 11 月起在全国推行预筹基金制养老保险机制。目前,世界上大约有 15 个国家实施了类似"中央公积金"的社会保障基金筹集制度。

---

① 孙建勇:《社会保障基金监管制度国际比较》,中国财政经济出版社,2004 年版。

2. 我国社会保障筹集方式的现实状况

我国目前社会保障基金筹集方式主要是社会统筹缴费。这种方式主要是由各地方政府根据社会保障项目分别制定缴费标准和办法进行征收,它具有很多的弊端。例如:由于缺少应有的法律依据,手段软化,刚性缺乏,经常出现缴费单位故意隐瞒工资总额而少交统筹基金;或者转移银行账户,拖欠不交保障金,使社会保障基金不能及时筹集到位,影响了社会保障作用的发挥。并且,社会保障基金属于地方规费范畴,社会化程度低,保障功能差。从长远看,不规范的筹集方式难以为社会保障及时足额地提供资金,难以适应社会保障基金模式的运行,难以应付改革时期失业问题和人口老龄化对社会保障基金巨大的支出需求。

以我国现在的养老保险基金为例,采用的是部分积累制。1992年,我国对城镇职工的养老保险制度进行了全面改革,建立了社会统筹与个人账户相结合的养老保险制度,在养老保险财务运转上力求做到"以支定收,略有节余,留有部分积累",即部分积累的财务机制,以期既不过分加重目前企业和国家的负担,又适当减轻未来人口老龄化的压力。正是由于现收现付制和基金制财务机制都有着各自显著的优越性和难以克服的缺陷,因此将两者结合起来,既可将两种财务机制的优势充分发挥出来,又能尽量避免两者的缺点。正是在这一思路下,我国提出了部分基金制的概念。这种改革的着眼点在于:一是让职工负担部分保险费,以减轻企业部分负担和增加个人责任感;二是建立职工个人退休金账户,并将企业与个人缴费的大部分积累于个人账户,以期解决现收现付制度与人口老龄化的矛盾。

新制度下社会统筹基金的用途有两项:一是补偿旧制度下政府社会保险的债务,即代际转移支出;二是用于新制度下同代人之间的再分配,以体现新制度的。

我国在社会保障基金具体筹集方式上的选择,一方面要借鉴国际上的先进经验,另一方面,也要考虑我国的现实国情,建立与我国国情相适应的社会保障基金筹集方式。确立合理的社会保障基金筹集方式是一个国家社会保障体系构建中的核心问题。当前,改革的方向是开征社会保障税,完善社会保障基金筹集方式,这种方式在管理效率上、法律约束上和义务与权利的公平性上都具有较大优势,可以克服现行社会保障基金筹集方式筹集不足和管理不善等问题,应成为我国社会保障制度改革与完善的突破口。

以开征社会保险税为例,社会保障基金以税收的形式进行,运用税收的强制性和规范性,将各类不同所有制的企事业单位、行政机关单位的职工及个体劳动者都纳入社会保障范畴。这一方式征收面广、适用普遍、标准统一、数额稳定,能有效地避免筹资比例的随意性,扩大筹资的刚性,防止和克服资金筹集过程中的种种阻力,杜绝拖欠、不缴和少缴的现象,既能保持社会保障基金筹集在较长时间的连续性和稳定性,又能保证所有负担社会保障义务的单位和个人及时足额缴纳。而且社会保障基金以税收的形式进行,还有较大的优越性:有利于规范社会保障基金的管理,加强社会保障基金的征收力度;有利于彻底实行社会保障基金的管理与监督使用分开,形成"税务征收,财政监督,劳动部门发放"的新管理模式,实现真正意义上"收支两条线"的管理制度,确保安全与完整;有利于充分发挥税务机关的现有力量,精简原社会保部门不必要的机构和人员,提高社会保障基金的征收效能,减轻企业负担和降低征收成本。

第三节 社会保障基金运营

社保基金的投资运用是指将社会保险基金投入到经济活动中以取得相应的收益。其目的是通过社保基金的投资运用,为社会保障提供充足的资金,促使社保基金的作用得到充分发挥。在实际生活中,社保基金的投资运用对金融市场和经济繁荣具有重要意义,我国社保基金的投资目前已经涉及股票、实业、海外市场、股权等多个市场和投资品种,但在现实营运中依然存在一些问题。

一、社会保障基金投资运营的必要性和意义

(一) 社会保障基金投资运营的必要性

1. 市场经济决定了需加强社保基金的运营

在市场经济条件下,社会保险基金可能会受到时间和通货膨胀等因素影响发生贬值,这就需要通过对社保基金的投资运用来抵御这种风险。除此之外,社会保险基金在运用过程中对金融市场和经济发展有重要影响。社保基金的投资运用不仅能够促进经济发展社保基金的投资运用而且还能推动金融市场发展。

2. 中国国情急需加强社保基金的运营

(1) 人口老龄化和基金收支缺口的扩大,需要加强社保基金的投资运用。我国人口老龄化危机日益凸显。据预测,2030 年左右我国退休高峰(60 岁以上人口约占33 500 万,约占总人口的 27%)来临时,退休费将占工资总额的 36%,高出国际公认的26% 的警戒线 10 个百分点[①]。而我国的 GDP 水平远远低于发达国家水平。一方面,人口老龄化进程的加速,并超前于经济发展水平而提前出现,单靠企业单位和职工社保基金的筹集,无法妥善解决"老有所养、老有所依"的问题。另一方面,人口老龄化表明劳动人口比重下降,对老年人的赡养负担日益沉重。在这种情况下,如果保持目前养老金待遇不变,未来的养老金提取率将会直线上升,基金收支的缺口越来越大,最后超出养老基金的支付能力人口老龄化和收支缺口的扩大,迫切需要通过社保基金的投资运用,为即将到来的人口老龄高峰积累足够的支付资金。

(2) 失业问题严重,应付失业保障需要加强社保基金投资运用。失业问题是我国经济体制改革推进中的"瓶颈"问题。一般说来,我国公布的城镇登记失业统计口径窄,如果考虑到我国集体企业下岗职工城镇登记失业的劳动年龄限制和尚未登记的失业人员以及大量农村剩余劳动力,实际失业率仍然较高。较高的失业率使城镇职工贫困的风险因素明显增大,单纯依靠企业、职工和国家所缴的保险费是不能解决问题的,还需

---

① 杨茁:"社会保障基金管理与审计监督研究",《求是学刊》,2001 年第 28 卷第 5 期。

要通过社保基金的投资运用加以解决。

(3) 从我国目前的贫富差距来看,需要加强社保基金的投资运用。社保基金按社会公平原则进行分配,在一定程度上调节了社会成员间的收入差距,能够减少社会的动荡因素。穷者越穷、富者越富的社会现象,不符合社会主义"实现共同富裕"的目标,也与市场经济改革的初衷背离甚远。当前我国的基尼系数①已经超过了国际公认的警戒,居民贫富差距拉大,急需社保基金来调节。在企业、职工、国家财政拨款的基础之上,通过社保基金的投资运用,可以扩大社保基金规模。

(二) 社会保障基金投资运营的重要意义

社会保险基金的运用是社会保险机构的重要工作和主要任务,对于进一步健全、完善社会保险体系,促进社会经济的全面发展具有深远意义。

1. 有助于加快积累实质性社会保险基金

国外商业性保险和社会保险发展的经验表明,积累保险基金可以通过扩大覆盖面、增收保险税费的方式来实现。但是,以增收税费的方式积累保险基金,相应加大了保险机构所承担的风险,并且这种保险基金积聚得愈多,风险就愈大。因此,通过收付方式积聚的保险基金是一种非实质性保险基金。积累实质性的保险基金主要依靠保险机构管好、用活已有的保险基金,争取投资盈利。在西方国家,投资收益成为有效社会保险基金积累的最重要来源。同样,我国通过正确运用社会保险基金,也必将能够累积巨额实质性社会保险基金,建立起强大的承担社会保险责任的资金后盾。

2. 有助于降低社会保险税费率,减轻企业的经济负担,提高企业的竞争力

在"收付"式社会保险制度下,随着社会保险业不断发展,社会保险支出水平逐步提高,迫使国家必然相应提高社会保险税费率,从而加重企业的经济负担。相反,在"经营"式社会保险制度下,通过有效运用社会保险基金并获取预期投资回报,就能降低企业的社会保险成本,提高企业在国内市场乃至国际市场的竞争力。

3. 能直接支援经济建设,提高社会保险在国民经济中的地位

社会保险基金由社会保险专管部门掌握,按照国家有关法规、政策进行各项投资活动,不仅加大了社会保险的偿付力度,而且为资金投放企业的风险管理、技术改造和扩大再生产提供了可靠的资金来源,有效支援了经济建设。同时,社会保险基金的有效运用,能使各行业从中全面看到社会保险调节国民经济的作用和支持社会保险事业的发展。

4. 有利于完善资本市场,提高资金的使用效率

在发达的市场经济条件下,社会保险基金进入资本市场是资本市场本身发育的必要条件。据统计显示,某些发达国家仅养老基金就占资本市场资金的 1/3 以上,可以说没有养老基金的投入,就不可能形成完善的资本市场。我国的资本市场发展时间短、发育程度低、资金相对匮乏,如能将大部分社会保险基金投入金融或经营性事业,必然加

---

① 基尼系数是意大利经济学家基尼于 1922 年提出的,定量测定收入分配差异程度,国际上用来综合考察居民内部收入分配差异状况的一个重要分析指标,见本书第六章。

快完善我国资本市场的步伐。此外,社会保险基金的运用,使其投资者成为资本市场的稳定力量和竞争对手,定当打破资本市场保持的原有平衡,给资本市场增添新的竞争活力。这不仅能增加经济增长所必需的资本投入,增大长期资本投入的比例,而且还有助于投资者实行稳健的投资策略,适时调整投资结构,加强和改善投资管理,提高投资质量和效益[①]。

二、社会保障基金投资运营的方式与原则

(一) 社会保障基金投资运营的方式

以何种方式运用社会保险基金,直接关系到社会保险基金运用能否带来理想的预期回报。纵观各国社会保险基金运用的情况,其运用方式主要有三种。

1. 储蓄存款

社会保险机构将集中的社会保险基金存入银行,以收取固定利息作为投资回报。

2. 对外贷款或进行不动产投资

这种资金运用方式通常由社会保险主管机构或有关部门成立的资产托管委员会或资产托管局操作。

3. 有价证券投资

这种方式指利用社会保险基金购买国家债券、企业债券、股票等有价证券。

(二) 社会保障基金投资运营的原则

社会保险基金是社会公共基金和建设基金的重要组成部分,同时又是国民的养命钱。因此,在运用社会保险基金进行各项投资活动时,必须遵循以下原则。

1. 社会性原则

社会保险基金的运用,首先必须考虑资金的投向应符合国家有关投资法规和投资政策的规定,有利于社会发展进步和国民经济增长,有利于提高劳动生产率。简言之,社会保险基金的运用必须讲求良好的社会效益。那些违背法规和只顾及眼前利益和个别利益而忽视整体利益和人民长远利益的投资活动,应坚决摒弃。

2. 流动性原则

社会保障基金的支付持续进行并且不容延缓,要求基金投资具有流动性。在具体措施上,可对收支进行事先预测,留足资金和一定的短期投资以备短期支付之用,并对中长期投资的期限进行统筹安排,使基金投资在应付日常支出的前提下充分发挥效益。长期投资虽然牺牲了资金的流动性而风险更大,但收益也更多,因此仍应在满足基金流动性前提下适度用于长期投资。当然,不同性质的基金对流动性要求也不同,如失业保险基金、工伤保险基金,应以短期投资为主,而养老保险基金则偏重长短期投资的统筹安排。

3. 风险分散原则

任何投资都具有一定的风险,为使社会保险基金的投资风险降低到适当的程度,保

---

① 万解秋等:《社会保障基金投资运营研究》,中国金融出版社,2003年版。

证投资相对安全,就必须将社会保险基金投资的风险分散。风险分散的办法有两种:一是将社会保险基金分别投向多个项目,以避免风险集中和造成重大损失;二是根据社会保险基金的具体用途,分类进行投资①。

就社会保险基金使用而言,一般分为三类,第一类是随时用于支付退休金、失业救济金和医疗、工伤保险金的部分,这一部分基金要求具有高度的流动性或变卖性;第二类是准备应付突发事件和国家调整社会保险待遇的部分,这一部分社会保险基金也要求有较好的流动性;第三类是用于将来支付保险金的部分,这一部分基金不要求及时变现和具有较好的变卖性,它可用于长期积累和投资。

根据社会保险基金分类,社会保险投资机构可采取不同的投资方式。

第一类社会保险基金要求流动性极强,因此,基金既不能投资于货币市场,更不能运用于资本市场,只能用作储蓄存款。

第二类社会保险基金依其用途和要求,可投向货币市场,用于资金短期拆借、购买银行可转让大额存单,或对商业票据进行贴现、购买一年期或一年期以下的国库券和企业债券等等。

第三类社会保险基金则可用于中长期储备性投资,如购买一年期以上的国家特种债券、国库券、企业债券、上市股票,以及信托委托贷款、各种直接投资等等。

至于各类投资占总投资的比例,应根据现时需要和将来承担的偿付责任作出合理的安排。总之,分类投资既保证了社会保险基金的正常支付,又分散了投资风险,保证了基金运用的流动性和安全性,并为社会保险基金保值增值提供了可能性。

4. 收益性原则

社会保险基金运用的直接目的是使基金增值,加大基金积累,扩大社会保险的实际偿付能力。为此,在保证投放资金能够安全回流的前提下,还应尽可能地选择那些能带来可观投资收益的项目,唯有这样才能使社会保险基金在不断积累过程中逐渐雄厚起来,为社会保险制度的发展和完善奠定经济基础。在其他国家尤其是经济发达国家,社会保险基金投资于第一类基金的方式的比例相当小,其根本原因是把社会保险基金存于银行不仅不能使社会保险基金增值,就是保值也很困难。

社会保险基金投资于第二类基金的方式也不多,因为购买银行大额存单、对商业票据进行贴现、购买一年期或一年期以下的国库券和企业债券,使社会保险基金保值没问题,但增值就很难保证。

显然,以上短期投资,除了各种风险因素外,投资成本也太高。社会保险基金投资于第三类基金的方式(尤其是投资于长期债券和股票)占全部投资的绝大部分。例如,美国的退休金计划通常将基金的 40% 投资于债券市场,60% 投资于股票市场;1997 年,瑞士各职工养老基金组织向股票市场投资的平均比例(包括国内外投资)为 45%,加拿大魁北克政府将包括养老保险基金在内的公共基金的 37% 用于股票市场投资;1998 年,英国的职工养老基金用于股票投资的比例则高达 70%—80%②。将大部分社会保险基金投资于

---

① 徐滇庆等:《中国社会保障体制改革》,经济科学出版社,1999 年版。
② 孙建勇:《社会保障基金监管制度国际比较》,中国财政经济出版社,2004 年版。

债券与股票市场,是因为这种投资方式能够使社会保险基金增值,是实现社会保险基金运用的收益性原则的最佳方式。从长时期看,债券投资是可以产生效益的,同时,如果投资人能在股票市场上作长线投资,得到的收益肯定会高于其他任何形式的投资。

三、社会保险基金运用值得思考的几个问题

(一) 风险与收益

在投资决策过程中,备受投资者关注或使投资者考虑最多的就是投资风险与投资收益的关系问题。几乎所有的人们都认为,社会保险基金是一部分必要劳动的积聚,是人民的养命钱。因此,将社会保险基金运用于投资,应投资在那些回报率高而风险较低的项目上。其实,这样的投资根本就不存在,只不过是人们的良好愿望罢了。林肯国民投资公司总裁杰夫瑞·尼克曾风趣地说,"为什么不存在高收益、低风险的投资呢?如果有这种机遇,那么,谁提供这种机遇,谁家的门槛就要被踩烂了。"①提供投资机会的人们十分清楚,为了使自己获取最大的利润,同时又避免为数众多的投资人挤上门来,他们必定会提高投资的价码,使其投资回报率与其他对等风险的投资回报率相当。

不论在哪种制度下,只要存在这种投资,提供投资机会的人一定都会作这样的调整。正如杰夫瑞·尼克反复强调的那样,"由于竞争的原因,在投资领域,从来就没有'免费午餐'。"这就说明,投资收益与投资风险成正比例关系,试图获得一定的投资收益就必须承担一定的投资风险,如果投资者根本不愿承担任何风险,收益率也就微乎其微。如前所述,第一类基金的投资方式,风险极小,但不仅不能保证社会保险基金保值增值,相反,它还会使基金贬值。第二类基金的投资方式,风险不大,但至多使基金保值,无增值可能。只有第三类基金的投资方式,由于风险高、获利机会大,才有可能保证社会保险基金增值。当然,高风险投资并不能保证一定就有高回报,但它提供了获得高收益的机会。

(二) 公营与民营

社会保险基金是否需要经营?回答应当是肯定的。但是,社会保险基金由政府统一经营,还是由民间投资机构经营,或是由政府和民间合作经营,是当今世界绝大多数国家还在继续探索的问题之一。从各国的实践看,社会保险基金由政府统一经营,具有便于风险控制和管理,基金安全性、社会性和流动性强等优越性。但是,由于政府经营受自身统筹兼顾、全面协调等宏观政策的约束,加之投资者背上国家财政"兜底"的包袱,以及缺乏外在的竞争压力和内在的经济利益激励机制,其经营的收益性同民营相比就低得多,某些国家甚至还出现负收入。中国的社会保险基金如何运用?由谁来运营?诚然,外国的有些经验是值得借鉴的。

民营社会保险基金不论从资金投放,还是从投资收益支配的角度看,都面临较大的风险。为规避投资风险,使民营社会保险基金按照增值的目标运行,国家还必须为其提

---

① 闫忻:《社会保障基金与证券投资基金》,复旦大学出版社,2002年版。

供一定的条件,包括以下内容。

1. 国家授权

国家应赋予各投资机构有运用社会保险基金的权利,并有权决定基金投向与运用方式,同时允许统筹基金和个人账户基金有权自主选择信得过的投资公司或代理人,这是民营社会保险基金的前提。

2. 健全法规

建立健全有关社会保险投资法规,保证各投资机构运用社会保险基金的合法地位和权益,保证社会保险基金运用的各项原则得以实现,保障社会保险基金投资所获得的收益不因其他原因而受侵害,这是民营社会保险基金规范运作和良性发展的基石。

3. 完善资本市场

建立和完善资本市场以及发展多种金融工具,为社会保险基金从储蓄顺利地向投资转化,或从闲置资金向生产资金转化提供优越的外部环境,这是民营社会保险基金的关键条件。

除此之外,各投资机构内部有较强的投资意识和承担风险的胆量,投资者通晓金融市场信息,熟悉投资业务和投资基本技能,是民营社会保险基金的重要条件。

(三)专管与监督

资本市场在建立社会主义市场经济的初级阶段正不断发展,虽然已取得一些成功经验,但在发展的过程中还有许多不完善的地方,还处于初级阶段。因此,国家从基金安全的角度和保险基金的特殊性考虑,只允许银行存款和购买国债。依据1999年7月执行的《社会保险基金财务制度》要求,基金结余除根据财政和劳动保障部门商定的、最高不超过国家规定留存的支付费用外,全部用于购买国家发行的特种定向债券和其他种类的国家债券,任何地区、部门、单位和个人不得动用基金结余进行其他任何形式的直接或间接投资。对于全国社会保险基金理事会管理的国家保险基金,按照"规范、稳健、专业化、市场化"的运作要求,在《全国社会保障基金投资管理暂行规定》规定的框架内,管理和运营全国社保基金。目前,理事会已初步建立了全国社保基金的直接投资运作制度,委托投资业已开展。

四、社会保障基金投资运营模式选择

根据投资主体不同,社会保障基金的运营主要有三种模式。

(一)购买国债或参与国家财政统筹

这一模式实质上是将投资权交给国家有关部门。显然,不管采用从一级市场购买国债,定向认购社会保障特种债券,还是采用直接列入财政预算等方式,这种国际通行的做法具有无风险、收益保证与操作容易等优点。但是,国家在获得建设资金的同时,也将完全承担投资风险,资金的运用与社会保险基金无关,难以保证资金的使用效率。如果物价指数较高,国家对国债实行利率补贴,将会增加财政开支负担,而且,即使实行保值补贴,仍不能使基金增值。因此,购买国债虽然是基金安全投资的理想途径,但不能成为基金的唯一投向。

(二) 委托银行、信托公司、基金管理组织等金融机构运营

通过金融机构进行信托投资,并规定最低收益率,同样具有手续简便,收益保证的特点。在实际操作时,为降低社会保险基金的风险,一般采用信托投资,即委托人除规定利息外,还在年终分享利润。金融机构虽然承担了投资风险,但通过其相对成熟的项目评估体系,可在不同类型的项目中择优投资,从而规避风险。为使基金得到尽可能大的投资回报,可在现行做法的基础上增加竞争性,将基金分割成几块,委托多家机构进行投资。这样,一方面可以通过竞争而提高效益,防止垄断性经营造成效率低下,另一方面还可以分散风险。

目前,多数专业银行和金融机构都具有投资能力,可根据保险基金的规模,选择资信较优的有限几家参与委托投资。这种模式强调投资的收益性,但即使如此,在物价指数增幅较大时,仍难以保证投资的收益率高于通货膨胀率。同时,由于忽视公益性投资,社会保障事业本身的投资资金反而显得不足,若向银行告贷,徒增贷款利息的开支。所以,这种模式仍有局限性。

(三) 从长期目标看,应建立社会保障银行,专门从事基金运营

社会保障银行运营基金的优势在于其有投资自主权。特别在物价指数增幅较大时,为保证基金的保值增值,必然要求部分资金投资于高收益项目。与高收益相伴的高风险虽然无法彻底避免,但可以采取一些措施降低,如通过投资组合将风险分散到彼此相关性较小的多个项目或者由政府或保险公司通过再保险的方式,对风险投资的回收进行保险,从而保证社会保险基金的安全。

五、我国社会保障基金现阶段运营过程中的实际状况

(一) 基金管理制度约束

在保险基金的管理上,我国确实曾发生大量基金被挤占和挪用的现象,且非常触目惊心,在这种情况下,国家严格限制了基金的投资渠道,只允许国债和银行定期存款。经过下大力气清理整顿工作,这种局面得到了控制。在资本市场发育的初期,防范风险的能力较小,对社保基金的投资范围作出限制是必要的,但是不应当成为一个长期政策的选择。当前全国社会保障基金理事会管理的基金有投资管理的办法,详细地规定了投资的渠道和管理方法,地方结余保险基金的投资渠道仍然较为单一。

(二) 统筹层次的不同,基金管理主体分散,影响了基金的存量规模,削弱了基金运营的规模效益

目前地方保险基金的统筹层次也不尽相同,中央和省属企业养老保险、失业保险实行了省级统筹,其他险种实行地市级统筹或县级统筹,统筹的层次还处在较低的水平。一些企业还建立了补充医疗保险和补充养老保险,企业是补充保险基金的管理主体。这些管理的体制,使基金节余分散,管理主体多,管理的难度增大。

(三) 社会保险基金运营主体的非专业性以及过多的行政干预导致基金运营的低效率和高风险并存

从目前社会保险基金的管理机构设置来看,社会保险的管理和基金的运营都是由

政府组建的事业性机构来管理,其管理模式是政府行政命令的管理,而非市场指导下的商业化的运作,这使基金在运营过程中存在很大的弊病。一方面,这部分人没有大基金运作的经验,专业化素质不高,客观上难以胜任未来社会保险按市场运作以实现增值的重任;另一方面,社会保险按隶属行政部门机构来管理,难免在运营的过程中夹杂部门行政领导的行政干预因素,对基金运营带来隐患。

一是社会保障基金运用渠道狭窄。社会保障基金运用渠道狭窄限制了社保基金本身的保值增值及其调控宏观经济的作用。当前我国社会保障基金的总体规模巨大,但缺乏有效的投资渠道和手段,限制了基金的保值增值能力。除部分全国社会保障基金投资于股票和债券二级市场之外,地方基本养老保险基金的资产基本是投资于收益率较低的国债、存款,基金运作回报率低,保值增值能力有限。

二是社会保障基金的投资运作管理手段比较落后。发达国家基金管理运营政策都在不断发展变化,一些国家由政府直接管理基金,一些国家则交给私有的养老基金管理公司来运营,一些资本市场成熟度比较高的国家则直接投资资本市场。我国地方社会保险基金由人力资源和社会保障部负责管理,各地人力资源和社会保障部门除按规定预留必要的支付费用外,要将社会保险积累基金全部存入银行和购买国债,在国家做出新的规定之前,一律不得进行其他投资。

第四节 社会保障基金监督

社会保障基金监督是指由国家行政监管机构、专职监管部门为防范和化解风险,根据国家法规和政策规定,对参保企业、社会保险经办机构、社会保险费征收机构、基金开户行、基金运营机构及社会保险基金、全国社保基金、企业补充保险基金,以及其他有关中介机构的管理过程及结果进行监督。社会保障基金监管是通过对基金征收、支付、管理等投资运营各环节实行非现场监督,确保基金完整安全,实现基金保值增值,维护劳动者合法权益,为宏观决策提供依据。社会保障基金监督贯穿于社会保险制度运行的各个方面。

社会保障基金监督的目的在于:一是维护各项社会保险基金管理政策的贯彻执行,保障社会保险基金的正常运行,预防社会保险基金管理可能存在的各种风险;二是及时分析、综合反映和评价社会保险基金管理、运行状态与预期标准的偏差,及时分析研究偏差产生的原因及可能带来的损害,为政府制定和实施社会保险基金管理政策提供可靠的信息和依据;三是通过监督有效制止和纠正各种社会保险基金的违法、违规行为。

人力资源和社会保障部门行政监管是我国社会保障基金监管体系的主要组成部分。人力资源和社会保障部是国家社会保障基金监管机构,负责组织实施各项社会保险基金监督管理工作,具有制定基金监督管理制度和社会保险经办机构管理规则、制定基金运营准入的资格标准、认定基金运营机构资格、监管基金运营、查处基金管理重大违规违纪案件等项职责。

一、社会保障基金监督的重要性

1. 有利于确保基金的安全和完整，确保基金的安全完整是基金监督的直接目标

社会保险基金无论从收支的过程来看，还是从具体运营的操作来看，都存在风险。基金规模越大，基金风险也越大。风险一旦发生，直接影响到社会保障对象待遇的实现，影响到国民经济和社会的稳定。因此国家必须采取有力措施，对基金实行严格的监管，以建立规避基金风险的"防火墙"和"隔离带"，保证基金的安全和完整。

2. 有利于维护劳动者的合法权益

维护劳动者的合法权益是基金监管的根本宗旨。社会保险基金是国家为行使社会管理职能，保障劳动者因年老、失业、疾病、伤残、生育时的基本生活需要，依照法律法规强制建立的专项基金，是劳动者的"血汗钱"和"保命钱"。由于社会公众难以充分了解基金管理运营状况，其利益往往容易受到侵害，这就要求基金监管机构代表参保人员，对基金运行进行严格监管，以切实维护劳动者的合法权益。

3. 有利于实现基金的保值增值

通过对基金进行有效监管，不仅可以确保基金安全，同时还可以促进基金经办和运营机构建立良好的基金运营结构和信息反馈体系，逐步改善管理方式和运营环境，合理配置基金资源，稳步提高投资效益，最终实现保值增值的目标。

二、社会保障基金监督系统

对社会保障基金进行监督，是通过具有监督权力的监督系统来实施的，各个系统根据法律赋予的特定职责行使社会保障基金监督的权力。公共财政框架下的社会保障基金监督系统主要由国家权力机关监督、行政监督、内部监督、专门监督、司法监督和社会监督组成。

（一）国家权力机关监督

国家权力机关监督即"人大"监督。全国人民代表大会是国家最高权力机关，各级"人大"的监督是中央和地方最高层次的监督。各级人民代表大会依照法律规定对社会保险基金的运行情况进行监督检查，各级政府必须认真听取人大的意见和建议，严肃地对待和处理检查出来的问题。

（二）行政监督

社会保障基金的行政监督是指按照行政管理权限和行政隶属关系，由国家行政机关对社会保障基金管理使用地监督，是基金监督地一种外部监督形式。主要包括以下几个方面。

1. 人力资源社会保障行政主管部门的监督

各级人力资源和社会保障部门是社会保障业务地主管部门，担负着对社会保障基金运行情况的日常监督管理工作，在社会保障基金监督管理中起着至关重要的作用。该部门具有制定社会保险方面的政策、规划，制定社会保险基金监督管理制度和社会保

险经办机构管理规则，对社会保险经办机构、用人单位、劳动者个人行使权利和义务的过程进行监督等职责。

2. 财政监督

财政部门对社会保险基金实施财政监督，主要负责有关财务会计制度的制定、监督及贯彻落实。监督检查社会保险基金财政专户的使用和核算审核社会保险经办机构用款计划和结余基金的安排，有否违规存储情况按有关规定的要求审核社会保险经办机构报送的基金预、决算的执行情况等，及时发现问题，责令其纠正，保证社会保险基金专款专用，不被挤占挪用。

3. 审计监督

审计部门依据《审计法》和其他法律法规对社会保险基金进行监督，运用审计职能、权限、程序，对征缴、支付、结余行为以及财政专户的管理情况进行审计监督，定期、不定期地对基金财务收支进行审计。通过审计监督，及时指出社会保险基金运行中存在的问题，并提出整改建议，限期整改，保护国家和广大劳动者的利益不受侵犯。

4. 税务监督

税务部门对社会保险费的征缴情况实施监督，监督缴费单位是否及时全额缴纳社会保险费。

5. 监察部门的监督

监察部门根据法律承担对社会保险管理部门工作人员的行为进行监督的职责。通过监督，纠正管理工作人员的不规范行为，惩处腐败徇私的工作人员，将造成严重损害后果的工作人员送交司法机关审判等，以确保社会保险事业的正常和健康发展。

（三）内部监督

内部监督是指为了保证基金收支符合国家法律、法规和内部规章制度的要求，提高基金的管理效率、防止舞弊等目的，遵循合法性、规范性和科学性的原则，在单位内部建立的一系列制度及管理措施，包括社会保险经办机构的内部稽查和上级社会保险经办机构对下级社会保险经办机构的监督。管理社会保险基金的各级社会保险经办机构必须加强社会保险基金规章制度建设，建立相互制约、职权分离的管理制度，健全内部稽核制度。每个工作环节都应有相应的监管措施，确保社会保险基金在运行过程中不受损失。

（四）专门监督

社会保险基金涉及国家、企业和广大劳动者个人的切身利益，从而需要有官民结合的或民间的专门监督。如由政府牵头、社会各界代表共同参与，建立起由政府部门代表、经办机构代表、用人单位代表、工会和职工代表以及有关专家、学者代表组成的专门监督委员会。对社会保险基金的征缴、支付和结余过程中存在的问题提出批评建议，反映群众的意见和建议，以保证国家的社会保险政策得以认真贯彻落实。

（五）司法监督

司法监督是指通过司法系统对基金管理实行特殊监督，即检察院和法院等司法部门对社会保险基金的监督。行政监督能够纠正社会保险基金管理使用过程中的失误，但对于一些超越其监督范围的问题却缺乏相应的权威性，如社会保险工作人员的严重违法行为等,就需要国家司法部门的有力监督。

(六) 社会监督

社会监督是指人民群众通过社会团体和社会组织,包括人民政协、工会、用人单位等,舆论机构包括电视、广播等,以及公民个人对社会保险基金管理情况的监督。各级社会保险经办机构要定期不定期地向社会公布社会保险基金收支和结余情况,自觉地接受社会监督。对发现的违规违法问题,由新闻媒体公开曝光,置于全社会舆论的监督之下,并及时向政府和司法部门提出处理意见[①]。

三、社会保障基金监管内容

对各级社会保险经办机构的监管主要进行基金经办的监管,包括对基金征缴、基金支付、结余基金的监管。对运营各类社会保险基金的机构,主要进行基金运营的监管,包括建立基金运营准入制度、实施动态的基金运营风险监管、执行规范的退出程序。同时,社会保障基金监督不仅仅限于人力资源社会保障部门内部的监督与控制,还要多渠道广泛地收集可用信息。充分利用系统的功能,从银行、征缴代办机构、基金支付对象(如医院等)快速获取数据,以便对社会保险基金的征集和使用进行全过程的监督与控制。

(一) 基金征缴监管

(1) 在社会保险费的征缴过程中,监管机构依法对征缴机构的行为进行监管,内容包括:

是否按规定的项目和标准,及时、足额征缴社会保险费;是否擅自提高或降低社会保险费的征缴比例,擅自对企业减免征收社会保险费;有无转移或隐瞒基金收入,私设"小金库"或多头开户的问题;有无挤占挪用收入户基金的行为;是否将收入户基金及时、足额缴存财政专户;有无不按规定收取滞纳金,或未将滞纳金列入基金收入的情况;企业有无以实物抵顶社会保险费,造成少征基金的情况。

(2) 对缴费单位的行为进行监管,内容包括:

是否按规定缴纳社会保险费,有无隐瞒工资总额,造成少缴或漏缴的情况;有无故意拖欠或拒缴社会保险费的情况,有无将应缴的社会保险费截留,用于单位其他开支的情况。

(二) 基金支付监管

(1) 在社会保险金支付过程中,监管机构依法对经办机构或社会化发放机构的行为进行监管,内容包括:

经办机构是否违反社会保险有关政策法规,任意扩大基金开支范围和标准,并由基金支付待遇;经办机构或社会化服务机构是否依法及时足额支付社会保险待遇,有无拖欠、截留的问题;待遇支付是否按规定编制预算、计划,调剂金的分配、使用是否合理合法,资金的调度和用款计划是否按规定的程序报批;经办机构有无虚列支出、转移资金

---

① 胡晓义:《社会保险基金管理与监督》,中国劳动社会保障出版社,2001年版。

和挤占挪用等损害侵蚀社会保障基金的问题;内部控制制度是否健全,内部管理是否形成相互制约、相互监督机制,业务结算中是否出现计算差错,造成多付或重复支付。

(2) 对参保单位或参保个人的行为进行监管,内容包括:

领取待遇的人员是否已参加社会保险并符合享受的条件;参保个人是否有骗取社会保险待遇的情况;参保单位是否有多报离退休人数或死亡不报、冒领社会保险待遇的行为①。

(三) 结余基金监管

根据国家规定,社会保险基金必须存入社会保险基金财政专户,实行收支两条线管理,专款专用。任何部门、单位和个人不得挤占挪用,也不得用于平衡财政预算。目前规定结余基金除预留相当于2个月的周转金外,应全部存入银行或购买国债。为此,监管机构必须检查的内容有:各级政府、财政部门、经办机构和其他单位、个人有无将社会保险基金用于对外投资、经商办企业、自行或委托放贷、参与房地产交易、弥补行政经费和平衡财政预算,以及为企业贷款担保、抵押等问题;经办机构的年度决算和有关会计账簿、凭证是否真实合法;及经办机构的内控部门是否能够有效地行使权力,基金是否安全、完整,其保值增值是否合法、合规;管理人员有无贪污、私分基金等违法违纪行为;是否发生不可抗拒的基金损失,如盗窃和自然灾害事件;基金管理措施是否安全严密。

(四) 基金监管手段

基金监管包括现场监督和非现场监督。

1. 现场监督

现场监督是劳动保障行政部门基金监督机构对被监督单位管理社会保障基金情况进行的实地检查,被监督单位包括社会保险费征缴机构、社会保险待遇支付机构、社会保障基金管理和运营机构。包括全面检查和专项检查。

2. 非现场监督

非现场监督是现场检查的基础,也是基金监管的重要方式之一。是通过实时收集、审核基金管理数据、分析评价基金管理和制度运行状况,及时发现存在的问题的一种监督手段,从而有效防范、化解风险。非现场监管减少了分析的困难,降低了信息成本,是重要的发展趋势。

(五) 基金监管分析方法

通过社会保障基金的监管分析,可评价基金管理安全性、制度运行持续性,并对风险控制以及发展趋势进行评价预测。如社会保险费征缴预算执行程度、基金支付率及增长率和差错率、社会保险待遇支出预算执行程度、违规动用资产率、基金债券收益率、投资回报率、资金周转率、资产存款率等。可以采用检查与核对、统计与挖掘分析的方法分析得到上述分析指标数据②。

---

① 程兵:"关于建立完善的社保基金监管体系的思考",《理论学刊》,2004年第11期。
② 林毓铭:《社会保障管理体制》,社会科学文献出版社,2006年版。

四、我国社会保障基金投资监管的现状及存在的问题

目前,我国金融市场尚待完善,有关投资法规也不健全,尤其是社会保险机构内部掌握投资技术的人才缺乏,如果社会保险从业人员直接进行经营性投资,必然会面临较大的投资风险。具体表现为以下方面①。

(一)基金投资和运营的法律制度不完善

社保基金出现问题,首先是基金监管法规不完善。首先,这方面的法律规定少之又少,虽然国家对社保基金的运用与管理早有明文,但是到目前而言,相关的法律还是不全面。如对社保基金的管理只有《劳动法》中有一些概括性规定,以及另外一些部委级的文件与规定。其次,这些称得上基金运营监管上的法律法规层次都不高,绝大多数规定仍停留在部委一级,缺乏对违规行为的有效制约。如根据《社会保险基金财务制度》的规定,地方社会保险基金只能购买国债类风险可控产品,"任何地区、部门、单位和个人不得动用基金结余进行其他任何形式的直接或间接投资"。但从社保基金管理监督体制来看,上述规定在现实中无法产生约束作用。

从这个意义上说,上海社保腐败案给我们的教训在于,如何通过制度完善约束官员的权力。社保资金如何避免成为管理部门的"自留地",如何禁止官员凭权力支配社保资金的市场化流向,如何构建社保资金征缴、支付、管理和发放的科学运行机制,为社保资金寻找一种安全的增值模式,都应该成为"制度反腐"必须面对和解决的问题。

(二)监管者角色不突出

根据国务院颁布的《社会保险费征缴暂行条例》条例规定"国务院劳动保障行政部门负责全国的社会保险费征缴管理和监督检查工作。县级以上地方各级人民政府劳动保障行政部门负责本行政区域内的社会保险费征缴管理和监督检查工作"。也就是说,社保资金的管理与监督的双重责任,其实共系于各级"劳动保障行政部门"。这是我国社保基金管理模式的主要缺陷之一,这样的模式存在两大问题:一是内部监督和政府监督出自一个利益共同体,不可能进行真正有效的相互监督,在道德自律极易失效的情况下,社保资金也就"岌岌可危";二是社保资金运作不公开、不透明,社保费缴纳者只知社保基金管理中心在管理自己的"保命钱",却无从了解这笔钱如何被管理,社会监督形同虚设。作为"保命钱"的社保资金不该承受这么大风险。社保基金的监督与管理职能,多年来一直这样集中于地方社保部门一身。地方政府社保部门身兼政策制定、费用收缴、投资运作、监督查处等数职,既当监管者,又同时成为委托人、投资人和资产管理者,自己监督自己,角色模糊不清,政企不分,容易使养老基金缺乏独立和足够的行政监管。基金管理透明度低,缺乏监督。

此外,一级地方社保部门隶属于一级地方政府,地方政府对于它所属的行政部门拥有决定性的权力。由于内控相对薄弱,出现违规挤占挪用和使用方向不当行为。据有关部门的调查,部分社保基金被投入到实物经济中,从事基建、房地产和其他一些直接

---

① 吕学静:《社会保障基金管理》,首都经济贸易大学出版社,2007年版。

投资项目,部分被横向拆借或委托放贷,导致基金流失。

(三) 缺少信托人与受益人的监督

一般情况下,在这整个过程中,公众对社保资金的流向是不知情的,社保基金的信托人与受益人对社保基金的使用监督不到位。社保资金被秘密拆借,联结起灰色资金链条,并以此搭建起权钱交易的桥梁。社保资金不透明的管理状态,直接构成了官员与"红顶商人"违规支配社保资金的黑幕,致使有关部门已出台的关于社保资金收支两条线的规定形同虚设。

(四) 基金的运作尚缺乏完善的法律体系和市场体系

基金的运作和管理需要完善的法律体系来规范,而社保基金的市场化管理需要有专业技术性较强的机构来实施,如基金市场营运机构、基金托管机构和提供各类中介服务的机构。我国目前这方面还处于需要完善的阶段,无论是基金的收取与上交,或是基金的投资与保值,还是流程的监督与管理,都尚缺乏完善的法律体系和市场体系。

缺乏完善的法律体系和市场体系的同时也必然导致有些人对于社保基金的法制、政策观念淡漠。他们在使用社保基金时随意地使用与投资,或是为自己谋利或不是想为自己谋利,可能甚至没有意识到这么做是违法的,没有意识到这么做的危险性,没有完善的法律体系和市场体系,没有成熟的法律意识与投资意识,是我国社保基金监管上的一大问题。

五、我国社会保障基金监督发展的方向

社保基金管理露出的危机,从根本上说,并不是因为保值增值的动机有什么问题,而是如何保值增值的制度过于粗疏,监管上的大漏洞让有些人有了可乘之机。社会保障基金管理模式关系到我国社会保障基金能否实现保值和增值的基本目标。如何建立社会保障监督管理体系,完善社会保障基金的监管,对于充分发挥社会保障的社会"稳定器"作用,正确处理好改革、发展、稳定三者之间的关系,具有重要的意义。

而问题的关键是因为社保基金的相关法律不够完善,制度不够健全,监管和运营不分开,使之不透明。因此要做好社保基金的监管工作,防范和缓解社保资金管理危机,就要从社保基金的管理法律着手,并同时拓宽社保资金的来源渠道,优化社保资金结构,改革社保资金管理体制,创新社保资金运营模式,建立起适合我国情况的社保基金监管模式,根据当前的金融市场发展程度,逐步推进社保基金市场化管理,加大监督力度。通过国际经验的启示,目前在社保基金监管方面需要做好以下几项工作。

(一) 完善社保资金投资管理法律法规体系

社会保险基金切实管好用好,确保安全完整、保值增值,这是政府的重要责任。社保基金关系到广大人民群众根本利益,需要以立法的形式加以保证。我国市场经济条件下的社会保障制度建立和社保资金的筹集只有短短十多年的时间,出现一些问题也许是不可避免的。

(1) 国家应制定一个包括基金监督实体法在内的法律法规体系,通过制定有针对性的法律条文,将地方社保资金的保护摆在重要位置,确定监管主体,规范资金的征缴、

管理、支付、运营等行为,并对社保资金的投资运营作出制度性规定,使社保资金收支运营有法可依、有矩可循。

(2)对社会保险基金投资立法,依法管理基金的投资,财务风险的防范都应制度化、法制化,使社会保险基金在运行过程中真正做到有章可循、有法可依,防止出现管理混乱的现象,给国家经济和社会的稳定造成不利影响。

(3)完善基金营运和监管的法律制度框架,规范基金市场参与者的行为,加强市场参与者的自律。在基金托管方式、运作的信息披露、中介机构的执业标准等方面均制定严格规范的法规制度,将基金的管理运营纳入法制化的轨道。只有通过"前门抓应缴尽缴,后门堵管理漏洞",腐败的几率才可能变小,社保资金的缺口才有望变小,作为老百姓"养命钱"的社保资金可以安全地保值增值,并在在一定程度上保障老百姓的未来。

(二)建立合理的社保基金管理架构

虽然目前社保基金在新的政策框架内可以较好地提升其安全性与流动性,但当地社保机构既是社保基金的行政主管又是投资运营商,既当运动员又当裁判的格局并未本质改变。这种制度设计上的缺陷是社保基金容易被侵占挪用的先天性原因,因此要尽快完善社保基金监管制度。从制度上加强和改进社保基金监管,建立相互协调、相互制约的社会保险基金的投资管理机构和监管机构,建立内、外管理相结合的基金管理架构。国家、省、市应建立起保险基金的投资管理机构内部和监督管理机构外部,明确各自的工作职责,按照基金投资管理办法进行投资和监督管理。投资管理部门和监管部门应相互制约,有各自的职责,互不隶属。投资管理部内部要严格遵守国家投资法规和政策进行投资管理,监管部门还应具有较强的独立性,按照法律规定的投资办法进行独立的监督和检查,确保基金按照规定去运转。并且建立分权制衡的运作机制,基金的运用决策系统、执行系统、考核监控系统形成相互协调,相互制约的内外结合的社保基金管理架构[①]。

对于内部投资管理机构要做到以下方面。

(1)要建立健全经办机构内部控制制度。社会保险经办机构是基金管理主体,必须建立健全内部控制制度。根据每一项业务的风险点和关键环节、关键部门乃至关键岗位,明确相关职责、考核标准和监督检查标准,从制度上堵塞漏洞。

(2)要建立和完善严格的授权审批制度,明确审批人对基金和业务的授权批准方式、权限、程序、责任和相关控制措施。

(3)建立经常性的监督检查制度。

(4)建立要情报告制度。

此外还要进一步规范企业年金管理推进基金监督信息化建设完善社会保障监督委员会的工作制度和机制,从多方面着手,研究建立长效机制。

对于外部监管机构要做到以下方面。

1. 成立由多部门组成的基金管理委员会

社保基金不应仅仅由政府部门管理,应成立由多部门组成的基金管理委员会,委员

---

① 程兵:"关于建立完善的社保基金监管体系的思考",《理论学刊》,2004年第11期。

会负责聘请合格的基金公司并对其进行外部监督,现阶段应委托国家控股的专业化基金管理公司管理基金,基金管理委员会进行严格监督,定期考核其绩效和风险管理水平。

2. 外部基金管理部门要引入竞争机制,以提高收益降低费用

加快培育精算、会计、审计事务所和风险评级公司等中介机构,加强对基金的监督。这些中介机构的根本作用是提供信息服务,使监管机构和社会公众能够获得并准确理解有关基金营运的信息,从而加强对基金的监督。我国的市场中介机构很不发达,离独立、客观、公正的标准还有很长的距离。应加快中介机构的市场化改革步伐,鼓励合伙制中介机构的发展,要求中介机构与原挂靠单位完全脱钩,引进竞争机制,促使它们通过市场竞争提高服务质量。同时,为进一步发挥中介机构的作用,有关监管机构应规定向社保基金提供中介服务的中介机构,应定期更换监管机构,有权随时检查中介机构的记录,中介机构负明确的法律责任等等。

3. 建立完善社会保险基金专项审计制度

运用审计监督,确保社保基金专款专用。社会保障审计的范围包括养老、医疗、失业、工伤、生育等社会保险基金及各项社会救济、社会福利、优抚安置和社会捐赠资金等。通过社会保障审计能保证社会保障资金的安全与完整,充分发挥社会保障资金使用的经济效益与社会效益,因此应加强对社会保障基金的审计监督,及时发现基金征缴、运营、支付、管理中存在的问题,并采取有效措施加以解决,确保社保基金专款专用①。

(三) 透明化社保基金管理,适时对外披露信息

阳光是最好的防腐剂,没有监督的权力必然腐败,社保资金来源于人民,必然应受人民的监督,不能暗箱操作。以上海社保腐败案为代表的社保乱象,让我们看到了"社会性监管"的致命软肋,所以,在社保资金领域光有"反腐败"是远远不够的。社保资金的运作管理只有置于阳光下,才能真正保险。

因此,在内部制衡和外部监管之外,我们要需要建立严格的信息披露制度,建立有效的公众监督机制,提高社保资金营运的透明度,实实在在地赋予参保人以知情权。特别是随着各地社保基金保值增值的压力逐年增大,这一现实赋予了基金管理者更多的行使自由裁量权的充分理由。当前建立严格的信息披露制度,提高社保基金营运的透明度,使养老保险基金管理者、投资者等各方获得充分的信息,减少因不完全甚至虚假错误信息导致的风险和损失显得十分必要。基金营运机构必须将基金投资的成本、效益及其他重大事项及时向公众披露,监管机构则着重审查信息披露的真实性。社会保险机构应当每年向社会公告社保基金的支付、积累、运营等情况,并通过法规予以明确应由何种机构、通过何种形式,并以何种周期、以何种标准和规则向参保人员公布,公布何种信息等关键问题,逐步实现社保基金的公开、公平、公正运作。由此,基金营运机构才能置于机构和基金持有人的双重监督之下。

(四) 加强社保资金的安全使用

如果从全国范围来看,从整个经济的发展来看,安全性应该是放到第一位的。社

---

① 张新民:"试论我国社会保险基金监管制度的完善与创新",《人口与经济》,2004年第3期。

保资金管理最大的原则,就是在保证安全的前提下,尽量提高收益。原劳动保障部于2006年初颁布的《关于进一步加强社会保险基金管理监督工作的通知》指出,要严格管理社会保险积累基金,除按规定预留必要的支付费用外,全部存入银行和购买国债,在国家做出新的规定之前,一律不得进行其他投资。《通知》要求,按照国务院有关规定,将社会保险基金纳入社会保障基金财政专户,实行收支两条线管理,专款专用,任何地区、部门、单位和个人均不得挤占挪用,不得用于平衡财政预算,对违反基金管理规定的,发现一起,查处一起。要全力加强社保基金监管,收好、管好、用好每一分钱。当然,审计是必要的和必须的,但审计也只是一个事后的监督,因此,解决这个问题的根本还是应该考虑建立一个完善的制度框架、体制框架,尽量使这种问题少发生、不发生。

本章重要概念

社会保障基金管理(social security funds)　现收现付制(pay-as-you-go)
完全积累制(fully funding system)　　　部分积累制(partially funding system)
社会保障基金监督(social security supervision)

本章思考题

1. 结合我国现实国情谈谈适合我国社会保障事业发展的基金筹集模式。
2. 根据社会保障基金投资运营的方式与原则分析我国社会保障基金未来的运营之路。
3. 谈谈我国社会保障基金监管的现状及发展方向。

本章实训

"五险合一"模拟

教学目的和要求:了解劳动与社会保障管理部门的社会保险综合管理信息系统。
主要内容:
1. 模拟某市"参保人员登记管理"
2. 模拟某市"工资基数申报审核管理"
3. 模拟某市"社会保险费核定管理"
4. 模拟某市"社会保险费记账分账管理"
5. 模拟某市"社会保险基金管理"等"五险合一"业务

第九章 企业年金

【本章导言】

企业年金即企业补充养老保险,它是企业激励员工的重要措施之一,亦可视为员工的延期支付工资,对员工退休后收入的保障有重要的影响。本章将介绍企业年金的特点、功能、分类及企业年金的产生和发展;企业年金的缴费和给付的方式;企业年金的投资运营;对企业年金的监督管理;我国企业年金的相关政策。通过本章的学习,可以较为全面地了解有关企业年金的一些相关知识,同时对我国的企业年金的未来发展政策有一个基本的把握。

引 导 案 例

老板为你缴企业年金了吗?

作为养老保险体系中的第二支柱,企业年金有助于预防老年贫困,提高老年人的退休收入,同时也是企业留住人才,激励员工的重要工具。中国的企业年金运行现状如何?企业年金是否为员工提供了重要的退休收入补充?观看视频,开始本章的学习。

案例视频链接:http://tv.sohu.com/20150416/n411380473.shtml。

第一节 企业年金概述

企业年金是一种由企业退休金计划提供的养老金,旨在增加员工的退休收入。在员工工作期间,通过缴纳一定的保险费和投资运营进行基金积累,直到老年时才可以享用,其实质是以延期支付方式存在的职工劳动报酬的一部分或者是职工分享企业利润的一部分。

一、企业年金的内涵和特点

企业年金是指在政府强制实施的基本养老保险制度之外,企业在国家政策的指导下,根据自身的经济实力和经济状况建立的,旨在为本企业的职工提供一定退休收入保障的制度。企业年金既不同于基本社会养老保险,也有别于商业保险,是现代多支柱的养老保险体系中的第二支柱,是对养老保险体系的重要补充,其直接目的是提高退休职工的养老金水平。企业年金计划一般被企业视为人力资源管理战略的重要组成部分,即作为人力资源管理系统中的报酬管理或员工福利管理项目,使雇主为了吸引和留住雇员长期为企业服务和提高劳动生产率,向雇员提供的一笔退休年金。

与基本养老保险制度相比,企业年金具有以下五个特点[①]。

第一,基本养老保险制度一般是政府强制实施的、统一的养老金计划,管理机构的经费纳入财政预算由政府统一安排,政府机构进行管理。企业年金在大多数国家一般由企业自愿决定是否建立,并自主选择管理和运作方式。

第二,养老金是公共品,而企业年金属于私人品。因此,政府对企业年金一般不直接承担责任。政府对企业年金的作用主要表现在立法、税收政策和监管三个方面。

第三,基本养老保险筹资模式一般采取现收现付制,通过代际赡养来提供养老保障;而企业年金则大多采用积累制,实行个人保障。

第四,基本养老保险基金由政府机构管理和运营,保值增值的手段通常是银行储蓄和购买国债;企业年金主要是通过资本市场,如各种金融机构来运作,投资手段更加多样化。

第五,基本养老保险注重公平原则,收入再分配的色彩突出;而企业年金更加注重效率原则,在企业内部人力资源战略中是具有激励机制的福利手段。

二、企业年金的功能

企业年金从宏观上讲是对法定基本养老保险的补充,可以提高退休者的养老金水平,解决他们的后顾之忧。从微观上讲,它可以帮助企业吸引人才和激励员工,提高企业的劳动生产率。具体体现在以下5个方面。

1. 有利于增强养老保障制度的灵活性和适应性,应对人口老龄化危机,真正实现与经济发展水平相适应

"责任过于集中和制度单一化"是单一支柱的养老保障制度存在的弊端,导致养老保险政策的制定和调整难度加大,也不利于实现社会公平。而多支柱的养老保障制度有利于降低政府在基本养老保险筹资、管理和给付方面的负担,大力发展企业年金,可以减少基本养老缴费,又增强了企业建立企业年金的能力,有利于应对人口老龄化的挑战,能够使养老金既有统一性和普遍性,又有灵活性和适应性。实施企业年金制度,可以使整个养老保障制度体现社会保障的"普遍性"原则,覆盖所有的工薪劳动者,又能根据各企业不同的经营状况,在待遇水平上拉开一定的差距。这样就降低了国家制定和调整养老保障政策的难度,有利于深化养老保障制度改革。

2. 有利于劳动力市场的完善

只有能够满足人们对就业和社会保障的双重需求的劳动力市场,才是一个完善的

---

① 郑功成:《社会保障学》,商务印书馆,2000年版。

劳动力市场。工资和企业年金是构成劳动力成本的重要组成部分,两者对劳动力的市场均具有杠杆作用,工资和企业年金的相互作用可以促进"按劳分配"原则的实行。而且雇员对企业年金的索取权可以减少不辞而别故意违反劳动合同的现象。从另一个方面来说,企业内部职工代表大会、工会组织或集体谈判制度比较健全是企业年金制度建立的前提,而企业年金的具体实施方法又能在很大程度上促进一些代表雇员利益组织的发展,从而共同促进劳动力市场的发展。

3. 有利于资本市场的发展

企业年金从储存到给付一般都要几十年,它属于一种完全基金积累方式,一方面可以提高国民储蓄率,为国家的经济建设提供资金;另一方面又可积累用于长期投资的资本,从而改善资本市场结构,增强市场的稳定性。作为机构投资者,这笔资本一旦进入资本市场必然会促进资本市场的金融创新,有利于改善资本市场投资风险管理机制,推动资本市场的健康有序发展。

4. 有利于企业凝聚人心和提高劳动生产率

企业年金是企业构建竞争力和薪酬激励的重要组成部分,可以给员工带来安全感,而这一安全感又会使员工产生对企业的归属感,增强对企业的忠诚度,还可免去很多由于没有安全感而造成的分心和低效率。从个人尊严的角度上说,不同额度企业年金收益,给员工带来了荣誉感和成就感。这样雇员便在心情愉快、情绪稳定、自信满意的状态下产生较高的生产率和创新精神。较高水平的企业年金也有利于吸引优秀人才。所以,企业年金在企业战略管理中具有非常重要的作用,它是企业激励机制中一个极为活跃的因素,深得雇主和雇员的好评。

5. 有利于提高企业的竞争力

在当今世界的大多数国家,政府对企业年金制度都有相对优惠的税收政策。如果允许企业年金的缴费计入成本,它就能够被企业消化,这样便不会影响企业的产品的竞争力;如果不允许企业年金的缴费计入成本,条件较好的企业便可以用自有资金为本企业的职工支付企业年金,这种高待遇就能吸收优秀的人才,而优秀的人才具有更高的劳动生产率。这些都有利于提高企业的竞争力。

三、企业年金的分类

企业年金经过百余年的发展,各国企业年金计划都各具特色。企业年金可以根据不同的标准划分为不同的种类。

(一) 依据企业年金产权结构的不同,可以分为公共账户企业年金和个人账户企业年金

公共账户企业年金一般是在企业年金计划的范围内设立一个统筹账户,企业年金的征缴和给付都是通过这个公共账户,账户的平衡与个人企业年金的缴费和给付无关。这种计划的最大的优点是能够实现代内收入转移。个人账户企业年金则是由计划实施者为每个计划参与者设立一个账户,个人账户实现个人企业年金收支平衡,即以其缴费积累和投资收益额来支付企业年金,不具备代内收入转移功能,该计划的最大的优点是

能够实现个人收入的跨时转移。

(二)依据企业年金的缴费和给付方式的不同,可以分为待遇确定型企业年金和缴费确定型企业年金

待遇确定型企业年金是指在企业年金计划的实施中,每一计划参与者的企业年金受益额是预先确定,向参与者提供企业年金给付承诺。在此计划中,退休人员的待遇水平取决于他们工作的年限长短和退休前工资水平。而缴费确定型企业年金是预先确定每一计划参与者的缴费水平(通常是统一的缴费比率),每一个计划参与者的缴费积累于其个人账户之中,退休后职工企业年金待遇水平取决于个人账户上缴费积累和基金投资回报额。

(三)依据企业年金法律定位的不同,可以分为强制性企业年金计划和自愿性企业年金计划

强制性企业年金是指政府相关法律明确规定企业必须建立企业年金计划。虽然强制性企业年金不是主流,但仍有不少国家采用,比如法国、澳大利亚两国就采用这种年金计划。自愿性企业年金是指企业自主决定是否建立企业年金,雇员自愿参加。美国是实施这种年金计划的典型国家。从法律的角度来说,自愿性是指在政府制定的法律体系中不做出强制企业必须建立企业年金的规定,这是一种国际通行的做法。从目前看,多数国家实行自愿性企业年金计划。

(四)依据企业年金保障对象的范围不同,可以分为封闭型企业年金和开放型企业年金

封闭型企业年金是指参加企业年金的成员仅限于某一雇主或某一类雇主(行业或商会等)所雇佣的员工,企业年金基金多投资于雇主公司的股票。比如,在瑞典和芬兰,企业年金计划的资金可回借给雇主,并通过破产担保机制防止企业年金计划的破产风险。该计划的优点是计划参与者固定,账户管理比较简单。缺点是通常雇主决定一切,而且计划参与者的企业年金的权利不能因参与者变换工作而带走。

开放型企业年金是指任何人都可以参加,不存在固定的出资人和保证人,基本上以契约基金的法律形式存在,缴款主要来自计划参与者的供款基准制的供款。开放型企业年金计划有多种形式,如保险公司以保险协议的形式提供协议福利、互助会形式、单位信托基金形式、开放式投资公司形式等。开放型企业年金计划的优点是计划参与者有权决定是加入还是退出,而且计划参与者的企业年金权利在参与者变换工作时可以带走。其缺点是企业年金基金为了吸引计划参与者参与需要开展广告和市场推广工作,账户管理与计划参与者交流也比较繁杂,基金管理的费用较高[①]。

四、企业年金的产生和发展

企业年金最早产生于美国,它早于政府提供的基本养老保险。企业年金作为老年收入的第二来源,已经成为养老保险体系的第二支柱。随着人口老龄化的到来,许多的

---

① 殷俊:《企业年金制度创新与发展研究》,武汉大学出版社,2005年版。

国家面临着养老金支付的危机,越来越重视作为养老保障第二支柱的企业年金的发展。其发展至今已经历了三个发展阶段①:第一阶段是企业年金早期发展阶段,即雇主自我管理时期;第二阶段是企业年金的成熟发展阶段,即政府"介入"管理时期;第三阶段为当前阶段,即与社会保障协调发展时期。

(一)企业年金的早期发展阶段

早在1776年,美国政府就为所有独立战争中的伤残军人提供半额生活费用,1780年又为那些参战士兵增加了养老津贴。到19世纪初,英国及其他工业化国家在公共服务部门为政府雇员提供养老金。同时,一些私营企业雇主为了鼓励雇员为企业长期忠实地服务,也自愿根据雇员的工作情况,向退休职工支付一次性病残和伤残补助金。这些可视为企业年金的雏形。正规的企业年金制度是从19世纪后半叶开始出现的,以后在美国及其他许多工业化国家盛行,并且被视为企业人力资源管理的重要组成部分,作为雇员福利的一部分被正式确定下来。1875年美国快递公司建立了第一个企业年金计划,1918俄亥俄铁路公司建立了第二个企业年金计划。这些早期企业年金计划一般建立于铁路、银行和公用事业领域。企业年金计划在制造业中发展稍缓,因为多数制造业公司的职员还相对年轻,未面临铁路和公用事业单位中出现的年老退休问题。

这一时期,企业年金计划刺激了工人的工作热情,提高了劳动生产率,使部分职工获得了较高的收入补偿。但由于企业年金计划的覆盖范围小,覆盖范围内能够享受这种待遇的人数有限,因而对经济发展的影响有限,并且其自身资金的管理和支付的难度也较小。

(二)企业年金的成熟发展阶段

二战结束以后,工业发达国家纷纷建立了基本养老保险制度,又开始了重建与发展企业年金计划,以弥补基本养老保险计划的不足。企业年金制度具备了较为明显的企业补充养老金特征。在基本养老保险制度不覆盖私营部门的国家,私营雇主提供的企业年金不具有补充特征,而是雇员的基本养老金。在此时期,企业年金的运作方式已经多样化,在保障对象的范围上可以是单个雇主、多个雇主或者行业;在缴费和给付方式上可以是待遇确定模式或者缴费确定模式;可以是现收现付、部分积累或者完全积累;在资金管理上可以是公共管理、企业内部管理或者委托专业机构管理。在英国,基于传统的信托原理建立了适合养老金托管的新法律和制度。在日本等国家,保险业以其高回报的优势取代了银行的市场。

OECD国家为减轻公共养老保险支柱的负担,政府开始对企业年金进行立法保护和税收促进。瑞典1972年通过了一项宪法修正案,规定所有雇主有义务为其雇员提供规定缴费额的职业年金。20世纪90年代,澳大利亚立法强制雇主为雇员建立积累制职业年金。荷兰和丹麦颁布法律,依据集体合同建立行业积累制的职业年金。在英国,法律允许雇主退出公共养老保险制度中与收入关联部分,向雇员提供同等宽厚的职业年金,按照指数化上涨部分由国家和雇主共同负担,现在有一半雇员已经退出了国家职

---

① 杨燕绥编著:《企业年金理论与实务》,中国劳动保障出版社,2003年版,第22页。

业年金。日本也有同样的立法和实践。多数国家对企业年金的缴费减免税收,对其投资收入延迟纳税。所以,雇主和雇员都认为企业年金是替代高工资的理想方案。1975年,联邦德国也制定了《企业退休金法》。在这一阶段,OECD国家有1/3以上的雇员都参加了企业年金。经过这一时期的发展,形成了与各国特定的社会保障模式相联系的几种企业年金模式[①]:一是普遍保障模式下的企业补充养老保障计划,旨在提供较高退休收入保险(如荷兰、丹麦、芬兰等);二是收入关联模式下的企业补充养老保险计划,旨在提供有限程度的补充退休收入保险(如德国、美国);三是收入关联模式下的几乎普遍实施的企业补充养老保险计划,旨在提供一定程度的补充退休收入保障(如法国);四是多层次养老保障模式中的企业补充养老保险计划,旨在国家提供基本养老保险的基础上,全面提供补充性退休收入保障(如瑞典、瑞士)。

在此期间,发展中国家的企业年金制度也有一定的发展,但还是处于覆盖率低、不规范的阶段。在前英国殖民地国家,如塞浦路斯、印度、南非及津巴布韦;在跨国公司具有强大生命力的国家,如巴西、印度尼西亚及墨西哥等,职业年金制度有所发展。在社会养老保险制度和公积金制度健全的国家,职业年金和企业年金制度均较为少见,比较典型的是南非的私人养老金制度(作为公共养老保险的替代办法)和印度尼西亚的私人养老金制度。1992年,印度尼西亚颁布了《社会保险法》,同时颁布《私人养老金法》,建立了自愿的、积累制的、高水准的私人职业年金制度。

这一时期,各国政府通过制定法律和实行企业年金的税收优惠政策,促进了企业年金的规范化运作,使企业年金制度有了较大的发展,建立企业年金的企业数量有较大增加,企业年金的覆盖面迅速扩大,促进了其养老保障功能的发挥,大量的企业年金基金进入资本市场,促进了资本市场的深度发展。

(三) 企业年金与社会保障协调发展时期

20世纪70年代中期以来,由于受到资本主义世界经济危机的影响,主要资本主义国家出现了高通货膨胀,高失业率和低经济增长的并存的经济滞胀局面。支持高福利的经济基础开始丧失通胀率以及日益加剧的人口老龄化,导致许多发达工业化国家重新审视传统的社会保障制度模式,并提出相应的调整和改革设想。在这个过程中,企业年金制度被政府当作缓解政府财政危机、对付人口老龄化和完善养老保障体系的一个重要手段。因此"三支柱"养老保障体系的理论被广泛传播,支持了企业年金制度的发展,企业年金在老年人的退休收入总额中所占的比例越来越大。21世纪以来,很多国家的企业年金立法修正方案中都提出"与社会养老保险协调发展"的原则。

五、我国企业年金设立的相关政策

我国的企业年金制度的发展历史较短,其主要标志是1991年国务院颁布的《关于企业职工养老保险制度改革的决定》,在该《决定》中首次提出"国家提倡、鼓励企业实行

---

① International Security Association (ISSA) Strides and Research: 24 Conjugating Public and Private: The Case of Pension, 1987, p.14.

补充养老保险"。1995年劳动部制定了《关于建立企业补充养老保险制度的意见》，明确了相关政策，有力地促进了企业年金的发展。2000年，国务院颁布的《关于完善城镇职工社会保障体系试点的通知》正式提出企业年金的概念，并确立了企业年金的一些管理和运营原则。2004年《企业年金试行办法》《企业年金基金管理机构资格认定暂行办法》等相继颁布，进一步规范了我国企业年金的发展，加快多层次社会保障体系的建设步伐。随着国家社会保障体系的不断完善、市场机制的不断发展，企业年金的发展也暴露出一些突出问题和矛盾，主要表现在：规模小、受益面窄，与养老保险第二支柱的要求不相适应；补充养老功能不足，影响待遇水平；相关条款与职业年金办法不一致，不平衡；部分条款不适应市场发展需要，不利于保护职工权益和促进企业长期发展。针对这些问题，人力资源与社会保障部对2004年颁布的《企业年金试行办法》进行修订。此次修订主要基于以下三个原则：一是对经实践检验、市场反映良好的内容继续保留，对不适应市场发展的，综合各方意见予以修改完善。二是注重与《企业年金基金管理办法》和《机关事业单位职业年金办法》相衔接。三是注重调动企业和职工参保积极性，发挥企业年金调节收入分配作用。

基本养老保险和企业年金在我国多层次养老保险体系中所处地位不同，但它们各司其职，并行不悖。我国的相关法律和法规都明确指出，建立企业年金的行为主体是企业。因此企业年金是一种接受国家政策规范，由企业自主建立的，既有别于商业保险，又与社会保险有一定内在联系的一种保障计划。按这一思路，企业年金是一种企业及其职工在依法参加基本养老保险制度的基础上，自愿建立的补充养老保险制度。

虽然我国的企业年金发展已有20多年的历史，但发展仍然处于起步阶段，建立企业年金的企业较少，且通常是大企业、垄断企业，小企业并未建立企业年金。近年来建立企业年金的企业的数量有所增加，截至2015年底，全国有7.55万户企业建立了企业年金，比上年增长3.0%。参加职工人数为2 316万人，比上年增长1.0%。年末企业年金基金累计结存9 526亿元[①]。但企业年金的覆盖范围仍然相当小，参加企业年金职工人数仅占参加城镇基本养老保险人数的6.5%。而这远未起到它作为多层次养老保障第二支柱的作用。

在基本养老保险强制实施的条件下，为了防止企业尤其是一些国有企业在建立企业年金后不参加基本养老保险，防止企业的短视行为，兼顾其公平性。因此，依据我国相关法律规定，建立企业年金至少要具备以下四个基本条件：一是依法参加基本养老保险并按时足额缴纳基本养老保险费用。企业只有在参加了法定基本养老保险的基础上，才有资格参加补充养老保险。二是企业的生产经营比较稳定，具有相应的经济能力。它决定着企业能否建立企业年金制度，以及保障水平的高低，这是建立企业年金最根本的条件。三是企业内部民主管理制度基础较好。这个基础就是企业内部职工代表大会、工会组织或集体谈判制度比较健全。四是企业必须在依法履行纳税义务的前提下，才能为职工提供企业年金。举办企业年金制度必须以履行纳税义务为前提条件。

---

① 资料来源：《2015年劳动和社会保障事业发展统计公报》。

第二节 企业年金的缴费与给付

企业年金的运营要经历从缴费、积累、投资、支付等多个环节,其中缴费是企业年金的运营的第一个环节,给付是其最后一个环节。

一、企业年金缴费模式的选择

就目前各国企业年金实践来看,企业年金缴费模式的内容主要包括:企业年金的缴费方式,即企业年金种类 DC 或 DB 相关的缴费方式;企业年金的缴费的负担方式,即企业和员工各自负担的比例;企业年金的缴费费率。

(一) 企业年金缴费方式的选择

企业年金的缴费方式虽然比较多,但一般可以归纳为两类:一种是定额缴费;一种是比例缴费。

定额缴费是指以平均收入为基准,选取一定的替代率计算出来的,这种缴费方式通常在公共年金中使用体现了平均的思想。企业年金也可以采取定额缴费的模式,例如某大型企业的人均月工资收入为 2 000 元,企业年金的替代率为 20%,如果不考虑工资增长率和投资收益率,则退休后月收入为 400 元,企业根据精算可推算出缴费水平。

比例缴费方式,即传统缴费方式,是以参保人员上一年度月或年平均工资为缴费工资基数以一定的比例缴费的方式。现在企业年金大多数采用薪酬比例缴费方式,这种缴费方式一方面体现了个人收入与退休后生活水准的联系,再一方面也是企业对待不同人才的一种激励机制,与薪酬等级的激励机制相联系。一般而言,从退休金的绝对金额上看,退休前工资高的员工,领取的退休金较高;但是从退休金的替代率来看,高收入者的替代率反而比较低,这种现象通常是国家税收政策调控的结果。一般来说高收入者的正常收入与非正常收入相比要低得多,如年终分红和奖金收入往往不作为年金缴费的基础,即使是按照薪酬比例法缴费也不包括非正常收入部分,因此这部分收入无法享受延期纳税或免税的优待。

从企业年金制度的目标看,企业年金应与公共年金的缴费方式有所区别,企业年金的给付应从效率机制的角度出发,体现员工退休前的收入差距。因此采用薪酬比例缴费更为合理,而且"年金缴费的基础薪酬"应排除非正常收入所得。

我国对企业年金的缴费也作一些限制性规定,例如需要设定缴费的最低标准和上限,一方面最低标准是国家强制执行的,对于那些不愿意加入的企业年金计划的企业起到了一种制约作用,因此对于一些中小企业的员工有一定程度的保护作用;另一方面最高上限对于国有企业的高级管理人员有一定的限制作用,高层管理人员为了获得更高的退休待遇,可能会损害国有资产的利益,为个人制定一个颇为丰厚的企业年金计划,因此制定缴费上限标准是必要的。同时限定缴费上限标准,一定程度上可以避免国家税收的流失。

(二) 企业年金的负担方式

企业和员工共同缴款是大多数国家和地区所采用的,也有一些福利国家采用全部由企业缴款,但一般而言企业占缴款总额的比例应大于50%。延期工资的观点认为,不论表面的缴费份额是多少,由于企业缴费是被扣除的部分工资,所以,员工实际承担了全部缴费。美国企业年金计划中,企业年金资产是按照一定的时间进度逐渐将所有权转移给员工的,员工在一定的条件下只拥有年金资产(个人账户中的资产)的部分权益,这无法用延期工资理论来解释:员工的延期工资——企业年金资产,员工拥有对其全部的权益。因此,企业年金资产虽不是完全的延期工资,但无论如何,企业和员工共同缴费模式是能够增强企业的责任感和改善员工的福利。

(三) 企业年金缴费率的确定

决定年金费率的重要因素是年金替代率。如果不考虑企业年金基金的投资收益、工资变动和通货膨胀等因素的影响,可以对缴费确定型年金作一个粗略的平衡估算。例如,如果缴费年限为35年(25—60岁),60岁退休后领取企业年金的年限为17年(61—77岁),则缴费率与替代率的对应的计算结果如图表9-1所示。假如企业年金计划的目标退休金对工资的替代率是20%,则年保费率为9.71%。

表9-1 企业年金缴费率与替代率的对应关系

缴费率	5%	10%	9.71%	15%	20%	25%	30%
替代率	10.29%	20.59%	20%	30.88%	41.18%	51.47%	61.76%

资料来源:殷俊,《企业年金制度创新与发展研究》,武汉大学出版社,第132页。

在退休年龄不变的条件下,缴费年限越短,则年金费率越高;若推迟退休年龄则可以降低年金费率。

企业年金缴费水平与公共年金缴费水平密切相关,在多层次的年金制度中,首先是确定公共年金费率,然后是确定企业年金费率,最后才考虑个人年金缴费水平。过高缴费水平的公共年金制度将制约企业年金的发展空间。目前世界上多数国家的年金保险制度的综合费率都限制在30%以下,超过30%的缴费率将会使企业负担过重,从而使企业年金制度成为阻碍经济发展的因素。

二、企业年金的给付

(一) 企业年金给付模式的选择

1. 待遇确定型模式——DB计划

又称为"受益基准制",是指缴费并不确定,无论缴费多少,雇员退休时的待遇是确定的,一般是根据预先设定的公式计发企业年金。在此模式中,企业年金方案的设计者事先参加养老保险,雇员未来的待遇标准加以事先确定,其计算通常直接与工资水平、服务年限相联系。未来的企业年金的总体费用水平与需求通过对工资增长率、投资回报率及就业率、死亡率、伤残发生频率等主要相关参数和通过数学模型的预测做出大致估算。这类方案一般要求会员缴纳保险费,企业雇主负担整个养老保险计划的差额费用。由于存在一定程度的风险分摊,总缴费率反映了所有会员的预期平均费用水平,个人所享受的待遇标准与缴费水平并不一定成正相关关系。所以设置个人账户并不重要,它只是在其退休时作为领取年金的户头而已。

从国外的实践经验看,待遇确定型企业年金方案可以是基金积累式,也可以是建立在现收现付的基础之上。现收现付企业年金方案通常是自我管理的,而完全积累制的年金,特别是较小型的企业一般由于无力管理而常常委托寿险公司等进行市场化运作与管理。在一些发展中国家,其年金计划大部分无详细规定,并且年金方案大部分为非积累式。法国强制性私人企业年金方案采取了现收现付方式。德国很多公司使用了"账面储备"制度,年金作为企业的债务反映在其账面上。

2. 缴费确定型模式——DC 计划

又称为"供款基准制",是指缴费额是事先确定的,一般由企业或者企业与职工共同缴纳一定比例的费用,进入职工个人的补充养老金账户,而待遇是不确定的,补充养老金水平取决于缴费年限的长短、资金积累的规模及其投资收益多少。在该种类型方案中,所有参加该企业年金计划成员未来的费用,即会员未来所缴纳的保险费,完全是确定的。这个缴费标准是由企业年金方案的设计者,在决策时根据一定思路和合约将缴费水平确定下来,在方案运行的后期,缴费水平保持不变。由于基金投资回报以及退休时年金市场价格的不确定性,未来的待遇水平是不确定的。在一般情况下,该种方案在会员之间不存在风险分摊功能。在缴费确定型方案中,雇员、雇主或者两者均按确定的标准缴费,待雇员退休时,根据缴费情况及投资收益可以一次性支取年金或定期支取年金。因此,缴费确定型方案是一种完全积累式的企业年金方案。

在一般情况下,如果年金方案主要由雇员缴款融资,则该方案对获得养老金的工龄要求及转移性的限制就极小,即雇主的负担能力及雇员流动的风险,相对于待遇确定型方案要小,雇员也从多样化的投资中获益,其年金不同工资或就业地点挂钩,但参与计划的雇员须承担投资风险。若积累的资金不能用来支付雇员预期的年金,则雇主没有弥补亏空的义务与责任。

3. 实账制与虚账制

"实账制"又称真实账户,是将该雇员的年金缴付及投资增值的总和积累随时反映出来,从年金基金的缴纳到年金基金的给付,自始至终具有真实数据信息的显示。缴费确定型完全积累制客观上要求企业年金计划必须采取个人账户"实账制",因为它是企业年金可持续发展的必要前提。"虚账制"又称名义账户,因为采用待遇确定型模式下或者采用现收现付筹资模式下雇员个人的退休给付是预先设定好的,而在其工作期间的缴费以及基金投资营运效益不确定性造成了计算困难,最主要的原因是雇员个人所享受的退休待遇标准与缴费水平并不一定成正相关,所以不需对雇员个人的年金缴费及雇主单方的投资营运结果作精确的记录,主要是在其退休时按计划开始确定的协议发放退休金的户头而已。

(二) 企业年金基金给付的确认

在我国企业年金基金的缴纳实行自愿原则,但国家对计划进行监督和管理,特别在

DC模式下,企业一旦出现经营亏损,按合约规定可以暂停缴款,因这种方式与DB模式不一样,它不需要特别的精算就能得出续缴的具体年金数额,如果企业业绩好转后可申请继续缴款。因为其退休年金发放数取决于雇员自身缴纳年金数和年金营运收益这两个因素。

雇员退休后,通过退休时间将其总年金滚动积累额从个人账户中查出,然后考虑其发放时间长短,采用预定的投资收益率或贴现率,合理地计算出其应享有的年金给付额。投资收益率或贴现率在假设时应尽量符合实际,将其实际发放年金与应该发放年金数的差额可以在最后一次支付时进行差额结算,并注销其个人账户。

经 典 案 例

联想集团的企业年金计划

一、实施企业年金的背景

联想实施企业年金是由内外各方面因素共同作用的结果。

首先,实施企业年金是联想的国际化战略的需要。联想通过收购IBM的PCD部门一跃成为全球性PC领导企业之后,国内外员工退休保障的巨大差异,国内员工的补充养老是一片空白。

其次,现有的社会保障无法满足联想退休员工的生活水平需求。联想员工退休前后的收入差距问题突出——员工在职期间收入越高,退休后的生活落差将越大。

再次,联想保留和吸引员工的需要。联想成功的关键是人才。联想企业年金的建立有利于激发内部员工工作积极性,吸引外部优秀人才加盟,为公司的长远发展提供坚实的保障。

最后,国家对企业年金法律、法规体系的完善,为联想解决薪酬结构性问题提供了思路。《企业年金试行办法》的颁布为联想探索补充养老方式提供了思路和解决方案。

二、计划的主要内容

(一)运作机制

联想依据年金管理的相关政策法规,本着公平、公正、公开的原则,对获得企业年金资格的专业服务机构进行了公开招标。最终,平安养老保险公司成为联想企业年金计划的受托人;招商银行成为联想企业年金的账户管理人和基金托管人;嘉实基金成为联想企业年金的投资管理人。

(二)缴费方式

联想企业年金属于缴费确定型计划(DC),公司与员工共同缴费。企业缴费部分按国家规定从公司福利费中列支,员工以个人定级工资为缴费基数,税后缴纳。企业缴费每年不超过本企业上年度职工工资总额的十二分之一,企业和职工个人缴费合计不超过本企业上年度职工工资总额的六分之一。公司缴费比例与公司上年度的经营业绩挂钩。联想集团所有符合加入资格的正式员工均可自愿加入。对工龄超过

3年以上的员工,联想还在计划启动当期为其启动了一次性特别缴费,以奖励他们对联想的历史贡献。

（三）投资策略

联想年金的投资策略主要是以员工自愿为原则,具有安全性、稳定性和收益性的特点。即要在保证年金基金安全的前提下,保证年金基金运作的稳定性和收益性。因此,在投资品种上,根据我国政府对年金投资的严格限量监管模式,进行差异化的投资比例限制,并为不同风险偏好和收益追求的员工设计了两类不同风险与收益的组合供选择：保本组合和稳定增长组合。由公司来设计具体投资组合,员工可以根据自己的风险偏好自由选择,最大化满足了不同员工的需求和风险承受能力。

（四）收益

在实行企业年金计划之后,联想员工退休后收入将达到退休前三年平均工资的60%—70%,即替代率60%—70%。

三、遇到的问题

企业年金在国外已经是非常流行的养老补充方式,但在中国还是新生事物,因此,在市场环境方面尚未完全成熟。联想年金遇到了一些问题,一是个人所得税税收优惠方面,国家政策未明确企业年金是税前缴纳还是税后缴纳,如果税后缴纳,是否领取时不必再纳税,年金的收益部分(尤其是企业缴费归属个人的部分)是否纳税等等。二是企业年金转移方式方面,如果员工离职后新就业单位没有实行企业年金制度的,其企业年金个人账户只能由原管理机构继续管理。

资料来源：和讯网,http://insurance.hexun.com/2009-08-17/120590719.html。

思考提示：

联想集团为何要建立企业年金制度,针对在建立年金制度过程中存在的问题如何去解决？该年金方案中有何亮点？

三、我国企业年金的缴费和给付的相关政策

国务院在2000年颁布的《关于完善城镇社会保障体系的试点方案》中明确规定："对于有条件的企业,企业年金缴费在工资总额4%以内的部分,可从成本中列支,准予在缴纳企业所得税前全额扣除"。这就意味着超过这一比例的部分必须在税后利润中计提,而不允许计入成本。同时又确定了单位和个人共同缴费的形式。2004年开始实施的《企业年金试行办法》又明确规定：企业年金所需费用由企业和职工个人共同缴纳。企业缴费的列支渠道按国家有关规定执行,职工个人缴费可以由企业从职工个人工资中代扣。企业缴费每年不超过本企业上年度职工工资总额的十二分之一。企业和职工个人缴费合计一般不超过本企业上年度职工工资总额的六分之一。在2016年6月,人社部发布的《企业年金规定(征求意见稿)》中,下调了企业年金缴费的上限,以及企业和职工个人缴费之和的上限,并明确具体缴费比例由企业和职工协商确定。

从我国国情出发,我国的企业年金的支付方式采取的是缴费确定型的账户积累制,这是因为(1)在多层次的养老保险体系中,第一层次的基本养老保险体现了高低收入者之间的互济,具有较强的收入再分配效应,在第二层次的企业年金计划,则应更侧重于缴费和退休保障水平之间的对称性,以满足效率目标的要求。(2)我国目前地区间、企业间经济发展水平很不平衡,职工收入和生活水平也存在极大差异,通过建立缴费确定型的账户积累的方式,可以根据企业的经济能力、收入发展水平确定不同档次的费用提取比例。(3)缴费确定型的账户积累制计划,由于其资金的可转移性较强,较之待遇确定型计划,可以在一定程度上缓解企业年金计划的实施与劳动者合理流动的矛盾。(4)目前,我国有关法律还不健全,在人口老龄化和经济运行状况长期循环波动较大的发展背景下,待遇确定型计划面临的补充养老金被拖欠或不能兑付的风险相当大。

对于企业缴费的资金分配问题,应该坚持以公平为主,而且允许有所区别的原则,应当按照企业年金方案规定的比例计入职工企业年金个人账户,职工个人缴费按其缴费额计入本人企业年金个人账户。企业年金投资运营收入,按净收益率计入企业年金个人账户。

只要达到国家规定的退休年龄时,职工便可以从本人企业年金个人账户中一次性或定期领取企业年金。企业年金的支付标准根据企业年金个人账户储存额确定。职工未达到国家规定的退休年龄的,不得从个人账户中提前提取资金。出境定居人员的企业年金个人账户资金,可根据本人要求一次性支付给本人。职工变动工作单位时,企业年金个人账户资金可以随同转移。职工升学、参军、失业期间或新就业单位没有实行企业年金制度的,其企业年金个人账户可由原管理机构继续管理。职工或退休人员死亡后,其企业年金个人账户余额由其指定的受益人或法定继承人一次性领取。

延伸阅读

人社部、财政部于2017年12月18日联合印发《企业年金办法》(人力资源社会保障部令第36号,以下简称《办法》),对2004年《企业年金试行办法》进行修订和完善,自2018年2月1日起施行。

《办法》明确,企业年金是指企业及其职工在依法参加基本养老保险的基础上,自主建立的补充养老保险制度。参加企业职工基本养老保险的其他用人单位及其职工建立补充养老保险的,参照本办法执行。

《办法》规定,企业年金所需费用由企业和职工个人共同缴纳,基金实行完全积累,为每个参加企业年金的职工建立个人账户。企业缴费每年不超过本企业职工工资总额的8%,企业和职工个人缴费合计不超过本企业职工工资总额的12%,具体所需费用由企业和职工一方协商确定。

《办法》要求,企业缴费应当按照企业年金方案确定的比例和办法计入职工企业年金个人账户,职工个人缴费计入本人企业年金个人账户。企业当期缴费计入职工企业年金个人账户的最高额不得超过平均额的5倍。

《办法》规定,职工企业年金个人账户中企业缴费及其投资收益,企业可以与职工一方约定其自始归属于职工个人,也可以约定随着职工在本企业工作年限的增加逐步归属于职工个人,完全归属于职工个人的期限最长不超过8年,并明确了几种例外情形。

《办法》规定,职工达到国家规定的退休年龄或者完全丧失劳动能力时,可以从本人企业年金个人账户中按月、分次或者一次性领取企业年金,也可以将本人企业年金个人账户资金全部或者部分购买商业养老保险产品,依据保险合同领取待遇并享受相应的继承权。出国(境)定居人员的企业年金个人账户资金,可以根据本人要求一次性支付给本人。职工或者退休人员死亡后,其企业年金个人账户余额可以继承。

资料来源:中国政府网,http://www.gov.cn/xinwen/2017-12/22/content_5249399.htm。

第三节 企业年金的运营

对年金基金进行投资运营是企业年金最显著的特征之一,无论是DB计划的年金,还是DC计划的年金,都有一个相当长的缴费和基金积累过程(30—40年),直到退休时才可以享受退休金收入。由此通过投资来实现基金的保值增值就成为年金管理的关键的问题。

一、企业年金基金投资的基本原则

企业年金计划不像基本养老保险有政府财政兜底,必须自己承担风险。因此企业年金的投资运营既要注重提高投资效率,又要保证基金安全。根据各国的投资经验,企业年金的投资必须非常谨慎,投资时必须掌握以下原则:

一是安全性原则。对于企业年金来说,安全往往是第一位的,因此它是企业年金投资的最基本的原则。企业年金作为一种特殊的债务,到期必须支付给计划受益人,如果企业年金基金承担投资风险过高而不能收回预期投资收益,甚至有可能蚀本。这不仅会影响广大计划受益人的退休金水平,而且会影响计划参与者的积极性。

二是盈利性原则。企业年金不能实现盈利,它就没有吸引力,这是企业年金基金投资的最重要原则。在国外,企业年金基金能够获取比较高的投资回报率是吸引职工积极参加的重要因素。企业年金基金的保值和增值取决于基金投资收益。但在具体投资运营活动中,盈利性与安全性原则往往会发生冲突,这就要求投资管理人在投资决策时必须充分权衡收益与风险的关系,在符合安全性原则的条件下追求投资收益的最大化。

三是流动性原则。企业年金基金的缴费到给付一般需要几十年的时间,因而往往采取积累制。缴费期限一般比较长,企业年金基金处于累积阶段,具有长期和稳定增长的特点,而给付期也可预测,相对基本养老保险而言流动性要求比较低。但企业年金基金在进行长期投资时,也要保持适度的流动性,一方面是可以满足一些临时性的支付需要;另一方面也可以优化企业年金资产组合,即可以适时、灵活地调整投资组合,以规避风险或实现收益最大化。

四是多元化投资原则。企业年金基金进行多元化投资是要在保证基金实际安全性的前提下。它是分散年金风险、获取较高回报的合理选择。单一化投资既不利于较好的分散风险,也不能保证基金的实际安全性。因此,这些年来,企业年金基金的多元化投资模式受到越来越多国家的重视。

二、企业年金基金面临的投资风险

企业年金基金要想实现保值增值必须进行有效投资运作,而市场中风险是无处不在的,企业年金作为资本市场的重要组成部分,必然面临众多的风险,投资和风险管理的前提是如何从本质上区分这些风险,也是企业年金基金能否保值增值的前提。随着资本市场特别是金融体系的快速发展,金融市场和金融产品的不断创新,企业年金所面临的风险将会更加复杂。具体来说企业年金基金所面临的风险主要包括:政治风险、管理风险、利率风险、经济周期风险、通货膨胀风险等。

政治风险:既包括政治动荡,也包括政策的变动。国家政局动荡不安或国家的货币政策、财政政策、产业政策等宏观政策的变动都会对经济产生全面的影响,都会带来投资回报变化,影响企业年金基金的收益率。如果政治风险仅仅影响到某一项投资,那么这样的风险则是可以分散的非系统风险,如果对所有投资收益都产生影响则是不可分散的系统风险,例如伊拉克战争,必定影响在交战地区的投资,对其本国是不可分散的系统风险。

管理风险:主要是企业年金基金管理人和托管人在基金管理、基金托管过程中产生的风险。由于企业年金投资者所雇用的投资管理人的决策失误而给投资者所带来的投资回报变化。如果是由于决策者偶然失误造成的,则是可以分散的非系统风险;如果是由于外部环境造成的,那么就是不可分散系统风险。

利率风险:利率的变动对资本市场有着重要的影响,主要是通过股票价格的上下波动来反映。企业年金基金有不少被投资于资本市场(如股票、债券),利率上升则会增加公司财务成本和使盈利能力下降,还会使股票收益率相对下降,同时股市资金的减少也使得股票价格下降,也就是说利率的波动将带来投资回报的变动。年金股票同样也会遇到利率变化的风险。如果不同资产的市场利率之间正相关且有相同的变化规律,这种利率风险就是不可分散的系统风险。

经济周期风险:经济周期是指经济运行中周期性出现的经济扩张与经济紧缩交替更迭、循环往复的一种现象,是国民总产出、总收入和总就业的波动。经济周期风险是一种市场风险,当经济处于扩张期时在证券市场上表现为牛市,当经济处于紧缩期时在证券市场上表现为熊市,大多数证券的价格会因此而上下波动,这种风险是不可分散的系统风险。

通货膨胀风险：通货膨胀是指纸币的发行量超过商品流通中所需要的货币量而引起的货币贬值、物价上涨的状况。由于货币购买力的下降，会使实际投资收益下降，也有可能为负值。一项资产的市场价格即使没有发生变动，由于通货膨胀也会使其购买力下降，尤其是货币资产，而不动产和实物资产则不受通货膨胀的影响。

三、投资工具和资产分布

从世界范围来看，企业年金投资几乎涉及了所有的投资工具。比较常见的投资工具有：银行存款、债券、股票、不动产、风险投资和金融衍生产品等。

银行存款是一种最简单的投资方式，是不可交易金融资产中的最重要的一种形式。与其他投资工具相比较，具有的高度安全性（名义安全性）和绝对的流动性，因此养老保险基金都会将一定比例的资产存入银行。但银行存款容易受到通货膨胀或利率下调的影响，因而其收益率比较低，有时甚至会遭遇贬值。所以银行存款不是追求收益的理想的投资手段，只能确保养老金的流动和周转。

债券是发行人为筹集资金而向投资者发行的一种有价证券，它承诺在约定的时期内还本付息。投资人与发行人是债权债务关系。由于债券具有一些特点：收益率也比较高，风险相对较低，特别是国债收益比较稳定。因此几乎所有国家的企业年金基金投资中，债券都占有较大的比重。甚至不少国家还规定了债券投资的最低比例，如，法国政府规定投资于欧盟政府的债券的养老基金的比例不少于50％，丹麦政府规定养老保险基金至少60％投资于国内债券。

股票是表明持有人股东权益的一种资产凭证，它是股份公司为筹集资金向社会发行的，它反映的是公司和股东之间的股权关系。股东作为公司的所有人，可以通过股票分红或股票转让的方式来收回投资。由于股票的收益与公司的经营业绩和资本市场的成熟程度等因素关系很大，故其投资的风险也比较大，因而投资股票往往比投资其他领域可能产生更高和长期的回报率。目前各国的股票投资中，企业年金占有的比重在逐步增加。

不动产（包括房地产）。投资于不动产主要是通过建设和购买方式获得房地产产权，从而取得长期稳定的租金收入。该投资方式具有的优点是租金可随通货膨胀进行调整，因此能够在一定程度上消除通货膨胀的影响。其缺点主要是投资规模较大，周期较长，流动性较差。企业年金投资于房地产投资曾经是OECD国家的养老投资中的重要工具，但在80年代以来，它在养老金投资组合中的比重有所下降。比如日本在20世纪70年代房地产投资中的比重为39％，到90年代则下降为2％。虽然传统的房地产投资不再受重视，但与高新技术相关的房地产投资正在逐渐兴起。

风险投资是由职业金融家投入到新兴的、迅速发展的、有巨大竞争力的企业中的一种权益资本。它是一种高风险和高回报的投资项目，投资对象一般是有发展潜力的、处于起步或成长阶段的私营企业，如互联网、基因工程、生物化学等高新技术产业，也包括一些具有较好的发展前景的基础设施和公益事业，如老年公寓和社会福利院等。风险投资者是通过股权转让来收回投资，并取得投资收益的。可以是直接投资，也可以是间接投资。作为具有高收益的新型投资方式,风险投资从20世纪90年代以来发展十分迅猛。尽管风险投资在整个养老基金投资中还不是主流,但它已经开始吸引养老基金投资者的参与。

金融衍生产品是指从传统的基础金融工具,如货币、利率、股票等交易过程中,衍生出来的新金融产品,其主要形式一般包括远期合约、期货合约、互换合约、期权合约等等。养老基金投资于金融衍生工具的目的是通过套期保值来规避市场风险。

依据"不要将所有的鸡蛋放在同一个篮子里"的投资理念,养老基金的投资事实上是对不同金融产品的投资组合。投资组合是根据资产流动性和风险分散性的要求,来寻求收益和风险的最佳结合,以达到降低投资风险和减少投资损失,实现利润最大化的目标。从发达国家养老基金资产的投资组合分布来看,债券大多占了较大的比重。而英国和美国因为资本市场体系完善,市场化程度高,运作规范,所以养老基金投资于股市的比例明显较高。除了债券和股票外,各国还有其他金融产品的投资。

四、企业年金资产管理

企业年金资产管理可以分为公司自我管理和委托外部专业机构管理两种方式。一些大规模企业拥有自己专门的投资机构,但是大部分企业年金基金的投资业务都是委托给专门的投资机构,如银行、保险公司、养老金管理公司等金融机构。

自我管理的年金方式又称"内部型"管理,即公司直接为自己的雇员提供养老金,而不将企业年金资产交给独立的外部机构管理。内部型企业年金中一般没有独立的、用于支付雇员养老金的资产,对雇员的养老金承诺是由公司本身的资产支持的。如美国通用汽车公司拥有80多万雇员,公司内部设有自己的养老保险管理公司,雇主和雇员按雇员收入的4.5%缴费,基金由公司雇佣的投资经理进行经营。

对于企业年金资产来说,最高的管理机构就是受托人委员会,受托人委员会具有一定的独立性,其独立的程度与国家的法律制度有关。有些情况下,受托人本身可以是独立的法人,与年金公司完全独立,有些情况下,雇主对基金的控制程度较大,受托人的独立性就相对较小。

在基金管理方式中,"受托人"是一个重要的角色,受托人的职责主要包括:一切决定必须完全以年金计划参与者和受益人的利益为出发点;谨慎和妥善地进行决策和行动;不能利用计划的资产牟取私利;有义务向参保人披露养老金的有关信息(如年金资产的年度报告、经审计的主要财务报表或摘要和精算评估报告等)。

澳大利亚是实行受托人制度的典型,其公司的养老基金由雇主和雇员代表组成的受托人理事会负责。受托人对雇主和雇员具有同等的代表权,对基金的安全谨慎投资、投资计划的恰当管理以及全体雇员的利益完全负责,有义务保全、保存、保护信托财产,并有义务按照受益人的要求支付年金。在基金出现重大亏损的情况下,基金成员有权对受托人提起诉讼。因此,受托人需投保职业责任保险,以确保在履行受托责任时由于过失导致的受益人损失而进行的赔偿。受托人可以是由若干个人组成的群体,也可以是一个公司。政府对受托人数量、任职资格等有严格的规定。受托人通常将养老金的日常管理和投资业务分包出去,但是受托人必须保证养老基金对其资产拥有使用权,并在法律上继续对养老金的所有者负责。

最早涉足年金业管理的是银行机构,银行只是满足雇主对年金基金进行托管的需要。保险业是较早介入企业年金市场领域的,1921年美国大都会寿险公司签发了第一份年金合同,从此保险公司开始经营年金产品业务。保险业通过长期经营养老金业务和其他寿险业务积累了丰富的经验,它的养老金支付方式,特别是生命年金的支付方式与企业年金的相吻合。这就决定了保险公司在管理企业年金上的优势,使其成为企业年金市场的积极参加者。

二次世界大战后随着基金公司和信托公司等金融机构的发展,企业将年金资产委托基金公司运作成为当前比较流行的方式。基金管理公司负责对养老保险基金积累的资产进行投资。基金管理公司通过收取佣金作为管理养老金的回报,佣金在协议中有明确的规定,一般是养老基金总额的一个比例。

在自选经纪人账户管理方式中,企业年金计划的参加者可通过自选经纪人账户将自己年金账户中的资产投资于证券市场上的、公开交易的证券,如股票和政府债券等。提供这种投资工具服务的金融机构主要是证券公司。无论是保险公司、基金公司、还是证券公司,除了代理公司企业年金的投资管理业务外,还同时提供企业养老金计划投资咨询服务,计划行政管理服务等。

五、我国企业年金的投资运营现状及对策

(一)企业年金投资运营现状

我国的企业年金于20世纪90年代初开始在部分企业中试行,截至2015年底,建立了1 447个企业年金计划,其中单一计划1 371个,集合计划55个,其他计划21个,投资组合数2 993个,当年实际运作资产金额9 260.3亿元,当年平均收益率为9.88%。[①]

我国企业年金从2006年下半年才开始市场化投资运作,在此之前,企业年金基金投资运营主要是以存入银行和购买国债为主,也有个别地方委托金融机构从事证券等投资,总体上投资渠道狭窄,且投资收益率低。为了提高企业年金基金的运营活力,进一步规范和提高我国企业年金基金的投资效率,人力资源和社会保障部对2004年发布的《企业年金基金管理试行办法》进行了修订,并于2011年出台了《企业年金基金管理办法》(以下简称《管理办法》)。《管理办法》明确规定企业年金基金仅限于境内投资,新增加了中央银行票据、短期融资券、中期票据、万能险、养老金产品等投资产品,并对投资工具的比例进行了调整,将固定收益类投资比例由不高于50%提高到95%,流动性投资比例由不低于20%降低到5%,并将投资股票的比例不高于基金净资产20%的比例提高至30%。此外,还规定单个投资组合的企业年金基金财产,投资于一家企业所发行的股票,单期发行的同一品种短期融资券、中期票据、金融债、企业(公司)债、可转

---

① 数据来源于《全国企业年金基金业务数据摘要2015年度》,人力资源社会保障部基金监督司,2016年3月。

换债(含分离交易可转换债),单只证券投资基金,单个万能保险产品或者投资联结保险产品,分别不得超过该企业上述证券发行量、该基金份额或者该保险产品资产管理规模的5%;按照公允价值计算,也不得超过该投资组合企业年金基金财产净值的10%。单个投资组合的企业年金基金财产,投资于经备案的符合第四十八条投资比例规定的单只养老金产品,不得超过该投资组合企业年金基金财产净值的30%,不受上述10%规定的限制。2014年企业年金的投资范围进一步扩大,当年出台的《关于扩大企业年金基金投资范围的通知》(下称《通知》)规定:"企业年金基金投资范围包括:国家基础设施债券投资、商业银行的理财产品、股票期货、信托产品以及特定资产管理计划,此外还确定了养老金产品实行的详细规则。允许企业以养老金产品方式投资交通、石油、电网等国家大型基础设施建设项目。"

同时,我国已颁发的《公司法》《证券法》《合同法》《信托法》《证券投资基金法》等法律法规,为规范企业年金委托人、受托人、年金管理机构、专业投资机构、托管银行各方的委托—代理法律关系,规范专业投资机构的公司行为,规范基金投资合规运作,提供了十分重要的外部法律环境。

这些规定不仅规范了企业年金基金的投资行为,也为企业年金基金提高投资收益率提供了制度保证。表9-2显示,2007—2015年,我国企业年金基金投资的年平均收益率达8.09%,基金投资收益率日趋平稳,保值增值效果良好。

表9-2 2007—2015年全国企业年金基金投资管理情况表

年 份	投资组合数(个)	资产金额(亿元)	当年加权平均收益率(%)
2007年	212	154.63	41.00
2008年	588	974.90	−1.83
2009年	1 049	1 591.02	7.78
2010年	1 504	2 452.98	3.41
2011年	1 882	3 325.48	−0.78
2012年	2 210	4 451.62	5.68
2013年	2 519	5 783.60	3.67
2014年	2 740	7 402.86	9.30
2015年	2 993	9 260.30	9.88
年平均	—	—	8.09

资料来源:《全国企业年金基金业务数据摘要2015年度》,人力资源社会保障部基金监督司,2016年3月。

(二) 目前我国企业年金基金投资运营中存在的问题

根据我国企业年金基金投资运营的状况,总体来说,我国企业年金基金的投资具有以下问题。

1. 收益率波动较大

我国企业年金投资历史较短。从2004年开始,我国才逐步有了企业年金的相关政策,2005年我国才有了第一批政府承认的企业年金管理机构。而企业年金真正开始运作是在2006年。到2015年,我国企业年金投资运营发展刚刚走过第十个年头。这之间,关于投资规模、投资方式、投资政策和激励措施等都在缓慢探索之中,投资收益波动较大,直至近两年,才略显平稳。

2. 国内资本市场不成熟

企业年金的投资运营很大程度上受资本市场影响和约束。目前由于我国企业年金投资管理人缺乏国际经验、国内资本市场并未对外完全开放等原因,企业年金仍然无法立足于国外市场,只能在国内市场单方面投资运营,造成企业年金基金对国内市场过度依赖。受制于不成熟的国内资本市场,企业年金基金投资的安全性面临很大的挑战。

3. 信息披露制度不完整

我国企业年金投资运营在信托制下进行,信托制下存在两层委托代理关系。第一层关系包括受托人、企业和职工三个当事人。第二层关系是受托人与投资管理人之间、托管人和账户管理人之间的委托代理关系。多重委托代理下存在的最主要问题是信息披露的缺失。我国企业年金的信息披露制度尚不完整,这十分容易引发逆向选择风险和道德风险。

4. 相关法律法规不健全

我国与企业年金相关的法律尚存在规范性不强、随意性较大的问题。这是因为,我国企业年金投资运营十多年来,一直没有权威性的机构颁布具有最高法律阶位的法律法规。现有的企业年金投资运营的相关法律分为两个层次:一是人社部颁布的《企业年金试行办法》和《企业年金基金管理办法》;二是人民银行、银监会、证监会等机构颁布的法规和规范文件。上述法规由于法律位阶较低,尚未超越部门层级,当企业年金运作过程中出现利益冲突或矛盾时,难以保证企业年金的有序发展。

(三) 完善我国企业年金基金投资运营的政策建议

从长远来看,随着我国资本市场的逐步完善和企业年金发展的逐步成熟,随着企业年金基金投资的相关法律、法规的逐渐健全,要逐年增强企业年金基金投资组合的多元化,并建立投资运营的风险补偿机制。具体来说,要做到以下几点。

1. 拓宽传统投资渠道

在社会多元化发展的今天,资本运营的方式也日益丰富,投资渠道有了更多的选择,我国的企业年金,可以分散在与其类似的长期性资金当中,像全国社保基金、养老保险以及商业保险资金等多种方式当中,同时,对于资产的分配,也可将其配置在多个不同领域的资产项目当中(如房地产、基础设施、未上市股权等)。企业年基金涉及居民养老等重大问题,关乎社会安定。企业在发放企业年金基金时,首先要考虑企业年金基金是否足够富余、投资时机是否恰当、投资机构是否正规。另外,要进行风险预测与评估,在保证企业年金基金投资较为安全的条件下,分析各个地区企业年金基金发展特点与趋势,找准收益良好的产品进行实践,为企业年金基金投资渠道的扩展创造有利条件。

2. 构建我国企业年金基金投资运营管理风险补偿机制

鉴于企业年金的安全与收益关系重大,而当前中国资本市场运作尚不规范,因此有必要建立企业年金基金投资的风险补偿机制。一般说来,世界各国的补偿系统都把补偿的程度限制于企业年金累积的责任之内,但其责任范围究竟是该包括所有的基金积累不足,还是只包括特定原因(如年金资产被欺骗、盗用,或者因为年金发起人或投资管理者的疏职)引起的基金积累不足,仍然是一个值得讨论的问题。如果将前者作为补偿计划的责任范围,企业年金持有人将会得到更多的保障,但从很多国家的经验教训来看,如果把补偿计划的责任范围定得过宽,企业年金违规操作或冒险操作的概率将会很高,导致补偿计划的成本增高,最后往往造成补偿计划的破产。因此,在设计我国企业年金基金投资风险补偿机制时,应该考虑企业年金计划的不同类型、不同管理模式、监管模式以及年金市场和资本市场的发展阶段等诸多因素。

3. 开始并逐步加大投资国外证券的比重

由于我国国内金融市场发育的不健全,企业年金基金投资于国际市场,可以起到降低风险和增加收益的益处,我国的社保基金已经正式投资海外证券市场了,这也可为企业年金投资海外证券市场提供了一些经验。因此企业年金基金投资于海外证券市场是势在必行。但目前我国企业年金仅限于国内市场。等到企业年金基金海外证券投资发展到一定阶段后,再逐步增大对国外股票的投资。从投资方式看,国外股票投资可以采用直接投资方式也可以采用间接投资的方式。

4. 采取税收优惠政策促企业年金发展

全国人大要研究制定更具权威性的全国统一的税收优惠政策,或在全国范围内对企业年金设立税收优惠的最低限制。税前列支比例应在目前4%的基础上进行一定程度的提高。有关企业年金的税收优惠政策不仅仅限于缴费阶段,还要涉及投资和待遇领取阶段,而且从缴费主体看,不仅对企业缴费给予税收优惠,对个人缴费也要做出相应的规定。

第四节 企业年金的监管

一、企业年金基金监管的机制

企业年金作为企业员工的养老金的一部分,为了维护职工的利益,必须对企业年金运营的各个环节进行有效的监管。为此要从以下几方面建立一套有效的监管机制。

(一) 政府层面的监管机制

政府监管主要是通过有关部门对企业年金基金进行监管。按照政府部门的职能,这种监管可以划分为三种:立法监管、司法监管和行政监管。

1. 立法监管

完善的企业年金法律制度是企业年金基金监管的前提和依据。立法机构应该通过颁布法律,建立适合本国国情的企业年金法律体系,同时制定负责执行该法律的有关机构应当遵守的一般标准及其职责范围。在我国当前的情况下,这一任务尤为重要。立法监管的事项一般包括企业年金的设立和执照许可、计划治理主体和相关主体的资格许可、供款率的登记和批准、必须禁止的交易行为、有关财务报告、财务审查及其他财务要求、最低资本金和担保基金、企业年金的整顿和清算、有关税收优惠待遇等等。

2. 司法监管

尽管企业年金基金监管中的大部分纠纷都可以在诉诸法律之前得到解决，但是，司法部门仍然在企业年金基金监管活动中发挥十分重要的作用。首先，在企业年金基金的管理者与受益人之间发生通过其他途径无法解决的分歧时，可以依靠法院判决解决分歧。其次，当有关当事人实施了某种违反法规的行为时，法院通过颁布支持监管机构的法律，判定有关当事人的民事或刑事责任，以保证有关法规的贯彻落实。第三，当企业年金计划治理主体对其他监管机构的有关规章和命令有异议时，可以诉诸法律，要求变更这些规章和法令。

3. 行政监管

由于企业年金基金监管活动的复杂性和针对性，政策制定者通常授权具体的行政机构专门监管企业年金基金的有关活动。尽管这种机构的权力大小在各国之间差异很大，但它们一般都有立法机构授予的比较广泛的行政权、准立法权和准司法权。在拉美国家即使普遍建立了真正独立的专门监管机构，有关政府行政机关仍然在养老基金监管中发挥着十分重要的作用。大多数国家都在某个行政部门之下建立一个明确的机构来行使专门的监管职权，通常把监督者置于财政部、劳动部或保监会之下。

（二）非政府层面的监管机制

除了政府监管之外，非政府监管机制也应该在企业年金基金监管中发挥重要作用，这主要反映在以下几个方面。

1. 行业协会监管

在西方发达国家，行业协会一直在监管中发挥重要作用。行业协会通过制定协会章程及有关规定约束企业年金基金行业各主体的行为，通过各主体之间的相互协调和监督，强化行业自律，培养行业习俗或道德习惯。

2. 审计、会计、精算和金融评级等中介机构的监管

审计、会计、精算和金融评级等中介机构是整个监管机构的不可或缺的组成部分。只有依靠审计、会计、精算和金融评级机构及时而客观准确地提供的财务等方面的资料，其他监管主体才能比较全面地了解基金管理人的经营状况，并采取相应的措施。

3. 新闻媒体监管

新闻媒体一直被称为"无冕之王"，他们在揭露黑幕，披露信息，促进基金管理人审慎投资方面发挥着不可替代的作用。

4. 计划参与者和受益人的监管

企业年金计划的参与者参加基金的监管是促进基金管理人改善经营管理以满足计划参与者和受益人要求的重要动力。因此建立计划参与者和受益人的参与机制，把计划参与者和受益人的意见及时准确地传达给管理人，不仅是监管的一个重要方面，也是激励机制的一个组成部分。

二、企业年金监管的主要方法

监管的主要方法可以从两个层次加以解释：一种是根据采取行动的时间，可以划分为事前监管、事中监管和事后监管；另一种是根据采取行动的地点，可以划分为现场检查和非现场检查。

(一) 事前监管、事中监管和事后监管

1. 事前监管

事前监管主要是根据有关政策法规来检查企业年金经营决策活动是否合法、合规，目的是谋求通过在侵害事实发生之前进行规范和限制，制止不合法的行为，防患于未然。广义的事前监管还包括审批活动。事前监管是必须的，但要注意的是，过于强调事前监管容易带来至少两个方面的负面影响：一是对企业年金的经营决策活动干预过多，反而会影响基金投资管理人独立做出决策，有时会导致非市场失灵；二是过于依赖事前监管容易形成对基金投资管理活动的麻痹大意，不利于发现问题和解决问题。

2. 事中监管

事中监管是对企业年金基金的日常经营管理活动进行监管。它是对企业年金基金监管的主要形式。其主要目的是检查企业年金基金日常经营管理活动是否偏离了有关政策法规，以便及时纠正和补救。日常监管活动虽十分复杂和琐碎，需要监管机构投入大部分的人力物力并不间断地参与，但对基金管理人的日常活动进行监管是促进年金基金规范管理、依法经营必不可少的重要环节之一。

3. 事后监管

事后监管是指在企业年金基金的各项重大经营管理活动结束以后，监管机构对整个执行过程及其结果进行检查，看其是否符合政策法规的要求。目的是找出存在的问题和各方应负的责任，提出改进建议或补救措施，保护计划受益人的合法权益，促进基金管理人依法经营。这种监管虽然可以对于过去的经营管理活动和个人行为采取一定的补救或惩罚措施，但已经造成的损失往往难以全部挽回。尽管如此，在那些金融市场比较发达的国家，与事前监管相比，监管机构往往更多地运用事后监管。

(二) 非现场检查与现场检查

从各国的情况来看，绝大部分监管体系的核心内容是对基金活动的监控。这主要包括两个方面：对关于企业年金基金财务状况的报告反复审查（非现场检查）和现场检查。

1. 非现场检查

非现场检查主要是依据各种资料对基金管理活动进行评估。虽然对报告的要求在频度和深度上各国之间差别很大，但企业年金基金管理人一般都要定期向监管机构提供专门的报告和文件。这样做有两个目的：一方面是为监管机构进行遵守评估提供资料，另一方面是使基金处于监管之中以达到"警示"效果。在侧重事前监管的情况下，监管者实际上利用报告"实时"监视资产组合构成和其他制度要求，并以有关信息为基础在出事前采取行动。侧重事后监管的监管者一般在一个更长的时期后才能获取财务报告，通常是每年一次，利用资料选取那些有潜在问题的基金管理人进行更深入的检查。

监管机构还有一个共同职责是使计划受益人容易得到关于基金的财务及其他资料。

2. 现场检查

现场检查通常是监管计划的重要的组成部分。实际上,所有的法定计划都提供给监管者现场查看所有记录并查阅其他相关资料的权力。监管机构一般把他们相当多的人力物力用在这类活动中。各国监管机构的差别主要在于这种检查的目标、范围和频率。侧重于事前监管的监管计划把这些检查设计为审计,有一个检查基金管理人各个方面活动的系统性目标,追踪个人账户的缴费,核实财务报告的完备性和准确性,评估对投资限制和其他更广泛的规定的遵守程度。这种审计按照正规的时间表进行,所有基金管理人每年至少检查一次,目的是进行一次全面的执行结果评估。而侧重于事后监管的监管计划实际上把检查设计成一种专门的或更狭义的调查,通常是一种特殊的现场视察,作为对某个问题的抱怨或特殊征兆的反应,但它并不打算提供一种综合评论。

三、企业年金基金监管的主要内容

随着世界范围内社会保障财务危机的爆发,越来越多的国家对原有的社会保障制度进行了改革或正在进行改革,企业年金基金的投资日益受到重视,有关的监管问题也越来越成为国内外专家学者研究的重点。当前世界主要国家企业年金基金监管的主要内容包括以下方面。

1. 受托人准入标准与审批

准入标准不仅包括允许运作的法律制度模式,而且包括最低资本金要求和恰当而合适的测试。因此,其基本目的是只允许最能胜任的申请人进入企业年金计划管理行业,以降低未来的代理风险和制度风险。具体的准入标准在不同的国家存在着一定的差异。

2. 内部控制原则

在企业年金基金中,基金的管理员会可以而且也应该发挥重要作用。委员会的组成、委员会成员的投票权以及责任和义务方面的清晰性原则有助于改进基金管理并使代理风险最小化。在管理公司运作的开放式基金中,由于一般没有委员会,内部控制原则主要应用于管理公司本身。管理公司必须独立进行企业年金基金管理,他们不能将他们的管理职能授权或转包给他人,每家只能管理一只企业年金基金。管理的质量在很大的程度上取决于管理公司董事会章程的质量。

3. 资产分离原则

资产分离原则目的在于使基金资产或管理公司的资产相分离,以保护基金成员的资产结余和既得权利,控制制度风险和代理风险。资产分离原则通用于管理公司运作的发放式基金。通常要求资产由一种特定的独立的法律实体持有,例如英美式的信托基金。保险公司和银行内部运作的企业年金计划不需要实行资产分离(人寿保险基金也不需要)。尽管对银行和保险公司的良好的审慎性管制可以保护计划参与者的资产,但在这种情况下,仍然会从银行和保险危机(制度风险)中溢出较多的负面影响。

4. 独立托管人

独立托管人就是通过适当的安排，基金管理者和资产经理不再直接对企业年金基金资产拥有法定所有权，而是要求一个规定了责任的独立的团体实施全部的交易活动，以减少或控制欺骗和盗窃的机会。而且，通过拒绝实施违反投资限制和其他规则的交易活动，独立托管人还有助于强化审慎性监管。要保障独立托管人保护基金资产的有效性，必须不间断地控制从计划参与者到基金或资产经理的现金流。然而，由于某些计划管理人的失职为企业年金基金的滥用留下了空间，因此，独立托管人是限制代理风险不可缺少的措施。

5. 外部审计、会计

对企业年金基金账户进行外部审计是所有国家的基本要求。外部审计人的法定责任和义务在各国之间也存在着巨大差异。在不发达国家的法律制度环境中，外部审计没有提供对企业年金基金形式独立而客观的评价，审计人的法律责任也不清晰或不易实施。在发达国家，外部审计不仅提供了准确而独立的评价，而且构成了监督的最重要的工具。审计人要向监管者汇报所有问题，否则将承担法律责任。外部会计在受益基准制或有担保的供款基准制中发挥了类似的作用。

6. 信息披露要求

信息披露要求一般作为金融系统所有部门监管的一个基本组成部分，其披露的内容包括：资产评估的原则、资产评估的频率、机构可运用的资本量，以及计划参与者与大众之间的信息分配等等。

在企业年金基金行业，信息披露要求在不同的国家和不同养老金类型之间存在着实际性的差别。信息披露要求在强制性供款基准制计划（特别是那些允许不受限制的个人选择的计划）中十分重要。大部分拉美国家的开放式基金都存在广泛的信息披露要求，通常包括每日以市价为基础进行资产评估，每年向计划参与者和受益人作几次账目说明，监督机构通过季报和年报公布养老基金行业的内容广泛而详细的信息。而且，拉美养老基金计划能够凭借管制者直接对财务报告的准确性进行核实。这种内容广泛的信息披露目的是为了使职工能够做出理性的选择，并向基金经理施加竞争压力，从而有利于计划参与者维护自身权益。

7. 投资限制要求

在绝大多数国家，投资管制的既定目标是保证分散化和使代理风险、制度风险，特别是资产组合风险最小化。管制内容主要包括发行人、各类投资工具、风险所有权集中和资产类别的特有上限。前四项限制被认为是毫无争议的审慎性原则，并且在大多数国家都以这种或那种形式被采纳。但是关于资产类别的限制则是一个已经产生争议的管制的特殊领域。

8. 担保或最低收益率要求

担保或最低收益率要求是企业年金基金监管的一个重要方面，目的是为了保护企业年金计划参与者和受益人的基本利益，控制代理风险，激励基金管理人提高投资管理水平。绝大多数引进了法定企业年金计划的国家都以对企业年金基金的投资收益率提供某种形式的担保。

此外还有对佣金和最低资本金的相关要求。

四、我国企业年金基金监管存在的问题及治理政策

由于企业年金计划采取市场化的运作方式,企业年金将不可避免地面临政治风险、投资风险、委托代理风险等众多不确定性因素,这势必影响到退休职工收入的稳定性以及社会的稳定。因此必须加强对企业年金基金运营的各个环节进行监管,从而保障计划参与人和受益人的合法权益。

(一)中国企业年金监管存在的问题

1. 企业年金制度立法层次低、执法水平低

我国目前有关企业年金的法规都是由国务院下属各职能部门颁布的,主要以"决定"或"办法"的形式出现,立法层次不高,没有足够的威慑力。对企业年金的管理办法及实施细则大部分是以"通知"的形式下发到地方的,而没有颁布专门的法律法规对企业年金的市场准入与推出制度、资金来源及基金运营方式等内容做出明确规定,使得文件在执行时带有很大的弹性。

2. 缺乏年金托管主体间的有效监督制约机制

中国企业年金管理业务由各类企业年金经办机构承担,它们在企业年金管理机构中处于中心的地位,在账户管理、投资管理和基金资产的保管上基本采用自我管理的模式,极易发生年金基金被挤占、挪用和投资效益率低等问题。

3. 缺失独立的监管主体机构

我国目前的企业年金监管机构是社会保障管理部门直属的事业单位。地方社会保障管理部门对地方企业年金监管机构有直接的管理权,能够干预企业年金监管机构的监管工作,这种制度设计会导致监管主体机构的职责不明确,使其无法在年金的管理运营中起到有效的监督作用。

4. 外部监管力量弱小

对企业年金的监管主要是行政当局的行政监管。中介机构和新闻媒体的舆论监督没有发挥其应有的作用,而且缺乏为参加年金计划的员工代言的监管组织。

5. 信息不对称

企业年金的受托投资运营机构以基金公司和保险公司为主,这些机构的财务信息公开性不足,这就一方面使企业年金的受益人在其受托人那里处于信息不利的地位,另一方面这种信息的不对称还有可能造成企业年金受托人的"道德风险"行为。

(二)完善中国企业年金基金监管的政策建议

为了克服养老金制度面临的危机,我国立足于本国国情,综合借鉴欧美发达国家、拉美及东南亚国家业以形成的经验,完善对我国企业年金基金的监管。

1. 加快企业年金法制化建设

规范的法律法规是进行企业年金基金监管的前提和依据。在没有专门法规对企业年金进行规范管理的情况下,企业年金的有效监管无从谈起。中国企业年金法律体系的建立需要劳动保障、证券、保险和银行等多家监管部门的密切配合。

2. 明确企业年金托管主体间的职责

企业年金的运行是以信托关系为基础、以委托代理关系为补充的运行体系,委托人和受托人的主体明晰是其有效运作的前提。企业年金的监管和运营应彻底分开,建立企业年金理事会负责投资决策管理、选择投资运营机构以及行使监管职责,由专业投资机构接受企业年金理事会的委托并进行专业投资,在明确年金托管主体职责的基础上,建立内部监管机制。

3. 运用网络化"强制性信息披露"系统,提高监管效率和监管人员的素质

实现有效的信息公开化,运用现代化的计算机网络信息工具,充分利用发达的信息网络优势建立企业年金网络体系,为各个监管部门提供连续、系统、动态的信息服务。通过信息共享,节省各监管部门监管信息搜集成本,保证信息的透明度和准确性,提高监管效率。

4. 建立完整的安全防范体系

将企业年金计划的运行分为事前、事中、事后三部分。从事前制定对受托人及各服务提供者严格的审核标准、准入机制、退出机制,到事中对监管机构进行持续的监管,再到事后真正的风险发生时的三重安全网,这套事前、事中、事后的安全防范体系可以有效地保障计划受益人的利益。此外,国家有关职能部门还要对企业年金基金投资进行实时控制,对投资工具和投资结构做出明确的规定,如企业年金基金不得用于交易,也不得用于衍生金融产品的交易。

本章重要概念

企业年金(enterprise annuity)　　缴费确定型(defined contribution)
待遇确定型(defined benefit)
个人账户企业年金计划(personal account pension scheme)
公共账户企业年金计划(public account pension scheme)

本章思考题

1. 简述企业年金的特点及其功能。
2. 我国企业设立企业年金应该具备哪些条件?
3. 结合实际谈谈我国企业年金基金的缴费和支付相关政策。
4. 试述企业年金监管的主要内容。
5. 试述我国企业年金监管的现状和存在的问题,如何来加强企业年金基金的监管制度建设?

本章实训

A 企业是行业内合资最早、规模最大的企业,也是国内最早的一批合资企业之一。与大多数成熟企业一样,A 企业面临的退休保障问题也较为紧迫:5 年内退休人员占比近 10%,10 年内退休人员占比超过 20%;但同时,A 企业的员工构成基本呈金字塔状,稳固的底部构成为解决员工的养老保障问题提供了充分的时间缓冲。

请针对 A 企业的情况,为 A 企业设计一份企业年金方案,方案中如何体现近期问题和长期公平?

第十章　社会保障法制化

【本章导言】

社会保障法是国家出面调动社会力量、维护社会成员的生活安全和生存秩序的法的统称。自1601年英国《济贫法》设立以来,社会保障法制已经历了四百多年,世界各国均建立了自己的社会保障法律体系以维护本国公民的社会保障权益。本章主要目的是让读者了解社会保障法制的历史、内容、体系,能以史为鉴,辩证地看待当前社会保障法制所存在的问题,并思索解决的方案。

引导案例

自1601年英国出台《济贫法》以来,世界各国步入了社会保障法制化的时代。通过立法形式规范政府、用人单位、职工或国民的社会保障行为成为世界共识。社会保障法律体系包括宪法中的条款、社会保障法、社会保障单行法规和实施细则、地方性社会保障法规和行政规章、其他法规中有关社会保障的法律规范等内容。社会保障立法模式主要有分散立法和综合立法两种。社会保障法的实施机制包括社会保障管理体制、社会保障基金运营与监督、社会保障争议处理体制等内容。点击网络链接,观看我国《社会救助暂行办法》颁布的新闻报导,讨论法制化对于规划社会保障制度的重要意义。

案例视频链接: https://v.youku.com/v_show/id_XNjc4NjE1NDYw.html。

第一节　社会保障法律概述

一、社会保障法制史

社会保障的实践从政府的自由安排到以法的形式规范,经历了漫长时期,它是农业社会到工业社会的必然产物。工业风险要求政府加强社会保障建设,这使得相应政府开始立法规范社会保障行为。

社会保障理论与政策

1. 社会生产的工业化，要求政府依法建立社会保障制度

在自然经济的社会里，社会成员的生活保障以自给自足的小农经济为基础，体现为家庭的自我保障，并未形成社会化、规范化、法制化的社会保障制度。在传统农业社会，土地为社会成员提供了从业和收入的生存依托，家庭提供生活、健康、养老等生存保障，这形成的是一个以自然经济为纽带的生存保障网络。工业社会以前的社会里，曾出现过邻里互助、行业互助等生活保障组织和体系，但这只是家庭保障的补充，未占主体地位。

18世纪，工业化的生产与发展，动摇了传统农业社会中家庭保障体系的社会基础。伴随着大机器工业而来的工厂，迅速取代了一家一户的手工业生产和作坊，成为社会的基本生产单位。工业化在削弱家庭原有生产职能的同时，强化了人类劳动的社会化，这必然要求农村人口迁移到城市。迁移到城市的大量人口不但失去了传统的生存依托——土地和基本的生产工具，而且还在一定程度上失去了亲朋和邻里的保障关系。此时，对于从事社会大生产的大城镇劳动者来说，生、老、病、死、失业等已不再完全是私人性质的风险，而成为全社会的风险。为应对这些社会风险，客观上就要求国家建立一种家庭之外的新社会保险制度，以此来化解社会风险，并为受社会生产所伤害的劳动者提供经济帮助。

随着工业化及城市化的进一步发展，为了有效地维护社会大生产的秩序，不仅要求国家制定经济法律来约束经济社会秩序，同时也要求国家在此社会基础上，通过立法来规范人们的社会生存保障方式，唯有这样才能保证社会生产和人民生活的有序进行。于是，为了适应社会发展的客观要求而先行工业化的西欧国家，依法建立了社会保障制度。从工业化国家的发展历程来看，建立社会保障制度是工业化的必由之路；同时，社会保障制度的建立和完善也促进了西欧国家的工业化稳步发展。

2. 工人阶级的产生和壮大，要求立法保障广大劳动者的人身权益

随着工业化的发展，工人阶级的力量不断壮大，工人阶级及其广大城镇劳动者在从业过程中，逐步认识到自己是整个社会生产的主力军，愈发不能忍受资本家的剥削和压榨。在经济上，他们要求独立；在政治上，要求通过立法确认广大工人在社会生活中的独立人身权益，而不是资本家的恩赐。在此历史背景下，随着政治民主化的兴起与发展，面对不断高涨的工人运动，资本主义国家政府为了缓和阶级矛盾，也为了维持资本主义的社会再生产，在广大工人和社会民众的不懈斗争中，不得不通过一些立法对雇主的剥削行为做出一些限制，明确国家和社会应当承担的社会保障职责。在1883—1889年间，德国俾斯麦政府把各地工人自动组织的互助基金"国有化"，并制定了世界上第一部《疾病保险法》(1883年)，其后又相继颁布了《工伤保险法》(1884年)和《养老、残疾、死亡保险法》(1889年)，从而奠定了德国社会保险法律制度的基础，成为世界上第一个依法建立社会保险制度的国家。

其后，欧洲各国相继效仿德国，分别根据本国情况，通过立法建立了社会保险制度。如奥地利建立了工伤保险(1887年)、疾病保险(1888年)、养老保险(1906年)、失业保险(1920年)，意大利建立了工伤保险(1898年)、养老保险与失业保险(1919年)，瑞典建立了疾病保险(1891年)、养老保险(1913年)、工伤保险(1916年)，法国建立了工伤

保险(1898年)、养老保险(1910年),俄国于1903年建立了工伤保险,英国于1908—1911年颁布了《养老金法》《国民保险法》等。美国也于1933年的资本主义经济大危机之后,建立了社会保险制度,并在1935年8月通过了《社会保障法》,这是世界上第一个对社会保障进行全面系统规范的法律。

在20世纪30年代,社会保险的普遍性、社会性、保障性原则相继确立,并成为世界各国社会保障立法的普遍原则。正是由于社会保障法律制度的建立与实施,才促进了各国社会安全和经济稳定发展。

3. 市场经济的发展,要求依法对社会保障制度进行统一规范

随着资本主义市场经济的发展,各生产要素受利益机制的驱动,在不同地区、不行业或企业之间流动组合,形成了社会资源的优化配置,进而促进了经济不断增长,也为社会积累了大量的物质财富;同时,受经济结构性调整和市场优胜劣汰竞争机制的影响,部分劳动者被迫退出劳动岗位和结构性失业现象不断产生,从而使劳动者本人及其家庭因失去收入而陷入生存危机。面对这种情形,客观上要求通过国家的力量,调节市场创造的社会财富,对受到经济结构调整影响的劳动者给予经济帮助。要形成劳动力的合理流动机制、有效抵御劳动者在市场竞争中遭遇的社会风险,就必须打破劳动者靠血缘关系维护的家庭保障或企业保障的局限,依法建立社会保险制度,建立全社会统一的社会保障网络,使劳动者在生产竞争、更换劳动岗位和迁徙就业时没有后顾之忧,有效实现劳动力要素的合理流动和有效配置。随着市场经济的发展,特别是经济全球化的形成,竞争领域不断扩大,人们的经济需要不断增长,相应的社会保险要求也就日益强烈,这要求社会对广大劳动者提供更多的社会保障服务,同时也要求政府对各地区的社会保障制度进行统一的规范,通过立法对所有社会成员实现法律地位平等、参与市场的公平竞争;同时,要求政府扩大社会保险覆盖范围,形成全体社会劳动者之间共担风险的局面,促进劳动力资源的优化配置,推动社会经济步入良性循环。

在经济全球化的推动下,国际劳工组织于1919年应运而生。该组织的宗旨是"促进充分就业和提高生活水平,促进劳资双方合作,扩大社会保障措施,保护工人的生活和健康",主张通过劳工立法来改善劳工状况,"增进劳资双方的共同福利",进而"获得世界持久和平,建立社会正义"。国际劳工组织围绕社会保障制度的建立,制定了大量的国际公约和建议书,以此推进各国社会保障法制化的进程,如1919年第3号《妇女生育前后工作公约》、1925年第18号《工人职业病赔偿公约》等。

目前,世界上已有160多个国家和地区通过立法建立了社会保障制度,保障了劳动者的社会保障权益,为其经济发展保驾护航。社会保障制度与市场经济相互制约、相互促进,可以说没有市场经济的发展,就很难建立社会保障制度;同样,没有社会保障制度,也就没有健全的市场经济体制。

二、社会保障法律的体系结构与调整对象

1. 社会保障法的体系与结构

社会保障法律体系是由一系列相互联系、相互影响的各种法律法规所构成的整体。

各种法律法规整合在一起,共同规范社会保障主体的行为。

(1) 社会保障法律体系概况。社会保障法律体系,是指调整社会保障法律关系的法律规范的总称,它不仅包括冠以"社会保障法律""社会保险法"等名称的法律,也包括其他法律、法规中有关社会保障的规范,还包括具有法律效力的有关社会保障的规章、决定、指示等规范性文件,以及国家最高法院有关社会保障的司法解释等。

(2) 社会保障法律体系是一个国家全部社会保障法律规范按照一定的标准分类所形成的具有一定结构性、功能性联系的有机整体。其纵向结构由宪法、社会保障基本法、社会保障法律及其他由高到低各层次的法律法规所组成,呈现"金字塔"形;第一层次为宪法中有关社会保障的条款;第二层次为社会保险的基本法律,由全国人大常委会审议批准;第三层次为依据社会保险的基本法律,由国务院制定发布的社会保险行政法规;第四层次为根据上述法律、法规而制定的部门规章或地方政府制定发布的法规。

2. 社会保障体系的结构和内容

(1)《宪法》中有关社会保障的条款。宪法是一个国家的根本大法,它所规定的社会保障的性质、内容以及公民在社会保障中的权利与义务,是社会保障立法的依据,具有最高的法律效力,一切社会保障法律、法规及其他规范性文件,都不得与之抵触。我国宪法规定,公民在丧失劳动能力时,有从国家和社会获得物质帮助的权利。享受社会保险、社会救济、社会福利、社会优抚等各项社会保障待遇,是宪法赋予公民的基本权利。

(2) 社会保障法。社会保障法依据宪法的原则而制定,其立法应由全国人民代表大会起草审议、通过和发布。它规定了社会保障的基本制度框架,包括社会保障的实施对象、覆盖范围、项目结构、资金来源、待遇标准、享受条件以及行政管理、监督审查等内容。它是社会保障体系中有关项目立法的依据和规范。

社会保障法是社会保险法律体系中的基本法,是社会保障方面的母法,一般的社会保障法律条款依此诞生。社会保障法涉及的必备条款有:立法宗旨和依据,以确立法律实施的目的和法律地位;适用范围;社会保障项目的界定;权利与义务,即法律关系主体在社会保障制度实施中的权利和义务;国家责任;社会保障行政管理机构和经办机构的设立,以及事权的划分;社会保障费用的来源渠道和筹资方式;社会保障基金的建立、管理以及开支的范围;审计与监督;公民享受各项社会保险待遇的资格条件和待遇项目;社会保障争议的处理等。

(3) 社会保障单行法规和实施细则。社会保障的法规和实施细则都是以宪法和社会保障法为依据,由国务院批准和颁布,其主旨是便于具体实施。

(4) 地方性社会保障法规和行政规章。根据社会保障管理集权与分权相结合的原则,地方立法机关或行政机关可依据社会保障法制定有关适应本地区情况的社会保障项目的实施办法、补充规定等。地方性社会保障法规和行政规章不得同宪法和社会保障职能主管部门规章相抵触,其法律效力范围适用于本地区。地方性立法视各国的情况不同而不同,有些国家没有在社会保障方面赋予地方立法权,有些国家允许自治州(或地区)有一定程度地方社会保障事务的立法权。

(5) 其他法律法规中有关社会保障的法律规范。如《劳动法》中对劳动者享受的社会保障待遇的权利,社会保险项目的设定,社会保险基金的来源、支付、管理、经办机构的设立规定等。

三、各国对社会保障法制特征的共识

各国许多学者都认为:民法因其明确了公民、法人之间人身和财产上的平等地位,为商品交换和市场经济的发展奠定了法律基础,从而被视为法制中的一个里程碑。而社会保险(或社会保障)法,则因其以维护人的自由和尊严为前提,明确了社会劳动者享有广泛的社会权利,为协调经济发展和社会稳定(或社会安全)提供了法律基础,并使每个劳动者的生存保障上升为合法权益,面对社会风险可以得到国家和社会的保护,因此被视为现代法律建设的又一个里程碑。

按照西方大陆法系国家对法律部门的划分,社会保险法既不完全属于公法,又不完全属于私法,而是介于公法和私法之两者之间,有"私法公法化"之说,也有的学者称其为"社会法"。社会保障法的特征可以概括为以下方面。

一是广泛的社会性。通过立法,规定了社会保险对象的普遍性,即表现为社会保险权利为每一个社会劳动者享有。甚至在国际上,也有国家之间签订的双边或多边社会保险待遇互惠协议,以保证劳动者在国与国之间流动畅通。在社会保险的责任和义务方面,采取用人单位、劳动者及国家三方共担风险的原则,共同筹措资金来分散社会劳动者的社会风险。社会保险法实施的目标在于保障广大劳动者的基本生活需要,以达到维护社会稳定或社会安全生产的作用。

二是特定的技术性。社会保险法中有专门的技术性规定,即在筹措和使用社会保险基金中,要遵循"大数法则"和"平均法则"等。实施社会保险,只有集合多数用人单位和个人,组成较大的社会保险基金,才能根据危险分散的法则,将发生在少数单位和少数个人的社会风险,转由多数单位和多数个人共同分担。大数法则可使危险分散达到最大限度的均衡,社会保险统筹越大,费率就越能降低到最低限度。因此,实行集中或统筹的用人单位和个人越多,就越能发挥分散风险的作用。

三是严格的强制性。社会保险法涉及社会公众,特别是广大社会劳动者的切身利益,因而在其法律条款中,大多规定具有强制性即凡是属于法律规定纳入社会保险对象的任何用人单位和劳动者个人,都必须参加社会保险,依法按照规定的缴费比例进行缴费,不能自愿协商变更缴费比例。社会保险法强制性规范的效力是不可以变更的,这是实现国家社会保障目标的根本保证。

四是部分的救济性。社会保险法对一些保障项目做出了专门的规定,这些项目不要求劳动者的权利与义务相一致。如对工伤者、有疾病或处于生育期间的劳动者,法律规定提供一些免费医疗项目。有的免费医疗项目的费用不需要用人单位和劳动者双方缴费,有的不需要劳动者一方缴费,而由政府财政或用人单位缴费来实行社会救济。

五是实体法和程序法的统一性。社会保险法是由实体法和程序法兼容和配套的法律,因为社会保险法调整的对象是社会保险领域中各种社会关系所构成的系统,是社会保险关系正常运行在程序上的必要条件或保障。各国的社会保险法大多由实体与程序

法所构成。

在多数国家,社会保险立法是由不同保险项目分别立法所构成的一个法制体系。社会保险法案是分散的,由一系列单项法令构成,如养老保险法、医疗保险法、失业保险法、生育保险法等,也有少数国家制定了社会保险法典。尽管对社会保险的内容和范围规定有所差异,但从总体情况看,各国都将养老保险、残疾和遗属保险、疾病和生育保险、工伤保险、失业保险纳入了社会保险的范围。我国从基本国情出发,也将社会保险分为养老保险、医疗保险、失业保险、工伤保险和生育保险五个险种。

第二节 社会保障立法和实施机制

一、社会保障立法

社会保障制度的建立,是与社会保障立法相关联的。从实践情况来看,具有法制化特征的社会保障制度的实行,不仅为丧失劳动能力和暂时失去工作的劳动者提供物质上的帮助,同时也维护了这些人的人格尊严。建立完整的社会保障法律体系是社会保障立法的任务,立法是法治的前提条件。

1. 社会保障立法与公民基本权利的保障

社会保障权是一项基本人权。人权是指在一定社会历史条件下,人们所享有的基本权利的总称。这种基本权利包括政治的、经济的、生存的、文化的权利等等。社会保障体现的是含有直接经济内容的生存权。生存权是人的首要权利,也是人的基本权利之一。社会保障是生存保障的一个重要方面,是实现人的全面解放和充分发展的一个必要条件,因此,社会保障权也是人的一项基本权利。

2. 社会保障立法及相关政策目标的兼容

各国在其社会保障立法过程中,要考虑以下因素:政府的政策目标;有关团体、企业和居民的需求或建议;其他相关制度的立法精神及其原则、结构和运行状况;国家的经济状况及发展潜力等。从政府的基本政策目标出发,各国在其立法过程中一般应注意保持以下3个目标之间的大体平衡:(1)减少或消除贫困,使每个人都能维持基本生活;(2)按照每个人缴纳保险费的情况支付保险金;(3)社会保障不完全取代个人的自我保障,每个人都有自我赡养的责任。各种社会保障制度的构建都应基于这三点。

3. 社会保障法的立法模式

从世界范围看,社会保障法的立法模式主要有分散立法和综合立法两种模式。

(1)分散立法模式。依据"分散立法"原则建立社会保障法律体系,就是指针对不同类型的人口群体,制定多个平行的社会保障法律法规。一般分为四类:一是政府公职人员。该类人员遍布全国,组织程度高,职业稳定,并且职业生涯及其活动持续而稳定,一般享有较为全面而完备的社会保障。二是工商企业人员。该类人员大多集中在城市,其职业活动由劳动法规定。社会保险通常只为有一定规模的企业的职工,尤其是其中职业较为稳定的那部分职工而设立,职工受到的保障程度较低。三是农业劳动者。农业生产的特点是经济再生产与自然再生产交织在一起,具有分散性、季节性和地域性,所以农业劳动者的状况相互差别很大。农业劳动者的社会保险通常是更多地强调社区范围内的互助互济以及家庭保障。在农业活动与工商活动相联系并组织起来之后,可以通过不同形式实行某种保障制度。四是个体劳动者。这个职业群体包括小商小贩和各种自由职业者,内部构成复杂。他们的保障多为自我保障、家庭保障或向社会保险机构及商业性质的保险机构投保。

(2) 综合立法模式。综合立法模式是由国家统一制定一部分综合性的社会保障法作为基本法,再根据需要并按照层次递进原则制定若干具体的单行法规和地方性法规。综合立法模式有利于在宏观层次上保持法律规范的统一性、开放性、动态性和相对稳定性,当社会经济发展产生新的社会保障需求时,可以以基本法为依据进行有关具体的改、立、废。世界各国在制定社会保障法时,往往将几类性质相近的社会保障项目合并立法,如生育保险并入疾病保险立法等,或根据国家财力情况,从社会保障项目中挑选出某些急需解决的问题先行立法。综合立法有利于全国法律的统一,有利于公民权益的保障。

4. 社会保障中各种保险的立法

由于社会保险各种险种之间存在着较大差异,有其各自的特征,因此,认识这些主要差异,有利于我们通过立法或不同险种的保险制度、保险原则、享受条件和保险金的运作模式等分别做出严格规定。

(1) 养老保险立法。养老保险的功能主要表现在社会劳动者能够实现老有所养。国家依法设定一定制度,使劳动者在达到法定退休年龄、解除法定劳动义务之后,能够获得一定的生活保障。这就会使广大劳动者在从事社会劳动期间安心工作,不必为年老生活而担忧,激发他们在职期间的劳动积极性。人们的生理决定了步入老年是每个人无法回避的问题,因此养老保险的范围就应该覆盖全体人民。然而根据社会保险要与各国社会生产力发展水平相适应、社会保险中诱因和权利的相对等的法定原则,各国对享受社会基本养老保险人员又做出了一定的界定。

从养老保险立法的情况看,各国均规定了享受养老保险待遇的基本条件:一是年龄条件。劳动者达到法定退休年龄方可享受养老保险,既是法定条件,也是养老保险的主要特征。退休年龄是各国根据社会经济发展的需要、人口平均寿命及劳动力供求状况来确定的,老年人退休年龄的高低直接影响养老保险金的筹集和发放。二是工龄条件。工龄是发放养老保险的重要依据。各国有关工龄的规定大体一致。三是缴费年限。缴费年限是指用人单位和劳动者个人缴纳养老保险费的年限。规定缴费年限的目的在于:首先是避免一些人在即将临近退休年龄时才履行缴纳保险费的义务,并获得退休金;其次是一些富裕国家为避免来自经济贫穷国家的新移民,纯粹为了获取较高的退休保障而迁入;最后是通过履行缴费义务体现劳动者权利与义务的对等关系,体现对参加养老保险者的公平。还有些国家规定了居住年限,这是为了更充分地保障本国公民利益而设立的条款。

大多数国家一般都规定一个最低缴费年限。多数国家立法规定,养老金的来源由用人单位、劳动者个人和政府三方按一定比例负担。也有的国家立法规定,在一定条件下可减少和免除最低工资者的保险,其所负担的部分由政府拨给或企业缴纳。为了满足不同劳动者退休后生活保障和多方面的需求,多数国家都依法建立了多层次的养老保险制度,鼓励企业发展补充养老保险(或称企业年金)和劳动者个人储蓄计划,以实现通过多渠道提高老年生活水平。多层次养老保障更有利于保障老年人的基本生活,有利于社会的稳定。

(2) 失业保险立法。从失业保险的范围看,由于失业人员占全部劳动者的比例总是很低,所以与其他社会保险项目比较,只有少数劳动者才能享受失业保险。为了有效地鼓励失业人员尽快实现再就业,各国依法对获得失业保险的人员做出了严格的规定:第一,享受失业保险的人员必须符合劳动年龄条件,即必须是处于法定最低劳动年龄与退休年龄之间的劳动者。因为,一方面要禁止使用童工,另一方面要将超过退休年龄的人员纳入养老保险。第二,失业者必须是非自愿失业。因为自愿失业的责任全在失业者本人,其自愿失业所造成的个人经济损失理应由个人负责。第三,失业者必须具有工作经历和依法履行了缴纳一定数额的失业保险金的义务,才能享受失业保险待遇。第四,失业者必须具有劳动能力和就业意愿。为了检查失业者的劳动能力和就业意愿,各国均规定失业者需做到以下几点:一是必须在规定期限内到职业介绍机构或失业保险经办机构进行登记并提出重新工作的要求;二是失业期间必须定期与失业保险机构联系,报告个人情况,以便失业保险机构及时掌握其情况并提供相应的服务;三是表示愿意接受职业训练和合理的工作安置。若失业者拒绝,则认定为无再就业意愿,将停止对其发放保险金。

目前,在国际上有两种失业保险方式:一种是采取强制性失业保险,由雇主和雇员两方缴费参保,政府给予一定资助。另一种是让雇员缴纳一定比例的失业救济金,再由政府出资。实行这种方式,主要是考虑到一般情况下,失业是劳动者非自愿的原因造成的。因此,雇主和雇员不缴纳失业保险费,失业救济金的享受范围和标准,由各国所能提供的失业救济金数额来决定。

(3) 医疗保险立法。医疗保险是由国家规定,对劳动者因疾病风险造成的经济损失给予的一种补偿。其主要特征表现为:第一,补偿的即时性。劳动者在日常生活中随时都有可能患病或非因工负伤,因而疾病对一个人来说,都是一种终身风险。虽然医疗保险具有劳动者享受频率最高的特点,但它是一种短期的补偿性措施。第二,范围的广泛性。疾病发生的普遍性决定了医疗保险的广泛性。它不像养老保险和失业保险仅对退出劳动岗位或暂时失去工作的劳动者实行,也不像生育保险仅对女性劳动者实行,而是对所有社会劳动者实行。第三,保险的交叉性。由于疾病发生的广泛性,医疗保险同其他社会保险形成相互联系和交叉关系。比如在工伤保险中涉及工伤的治疗和康复以及职业病的预防,在生育保险中包含的生育手术费、住院费、药费等医疗服务。第四,支付形式的服务性。医疗保险待遇的支付不同于其他社会保险项目,参加医疗保险的患病人员所得到的帮助大多为医疗服务,而不是现金。第五,补偿的差异性。参加医疗保险的劳动者虽然在患病后就医的机会是均等的,但由于每个人的病情不同,其获得的经济补偿是不相等的;其患大病或小病,所得经济补偿有较大差异。即使患病相同,在不同地区、不同医院看病,其报销的医疗费用也是不同的。第六,管理的多方性。由于医疗保险中涉及企业及患者、医院及医生、药品提供者、医疗保险经办机构等方面的关系处理,所以需要通过立法对医疗保险多方当事人的权利、义务和法律职责做出明确规定,才能保证医疗保险制度的有效运行。

根据不同职业和人群的特点,为了满足其合理的医疗需要,一些国家依法建立了企业补充医疗保险、雇员大病医疗费用补助、公务员医疗补助、商业医疗保险、社会医疗救助等多种形式的医疗制度。通常情况下,享受医疗保险待遇是以就业和缴纳保险费的期限为条件的,但也有例外,如当受保人属于限制性情况下的伤害时,通常不给付疾病津贴,或全部或部分不给付医疗保险待遇。

各国对医疗保险基金的来源规定不尽相同,就强制性的社会医疗保险而言,有两种模式:一种是雇主和雇员按比例负担,政府不予补助;另一种是由雇主和雇员平均负担,国家予以补助。还有一些实行国民健康服务的国家,对所有居民普遍实行免费医疗服务,其经费一般由税收拨付,或征收国民健康服务费。

(4) 工伤保险立法。工伤保险具有一个鲜明的特征:工伤保险实行"无过错责任"原则,即无论工伤事故的责任归于雇主还是雇员个人,均应由雇主来承担保险责任,并给予赔偿。这一原则已为世界各国所认同。

工伤保险的投保人为雇主,被保险人为雇员。工伤保险有两种基本类型:第一种是社会保险基金制度。这种制度要求雇主必须向社会保险机构缴纳工伤保险费(税),实行差别费(税)率和浮动费(税)率,然后由社会保险机构支付雇员的工伤保险。目前全世界有 2/3 的国家实行这一制度。第二种是雇主直接负责赔偿制度。这种制度并不要求雇主为其雇员投保,只是根据法律规定,对于工伤人员及其遗属,由雇主使用自由基金直接支付雇员的工伤待遇。

工伤保险制度还包括预防事故发生和帮助伤者康复。世界各国的立法都规定用人单位要努力改善劳动条件,加强对劳动者的安全培训,及时发现并排除事故隐患,一旦发生事故要及时治疗,并采取多种措施促进职工早日康复。各国政府都鼓励社会、用人单位积极兴办职业康复事业,所需费用可以从工伤保险基金的职业康复费用中支付。从某种角度看,工伤保险的事前预防比事后治疗、康复更重要。

(5) 生育保险立法。生育保险待遇主要包括生育假期、经济补助、生育医疗补助、生育期间的劳动保护和生育期间的职业保障。女工在产假期间应得到经济上的补助,补助金额应当充分维护产妇和婴儿的生活健康。对此,各国都以法律明文规定:凡按规定享受产假的女工,用人单位在其产假期间不得解雇,即使解雇通知早已发出,但若预定的解雇日期适逢该女工享受产假,这种解雇同样是不合法的;禁止怀孕和哺乳女工从事一切夜间劳动和加班加点;女工怀孕及产后至少 3 个月期间(如哺乳还应再延长时间),应当禁止被雇从事有害于妇女及其婴儿健康的劳动,尤其是举起或推拉重物、过分紧张的体力劳动,包括长时间的站立,以及对身体平衡有特殊需要的操作、需要伴随震动的机器进行的操作等;当妇女出于保护生育的原因而必须调动工作时,其工资应不受影响。不少的国家还规定,女性劳动者在产假期间,应享受的生育津贴相当于生育前原工资的 100%。

一般情况下,凡是通过某种国民健康服务制度,使医疗照顾或生育保险适用于全体国民的国家,政府通常从财政收入中负担全部或至少大部分医疗费。也有的国家将生育保险资金的筹措和其他社会保险项目资金一样,向用人单位一方,或者向用人单位和职工双方征收保险费。

> **经典案例**
>
> **工作原因遭人报复是否应认定为工伤?**
>
> 甲公司职工梁兵因其工作认真负责,致使煤炭商在为甲公司送煤时的掺假行为被查处,招致煤炭商雇凶报复。2017年8月27日17时许,原告梁兵下班回家途中被煤炭商所雇凶手打伤。2017年10月14日甲公司向被告A市社保局提起《关于对梁兵同志工伤认定的申请》。市社保局于受理后审查认为,原告梁兵所受的伤害不属于《工伤保险条例》认定的工伤或视同工伤的范围,于2017年11月18日作出了《关于对梁兵不予认定工伤的决定》的回复。原告梁兵不服该决定,向省人力资源社会保障厅申请行政复议,省人力资源社会保障厅维持了被告A市社保局作出的具体行政行为。原告梁兵仍不服,于2017年12月29日遂向人民法院提起行政诉讼。
>
> 资料来源:社会保障法案例 http://www.110.com/falv/shehuibaozhangfa/shehuibaozhangfaanli/2010/0813/255432.html。
>
> **思考提示**:因工作原因下班途中遭人报复受伤,是否应认定为工伤?哪些情形可以认定工伤或视同工伤?

二、社会保障法的实施机制

社会保障法的实施机制包括了社会保障管理体制、社会保险基金运营与监督、社会保障争议处理体制。社会保障的法律具有强制性,它提供了规范社会保障主体行为的标准,要求做到"有法可依、有法必依、执法必严、违法必究"。从司法的角度看法律责任与法律制裁紧密相连,凡违法者必须承担具有强制性的法律责任。

1. 社会保障管理体制

世界各国依据其政治经济条件及其他社会因素的不同,通过立法建立不同的社会保险管理机构体系,大致可分为三种类型:一是政府统一管理。主要是由政府主管社会保障事务的行政部门,以及依法授权的行政部门所属的社会保险经办机构实施管理。二是受政府监督,由企业、事业单位自治机构管理(如德国)。主要由不隶属于政府的行业组织与地区性组织相结合,劳资双方共同参与的社会自治机构来实施管理。政府依法对各类社会保险经办机构的经营管理和财务进行监督。三是行政监督,实行市场化管理。主要是由具有较强经济实力的私营金融管理公司等民间机构根据法律承担社会保障的具体业务和基金运营。政府只是依法进行社会保险规划和对基金运营实行一般监督。

大部分国家的社会保障管理体制都实行了政事分开,即国家管理主要是制定法律法规政策,对用人单位、劳动者个人、社会保险的经办机构和服务机构进行监督检查。社会保险的具体事务通过立法规定交由依法成立的事业机构来操作运行,政府减少直接的行政干预,充分发挥社会力量和运用市场机制来发展社会保险事业。

2. 社会保障基金运营与监督

各国通过立法,将社会保险事务经办与社会保险基金运营分开。对于社会保险金的现收现付部分,由经办机构直接管理;关于社会保险金积累部分,许多国家都用于投资运营。因为积累部分的资金是为人口老龄化准备的,需要保值增值,所以应当专门开户设立,交由专门的基金管理机构与基金经营机构来经营管理。各国通过立法将社会保险事务经办机构与基金经营机构的职责进行了划分,明确社会保险经办机构主要管理社会保险金的收缴和发放,而社会保险基金机构负责社会保险基金的投资运营,着力于基金的保值增值。社会保险经办机构主要是依据社会保障法或社会保险法等有关社会法、行政法而设立的公法人(或公益法人),其经办的社会保险事务以满足社会成员的公共利益、保障广大劳动者的基本生活为目的。而社会保险基金经营机构主要是依据民法、公司法、企业法等而设立的私法人,其经营活动以营利为目的,但其又与一般的私法人有所不同,因为它操纵的社会保险基金运营与社会成员的公共利益密切联系,被赋予了某些公共职能,其经营社会保险基金的权力受公法的约束。

各国社会保险基金运营的监督管理,主要包括三方面:一是行政监督,主要是国家有关社会保险行政管理部门的监督管理。二是审计监督,主要是由专门从事审计业务的部门对社会保险基金进行财务收入、基金使用和投资运营效果,以及违反财经法律规章制度的行为进行经济监督审查。三是社会监督,主要是指社会保险的直接利害关系人或者群众组织,或者依法成立的代表群众利益的机构,对社会保险基金管理活动进行监督。这种社会性的监督一般是通过设社会保险基金监督委员会,由政府、用人单位、劳动者和社会有关方面的代表组成,行使监督管理权力。

3. 社会保障争议处理体制

从各国的社会保障制度运行情况来看,发生社会保障争议主要有:(1)劳动者与用人单位在建立劳动关系基础之上的社会保险争议;(2)劳动者、用人单位与医疗机构、独立法人和社会保险经办机构之间的社会保险争议;(3)社会保险管理相对人(劳动者、用人单位、医疗服务机构、独立法人的社会保险经办机构)与社会保险行政管理机关之间的社会保险争议等。社会保险争议应根据其争议双方建立的法律关系,适用不同的法律,并采取不同的法律救济渠道加以解决。对于参加社会保险的用人单位与劳动者之间因履行社会保险费的缴纳义务及相关事由而引起的劳动争议,应作为雇主与雇员之间在劳动合同关系中的社会保险权益纠纷,通过申请劳动争议调解与仲裁,以及向法院起诉的途径来解决。而对社会保险管理的相对人,对征缴和支付社会保险费及之前享受社会保险待遇等,与社会保险行政管理机关或行政机关所属经办机构发生的争议,应作为行政机关与管理相对人之间的行政纠纷,通过行政复议及行政诉讼的途径来解决。

三、我国社会保障法律制度的建立发展与现状

1. 我国社会保障法律的建立与发展

我国的社会保障法律制度始于 20 世纪 50 年代初期。中华人民共和国建立后的第一部社会保险法规是 1951 年正式颁布的《中华人民共和国劳动保险条例》,它奠定了我国社会保障活动的基础。这一条例对我国企业职工的劳动保险金的征集与保管、因工负伤及残疾待遇、疾病或非因工负伤及残病待遇,都做出了明确规定。这一条例也初步确立了我国企业职工社会保险体系。此后,我国还相继颁布和实施了有关养老保险、医疗保险、工伤保险、社会救济、社会福利和优抚安置等方面的法规和相关的条例。国家和政府除公布有关社会保险的立法外,同时着手建立和健全一系列社会救助、社会福利、社会优抚工作的基本制度。随着社会环境的变化,其中的许多规定已明显不能适应现实社会的需要。进入 20 世纪 80 年代,我国开始实行改革开放政策以后,就实行了《国营企业职工待业保险暂行规定》和《女职工劳动保护规定》。20 世纪 90 年代相继颁布了《劳动法》《国务院关于建立城镇职工基本养老保险制度的决定》《社会保险费征缴暂行条例》《失业保险条例》《企业职工工伤保险试行办法》等有关社会保险的法律法规和一批配套的规章政策,并创建了与社会主义市场经济相适应的社会保险法律制度。通过十多年的努力,我国已初步确立了社会保障的基本框架,并依法建立和完善了劳动和社会保障争议处理制度、监察制度和行政复议制度。

2. 我国社会保障法律的现状

我国的社会保障体系以社会保险制度为主要内容,重点是养老、失业、医疗、工伤、生育五个险种的改革与探索,初步确立了我国社会保险制度的基本模式,并建立了相应的法律制度以保证各社会保障制度的顺利实施。

(1) 基本养老保险制度以《劳动法》《社会保险法》《关于建立统一的企业职工基本养老保险制度的决定》为主要依据,实行了养老保险金的社会统筹与个人账户相结合的模式。养老保险费用由用人单位和职工个人按规定的比例共同承担,用人单位缴费纳入社会统筹,职工个人缴费全部记入个人账户,并为职工个人所有。基本养老金由基础养老金和个人账户养老金两部分组成。同时,国家规定有条件的企业可为职工建立补充养老保险金,补充养老金采用个人账户管理。

(2) 失业保险制度以《劳动法》《社会保险法》《失业保险条例》为主要依据,通过用人单位和职工个人按比例缴纳保险费建立失业保险基金主要用于支付符合条件的失业人员。失业人员领取失业保险的期限,根据失业人员失业前所在用人单位和本人累计缴费时间长短计算,最长期限为两年。

(3) 基本医疗保险制度以《劳动法》《社会保险法》《国务院关于建立城镇职工基本医疗保险制度的决定》为主要依据,也实行了医疗保险金社会统筹与个人账户相结合的模式。社会统筹部分由用人单位缴纳,主要用于支付保障对象的住院治疗等大额费用;个人账户部分由用人单位和职工个人共同缴纳,主要用于支付门诊等小额费用。国家建立了多层次保障体系,如实行国家公务员医疗补助办法、大额医疗费用补助办法、社

会医疗救助制度等,并且国家也鼓励有条件的企业为本企业的职工建立补充医疗保险。

(4) 企业职工工伤保险制度以《劳动法》《社会保险法》《企业职工工伤保险试行办法》为主要依据,按照"以支定收,收支平衡"的原则,由企业缴纳工伤保险费,职工个人不缴纳,并根据不同行业职业事故特点,通过差别费率和浮动费率调节,建立工伤保险基金,实行一定区域的统筹管理,集中调节和使用。

(5) 城镇企业职工生育保险制度以《劳动法》《社会保险法》《企业职工生育保险试行办法》为依据,按照"以支定收,收支平衡"的原则,由企业按照当地人民政府确定的比例缴费,职工个人不缴费,建立生育保险基金,实行统筹管理,保障女职工生育期间享受产假、生育津贴和生育医疗服务等各项待遇。2016年4月20日人力资源与社会保障部发出《关于降低社会保险费率的通知》,《通知》称生育保险和基本医疗保险实施合并工作,待国务院制定并出台相关规定后统一组织实施。

按生育保险和基本医疗保险合并的迹象看,未来我国的基本养老保险、基本医疗保险、工伤保险、失业保险还会出现归并简化的倾向。

3. 我国社会保障法律存在的问题

我国社会保险法的建设虽然取得了一定的进展,但是与社会保险事业发展的要求及其他法制建设相比较,还存在很多问题,主要表现如下。

(1) 社会保障立法的滞后和不健全。一是社会保障法尚未正式出台,自改革开放以来,全国人民代表大会及常务委员会审议和通过了340多部法律和有关法律问题的决定,却没有一部名为社会保障法的法律。即没有社会保障方面的母法,这样使一些社会保险方面的法律制定只能依据劳动法、宪法等,使具体的社会保障方面法律破碎化。二是在社会保险方面,一些难点问题没有新的法律依据。如由于没有立法规范,养老保险金因历史欠账、养老保险覆盖面窄,而造成资金缺口较大的问题,未能得到有效解决。而面对多种经济组织、多种经营形式的发展,农民进城务工,大量灵活就业人员在流动中从业,各类企业人员、事业单位职工和国家机关工作人员在不同职业、不同地区之间转移就业等现实情况,如何及时处理他们的基本养老保险待遇和必要的职业补贴都因没有新的法律依据,导致许多社会保险争议的出现,并推进社会保险的无序状态。三是社会保险立法的思想研究不够。目前我国对法理与社会保障法制建设的思路不够清晰,从政府角度考虑问题过多,充分听取民意的意见较少。根据各国立法经验来看,都认真分析了现实生活中需要尽快解决的问题,先立法,以法律来推进制度的建立和完善。而我国在社会保障方面的立法,则是先试点,后进行立法规范。

(2) 社会保障法制不统一。我国的经济基础为二元结构,地区经济发展的差异造成我国地区之间、城乡之间从业人员在享受社会保险方面有较大差别。国家对社会保险的一些带有普遍性的问题没有及时做出统一规定,或者是将一些权力下放到地方,出现了全国社会保险法制的不统一现象:一是各项社会保险覆盖范围不一样。社会保险的五大险种在城镇中的覆盖人群不一样。养老保险、工伤保险、生育保险只限于城镇企业职工,失业保险扩展到了事业单位职工,医疗保险扩展到了国家行政机关人员。对于广大农民来说,即使脱离了农业生产领域、进入城镇的企业从业,或者进入城市从事个体经营后,是否参加各项社会保险,还要根据各地的实际情况,由各省自行规定。二是各类从业人员的社会保险待遇存在着区别。三是各类企业履行参加社会保险的义务存在着区别。四是现行法规政策之间规定不一致。我国有关社会保险的法规政策出台了不少,但其立法的质量不高,新旧政策规定不衔接,部分规定相互矛盾,也造成了各地在执行过程中的不统一和不规范。

(3) 现行的社会保险法规政策实施不到位。一是社会保险事务管理体制不顺。尽管国家法规规定社会保险费应实行养老保险、失业保险和医疗保险费统一征收,但在现实工作中,相当多的地方因管理部门职责分割及社会保险统筹层次不一致等问题,不能很好地贯彻执行国家社会保险的行政法规。二是社会保险制度相关配套改革不一致。对于一些国有企业因经营困难拖欠社会保险费的问题,应当由相关政府作为国有资产所有者的代表,承担一定的支资责任。但因诸多原因未能及时解决国有企业的社会保险费的拖欠问题。三是社会保险法规的政策落实受到财政制约太大。受政府财力所限,许多地方不能按有关政策要求将政府财政预算的社会保险资金及时拨付到位,以致许多要推进社会保险的措施和工作进展缓慢。

(4) 处罚社会保障违法行为的力度不够。我国政府对现行社会保险的规定由于立法层次低,多为行政部门规章和地方法规以下的规范性政策,普遍存在缺乏法律责任的规定,以及缺乏执法力度,无法确保社会保障措施的有效实施。一是我国对社会保障的违法行为的处罚缺乏较高层次的法律规定。完善的社会保障法律制度不仅要颁布基本法律,还要有完善的实施机制,即包括行政执法、争议调解和仲裁、法律监督、司法审理等。二是我国现行法律法规或规章对社会保险违法行为没有具体的严厉处罚措施。对拒不缴纳或拖欠、少缴社会保险的企业加大处罚力度有待于法律法规做出明确规定。三是社会保险执法力量严重不足。要严厉查处企业拒不缴纳或拖欠、少数社会保险费的违法行为,需要一支强有力的行政执法队伍。而在现行的行政管理体制下,受人员编制、工作经费的限制,要对全国上千万家企业依法实施监督检查,实在是人单力薄。这在一定程度上会影响广大劳动者合法权益的有效维护。

(5) 社会保障的法律意识和法治观念淡薄。我国社会保障法律意识还较淡薄有几方面的表现:一是许多劳动者还不能依法维护自身的合法权益。一些劳动者在进入企业后,不知道应当如何与企业签订劳动合同,不知道自己应享有哪些社会保险权利,对依法保护自己的合法权益认识不足,缺乏运用法律手段保护自己和防御社会风险的意识。二是一些企业规避法律责任,侵害劳动者权益。在我国劳动力供大于求的形势下,一些企业利用所处的强势地位,用工单位与劳动者签订劳动合同,不为职工办理社会保险手续,任意侵害职工的劳动和社会保险权益。三是政府尚未做到依法行政。从政府的角度看,政府习惯将政策掌握在自己手中,过多地规范劳动者的行为,以至于在制定和实施有关法律法规政策过程中,缺乏透明度,百姓不能充分了解法律法规的内容。

4. 未来我国社会保障法律方面的改进措施

基于上述社会保障法律存在的问题,需要进行顶层设计,高瞻远瞩,长远计划社会保障法律体系。

(1) 制定并出台《社会保障法》。作为归并、统揽社会保障方面法律的《社会保障法》的出台,有助于社会保障法律体系的完善,有助于指导社会保障各具体项目的立法工作,有助于保障广大劳动者的权益。美国在 1935 年就出台了《社会保障法》,这成为世界各国借鉴的样本。

(2) 进行社会保障顶层设计,各类人群统一为一个身份参加社会保障。当前的养老保险还沿用计划经济的城乡分离、公私分离,城市的城镇居民养老保险还未与城镇职工养老保险合并,也未完全与农村的新型农村养老保险合并,这使得养老保险仍然处于破碎化状态。英国的贝弗里奇计划将所有国民用一个身份参保,很好地贯彻了社会保障公平原则。我国需要进行整体设计,让所有人以国民身份参加社会保险,使人人享受平等的社会保障服务。

(3) 提高社会保障法律的执行力,真正做到"执法必严,违法必究"。当前各地政府为了眼前利益,随意决定社会保险的费率,这影响了社会保险方面法律的尊严。因此,要提高社会保障法律的执行力,需要社会保障法律本身的完善,还需要社会保险费率设计合理、社会保险基金运营有效。

总之,要完善社会保障法律制度,向国际发达国家看齐,提高企业、政府守法的自觉性,切实保障广大劳动者社会保障方面的合法权益,增进全体国民的福祉。

本章重要概念

社会保障法(social security laws)　争议处理(deputy resovle)

本章思考题

1. 社会保障法制体系的结构是怎样的?
2. 社会保障法的立法有哪几种模式?
3. 试论我国的社会保障法及我国在社会保障方面存在的问题。
4. 未来我国社会保障法的改革对策?

本 章 实 训

城乡居民养老保险并轨

我国社会保障制度自 1949 年月 10 月 1 日建立军人保障以来,一直呈现破碎化,虽经历届政府整合,仍存在两大块没有黏合。就养老保险来讲,还存在居民养老保险与城镇职工养老保险未合并,这也是基于两种保险对象不同、缴费能力不同、待遇不同,合并起来非常困难。2014 年 2 月中央要求把新农保与城镇居民养老保险合并为城乡居民基本养老保险,各地积极实施。

为了让大家对当前各省、市、县对城乡居民养老保险整合情况有所了解,要求班级同学结合社会保障法制化建设进程,按 10 人一组深入到当地(或选取一到两个县)搜集相关资料,在本组之间充分讨论,深入了解政策实施情况。各组之间再回到班级进行分组讨论,比较每组所选取县做法的特殊性、组与组之间的不同点,为以后进一步整合城乡居民养老保险与城镇职工养老保险提供借鉴。

第十一章　中国社会保障制度：回顾与展望

【本章导言】

现代社会保障制度作为工业化、社会化的产物，从世界范围来说，至今已有一百余年的历史。中华人民共和国成立后，我国社会保障制度经历了四个阶段的发展和改革，并取得了巨大成就。但是由于制度发展的时间还比较短，我国社会保障制度仍存在不少问题。本章对中国社会保障制度的发展和改革做一回顾和展望。

引导案例

《社会保险法》解读

《中华人民共和国社会保险法》于2010年10月28日由第十一届全国人民代表大会常务委员会第十七次会议通过，2011年7月1日起施行。《社会保险法》的制定和实施是我国社会保障制度发展的重要里程碑。点击网络链接，请观看视频，了解社会保险法出台的背景和主要内容，并开始本章内容的学习。

案例视频链接：http://v.youku.com/v_show/id_XMzA5MjM3MjM2.html。

第一节　中国社会保障制度发展回顾

严格来说，我国的社会保障体系是在中华人民共和国成立后才逐渐建立和发展起来，并拥有了良好的政治、经济环境。我国的社会保障制度正是建立在社会主义制度的基础之上的，与我国的社会主义实践紧密相关。60多年来，我国社会保障制度经历了从无到有、从计划经济向市场经济转变的过程，大体可分为四个时期。

一、社会保障制度的初创时期（1950—1956年）

中华人民共和国成立后，中央人民政府政务院设立劳动部和内务部、劳动部和全国总工会共同负责劳动保险工作,内务部负责社会福利和社会救济工作。

(一) 建立了企业职工劳动保险制度

当时的政务院于1951年2月26日颁布了《中华人民共和国劳动保险条例》,这个条例对企业职工劳动保险费的征集、保管、支付、保险项目和标准、保险的执行和监督等,都作出了具体的规定。条例开始只在100人以上的国营、公私合营、私营、合作社营的工厂、矿场及附属单位和铁路、航运、邮电三个产业所属单位和附属单位实行。对暂不实行《条例》的单位,采取由企业行政与工会组织双方,根据条例的原则和企业的实际情况协商,通过签订集体劳动合同的办法解决。1953年政务院发布了修正后的《劳动保险条例》,修正的内容:一是扩大了实施范围;二是酌量提高了待遇标准。1956年《劳动保险条例》的实施范围进一步扩大,覆盖商业、外贸、粮食、供销合作、金融、民航、石油、地质、水产、国营农牧场、造林等13个产业部门,全国企业职工参保总数达到1 600万人,签订社会保险项目集体合同者也达700万人,占当时全国企业职工总数的94%。

(二) 建立了国家机关工作人员的社会保险制度

国家机关工作人员的社会保险制度是以单位法规的形式逐渐建立起来的。1950年12月内务部公布了《革命工作人员伤亡褒恤暂行条例》,1952年6月政务院颁布了《关于全国人民政府、党派、团体及所属事业单位的国家机关工作人员实行公费医疗预防措施的指示》,同年9月颁布了《关于各级人民政府工作人员在患病期间待遇暂行办法》,1955年4月国务院颁布了《关于女工作人员生育假期的通知》,1955年12月国务院颁布了《国家机关工作人员退休处理暂行办法》和《国家机关工作人员退职处理暂行办法》。到1955年末国家机关工作人员的社会保险制度已相继健全,项目比较齐全。

(三) 建立了社会优抚、安置、社会救济和社会福利制度

中华人民共和国成立初期,军队干部的转业,伤残和牺牲的革命军人及其家属的抚恤,战争战俘的安置,疏遣大批流入城市的灾民回乡生产,组织城镇失业人口生产自救,收容流落街头和无依无靠的老、弱、病、残、孤儿及各种自然灾害的救济等工作主要由内务部的民政机构完成。这些部门在社会救济、社会福利和优抚安置等方面进行了一系列的制度建设,如:1950年内务部公布的有关革命军烈属优抚工作的5个条例,1950年颁布的《工会法》中对工会在改善职工福利方面的有关规定,1956年全国总工会颁布的《职工生活困难补助办法》,1957年国务院发出的《关于职工生活方面若干问题的指示》,等等。通过这一系列的制度建设,为我国的社会优抚安置、社会救济和社会福利工作打下了一个初步的基础。

到1957年,我国社会保障制度的初创工作基本完成。社会保险和社会救济、社会福利、优抚安置等一系列法律法规都基本建立起来,对当时保障职工权益、稳定社会生活、促进国民经济的全面恢复起了重要的作用。

二、社会保障制度的发展时期(1957—1966年)

经过20世纪50年代初期的经济恢复和"一五"计划的执行,社会主义经济建设取

得了显著成就,国力的增强促使人们对建立起来的社会保障制度进行必要的补充和修正,这是我国社会保障制度健康发展的时期。

（一）统一了企业和国家机关的退休退职制度的规定

劳动部于1958年发布了《国务院关于工人、职员退休处理暂行规定（草案）》和《国务院关于工人、职员退职处理暂行规定（草案）》,这两个规定适当放宽了退休和退职条件,适当提高了待遇标准。

（二）对公费医疗和劳保医疗作了适当改革

早在1952年政务院对国家工作人员享受公费医疗和企业职工享受劳保医疗就作了明确的规定。1956年卫生部和财政部出了《关于改进公费医疗管理问题的通知》和1966年4月劳动部与中华全国总工会发出了《关于改进企业职工劳保医疗制度几个问题的通知》,其主要内容：看病要付挂号费;职工患病所需贵重药品费由行政方面负担;职工服用营养滋补药费由本人自理;职工因工负伤或职业病住院期间的膳费由本人自理1/3,行政负担2/3。

（三）规定了被精简职工的社会保险待遇

20世纪60年代初期,我国经济遇到了暂时的困难,根据国民经济调整的要求,精简了一部分老职工,为了妥善安置这部分职工,国务院于1962年6月发布了《关于精简职工安置办法的若干规定》,按规定被精简下来的老弱残职工,符合退休条件的作退休安置;不符合退休条件的作退职处理。对家庭有依靠的发给退职补助费,对无依靠的由民政部门发给原标准工资40%的救济费。

（四）规定了职业病范围和职业病患者的待遇

1957年2月卫生部公布了《职业病范围和职业病患者处理的规定》,根据当时的经济技术条件,将危害职工健康影响生产比较严重,职业性比较明显的14种职业病例为职业病范围。按规定,患职业病的职工可以享受因工伤残、死亡的待遇。

这一时期,我国的社会保障事业得到了很大发展,但受1958年"大跃进"的影响,有些改革措施并未得到实施。同时,由于将企业职工的社会保险和社会福利从国家保障中分离出来,由企业举办,产生了企业社会负担加重和"企业办社会"的突出矛盾。

三、社会保障制度的曲折发展时期(1966—1977年)

这一时期,我国的政治、经济、文化等各方面都受到"文革"的影响,正在逐步发展起来的社会保障制度也同样未能幸免,国家的社会保障事业遭受重大挫折,甚至出现了倒退。

（一）企业劳动保险费用统筹制度被废除

1953年的《劳动保险条例》规定：实行劳动保险的企业,按月缴纳相当于该企业全部工人与职工工资总额的3%,作为劳动保险金,其中30%存于中华全国总工会户内,作为总基金;70%存于该企业工会基层委员会户内,作为基金,用于支付抚恤、补助、救济等费用。"文革"期间,随着中华全国总工会和各级工会组织的被撤除,劳动保险费用统筹制度也随之被破坏。"文革"前积累近4亿元的保险金,被全部冻结,保险金统一收集、管理、使用的制度难以执行。1969年2月,财政部规定"国营企业一律停止提取劳动保险金","企业的退休职工,长期病号工资和其他劳动保险开支,改在营业外列支"。这样,社会保险就演变为"企业保险",从而导致了严重后果。保险成为企业内部的事务,首先就切断了社会保险费用的来源,使社会保险事业遭到严重破坏,破坏了企业间的统筹兼顾,由于企业间经营成果有好有坏,职工有多有少,造成了企业间劳动保险费用负担畸重畸轻的局面。其次企业内部负担所有费用且现收现付,实报实销,加重了企业的负担,由于担负过多过重的社会功能,大大影响了企业的经营,大大削弱了企业的活力,也影响了职工的积极性、创造性。

(二) 职工福利基金制度被破坏

取消了原规定按计划完成情况提取奖励基金的制度,将职工福利基金的提取统一改为按企业工资总额11%的比例,从而造成了企业间福利基金的"一刀切""平均主义"。另一方面只抓革命,不抓群众生活,重生产、轻生活,大幅度降低了非生产性投资比重。1970年国民收入中用于积累的部分比1969年猛增73%,积累率由23.2%上升到32.9%,1971年又进一步提高到34.1%,非生产性投资比重大大降低,仅住宅投资,在"三五"期间就下降到4%。造成职工住房困难,集体福利设施得不到改善。

(三) 社会保障制度执行遭到破坏

"文革"期间,社会保障事业的执行在很大程度处于混乱、瘫痪状态之中。由于全国总工会及所属的各级工会组织都停止了工作,管理机构被撤销,劳动保险和福利事业的制度及有关法规、政策得不到有效的贯彻执行。退休退职制度被废除了,职工生活困难补助制度也被破坏,大量老弱病残工人无法正常退休退职,工人工资也无调整,奖金被取消,许多工资收入少的职工,生活发生困难又得不到适当的补助。此外,由于社会保险成为"企业保险",劳动保险工作的执行也失去了控制。有些企业任意放宽享受社会保险待遇的条件,提高待遇标准。管理也十分不善,档案资料丢失,手续混乱,虚报虚领,错支错付现象屡有发生。有些经营不好或亏损的企业,由于没有足够的经费,有些保险项目被迫中断甚至被取消。

总之,在"文革"期间,我国社会保障制度的发展受到严重的干扰和破坏。这一阶段不仅使社会保障事业受创后日益陷入困境,而且给今后的发展留下许多隐患。

四、社会保障制度的恢复与改革发展

(一) 社会保障制度的恢复(1979—1984年)

1978年,中国共产党十一届三中全会的召开,为扭转社会保障领域的混乱创造了较好的社会条件。1978年,五届人大决定重新设置民政部,结束了全国社会救济、社会福利、优抚安置事务无主管部门的局面。国务院则先后颁行了《关于安置老弱病残干部的暂行办法》《关于工人退休、退职的暂行办法》等法规,有关部门亦制定了《农村合作医疗章程(试行草案)》等。同期,部分地区还开始了国有企业职工待业保险、集体企业职工养老保险及救灾保险等制度的改革试点。但就社会保障制度整体而言,此时期的工作,主要是为了解决历史遗留问题和恢复正常的退休制度,是对"文革"时期造成的混乱进行挽救性的修补。

1. 社会救助事业

改革开放初期,社会救助工作得到了恢复和发展,在规范化、法制化方面有所进步。1978年9月,第七次全国民政工作会议确定了"依靠基层,生产自救,群众互助,辅之以政府必要救济"的救助方针。1983年,第八次全国民政工作会议将之修改为:"依靠群众、依靠集体、生产自救、互助互济,辅之以国家必要救济和扶持。"经过社会保障制度的恢复和发展,救济事业成绩卓著,90%以上的五保人员得到了各种形式的社会供养和社会救济。

2. 社会福利事业

改革开放初期,国家开始着手于民政福利事业的恢复和发展。1979年11月,全国城市社会福利救济工作会议明确了城市社会福利事业单位的社会福利性质,批评了以往不分收养对象,一概强调"以教为主"的福利院办院方向,制定了恢复和发展社会福利事业的方针政策,提出了按照《城市社会福利事业单位管理工作实行办法》对所有城市社会福利事业单位进行整顿的意见;扩大社会福利事业单位的收养范围,首次提出了发展自费收养业务的建议。此后,全国各项社会福利事业普遍恢复。

3. 残疾人社会福利组织重建

1980年4月,中国聋哑人协会第三届会议在北京召开,会议通过了新的《中国聋哑人协会章程》。1984年3月,中国残疾人福利基金会成立。此后,又成立了伤残康复中心和中华聋哑儿童语言听力康复中心。残疾人社会福利组织重建为残疾人福利事业奠定了较好的基础。

4. 社会福利生产也得到恢复和发展

1981年,国务院批转民政部关于保护和扶持社会福利生产的请示报告。1984年,财政部发布了《关于对民政部举办的社会福利生产单位征免税问题的通知》。针对1978年后从事个体生产的残疾人增多的情况,财政部发布了《关于对残疾人个体开业给予免税问题的通知》和《关于对残疾人个体开业免征营业税》。1986年,民政部发布了《关于进一步扶持和保护社会福利生产的通知》《民政部福利企业技术改造贷款试行管理办法》。

5. 精神卫生

1984年,全国城市社会福利事业整顿改革工作经验交流会议在漳州举行,对我国精神病人福利事业恢复、发展起了极大的指导作用。1986年9月,卫生部、民政部、公安部在上海召开第二次精神病工作会议总结我国以往的精神病防治工作,并讨论制定了第七个五年计划期间精神病卫生工作发展规划,交流了各方面的经验,极大地推动了精神福利事业的发展。

6. 企业职工福利

1979年,国务院发出《关于国营企业实行利润留成的规定》,实行职工福利基金从企业利润留成中提取的办法。1983年,改为先按工资总额一定比例在成本中提取,不足部分在税后利润留成中列支的办法。实行利改税后,仍坚持了上述政策,职工福利由此不仅有了经费保障,而且可以随着经济的增长而不断改善。当然,这种变革也拉大了不同单位职工福利的差距。

7. 社会优抚

"十年动乱"结束后,国家致力于优抚制度的恢复。1978年,第七次全国民政工作会议把以往的优抚方针修改为"政治挂帅、安排生产、群众优待、国家抚恤。"1978年5月国家民政部成立,进行了优抚对象的普查工作。经过一年的时间,查清了优抚对象的底数,并对优抚对象中数以万起的冤假错案进行了平反昭雪,落实了很多优抚政策。随着改革开放的不断深化,1983年,第八次全国民政工作会议又将优抚工作方针修订为"思想教育、扶持生产、群众优待、国家抚恤"。服从经济建设这个国家工作中心,服务于国防和军队建设需要,紧紧把握经济和社会发展的脉搏,经过不断探索和实践,社会优抚逐渐向着标准有别、层次不同、项目较为齐备的方向发展。

(二) 20世纪80年代中期以来社会保障制度的发展和改革

传统模式社会保障制度的内在缺陷和社会转型对中国社会保障制度提出新的要求。中国现阶段社会保障制度的改革,就是为了适应社会转型、社会主义市场经济体制改革和整个社会健康发展的需要,而在中华人民共和国成立后建立的社会保障制度基础上进行的根本性变革。自20世纪80年代中期开始,中国的社会保障制度随着改革开放与社会转型进入改革时代。近二十多年来,国家对传统模式社会保障制度的改革从未间断,这一过程主要可以分为四个阶段。

1. 第一阶段(1984—1993年)

这一阶段把社会保障制度改革作为国有企业改革的配套改革。1984年是中国对传统社会保障制度正式开始改革的起始年。由于传统社会保障制度下各单位自行管理、自行支付养老费的制度无法让企业在同一起点上进行公平竞争,于是从1984年起,在全国范围内逐步恢复和建立了退休费用的市县及至省级社会统筹。1986年国务院在《国民经济与社会发展第七个五年计划》中提出,要有步骤地建立具有中国特色的社会保障制度。为打破"大锅饭"和"铁饭碗",在用工形式上推行了劳动合同制,与此配合,在1986年建立了劳动合同制工人的养老保险制度。为解决国企的冗员及养老保险问题,先后发布了《国营企业职工待业保险暂行规定》(1986)、《关于企业职工养老保险制度改革的决定》(1991)、《国有企业职工待业保险规定》(1993)、《国有企业富余人员安置规定》(1993)等法规文件。1984年至1993年的各项社会保险改革基本上是集中在国企和国企职工身上,直接为国企改革进行配套服务。其间,在农村则实行了以政府为主导的全方位、多层次的扶贫。在社会保障筹资方面推行了福利彩票制度。

2. 第二阶段(1993—1997年)

这一阶段,将社会保障视为市场经济的五大支柱之一,社会保障成为市场经济正常运行的维系机制。十四届二中全会通过的《关于建立社会主义市场经济体制若干问题的决定》中,对社会保障制度改革提出明确的要求,将社会保障视为社会主义市场经济的重要支柱,明确提出"建立多层次的社会保障体系";社会保障社会化成为改革的目标,确认了"社会保障体系包括社会保险、社会救济、社会福利、优抚安置和社会互助、个人积累保障"及"城镇职工养老和医疗保险金由单位和个人共同负担,实行社会统筹与个人账户相结合"等内容。

这一期间,作出的重要改革措施主要有:发布《农村五保供养工作条例》(1994),对农村五保作出规范性的约定;发布《关于职工医疗制度改革的试点意见》(1994),在城市开始推进职工医疗保险制度改革,医疗社会保险开始取代公费医疗与劳保医疗;发布《国家八七扶贫攻坚计划(1994—2000)》(1994),对扶贫工作作出安排;发布《关于深化城镇住房制度改革的决定》,把住房制度改革推向一个新的阶段;此后发布的《关于深化企业职工养老保险制度改革的决定》(1995)和《关于建立统一的企业职工基本养老保障制度的规定》(1997),使新型养老保险制度建设取得了重要进展;1997年发布的《关于在全国建立城市居民最低生活保障制度的通知》和《关于卫生改革与发展的决定》等,促使城镇贫困救济政策走向制度化,卫生体制改革被提上日程。因此,这一阶段的社会保障制度改革体现以服务于市场经济改革为目标,在实践中以养老保险改革和医疗保险改革为主要内容。

3. 第三阶段(1998—2009年)

这一阶段,国家逐渐将社会保障制度视为一项基本的经济制度,将社会保障制度作为社会主义市场经济的重要组成部分。这一期间的标志是:一是1998年成立了劳动与社会保障部,统一了社会保障管理;二是把建立独立于企事业单位之外的社会保障体系、筹资渠道多元化和管理服务社会化作为社会保障制度改革的明确目标;三是超越了将社会保障视为企业改革配套和为市场经济服务的观念,将社会保障制度作为一项基本的社会制度来建设。

这一时期,先后颁布了《关于做好国有企业下岗职工基本生活保障和再就业工作的通知》(1998),《关于进一步深化城镇住房制度改革加快住房建设的通知》(1998),《关于实行企业基本养老保险省级统筹和行业统筹移交地方管理有关问题的通知》(1998),《失业保险条例》(1999),《城市居民最低生活保障条例》(1999),《关于完善城镇社会保障体系的试点方案》(2000),《减持国有股筹集社会保障资金管理暂行办法》(2001),《中华人民共和国安全生产法》(2002),《关于建立失业保险个人缴费记录的通知》(2002),《中华人民共和国保险法(修正)》(2003),《关于城镇灵活就业人员参加基本医疗保险的指导意见》(2003),《企业年金基金管理试行办法》(2004),《国务院关于完善企业职工基本养老保险制度的决定》(2005),《国务院关于深化农村义务教育经费保障机制改革的通知》(2005),《关于适当扩大失业保险基金支出范围试点有关问题的通知》(2006),全国社会保障基金理事会、原劳动和社会保障部、民政部等亦制定了一批有关社会保险、社会福利、社会救助方面的法规文件,它们共同规范与指导社会保障制度的全面转型。

在这一阶段,国家仍然继续主导着社会保障改革并承担重要责任,企业、机关事业单位、社会团体及个人共同分担社会保障的责任。社会保障体系日益完备,管理服务社会化取得显著进展,新的社会保障制度框架基本形成。

4. 第四阶段(2010年以来)

(1) 社会保障体系基本实现制度全覆盖。"十二五"期间(2011—2015年),我国在原有社会保障改革的基础上逐步建立和完善各项社会保障制度。在养老保险方面,2011年6月,国务院发布了《关于开展城镇居民社会养老保险试点的指导意见》,探索建立城镇居民养老保险制度。2014年2月,国务院发布了《关于建立统一的城乡居民基本养老保险制度的意见》,统一覆盖符合条件的城乡居民。同时,人力资源和社会保障部还完善了《城乡养老保险制度衔接暂行办法》,积极推进城乡居民养老保险制度的衔接、整合与一体化发展,明确了企业年金、职业年金个人所得税政策,补充养老保险制度建设速度加快。在医疗保障方面,城镇居民基本医疗保险门诊统筹基本建立。2012年8月,发改委等六部委联合下发《关于开展城乡居民大病保险工作的指导意见》,探索建立重特大疾病保险制度。失业、工伤、生育保险制度建设也迈出重要步伐。探索使用失业保险基金开展预防失业、促进就业工作。积极开展工伤康复、工伤预防工作,扩大工伤预防试点。不断扩大生育保险覆盖面和支出范围,逐步将居民生育医疗费用纳入城镇居民医疗保险和新农合支付范围。在最低生活保障方面,2011年3月和5月,国家发改委、民政部、财政部等部委先后发布《关于建立社会救助和保障标准与物价上涨挂钩的联动机制的通知》《关于进一步规范城乡居民最低生活保障标准制定和调整工作的指导意见》,标志着城乡低保标准动态调整机制正式建立。2012年9月,国务院发布了《关于进一步加强和改进最低生活保障工作的意见》,进一步规范了城乡最低生活保障工作。在养老服务方面,2011年,国务院办公厅印发《社会养老服务体系建设规划(2011—2015年)》。2013年,国务院印发《关于加快发展养老服务业的若干意见》,推动养老服务业的快速发展。在慈善事业方面,2011年,民政部发布《中国慈善事业发展指导纲要(2011—2015年)》。2014年,国务院发布《关于促进慈善事业健康发展的指导意见》,提出了促进慈善事业健康发展的目标与政策措施。在补充保障方面,2014年,国务院发布了《关于加快发展现代保险服务业的若干意见》,明确提出要"把商业保险建成社会保障体系的重要支柱",特别提出要充分发挥商业保险对基本养老、医疗保险的补充作用。2014年,人力资源和社会保障部办公厅发布了《关于进一步做好企业年金方案备案工作的意见》,积极推进企业年金制度的发展。其他社会保障方面的制度建设也取得了积极进展,修订后的《工伤保险条例》从2011年1月1日开始施行,修订后的《军人抚恤优待条例》于2011年8月1日正式实施。

(2) 社会保障参保人群覆盖面不断扩大。"十二五"后期是我国社会保障覆盖面迅速扩大的时期。随着各项社会保障制度的建立健全,覆盖城乡居民的社会保障体系基本形成,实现了制度全覆盖。随着城镇职工基本医疗保险制度、新型农村合作医疗制度、城镇居民医疗保险制度的建立和完善,医疗保险制度率先实现覆盖全民,织成了世界上最大的医疗保障网络。从五项社会保险的覆盖人数来看,基本养老保险的参保人数从2009年的2.35亿人增加到2013年的8.2亿人;城镇基本医疗保险的参保人数从2009年的4.01亿人增加到2013年的5.71亿人;失业保险参保人数从2009年的1.27亿人增加到2013年的1.64亿人;工伤保险的参保人数从2009年的1.49亿人增加到2013年的1.99亿人;生育保险参保人数从2009年的1.09亿人增加到2013年的1.64亿人。截至2013年底,全国有2 489个县(市、区)开展了新型农村合作医疗,参合人口数达8.02亿人,参合率为98.7%。在社会救助方面,城市居民最低生活保障人数稳定在2 000万人左右,农村居民最低生活保障人数稳定在5 300万人左右,农村五保供养老人数稳定在500万人左右。截至2014年6月,全国基本养老保险参保人数达到

8.24亿人,超过"十二五"规划目标;职工医疗保险、城镇居民医疗保险和新型农村合作医疗三项基本医疗覆盖面超过95%。

(3) 社会保险基金收支规模不断扩大。随着社会保险制度的不断完善和覆盖面的不断扩大,社会保险基金收支规模也随之不断扩大。五项社会保险(不含新型农村社会养老保险)基金收入从2009年的16 116亿元上升到2013年的35 253亿元,基金支出从2009年的12 303亿元上升到2013年的27 916亿元。具体来看,2013年全年基本养老保险基金收入24 733亿元,比上年增长13.3%,全年基本养老保险基金支出19 819亿元,比上年增长18.6%。2013年城镇基本医疗保险基金总收入8 248亿元,支出6 801亿元,分别比上年增长18.9%和22.7%。2013年失业保险基金收入1 289亿元,比上年增长13.2%,支出532亿元,比上年增长18.0%。2013年工伤保险基金收入615亿元,支出482亿元,分别比上年增长16.7%和18.7%。2013年生育保险基金收入368亿元,支出283亿元,分别比上年增长21.1%和28.9%。到2014年,城镇职工基本养老、基本医疗、工伤和生育保险年度节余5 875亿元,累计节余43 765亿元。社会保险基金总体安全,具备一定的抵御风险能力。

(4) 社会保障待遇水平不断提高。随着经济发展水平的提高和国家财政实力的增强,我国不断加大社会保障财政投入,社会保障的待遇水平明显提升。国家连续11次上调企业退休人员养老金,从2015年1月1日起,企业退休人员基本养老金再提高10%。截至2014年底,经过10年连调,企业退休人员基本养老金水平由2004年的月均647元提高到目前的2 000多元,增长了两倍。全国城乡居民基本养老保险基础养老金最低标准提高至每人每月70元,即在原每人每月55元的基础上增加15元,提高待遇从2014年7月1日算起。最低生活保障水平稳定提高,城市居民最低生活保障平均标准从2010年的251.2元/(人·月)提高到2013年的373元/(人·月);全国城市低保月人均补助水平从2010年的189元提高到2013年的264元。农村低保平均标准从2010年的117.0元/(人·月)提高到2013年的202.8元/(人·月);农村低保月人均补助水平从2010年的74元提高到2013年的116元。在农村扶贫方面,2011年国家确定新的农村扶贫标准为农民人均年纯收入2 300元,正在靠拢并接近国际标准的绝对贫困线,越来越多的穷人被纳入扶贫范围,分享国家改革发展成果。

(5) 社会保障法制建设取得积极进展。法制建设是社会保障科学、可持续发展的重要保障。"十二五"期间,我国社会保障法制建设取得了积极进展。最为突出的是2010年10月全国人大常委会通过,2011年7月起实施的《中华人民共和国社会保险法》,这是我国社会保障制度走向法制化的重要标志,为我国社会保险事业的发展奠定了法制基础。《社会保险法》对基本养老保险、基本医疗保险、工伤保险、失业保险、生育保险、社会保险费征缴、社会保险基金、社会保险经办等内容进行了规范。2012年4月27日,第十一届全国人大常委会第二十六次会议通过的《军人保险法》规定了军人伤亡保险、退役养老保险、退役医疗保险和随军未就业的军人配偶保险的建立、缴费和转移接续等内容。2014年2月,国务院发布的《社会救助暂行办法》明确了社会救助的管理体制、资金保障和内容体系,推动社会救助体系的整合与完善,实现社会救助制度的科学化、规范化。此外,《城镇住房保障条例》《生育保险办法》

取得了积极进展。

（6）机关事业单位养老保险制度改革迈出关键步伐。十八届三中全会将推进机关事业单位养老保险制度改革列入深化改革的重要内容。2014年，机关事业单位养老保险制度改革取得了重大突破，社会各界期盼已久的机关事业单位养老保险制度改革迈出了重要步伐。2014年12月24日，国务院副总理马凯向全国人大常委会报告了机关事业单位养老保险改革的基本思路，即"一个统一、五个同步"。2015年1月3日，国务院下发《关于机关事业单位养老保险制度改革的决定》，明确了机关事业单位养老保险制度改革的适用范围、制度模式和具体设计，标志着为社会各界高度关注的机关事业单位养老保险制度改革方案正式明确。这一重要的改革举措，对于增强我国养老保险制度的公平性与统一性、促进社会公平正义、完善社会保障体系具有重要意义。

第二节　中国社会保障制度发展评价

一、计划经济时期社会保障制度的特点

中国传统的社会保障制度，从总体上来说是与中国独特的国情相适应的、独具特色的社会保障制度，其特点主要表现在以下几方面。

（一）就业保障是社会保障的主要实现形式

传统的社会保障模式与就业直接挂钩，不论是国家机关工作人员、国营集体单位职工，还是农村社队成员，其各项社会保障待遇的获得都与就业直接相关。国家机关工作人员的社会保障经费由国家财政提供，并由政府机构组织实施；国营集体单位职工和农村社员的各种保障待遇分别由企业经营收益和农村集体收益来负担，并由单位或社队自己组织实施。因此，传统社会保障是依附于就业的保障，而且不同身份的社会成员的（以就业岗位为划分依据）社会保障待遇有明显的差别。

（二）传统的社会保障建立在集中管理的计划经济基础之上

1949年以后，我国长期实行的是高度集中的计划经济体制。计划经济体制是以行政命令作为实现资源配置手段，国民经济的运行由中央计划控制，价格、供应、生产、分配、消费都要按照指令性计划来进行。作为整个国民经济的一个有机组成部分，企业、农村社队都要根据统一的计划来安排组织生产。而主要体现在分配环节的社会保障，在计划经济体制下，也要服从国家的指令性计划安排。可以说，社会保障制度本身是内化于计划经济体制之内的，是计划经济体制一个组成部分。

（三）社会保障结构呈条块分割状

传统社会保障制度表现为国家、企业、农村集体组织相互分离和自我封闭特征，根据受保人身份、社会保障经费来源的不同，社会保障分为三个相互独立的部分，即以国家为责任主体的保障、以企业（单位）为责任主体的保障和农村集体保障，它们彼此之间

少有交叉。特别是在计划经济体制下,不同部分的受保人只能限定在其所属的条块内享受种种社会保障待遇,基本上没有自由选择的权利。

不同条块下的人员交流也很少,而且流动基本上呈单向性,即由农村集体保障→以企业(单位)为责任主体的保障→以国家为责任主体的保障。这种单向性流动的原因是城乡之间,企业与国家机关、事业单位之间在社会保障待遇方面存在的差异决定的。如城镇社会成员享受较为全面的社会保障,而农村则只有"五保户"和"合作医疗",社会保障待遇的不同,进一步扩大了二元化的城乡差别。

(四)社会保障的资金筹集采用的是现收现付方式

由国家财政负担的社会保障项目,国家每年要通过财政预算拨出专款,支付国家机关、事业单位工作人员各项社会保障待遇,救灾救济,优抚事业等社会保障项目费用。企业每年从收入中按统一比例计提职工的福利费,不同企业之间由于经济效益的不同给职工提供的福利也有所不同。农村社队亦根据当年收益情况进行统一分配并补贴"五保户"、合作医疗等。整个社会保障制度的实施都表现为现收现付制,没有任何基金积累。

(五)享受社会保障待遇的无偿性

在传统社会保障模式中,社会成员无偿享受各种有关社会保障待遇,不用缴纳任何费用,享受社会保障成了社会成员的一项单纯的权利。实质上,社会保障待遇的无偿性,是与低工资、高福利、平均分配的收入分配体制相关的。由于国家要以高积累来加速经济建设,全社会普遍长期实行低工资,为弥补低工资,只能通过各种福利性的保障来满足人民一些基本需求。

二、对传统社会保障制度的评价

传统社会保障制度是特定历史条件下形成的与中国国情相适应的社会保障制度,在30多年的时间内,它发挥了维护社会稳定、改善人民福利、促进经济增长等方面的作用,同时,传统社会保障制度也存在着很多不足。评价传统社会保障制度要确定一系列评价标准,要从正反两个方面全面认识其优缺点,这对于我们建立与社会主义市场经济相适应的现代社会保障有着积极的启示作用。

(一)传统社会保障制度的评价标准

在评判传统社会保障制度历史作用时,我们不能简单地根据某一理论或某些标准孤立地、抽象地评价它,而要以历史唯物主义的科学态度,坚持逻辑与历史相结合方法,从正反两个方面作出全面的评断。评价传统社会保障制度时应坚持以下标准:一是传统社会保障制度是否与当时的基本经济制度相适应;二是传统社会保障制度是否对国家的经济发展起到保驾护航的作用;三是传统社会保障制度是否具有长久的生命力,是否能随着社会经济条件变迁作出相应的调整;四是传统社会保障制度是否维护了社会公平与社会稳定。

学界对于传统的社会保障制度给予的大多是批评和否定,但是从以上标准出发,传统社会保障制度模式的选择,相对于当时的经济体制来说是最优的,是当时的经济体制与条件决定的必然的选择。当然,传统社会保障制度在计划经济体制下的合理性,不能说明它也能适应市场经济,相反,随着社会转型与基本经济制度的变迁,传统社会保障制度也必须做出相应的改革。

(二)对传统社会保障制度的肯定

1. 从无到有建立起现代意义上的社会保障制度

中国在长达几千年的封建社会中曾有过一些社会保障思想和实践,其间占统治地位的儒家思想和学说,要求统治者施行"仁政",对鳏寡孤独残疾贫病之人给予救助。佛教、道教等宗教也以教义的形式,对统治者进行间接的劝诫①。在社会保障实践上,如事前预防的"仓储说"通过建立"常平仓""义仓"等储备粮食的办法来抗拒可能发生的自然灾害;事后救济措施主要有调粟、赈济、养恤等内容;通过整治堤防、修筑道路等方式,将灾民组织起来施工并以工钱形式发放赈款的以工代赈、以安置就业为手段的救助制度;中国历代王朝政府以"施粥""居养"为手段的救助、安置措施等②。在国民党管理时期,为了缓和阶级矛盾、维护自己的统治,国民党政府也颁布了相关的社会保障法案,但是,由于战乱与局势的不稳定,社会保障制度并未能真正实施。因此,在中华人民共和国成立以前,中国不存在严格意义上的现代社会保障制度。现代意义上中国的社会保障制度,是从1949年后从无到有,逐渐建立与发展起来的。城镇职工退休制度实现了统一化和制度化,社会保障覆盖面逐步扩大,并制定了农村五保制度、合作医疗制度。第一次实现了全社会层面的老有所养、病有所医、残有所保的制度安排,传统社会保障制度的建立和发展本身就是一项前无古人的重大历史成就。

2. 传统社会保障制度是与计划经济体制适应的社会保障制度

传统社会保障制度的本质特征表现为以国家为实施和管理主体、国家和企业共同担负费用的国家和企业一体化的保障模式。这种模式的选择是与当时的计划经济体制、劳动力市场的特点相适应的。在计划经济体制下,社会的生产与消费等资源完全由国家来统一配置,人力资源也由统一安置,劳动者的就业和社会保障也由国家统一包下来,社会保障制度本身也成为计划经济体制的一个重要组成部分,并与计划经济体制相辅相成。对此,一位西方经济学家曾给予了这样的高度概括:"(1)所有工人的工资都是相同的,很低的;(2)工资当中充满了慷慨的各种津贴,例如养老保险、食物补贴、住房甚至取暖费,并且通常由企业来提供;(3)工作有保障,实际上职业是终生的。"③由此,我们不难理解,传统社会保障制度是在当时"经济秩序下产生的具有系统性必然性的产物"④。

3. 传统社会保障制度对国家发展起到的积极作用

应当肯定,传统社会保障制度存在几十年,其对国家的建立和发展作出了巨大的贡献。一方面,传统模式的社会保障制度彻底改变了战争时期留下来的贫富两极分化现

---

① 苏涛:《中国社会保障事业发展研究——产业经济学视角的探索》,经济管理出版社,2004年版,第26页。
② 刘燕生:《社会保障起源、发展和道路选择》,法律出版社,2001年版,第24—28页。
③ [英]尼古拉斯·巴尔著,郑秉文、穆怀中等译:《福利国家经济学》,中国劳动保障出版社,2003年版,第6页。
④ 同上。

象和绝大多数社会成员在死亡线上挣扎着生活的悲惨局面,较好地解决了全体社会成员的基本生活保障问题,维护了整个社会的基本稳定。例如,几十年来虽然天灾不断却并未出现大的动乱,即表明了传统社会保障制度有保障稳定之功。另一方面,在一些具体的保障项目上取得了公认的突出成就。如 1949 年后建立的公费医疗、劳保医疗、农村合作医疗制度,几乎覆盖了全体城乡居民,从而有效地为全体社会成员提供了基本的医疗保障。如世界卫生组织驻中国代表基恩指出:"如果只看预期寿命、婴儿死亡率、死亡原因这些统计数字,很难看出这个国家是中国,几乎不可能看出这是个发展中国家。"①由此可以看出,传统的社会保障制度在一定程度上取得了很大的成功,即使因社会转型需要重构社会保障制度,也不能完全否定实践了数十年之久的传统社会保障制度。

4. 较好保障了民众的生存权与发展权

传统社会保障是低工资和高福利相结合的共生体,各种社会保障待遇直接与就业挂钩,或者可以说,传统的社会保障是以就业保障为核心的。围绕着就业,职工的养老、医疗、工伤、生育等风险都有了保障。不仅如此,传统社会保障下,职工住房也是福利化的,虽然住房的产权不归属个人,但职工可以支付很少的租金终生享有居住权,而且居住权可以继承。农村则通过免费提供宅基地,鼓励农民自建房,基本上能够解决农村的居住问题。另外,给职工发放各种形式的补贴,如地方津贴、子女补贴、洗理费等福利费与工资混合在一起直接以现金形式发给。企业职工还可以低价格甚至是免费享受各种生活服务。从教育看,在计划经济时代实行的是福利教育制度。在城镇教育体系包括普通学历教育与职工技能培训,均属于国家公共福利范畴,即使是企业单位举办的学校,也因国有经济一统天下并与国家财政紧密关联而事实上属于国家福利教育。乡村教育体系则是在国家支持下由乡村集体举办的一项集体福利。在这种福利教育制度下,受教育者通常享受着免费教育或者只付出极低的成本。长期以来,中国城乡居民家庭的子女享受基础教育付出的费用通常在 1 美元以下,高等教育更是完全由政府负责,学生不需要缴纳任何费用,还能够享受水平不一的助学金补贴。在 20 世纪 50—70 年代,中国的财政性教育投资约占 GDP 的 2%(低的年份为 1.7%),如果再加上乡村集体经济对农村居民子女教育的投入,这一比重还会有所上升。这与当时的经济发展水平相比,应当承认国家对教育是高度重视的,也是很有成效的。正是这种由政府与集体投资的免费与低成本教育福利,使中国国民的受教育程度迅速得到提高。据统计,1949 年时,中国人口中的文盲半文盲占 80%以上,受教育成为极少数富裕家庭子女的专利;经过 20 世纪 50—70 年代的发展,到 1982 年全国人口普查时,全国人口中的文盲与半文盲率下降到 30%以下,中国城镇劳动力平均受教育年限达到 7.93 年,农村劳动力平均受教育年限为 5.01 年②。因此,传统社会保障的内容是很宽的,从公民的生存权与发展权诸多方面都有切实的保障措施,尽管保障水平低,但也较全面地实现了社会保障的目标,保证了社会的低水平和谐。

---

① 郑功成:《中国社会保障论》,湖北人民出版社,1994 年版,第 29 页。
② 郑功成:《构建和谐社会:郑功成教授演讲录》,人民出版社,2005 年版,第 412—413 页。

（三）传统社会保障制度的弊端

1. 法律不健全，权威性不足

社会保障的各项待遇的实施，不是根据法律强制性规定，而是依赖于行政手段的强力推进。从20世纪50年代初到80年代末期，中国从未制定过一部社会保障方面的法律。最高层次的法规是1951年颁布的《中华人民共和国劳动保险条例》，其他诸如救灾救济等社会保障项目主要依靠发布临时性的指示、命令来实施。因此，传统社会保障制度的实施基本上是以政代法。

2. 筹资渠道单一，社会成员缺乏自我保障意识

社会保障资金名义上是企业负担，实际上是由国家兜底，受益者个人基本不缴费，国家财政既是它的最后买单人，又几乎是它唯一的一个筹资来源。社会成员对所在单位有着很强的依赖心理，一旦遇到生活困难，总是寄希望于国家救济，社会成员找单位、单位找政府、下级找上级、全国找中央，是计划经济时期中国特有的现象。职工不投保，缺乏自我保障意识和费用节约意识。

3. 覆盖面小，范围狭窄

在传统社会保障制度下，实施社会保险的单位主要局限于行政事业单位、国有企业和部分集体企业。随着改革开放的深入，传统社会保障制度的弊病越来越明显，因为它不能覆盖众多小集体企业、个体私营企业、乡镇企业、"三资企业"等多种所有制单位，不适应多种所有制经济成分共同发展的需要，同时，不利于劳动力在不同所有制企业之间、部门之间和地区范围内的正常流动，成为企业迈向市场经济的障碍。

4. 社会化程度低

在计划经济条件下，国有企业是政府机构的附属物，盈利上缴国家，亏损政府补贴，企业的社会保障负担最终还是落到国家身上，而国家起着在盈利和亏损企业之间调剂社会保障费用余缺的作用。但是，随着国有企业改革的深化，企业成为自主经营、自负盈亏的经济组织，"企业自保"就会造成新老企业间社会保障负担畸轻畸重，亏损企业无法保证职工的福利待遇，许多困难企业的职工报销不了医药费。一些带有垄断性质的企业却可以提高本企业、本行业职工的各种社会保障待遇水平。这使得本来应当通过社会保障互济作用加以缩小的工资分配差距进一步扩大，从而违背了国家办社会保障的初衷①。

5. 分配中的平均主义

在城镇，劳动者报酬是低工资和高福利相结合，在获得低工资的同时，又享受着包括退休养老、医疗保障、住房福利、教育福利、各种补贴等待遇在内的各种保障待遇，特别是，各种社会保障待遇与劳动贡献率不直接相关。在农村，实行的是集体统一核算，集体统一分配，劳动报酬与福利相混淆。人口多寡是农村社队进行剩余分配的最重要的因素，劳动成为最廉价的资源。因此，传统社会保障制度是改革前中国平均主义和"大锅饭"的重要致因，直接影响了劳动者的积极性，损害了社会经济效率，同时也损害了传统社会保障制度模式的活力与生命力，这也是需要重构社会保障制度根本原因

---

① 宋晓梧、张中俊、郑定铨：《中国社会保障制度建设20年》，中州古籍出版社，1998年版，第8页。

所在。

6. 与市场经济体制不相适应

市场经济是以利润最大化为目标,以价格为导向来实现资源的优化、高效配置的经济体制,它要求生产社会化、劳动力市场化,各种社会资源以价格为导向实现优化配置。然而,传统社会保障制度呈条块分割、自我封闭状,不仅阻碍着生产的社会化,更阻碍着劳动力的市场化。如机关干部与企业职工、国有企业职工与非国有职工、固定工与合同工、城镇职工与农村职工等,就因传统社会保障待遇的巨大差别而在客观上存在着相互间交流的障碍,可见,传统社会保障制度成为劳动力非市场化重要原因。同时,传统模式社会保障制度又是不讲效率的社会保障制度,被视为社会成员应有的权利,严重影响着企业、国家的经济效益。因此,传统社会保障制度是与社会主义市场经济体制不相适应的社会保障制度,不对其进行重大改革或重建,将难以建立起完善的社会主义市场经济体制。

三、改革开放以来社会保障制度发展评价

1984年以来,为适应国企改革和经济体制转轨,以企业为主体的传统社会保障模式逐步向社会化的社会保障模式转变。历时30多年的改革取得了一些成就,但也存在许多问题。

(一)社会保障制度发展和改革取得的成效

1. 1984—2010年

(1)建立新型社会保障制度的观念得到确立。传统社会保障制度与市场经济的不相容性以及在社会转型期出现的新问题、新困难,使政府、企业、社会组织、社会个体成员在社会保障制度改革的必要性与紧迫性上达成共识。由此形成的一些关乎改革的基本认识已经被广为接受,诸如独立于企业之外、社会化、法制化、多层次、低水平广覆盖、与国情相适应等指导目前改革的基本观念得到确立。社会保障在观念上的变革取得了重要的成果。

(2)构筑了社会保障体系的基本框架。如前所述,经过30多的改革,中国已经初步形成了社会保险、社会福利、社会救助、社会优抚、补充保障、公共医疗及卫生等为主要内容的社会保障体系框架,社会保障制度改革在一些重点项目上取得进展。如20世纪90年代以来,国家明确把社会保障制度改革的重点放在养老、医疗、失业和社会救济四个方面,并在制度规范上取得了重要进展,同时也带动了其他项目的改革,促进了社会保障体系的整体建设。

(3)社会保障管理体制改革取得进展。政出多门、缺乏宏观协调,政策制定与执行相混淆等为主要表现的行政管理体制不顺畅,是社会保障制度改革中长期存在的问题。针对这一问题,20世纪90年代中期一些城市本着探索精神进行了改革。如上海将机关事业单位职工和企业职工的养老保险统一管理起来,广州等城市建立统一的社会保障管理机构。1998年,国家成立劳动和社会保障部,把原由卫生部管理的适用于机关事业单位职工的公费医疗、由人事部管理的机关事业单位职工养老保险、由民政部管理

的农村养老保险和由劳动部管理的城镇企业职工养老、医疗、失业、工伤、生育保险统一管理起来。这使得劳动和社会保障部实际上统一了对社会保险项目的管理，为今后建立城乡统一的基本养老和医疗保险制度奠定了基础。2008年，国家组建人力资源和社会保障部，将人事部、劳动和社会保障部的职责整合划入该部，负责统筹拟订人力资源管理和社会保障政策，健全公共就业服务体系，完善劳动收入分配制度，组织实施劳动监察等。而在推进社会化管理方面，实现了社会保障行政管理与基金管理的分离，将经办社会保险等事务的机构从政府序列中独立出来变成事业单位，成立非政府机构性质的全国社会保障基金理事会，利用邮局、银行等发放养老金，发展民办慈善公益组织等，这些方面都体现出中国社会保障行政管理体制改革取得了很大的进展。

(4) 社会保障法制化取得进展。改革开放以来，中国颁布了大量的社会保障法律法规。特别是《中华人民共和国劳动法》《中华人民共和国老年人权益保障法》《国务院关于深化企业职工养老保险制度改革的通知》《城市居民最低生活保障条例》《社会保险费征缴暂行条例》《失业保险条例》《国务院关于建立城镇职工基本医疗保险制度的决定》等一系列有关社会保障法律法规的颁布与实施，初步形成了覆盖社会保险主要险种、相互配套的社会保障法律体系，标志着中国社会保障立法工作取得了巨大的成绩。尽管中国社会保障的法制化建设仍然处于落后状态，但与传统社会保障制度相比，却发生了根本性变化，从而成为二十余年来社会保障制度改革的一个不容忽视的重要成果。

(5) 缓解贫困和化解社会转型风险。新的社会保障制度虽然还没有覆盖到全民，但也使一部分城乡居民的基本生活水平与基本生活权利得到了保障。如基本养老保险、失业保险覆盖的城镇劳动者逾亿人。社会保障在社会转型期缓解贫困、化解社会风险的作用还有一个客观衡量的视角，即虽然改革以来大量国企职工下岗、收入差距扩大、弱势群体增加等社会矛盾越来越突出，但是中国并未爆发大的社会危机，中国社会在改革与社会转型中保持了相对的稳定。这一方面证明了现行社会保障制度在化解社会风险、为改革保驾护航方面的客观作用，另一方面也说明进一步改革社会保障制度是十分必要的。

2. 2011—2015年

"十二五"时期(2011—2015)我国社会保障发展取得了突出成就，其特点体现在以下几个方面。

一是越来越强调社会保障的顶层设计与协调推进，注重加强社会保障发展战略的理论研究与政策设计，努力克服之前应急式改革的不足，不断优化各项社会保障制度。

二是社会保障发展的目标更加明确，努力追求社会保障的公平与可持续发展，对之前我国社会保障在公平性与可持续性方面存在的问题进行政策改进，努力增强社会保障的公平性与可持续性，强调发挥社会保障在促进收入再分配、维护社会公平正义方面的作用。

三是积极推进社会保障的城乡统筹发展，推进社会保障制度的整合，实现城乡居民养老保险的统一，并努力实现城乡居民医疗保险、最低生活保障的统筹发展。

四是积极推进社会保障的法制化发展，尤其是《社会保险法》《军人保险法》等社保障法律的颁布与实施,使得我国社会保障的法制化迈出了重要步伐,必将助推我国社会保障的科学发展。

五是注重社会保障体系协同发展,在注重经济保障的同时,越来越重视服务保障;在注重基本保障的同时,越来越重视补充保障的发展;在完善社会保险制度的同时,越来越重视社会福利与社会救助制度的发展。

六是重视政府与市场的有效结合。政府始终是社会保障的主导者和重要的责任承担者,在强调政府作用的同时,社会保障的改革越来越重视市场和社会的力量,努力实现社会保障公平与效率的共同提升。

(二) 当前社会保障制度存在的主要问题

在充分肯定我国社会保障发展成绩的同时,也应该看到社会保障发展的不足,还有诸多问题有待继续改进。

1. 社会保障制度建设有待进一步推进

目前我国社会保障制度框架基本建立,但是制度运行存在不少缺陷和弊端。机关事业单位养老保险制度改革虽然已经启动,后续改革的任务仍然艰巨。职业年金制度如何进一步完善,如何建立科学的社会保险筹资机制和待遇调整机制,如何确保基本保障制度与补充保障制度的合理分工,如何更好地发挥政府、市场、社会、个人等主体在社会保障领域的作用等一系列关键问题亟待解决。另外,如何加快推进中央机关公务员和大学生的公费医疗制度改革,解决大学生失业保险问题,进一步完善工伤、失业、生育保险制度,健全不同保险项目之间的衔接机制,也需要从改革思路、制度设计和保障措施等方面下工夫。

2. 多层次社会保障体系尚未真正建立

社会保障的投入机制不健全,主要体现在投入总量不足与投入结构不合理两个方面。责任分担机制不合理体现为政府、企业、个人等不同主体之间的责任分担不合理和不同层级政府的投入责任不明确。由于缺乏解决历史债务问题的明确方案,历史问题与现实制度纠缠在一起,新的社会保障制度运行难以按照制度设计理念运行。在基本保障制度不完善的同时,补充保障的发展不充分。以养老保障制度为例,接近30%的名义筹资率已经使企业、单位负担过重,在这个费率之下再建立较高水平的企业年金和职业年金是不可能的。这也是我国补充养老保障体系一直难以发展的主要原因。

3. 制度的公平性不足与效率不高并存

公平性不足仍是各项社会保障制度的共性。养老金待遇在机关事业单位与企业退休人员之间的差距依然巨大,医疗保险的城乡分割、群体分割背后实质上是待遇差异,以最低生活保障为核心的社会救助制度在城乡之间、地区之间差异偏大,即使较为单纯的政府救灾同样在灾种之间、受灾地区之间、灾民之间存在着差异,这些差异带来的结果是应当以创造起点公平、维系过程公平、缩小结果不公平为本源职责的社会保障在实践中却并不公平,这使得其在解决一些社会问题、化解一些社会矛盾的同时,亦引起了部分群体的不满。除了社会保障权益存在不公现象,还有承担义务方面也具有不公平性。一方面,例如养老保险缴费,部分东部省份缴费偏低,基金结余多,保险待遇高;而东北地区缴费高,基金结余少,保险待遇低,这种地区差异是制度的地区分割导致的结果。另一方面,社会保障制度实践中的浪费与低效现象比较严重。例如,在医疗保险中,职工基本医疗保险因个人账户的存在导致45%以上的资源处于低效状态,严重损害了这一制度的互助共济功能,也造成统筹基金负担日益沉重。由于医院的营利性与医药供应失范,医疗服务过程中过度诊断、过度检查、过度用药现象普遍。

4. 责任不清与责任失衡

社会保障制度的可持续发展,只能建立在责任清晰并合理分担的基础之上。现行社会保障制,无论是养老保险、医疗保险等社会保险制度,还是社会救助及各项福利事业,政府责任的边界均缺乏明确界定,中央政府与地方政府的责任还没有明确划分,可供市场主体与社会组织作为的空间具有不确定性,导致政府的责任与压力持续加重,而市场主体、社会力量却又无法顺利进入并发挥应有的作用。例如,在现行制度的责任分担中,养老保险的单位缴费率为20%、个人为8%,医疗保险的单位缴费率为6%、个人为2%,反映的是单位责任大、个人责任小;在城乡居民医保中,政府补贴相当于个人缴费的3倍以上,反映的是政府责任大、个人责任小;在社会救助中,中央政府承担着主要责任,地方政府责任小,等等。责任分担失衡必然动摇社会保障制度发展的理性,容易产生压缩福利与扩张福利的极端取向。

5. 社会保障管理体制不顺尚未根本解决

改革以来,我国社会保障的管理体制不断调整和变动,但"十二五"时期却处于相对停滞的时期。历史上遗留的管理体制问题还没有解决,依然存在职责不明、管办不分、体制不顺等问题。社会保险筹资和不同医疗保险项目,在部分地区仍分属于不同部门管理,并轨改革迟迟不能推进。社会保障基金管理与投资体制不健全,基本保障与补充保障混在一起管理,影响了基本保障制度的可持续发展,使政府责任问题无限放大,制约了补充保障制度的发展。社会保障的城乡统筹与制度整合尚不充分,城镇职工基本养老保险制度尚未实现全国统筹。

6. 社会保障服务能力不足和功能不健全

社会保障服务组织体系和服务网络目前已经延伸到乡镇、行政村,全国30多万人在基层从事社会保障等综合性公共服务,社会保障体系的服务网基本建立起来。但是,受多种因素的制约,社会保障服务体系在规范化、信息化、标准化等方面还存在明显不足,推进多年的"金保"工程在信息整合、社会保障关系转移接续等方面还不能有效发挥作用。人员规模上去了,但是专业化服务素养和能力不是短时间能够提高到位的。社会保障基金管理依然存在不少漏洞,跑冒滴漏和欺诈现象难以杜绝。

7. 社会保障的功能有待进一步发挥

社会保障具有多重功能。作为一种重要的公共政策和社会治理举措,社会保障制度不仅可以促进经济增长,维护社会稳定,而且是缩小收入差距的重要机制。由于我国社会保障体系改革从职工保障制度逐步走向全民保障,而且职工保障制度存在较大的制度差距,使我国社会保障制度在很长时间内没有充分发挥调节收入差距的功能,不同群体之间的社会保障待遇差距较大,降低了人民群众对社会保障制度的认可度和满意度。

第三节　中国社会保障制度发展和改革展望

社会保障制度改革首先要进行规范的分析以明确社会保障制度改革的目标,即建立一个什么样的社会保障制度。社会保障制度建立在一定的价值观念的基础上,这些价值追求体现在社会保障制度的目标中。而社会保障制度改革的原则是对应于社会保障的价值取向和改革目标,在改革实践中应该遵循的行动准则。这里从社会保障制度的价值观念、改革的目标和所应遵循的原则三个方面,论述改革和完善中国社会保障制度的总体构想。

一、培育适应现代社会保障制度的价值观念

构建中国的社会保障制度,必须首先从价值层面进行规范性分析。一方面,价值层面的探讨能使我们辨清社会保障制度的追求所在,能够让我们认清制度构建的目标,告诉我们社会保障是什么,应该是什么①。另一方面,任何一种制度都要以某种价值观念为理论基础和灵魂,社会保障不仅与社会经济发展状况息息相关,也受到一定社会历史和文化价值观念的影响,因此,建立现代社会保障制度首先要求我们对有关文化传统进行审视和扬弃,培育适应现代社会保障的价值观念。

(一) 人本主义价值取向

人本主义概念最早产生于西方,西方人本主义(humanism,又译人文主义)反对以神为本的旧观念,宣扬人是宇宙的主宰,是万物之本,用"人权"对抗"神权"。随着社会经济的发展,人本主义的内涵也不断发展完善,其基本内涵是:一切以人为中心,一切为了人的利益,人作为最高的价值是政策思考的逻辑起点。人本主义价值观要求一切社会活动的出发点和归宿都是为了人的权利、尊严、需要、成长、发展以及最终实现人的价值。在实践中人本主义有两个层面,一是人本主义的基本准则要求,任何人都有独立存在的自由和得到基本人道对待的权利;二是人本主义的最高准则要求,为人的自我选择、自我实现提供机会,为自我潜能的实现提供可能。把人本主义作为中国社会保障追求的基本价值理念之一,有着历史、经济、政治方面的原因。

(二) 国家责任观念

建立和完善市场经济制度已经成为中国经济体制改革的目标。从市场经济与社会保障制度发展的关系来说,市场经济不可能自发产生社会保障制度。市场以效率为目标,对以公平为取向的社会保障制度存在着天然的排斥,建立社会保障只能依靠国家的强制力来实现,只有国家才能成为社会保障制度的主要供给者。因此,国家应该在建立和完善现代社会保障制度过程中承担当然的责任。

---

① 张桂琳、彭润金等:《七国社会保障制度研究——兼论我国社会保障制度建设》,中国政法大学出版社,2005版,第217页。

(三) 公平的价值取向

社会保障制度作为基本的社会经济制度，有其独特的功能和目标，从本质上要求以公平为基本价值取向。市场经济是追求效率的经济体制，在竞争中实现资源的优化配置，结果将不可避免地产生贫富分化。在不受任何干预和制约的完全竞争中，一部分社会成员可能陷入赤贫，失去生存空间，连基本的生活也无法维持，如果听任这种情况发生，社会秩序不可能得以维持，市场经济制度本身也难以运行下去。社会保障制度作为一种社会安全机制，通过保障公民的基本权利，即通过生存权与发展权的保护来缓解市场竞争带来的诸多社会矛盾，维护社会秩序的稳定与社会和谐。因此，社会保障制度的出发点与归宿点都是"公平"，通过结果与起点公平的维护来实现制度的目标与功能。因此，社会保障制度目标不是为了效率，效率是市场的功能，社会保障制度的目标应是公平。

二、确定改革和完善社会保障制度的目标

由前述可知，中国当前的社会保障制度还存在很多问题，不能完全适应社会转型与经济发展的需要，还不能发挥普遍维护公民基本权利的功能。消除社会保障制度中存在的诸多弊端、不断改革与完善中国社会保障制度将是一个长期的过程，为此，我们首先要确定社会保障制度改革和发展的目标，这对社会保障制度改革实践具有指导和统领作用。鉴于中国社会保障制度改革任务的长期性、复杂性与艰巨性，同时参考社会保障理论界的最新研究成果，本书将中国社会保障制度改革和发展的目标进行了划分，即将中国社会保障制度改革和发展的目标分为三个阶段①。

第一阶段（2008—2012年），通过构建覆盖城乡居民的最低生活保障制度、医疗保障制度与养老保障制度，初步实现全体人民能够免除生存危机、疾病忧患和从制度上解除养老后顾之忧的民生保障目标，为建设健全、完备的中国特色社会保障制度奠定坚实的基础。这一阶段的目标应包括以下一些内容。

(1) 逐步做实养老保险账户，从现在开始个人缴费完全进入个人账户，逐渐补足过去对个人账户的透支部分并不能再透支个人账户，社会统筹基金与个人账户实行分账管理。

(2) 实行城镇统一的职工养老保险制度，改革机关事业单位职工基本养老保险制度，使之与企业职工养老保险制度有机衔接，建立适用于城镇所有劳动者的基本养老保险制度，促进人员在不同用人单位之间合理流动。加快建立企业年金制度，提高企业年金在养老保险费中的比例。建立由财政和个人共同缴费的机关、事业单位补充养老保障制度，其水平参照企业年金，合理确定。

(3) 完善社会保障单项立法，如针对城镇劳动者的社会保险法、农村养老保险法、社会救济法等法案，为社会保障统一立法做好准备。

---

① 由郑功成教授主笔的《中国社会保障改革与发展战略——理念、目标与行动方案》，人民出版社2008年10月版，把中国社会保障发展战略定位成"三步走战略"。

(4) 医疗卫生体制改革改变个人账户和大病统筹的做法,以防治结合的原则重构医疗保障体系。由国家为主要出资者提供公共卫生服务和基本医疗服务,非基本医疗服务由市场提供。医疗机构改革实行"抓小放大",推进药品生产流通体制改革,从根本上缓解看病难的问题。

(5) 发展社会慈善事业,健全慈善捐款的组织、管理、监督制度和福利彩票发售制度,公开、公正、高效地使用社会慈善福利捐款。

(6) 加强社会保障的综合协调管理。借鉴外国经验,成立直接对国务院负责的社会保障协调机构或社会保障咨询委员会,定期对全国的社会保障制度改革状况进行研究,发布有关改革信息,提出和修改中长期改革目标,侧重对跨部门的社会保障项目与问题提出综合性建议与实施方案,以便于各有关部门协调配合,在总体上推进社会保障制度改革。

(7) 建立有效的社会保障监督体制。由工会、企业代表、受保人代表、社会保障管理经办机构、社会团体、研究者与专家共同组成的社会性监督机构,进行日常的监督,定期发布并公开有关社会保障信息。发挥影视、报刊、网络等媒体的宣传媒介作用,建立公众参与社会保障监督的平台,特别是网络与报刊平台,对于集中民意、接受民间监督有着重要的意义。

第二阶段(2013—2020 年),实现社会保障制度全面定型、稳定发展。在这一阶段,中国要建立一个"老有所养、病有所医、残有所靠、壮有所用、幼有所学、住有其屋,"包括社会保险、社会救济、社会福利等各个方面,内容完备、体系完善的社会保障制度。但是从经济与社会发展过程的长期性与艰巨性来看,我们不能指望在十几年、几十年中建立一个高水平的社会保障制度。在这一时期,中国的社会保障制度还是偏向低水平、有差别性,这是由中国的人口、国情特征所决定的。这一时期的具体目标表现为以下一些内容。

(1) 社会保障立法健全,通过立法全面推进社会保障制度建设。根据社会保障制度中各个具体项目的难易程度和实际情况分项制定法规,具体内容牵涉到社会保险、社会救济、社会福利、社会优抚等各个方面。在条件适宜时,出台社会保障统一法案,形成完整的社会保障立法。

(2) 建立城乡有别的社会保障体系。城乡二元化经济格局决定了在很长间内,仍要实行城乡有别的社会保障制度。城乡的社会保障待遇还要保持一定的差别,但是这种差别应该不断缩小。农村实行家庭、土地保障和个人账户、国家责任有机结合的社会保障模式,有计划地推进社会化的保障项目。以公共财政基础,根据不同地区的经济发展状况,建立有别的农村最低生活保障制度;完善农村养老和医疗保障制度,农村养老保险和医疗保障实现低水平、全覆盖,国家增大对农村合作医疗扶持力度,使之成为农民赎买非基本医疗服务的互助体系,在更大的程度上解决农民看病难的问题。对于长期进城务工的"农民工",将其逐渐纳入城市社会保障体系,这是城乡社会保障制度相衔接、减农、富农、加快城市化进程的关键。

(3) 完善社会化服务体系,发展社区服务业,逐步完善社区社会保障功能,完善社会保障社会化服务的基础设施,保障稳定的资金来源,使社区成为提供养老、幼教、病护、救助、帮扶、保健、心理慰藉等社会保障服务的前线。

(4) 适当延长退休年龄，缓解老龄化社会对社会保障的冲击。

(5) 完全做实个人账户，补足"中人"的个人账户（在养老保险制度改革前已经参加工作、被视同为缴费的年限，其应计入个人账户部分要由财政补足。）

(6) 完善住房制度改革。住房公积金制度扩展到全部城镇劳动者，扩大住房公积金的使用范围（本人或直系亲属的医疗、教育费用、养老费用）；改革住房融资体制，推行住房按揭制度；合理增加经济适用房供应量；为适应城市化的加快，加快廉租房建设，使之成为解决无力购房者居住问题的主要手段；为贫困者提供房租补贴救济。

(7) 实行城镇统一的职工社会保险制度，包括机关事业单位工作人员、各种不同所有制企业职工、灵活就业人员、个体工商户等都要纳入统一的社会保险覆盖范围。

(8) 高等教育去市场化。国家要增加对高等教育的投入，减少高校自筹资金比例；降低高等教育费用在居民收入中的比重，对生活困难的生源，通过提供奖学金、无息长期教育贷款等方式给予资助；推行素质教育，改变招生方式，合理扩大农村的招生规模，对农村大学生家庭提供生活补贴。

(9) 职业培训制度化。采取适当形式，针对城乡失业者和潜在失业者提供职业培训福利，通过提高劳动者素质来缓解就业压力。

(10) 开征遗产税和社会保障税，利用税收调节收入分配状况，并有效地筹集社会保障资金。

第三阶段（2021—2049 年），在进一步完善社会保障制度并实现这一制度可持续发展的同时，不断提高保障水平，确保国民的生活质量，全方位满足国民对社会保障及相关服务的需求，迈向中国特色社会主义福利社会。这是社会保障制度的理想目标，也是社会主义现代化建设完成时社会保障制度的蓝图，是在社会生产力水平高度发展时对社会保障制度的构想。其时社会保障制度总的功能特征是成为实现共同富裕的保障机制。具体表现是：社会保障制度覆盖全民、消除城乡差别；社会保障制度体系健全、完善，涉及公民的生存权利与发展权利的方方面面，在功能上实现结果公平与起点公平的统一；社会保障管理科学、高效运行、监督机制健全；社会保障制度成为维护社会安定、和谐的重要基础，每一个社会成员都至少能维持社会公认的、体面的生活；为每一试图通过自身努力实现自我价值的公民提供机会，特别是教育机会和就业机会。但社会保障制度不是大锅饭，只是通过二次分配对收入分配差距进行矫正，劳动贡献的多寡仍是决定收入分配的主要因素。理想目标至少需要 50 年，甚至更长的时间才能达到。

三、社会保障制度改革的原则

社会保障制度改革的原则是坚持社会保障的价值取向和改革目标，并在改革实践中应该遵循的行动准则。中国社会保障制度改革应该遵从以下三个原则。

（一）国情原则

社会保障的内容、水平和方式，一般都会受到一国政治、经济和社会等因素的影响。中国的社会保障体系建设，要以国情为基础，必须考虑现阶段社会经济发展的状况。"我国正处于并将长期处于社会主义初级阶段，……人民日益增长的物质文化需要同落后的社会生产之间的矛盾仍然是我国社会的主要矛盾。我国生产力和科技、教育还比较落后,实现工业化和现代化还有很长的路要走;城乡二元经济结构还没有改变,地区差距扩大的趋势尚未扭转,贫困人口还为数不少;人口总量继续增加,老龄人口比重上升,就业和社会保障压力增大;生态环境、自然资源和经济社会发展的矛盾日益突出。"因此,社会保障制度改革不能超越中国的基本国情。

(二) 公民权利与义务相统一的原则

《宪法》第43、44、45条的有关条文规定,社会保障是中国公民的一项基本权利。一般来说,公民的权利与义务是统一的,公民在享受法律赋予的权利的同时,必须认真履行法律所规定的义务,在社会保障方面也是如此。大多数国家规定,本国公民享受社会保障权利的前提是必须履行以下两个方面的义务:一是公民必须在劳动能力范围内,积极参加工作;二是公民必须履行缴纳有关社会保障费用的义务。中国社会保障制度的改革,也要坚持公民权利与义务相统一的原则。强调公民的义务,是对过去计划经济时期国家保障制高福利的改正。国家虽然是社会保障责任的主要承担者,但是过分强调国家的社会保障责任,就会给国家财政造成沉重的负担,进而对经济社会的发展产生不利影响。从国家经济发展状况和社会保障制度发展的客观要求出发,公民都应该在能力范围之内承担适当的义务。现代社会保障制度的运行机制主要是通过社会成员和雇主缴纳社会保障费税,建立起社会保障基金,通过社会保障基金的分配实现社会成员之间的互助共济,达到分散社会成员个人风险的目的。因此,中国社会保障制度改革中也必须坚持权利与义务的统一,公民既是社会保障权利的享受主体,也是承担社会保障缴费责任的义务主体,公民只有在认真履行义务时,才能充分享受社会保障权利。

(三) 坚持稳步推进并保持政策连续性的原则

社会保障制度改革是一项复杂的系统工程,涉及社会各方面的利益,处置不当、步骤不妥容易引发社会矛盾。社会保障的实践也证明,一项社会保障制度是否成功,必须经过较长时期的实践检验,才能看出它是否符合国情国力、是否符合社会成员的需求、是否能实现可持续发展。中国社会保障制度的建立和改革,不管是出台单项的制度,还是对体系的完善,都要注意把握政策出台的时机和社会各方面的承受力,注意保持有关政策的相对稳定和各项政策的衔接配套,注意采取平稳可行的过渡措施。特别是针对前一段改革中缺乏长远的构想和规划的弊端,在今后的改革中要以明确的改革目标为指导,合理布局、审慎规划、科学论证,保证社会保障制度改革稳步地向既定目标推进。

四、社会保障制度发展和改革思路

(一) 进一步深化社会保障改革的形势和要求

"十三五"时期(2016—2020年)及今后一段时期,我国社会保障制度的发展面临着与以往不同的形势。

首先,经济发展方式的转变和经济增速从高速转到中高速的"新常态",财政收入增速下降、就业灵活性和多样性增强,一方面导致社会保障资金支出压力加大,另一方面要求社会保障政策保持一定的弹性和灵活性。"新常态"意味着劳动力市场更加高效、更加完善，更多的劳动力被纳入社会保障中来，这与20世纪90年代中后期以来主要强调增强社会保障刚性的改革趋势相比有很大变化。

其次，城镇化进程不断加速，迫切要求打破社会保障制度的城乡区隔，建设城乡统筹发展的社会保障体系。但是，城乡居民收入差距过大、管理体制难以调整的矛盾对于社会保障制度建设的阻碍作用仍然十分明显。

此外，人口老龄化加速发展，不仅要求建立资金保障体系，而且对于服务保障提出了迫切要求，如何建立适合老龄化要求的多重社会保障制度，挑战和压力是巨大的。城镇化加速推进，人口快速流动，亟待提升社会保障信息化建设和管理服务能力。目前社会保障制度建设更多强调政府责任，但是仅仅靠政府一只手发挥作用，在政府收入增速下降、社会保障支出刚性需求不断上升的背景下，长此以往，政府财政将越来越力不从心，甚至不得不背上高额债务的风险。这就需要深化体制机制改革，建立科学合理的财政投入、基金管理、待遇调整体制机制。可以说，经过30多年的改革、发展、建设，我国现代社会保障制度体系已经完成了从无到有的历史转变，基本实现了制度的全覆盖。但是，目前的制度体系与人民群众所向往的更高水平、更加公平、更加可靠的社会保障目标相比，还有很大的差距。如何通过"十三五"时期的发展建设，夯实现代社会保障体系的基础，促使社会保障制度发挥更大作用，任务十分艰巨。

党的十八大特别是十八届三中全会以来，关于全面深化经济体制改革的总体设计，确定了社会保障制度改革的基本原则和主攻方向，即围绕全面建成小康社会的总体目标，坚持全覆盖、保基本、多层次、可持续的方针，提升社会保障制度的流动性、可持续性，实现制度框架基本定型、体制机制更加完善、保障项目基本完备、待遇水平适应经济发展状况并稳步提高，使基金安全逐步加强，制度衔接顺畅有序，管理服务高效便捷，建成覆盖城乡、更加公平可持续的社会保障体系。这些任务是长期的，对于"十三五"时期社会保障制度的改革与发展具有直接指导意义。

(二) 中长期社会保障发展的目标定位

"十三五"时期是全面建成小康社会、全面深化改革开放、全面推进依法治国、全面推进中华民族伟大复兴的关键时期。党的建设和政府各项工作要在原有基础上提高到新的水平，在新的时期，社会保障事业的改革发展与以往相比，担负着更加艰巨的任务和使命。由于社会保障制度在保障民生、促进经济社会发展、维护社会稳定等方面的基础性地位，更应当发挥社会保障的积极作用。以适应经济发展新常态和全面建成小康社会对社会保障提出的新要求、新任务。

基于上述要求和任务，"十三五"时期以及今后一段时期我国社会保障制度的改革发展要按照更加成熟、定型、可靠、法治的基本目标推进。所谓"更加成熟"，不仅要使社会保障制度及其组织部分职责明晰、协调配合、高效运行、自我调整、动态平衡，而且要充分发挥好社会保障各项制度的应有功能，与更加成熟完善的社会主义市场经济体系相适应，更好地服务于全面建成小康社会的总目标，在更大程度上满足人民群众的新期待。所谓"更加定型"，不仅要使基本制度和补充制度的分工更加合理，各自发挥更好的职责。而且要按照依法治国的要求，把基本制度以法律的形式确定下来，提高社会保障的法治化水平和科学化水平，确保不因人废事。"十三五"时期要重点推进基本保障制度的定型化。所谓"更加可靠",不仅要使社会保障制度适应经济社会发展的要求,本身具有可持续性的内在机理和自主调整机制,而且政府和社会要为可持续性机制的发挥提供有力的支持。所谓"更加法治",就是按照全面依法治国要求,用法治思维、法制举措和法治程序治理社会保障体系,在社会保障领域形成科学立法、严格执法、依法行政、全民守法的新格局,提高社会保障的法治化水平。社会保障管理部门通过高效、合法和相对自主的管理,不断提升社会保障的保障能力。

> **延伸阅读**
>
> **2015—2017年中国社会保障年度十大事件**
>
> 一、2015年中国社会保障十大事件
> 1. 机关事业单位工作人员养老保险制度建立
> 2.《中华人民共和国慈善法》制定提速、升级
> 3. 国务院决定降低失业、工伤、生育保险三险费率
> 4. 中国社会保障学会在北京成立
> 5. 临时救助制度在全国范围内全面实施
> 6. 国务院办公厅发布《关于全面实施城乡居民大病保险的意见》
> 7. 国务院颁布《基本养老保险基金投资管理办法》
> 8. 中国宣布2020年实现农村贫困人口全面脱贫
> 9. 国务院决定全面建立残疾人两项福利补贴制度
> 10. 国家审计署公布彩票资金审计结果
>
> 二、2016年中国社会保障十大事件
> 1. 第十二届全国人大第四次会议通过《中华人民共和国慈善法》
> 2. 中共中央、国务院印发《"健康中国2030"规划纲要》
> 3. 国际社会保障协会(ISSA)第32届全球大会将"社会保障杰出成就奖"(2014—2016)授予中华人民共和国政府
> 4. 国务院发布《关于整合城乡居民基本医疗保险制度的意见》
> 5. 第十二届全国人大常委会第25次会议通过《关于授权国务院在河北邯郸市等12个生育保险和基本医疗保险合并实施试点城市行政区域暂时调整实施〈中华人民共和国社会保险法〉有关规定的决定》
> 6. 国务院颁布行政法规《全国社会保障基金条例》
> 7. 国务院印发《"十三五"加快残疾人小康进程规划纲要》
> 8. 国务院发布《关于进一步健全特困人员救助供养制度的意见》
> 9. 国务院发布《关于加强农村留守儿童关爱保护工作的意见》和《关于加强困境儿童保障工作的意见》
> 10. 人力资源社会保障部办公厅发出《关于开展长期护理保险制度试点的指导意见》

> 三、2017年中国社会保障十大事件
>
> 1. 党的十九大确定了以人民为中心的发展思想、走共同富裕的发展道路、增进民生福祉的发展目的,并对全面建成中国特色社会保障体系做出了总体部署,从而为我国社会保障制度改革与体系建设提供了最高理论指引
> 2. 国务院制定《"十三五"国家老龄事业发展和养老体系建设规划》,卫计委等13部门制定《"十三五"健康老龄化规划》
> 3. 国务院公布《划转部分国有资本充实社保基金实施方案》
> 4. 首本社会保障高端理论学术期刊《社会保障评论》创办,并成为全国唯一进入CSSCI源刊的社会保障期刊
> 5. 民政部、财政部、人社部、卫计委、保监会、国务院扶贫办发布《关于进一步加强医疗救助与城乡居民大病保险有效衔接的通知》
> 6. 人社部、财政部联合印发《企业年金办法》
> 7. 国务院办公厅印发《关于进一步深化基本医疗保险支付方式改革的指导意见》
> 8. 国务院颁布修订后的《残疾人教育条例》和《残疾预防和残疾人康复条例》
> 9. 国务院通过《志愿服务条例》
> 10. 国务院办公厅发布《关于加快发展商业养老保险的若干意见》
>
> 资料来源:中国社会保障学会网站,http://www.caoss.org.cn/。

本章重要概念

社会保障制度发展和改革(the development and reform of social security system)
社会保障基金(social welfare fund)　社会保险机构(social security institution)

本章思考题

1. 你如何看待中国社会保障制度的改革与变迁?
2. 我国社会保障制度改革已经进行了30多年的时间,取得很大成就的同时也存在着不少问题,如何客观公正地看待我国的社会保障制度改革?
3. 如何更好地发展和完善当前的社会保障制度,使其更好地发挥稳定社会、促进经济发展的功能?

本 章 实 训

社会保障制度发展和改革问题调研

请围绕当前社会保障发展改革过程中的某个问题,如城乡居民基本养老保险、城乡居民基本医疗保险、城镇职工基本医疗保险、机关事业单位养老保险改革等,对参保对象、经办机构、主管部门开展问卷调查或访谈,以加深对本章内容的认识和理解。

参考文献

1. 包海红：我国社会保障基金投资运营管理问题研究,广西大学硕士论文,2007年。
2. 贝弗里奇著,社会保障研究所译：《贝弗里奇报告——社会保险和相关服务》,中国劳动社会保障出版社,2008年版。
3. 曹立前：《社会救助与社会福利》,中国海洋大学出版社,2006年版。
4. 曹信邦：《社会保障学》,科学出版社,2007年版。
5. 曹艳春："我国各省城市居民最低社会保障水平测度及其与经济适应性分析",《经济问题探索》,2009年第12期。
6. 陈红霞：《社会福利思想》,北京社会科学文献出版社,2002年版。
7. 程兵："关于建立完善的社保基金监管体系的思考",《理论学刊》,2004年第11期。
8. 成思危：《中国社会保障体系的改革和完善》,民主与建设出版社,2000年版。
9. 陈元刚、谢金桃："社会保障制度建立健全与经济发展水平之间关系",《重庆工学院学报(社会科学版)》,2008年第8期。
10. 丛树海：《社会保障经济理论》,上海三联书店,1996年版。
11. 财政部社会保障司课题组："社会保障支出水平的国际比较",《财政研究》,2007年第10期。
12. 丁成荣："试论邓小平对毛泽东社会保障思想的新发展",《中共哈尔滨市委党校学报》,2002年第3期。
13. 丁元竹："社会建设的理论探索和实践发展",《前线》,2012年第12期。
14. 达尔默·D.霍斯金斯等：《21世纪的社会保障》,中国劳动社会保障出版社,2004年版。
15. 邓大松：《社会保险》,中国劳动社会保障出版社,2002年版。
16. 邓大松：《2005—2006年中国社会保障改革与发展报告》,人民出版社,2007年版。
17. 邓大松等：《社会保障理论与实践发展研究》,人民出版社,2007年版。
18. 邓大松、刘昌平：《中国企业年金制度研究》,人民出版社,2004年版。
19. 邓大松："论我国社会保险基金的运用",《经济评论》,2004年第4期。
20. 丁开杰：《社会保障体制改革》,社会科学文献出版社,2004年版。
21. 杜鹏：《中国人口老龄化过程研究》,中国人民大学出版社,1994年版。
22. [丹麦]安德森著,郑秉文译：《福利资本主义的三个世界》,法律出版社,2003年版。
23. 段婕："我国社会保障支出水平测度的实证分析",《未来与发展》,2006年第5期。
24. 《2015年中国残疾人事业发展统计公报》(残联发〔2016〕14号),http://www.

cdpf.org.cn/zcwj/zxwj/201604/t20160401_548009.shtml。

25. 《2015年劳动和社会保障事业发展统计公报》。
26. [法]卡特琳著,郑秉文译:《社会保障经济学》,法律出版社,2003年版。
27. 冯光娣:"保障社会化与我国社区社会保障制度",《浙江金融》,2005年第9期。
28. 关信平:"论当前我国社会建设的实质内容及若干关键问题",《社会建设》,2014年第2期。
29. 《国务院办公厅关于印发老年教育发展规划(2016—2020年)的通知》(国办发〔2016〕74号),http://www.cncaprc.gov.cn/contents/2/177275.html。
30. 葛寿昌:《社会保障经济学》,复旦大学出版社,1990年版。
31. 国务院新闻办公室:《中国老龄事业的发展白皮书》,中央政府门户网站。
32. 国务院发展研究中心课题组:"国务院研究机构对中国医疗改革的评价与建议",新华网。
33. 葛延风:"社会保障制度遭遇变局",《中国改革》,2005年第1期。
34. 国务院:《基本养老保险基金投资管理办法》,2015年。
35. 郭士征:《社会保障学》,上海财经大学出版社,2005年版。
36. 耿志民:《养老社会保险基金与资本市场》,经济管理出版社,2000年版。
37. 洪进、杨辉:《社会保障导论》,中国科学技术大学出版社,2006年版。
38. 胡晓义:《社会保险基金管理与监督》,中国劳动社会保障出版社,2001年版。
39. 胡宏伟、邓大松:"新历史学派、德国实践与我国医疗改革",《陕西行政学院学报》,2007年第4期。
40. 李珍:《社会保障理论》,中国劳动社会保障出版社,2007年版。
41. 李春根、李建华:"农村低保制度:政府行为与政策结论",《财政研究》,2009年第1期。
42. 李春根、熊艺茗:"精准扶贫 先破解'三题'",《江西日报》,2016年6月1日。
43. 李春根、赖志杰:"我国农村五保供养制度:回顾和评述",《沈阳师范大学学报(社会科学版)》,2009年第1期。
44. 林万亿:《社会福利》,台湾五南图书出版公司,2012年版。
45. 李春根:《社会保障理论与政策》,经济科学出版社,2009年版。
46. 刘扬:"法国劳动法改革顶层设计之争",《中国劳动》,2016年第12期。
47. 李娅云、张弛:"社保基金管理问题及对策",《法人》,2005年第2期。
48. 李静:"社会保障水平与经济发展的关系分析",《农村经济与科技》,2007年第12期。
49. 刘子兰:《养老金制度和养老基金管理》,经济科学出版社,2005年版。
50. 林毓铭:《社会保障管理体制》,社会科学文献出版社,2006年版。
51. 林其屏:"第三次分配的缺失与重构",《发展研究》,2008年第3期。
52. 吕学静:《社会保障基金管理》,首都经济贸易大学出版社,2007年版。
53. 刘钧:《社会保障理论与实务》,清华大学出版社,2005年版。
54. 李春根、廖清成:《公共经济学》,华中科技大学出版社,2007年版。

55. 林义：《社会保险》，中国金融出版社，2003年版。
56. 林汉林等：《中国社会保障体制探索》，中国财政经济出版社，2008年版。
57. 厉以宁等：《西方福利经济学述评》，商务印书馆，1984年版。
58. 林义：《社会保险基金管理》，中国劳动社会保障出版社，2002年版。
59. 龙菊：《社会保障基金管理》，中国劳动社会保障出版社，2007年版。
60. 刘均：《运行与监管——中国社会保障资金问题分析》，清华大学出版社，2003年版。
61. 李连友：《社会保险基金运行论》，西南财经大学出版社，2000年版。
62. 刘子兰：《养老金制度和养老基金管理》，经济科学出版社，2005年版。
63. 刘燕生：《社会保障起源、发展和道路选择》，法律出版社，2001年版。
64. 李春根、赖志杰："论统筹城乡就业的社会保障政策"，《广西社会科学》，2008年第10期。
65. 刘炳杰："人口发展与社会养老保险"，《财经论丛》，2000年第1期。
66. 李娅云、张弛："社保基金管理问题及对策"，《法人》，2005年第2期。
67. 刘恒庆："改进我国社会保障基金投资的几点建议"，《宏观经济研究》，2005年第4期。
68. 李春根、徐光耀："城市农民工就业状况及其社会保障优先序研究"，《山东财政学院学报》，2006年第6期。
69. 李春根、李建华："促进城乡社会保障体系一体化的税收政策分析"，《税务研究》，2008年第6期。
70. 李春根、任高飞："构建适应社会主义新农村建设的社会保障体系探析"，《求实》，2006年第11期。
71. 李春根、徐光耀："论我国农民工退保的制度缺失与再造"，《当代财经》，2006年第8期。
72. 李春根："中国农村养老保险制度的现状与制度安排"，《江西社会科学》，2006年第3期。
73. 李春根、朱国庆："做实养老保险个人账户'空账'：问题与思考"，《石家庄经济学院学报》，2008年第5期。
74. 劳动保障部：《2007年劳动和社会保障事业发展统计公报》，人力资源和社会保障部网站。
75. 梅哲："列宁的社会保障思想研究"，《马克思主义研究》，2007年第8期。
76. 民政部：《2015年社会服务发展统计公报》，http://www.mca.gov.cn/article/zwgk/mzyw/201607/20160700001136.shtml。
77. 卡尔·马克思：《1844年经济学哲学手稿》，人民出版社，2000年版。
78. 孟醒：《统筹城乡社会保障：理论·机制·实践》，经济科学出版社，2005年版。
79. 马斌：《社会保障理论与实践》，中国劳动社会保障出版社，2006年版。
80. 穆怀中：《国民财富与社会保障收入分配》，中国劳动社会保障出版社，2003年版。
81. 穆怀中："社会保障水平初探"，《辽宁大学学报(哲社版)》，1997年第3期。

82. 穆怀中：《社会保障国际比较》，中国劳动社会保障出版社，2004年版。
83. 民政部：《2007年民政事业发展统计报告》。
84. 马克思、恩格斯：《马克思恩格斯选集》第3卷，人民出版社，1975年版。
85. National Flow of Funds Balance Sheets, Mercer (1999).
86. 祁亚辉：福利国家的制度分析——全球化背景下福利国家的改革与选择，西南财经大学博士论文，2005年。
87. 《企业年金试行办法》。
88. 人力资源社会保障部基金监督司：《2015年度全国企业年金基金业务数据摘要》，2016年3月。
89. 齐海鹏等：《社会保障基金管理研究》，东北财经大学出版社，2002年版。
90. 仇雨临：《员工福利管理》，复旦大学出版社，2004年版。
91. 孙国平："论劳动法的强制性规范"，《法学》，2015年第9期。
92. 孙建勇：《社会保障基金监管制度国际比较》，中国财政经济出版社，2004年版。
93. 孙光德、董克用：《社会保障概论》，中国人民大学出版社，2006年版。
94. 苏振芳：《社会保障概论》，中国时代经济出版社，2001年版。
95. 沈玉平：《公共选择理论与地方公共财政制度创新》，中国财政经济出版社，2004年版。
96. 宋晓梧、孔泾源：《中国社会保障基金营运管理》，企业管理出版社，1999年版。
97. 苏涛：《中国社会保障事业发展研究——产业经济学视角的探索》，经济管理出版社，2004年版。
98. 宋晓梧等：《中国社会保障制度建设20年》，中州古籍出版社，1998年版。
99. 宋士云、李成玲："1992—2006年中国社会保障支出水平研究"，《中国人口科学》，2008年第3期。
100. 宋士云：《新中国社会保障制度结构与变迁》，中国社会科学出版社，2012年版。
101. 施华斌："中国社会保险基金监管体系探析"，《武汉冶金管理干部学院学报》，2003年第2期。
102. 束必琪："企业年金给付模式的选择及会计核算"，《财会研究》，2005年第10期。
103. 孙守清："加强中国企业年金监管的思考"，《经济与管理》，2008年第8期。
104. 唐钧：《市场经济与社会保障》，黑龙江人民出版社，1995年版。
105. 汪行福：《分配正义与社会保障》，上海财经大学出版社，2003年版。
106. 王志凯：《比较福利经济分析》，浙江大学出版社，2004年版。
107. 王雪碟："社会保障水平测度方式分析"，《科技信息》，2012年第24期。
108. 王元月、游桂云、李然：《社会保障——理论、工具、制度、操作》，企业管理出版社，2005年版。
109. 吴方桐：《社会学教程》，华中师范大学出版社，1994年版。
110. 万解秋等：《社会保障基金投资运营研究》，中国金融出版社，2003年版。
111. 王益英：《社会保障法》，中国人民大学出版社，2000年版。
112. 温海红：《社会保障学》，对外经济贸易大学出版社，2010年版。

113. 吴传俭：《公平与卓越——英国卡梅伦政府的医改之路》，科学出版社，2013年版。
114. 王炳银、赵玉衡：《试论我国慈善事业的民间性》，天津市慈善理论研讨会论文集，2008年版。
115. 王卫平：《社会救助学》，群言出版社，2007年版。
116. 汪泓：《社会保障制度改革与发展》，上海交通大学出版社，2008年版。
117. 王东进：《中国社会保障制度的改革与发展》，法律出版社，2001年版。
118. 万解秋等：《社会保障基金投资运营研究》，中国金融出版社，2003年版。
119. 吴勇：我国企业年金发展及投资问题研究，河海大学硕士论文，2006年。
120. 王振鹏："毛泽东、邓小平和江泽民社会保障思想比较研究"，《法制与社会》，2008年第4期。
121. 卫生部：《2007年我国卫生事业发展统计公报》，卫生部网站。
122. 王志凯：《比较福利经济分析》，浙江大学出版社，2004年版。
123. 王冰："马克思的社会保障理论及社会保障对市场经济的作用"，《宁波职业技术学院学报》，2005年第3期。
124. 徐丙奎："西方社会保障三大理论流派述评"，《华东理工大学学报（社会科学版）》，2006年第3期。
125. 熊晖："《劳动法》的历史贡献与未来发展"，《中国劳动》，2015年第5期。
126. 徐滇庆等：《中国社会保障体制改革》，经济科学出版社，1999年版。
127. 熊敏鹏：《社会保障学》，机械工业出版社，2004年版。
128. 许琳：《社会保障学》，清华大学出版社，2005年版。
129. 谢良敏等：《社会保险法律通》，法律出版社，2005年版。
130. 阮元校：《十三经注疏：礼记》，中华书局，1980年版。
131. 殷俊：《企业年金制度创新与发展研究》，武汉大学出版社，2005年版。
132. 杨燕绥：《企业年金理论与实务》，中国劳动社会保障出版社，2003年版。
133. 应建国："农村社会保障法制问题探析"，《法制与社会》，2014年第11期。
134. 杨良初：《社会保障基金管理》，中国财政经济出版社，2003年版。
135. 杨茁："社会保障基金管理与审计监督研究"，《求是学刊》，2001年28卷5期。
136. 杨翠迎、何文炯："社会保障水平与经济发展的适应性关系研究"，《公共管理学报》，2004年第1期。
137. 杨红燕：《财政社会保障支出结构、公平性与影响》，武汉大学出版社，2014年版。
138. 闫忻：《社会保障基金与证券投资基金》，复旦大学出版社，2002年版。
139. 余卫明：《社会保障法学》，中国方正出版社，2002年版。
140. 余明勤：《社会保险法制研究》，中国人事出版社，2004年版。
141. ［英］巴尔著，郑秉文、穆怀中等译：《福利国家经济学》，中国劳动社会保障出版社，2003年版。
142. 杨团："完善医疗保障制度的思路与对策"，载于陈佳贵、王延中：《中国社会保障发展报告2001—2004》，社会科学文献出版社，2004年版。
143. 央视网，就业社保工作成就报告会，http://news.cntv.cn/zhibo/tuwen/sewldbz/

index.shtml,2015 年 10 月 14 日。
144. 易惕：企业年金基金投资及其监管研究,武汉大学硕士论文,2005 年。
145. 钟仁耀：《社会救助与社会福利》,上海财经大学出版社,2005 年版。
146. 中共中央马克思恩格斯列宁斯大林著作编译局：《列宁全集》(第 17 卷),人民出版社,1959 年版。
147. 中共中央文献研究室：《毛泽东文集》(第六卷),人民出版社,1999 年版。
148. 曾长秋、徐德莉："毛泽东、邓小平的社会保障思想",《中南大学学报(社会科学版)》,2004 年第 3 期。
149. 臧少梅等："毛泽东、邓小平、江泽民的社会保障思想及在中国的实践",《内蒙古农业大学学报(社会科学版)》,2006 年第 3 期。
150. 朱常柏,双传学："论胡锦涛的社会保障思想",《扬州大学学报(人文社会科学版)》,2011 年第 3 期。
151. 张祖：明清时期的政府社会保障体系研究,西南财经大学博士论文,2006 年。
152. 郑功成：《社会保障概论》,复旦大学出版社,2005 年版。
153. 《中华人民共和国残疾人保障法》。
154. 周弘等："国际金融危机后世界社会保障发展趋势",《中国人民大学学报》,2015 年第 3 期。
155. 中共中央编译局：《马克思恩格斯选集》第 3 卷,人民出版社 1972 年版。
156. 郑功成：《社会保障学》,中国劳动社会保障出版社,2005 年版。
157. 赵万水：《社会保障学》,清华大学出版社,2011 年版。
158. 张新民："试论我国社会保险基金监管制度的完善与创新",《人口与经济》,2004 年第 3 期。
159. 郑杭生：《社会学概念新编》,中国人民大学出版社,1992 年版。
160. 郑功成：《社会保障学——理念、制度、实践和思辨》,商务印书馆,2000 年版。
161. 赵曼：《社会保障》,中国劳动社会保障出版社,2005 年版。
162. 周弘：《福利的解析——来自欧美的启示》,上海远东出版社,1998 年版。
163. 周德民：《社会保障概论》,中国轻工业出版社,2008 年版。
164. 周迎春、张双喜：《社会保障收支预测与平衡》,中国经济出版社,2005 年版。
165. 郑功成等：《中国社会保障制度变迁与评价》,中国人民大学出版社,2002 年版。
166. 张民省：《社会保障学》,山西人民出版社,2009 年版。
167. 朱荣科：《社会主义福利经济学》,黑龙江教育出版社,1998 年版。
168. 张广科：《社会保障基金——运行与监管》,上海财经大学出版社,2008 年版。
169. 赵曼：《社会保障学》,中国财政经济出版社,2003 年版。
170. 郑功成：《中国社会保障论》,湖北人民出版社,1994 年版。
171. 郑功成：《构建和谐社会：郑功成教授演讲录》,人民出版社,2005 年版。
172. 张桂琳等：《七国社会保障制度研究——兼论我国社会保障制度建设》,中国政法大学出版社,2005 年版。
173. 郑功成：《中国社会保障改革与发展战略——理念、目标与行动方案》,人民出版社,2008年版。
174. 朱庆芳:"当前社会保障体系建设中亟待解决的难题",载于《社会保障制度改革指南》,改革出版社,1999年版。
175. 郑雅敏、张晓红:"社会保障基金运营初探",《吉林财税》,2003年第1期。
176. 朱德云:"我国现行社会保障管理体制的缺陷与完善对策",《现代财经》,2001年第6期。
177. 郑功成:"加入WTO与中国的社会保障改革",《管理世界》,2002年第4期。
178. 中国社科院十国社会保障改革项目课题组:"社会保障制度的国际比较",《经济学动态》,1994年第8期。
179. 张璐琴、王枝茂:"社会保障水平与经济发展的关系——以山西省为例的实证分析",《中国社会保障》,2009年第11期。

后 记

  以1998年教育部增设劳动与社会保障专业为起点,我国社会保障专业人才的培养只有20年。我校的社会保障硕士的培养则是始于2003年,我自2005年起为社会保障的硕士研究生、本科生主讲社会保障理论、社会保障学等课程,曾用过郑功成教授、郭士征教授、李珍教授、赵曼教授主编的教材,从这些优秀教材和与学生的教学互动中受到很好的启发,当时就萌生从理论、政策两方面入手编著一本属于自己的教材的心愿。后来,我校在2007年实施研究生培养"十大质量工程"时,我申报了这个选题,获得了江西财经大学研究生优秀教材项目的资助,终于在2009年实现了心愿,由经济科学出版社出版了《社会保障理论与政策》。

  该书作为高校劳动与社会保障专业的核心课程教材,注重社会保障理论与社会保障政策的紧密结合。围绕这一核心原则,全书重点阐释社会保障的基本理念、基本理论和基本方法,并深度解析我国社会保障发展的历史脉络和新动向、新发展。自2009年出版以来,在社会保障本科以及研究生教学中得到广泛的使用,反响良好。但随着中国社会保障事业迅猛发展,社会保障体系逐步完善,社会保障学科不断繁荣,书中原有的一些数据、概念以及对政策的描述已经不符合我国当下社会保障体系的特征。因此,编者重新组织力量,对全书内容进行了大规模的修订,力求做到理论阐释更准确、政策分析更透彻、统计数据更完整。

  本次教材改动后具有以下几个特点。

  1. 与实际政策结合更紧密

  继党的十八届三中全会明确指出我国社会保障制度改革的主要目标是"建立更加公平可持续的社会保障制度"之后,党的十九大报告又提出要"在发展中补齐民生短板、促进社会公平正义,在幼有所育、学有所教、劳有所得、病有所医、老有所养、住有所居、弱有所扶上不断取得新进展"。这些新提法对我国社会保障学科发展和人才培养提出了新的任务,需要我们在教材建设上对我国社会保障学科和实践发展做出新的诠释。为此,本次新版教材更加注重结合实际政策,阐释社会保障发展的新理念和新做法,对我国社会保障政策进行系统总结和前瞻。

  2. 更加关注国际社会保障发展动态

  在新增的"经典案例"与"延伸阅读"部分中,相关章节补充了部分国家社会保障制度的最新发展情况。并在充分反映国际社会保障发展动态的基础上,结合我国国情,实现社会保障学科知识国际化与本土化的有机结合,社会保障理论与实践的有机衔接。

  3. 更加注重培养学生解决实际问题的能力

  社会保障不仅需要坚实的学术底蕴作为基础,更是一门实践性和应用性很强的学科。结合学生在学习和实践中存在的困难和问题,本次修订积极寻求内容上的突破与创新,除"经典案例"与"延伸阅读"外,还特别增加了"引导案例"与"本章实训"两个部分。每章章首的"引导案例",旨在通过案例视频引出本章学习内容,激发学生的学习兴趣。安排在章尾的"本章实训"则用于考察学生是否能通过本章的学习进行简单的政策分析、设计和运用。这些大幅增加的实践案例与实践类思考题,有利于教师开展启发式、案例研讨式教学,引导学生进行社会保障案例剖析和政策研究,从而培养学生解决实际问题的能力。

全书共 11 章,分工如下:余桔云(第一章),赖志杰(第二章),李建华(第三章),吴君槐(第四章),张毅(第五章),夏珺(第六章),廖清成(第七章),张彦(第八章),万谊娜(第九章),赵万水(第十章),张仲芳(第十一章)。李春根、赖志杰、万谊娜负责全书的统稿与审稿。在此,对参编人员的辛勤付出表示感谢。同时,本书在编写过程中参考和借鉴了国内外相关专著与教材,也对相关学者表示诚挚的谢意!

本书不仅可以作为社会保障、公共管理、社会学等相关专业学生的教材,也适合社会保障工作者、研究者以及对社会保障感兴趣的读者阅读。为方便使用该教材的老师和学生,本书配有电子课件以供参考。由于编者水平有限,书中可能会有疏漏甚至错误之处,真诚希望使用本书的老师、同学和其他读者提出宝贵的意见。

编 者

2018 年 1 月

图书在版编目(CIP)数据

社会保障理论与政策/李春根主编. —上海：复旦大学出版社，2018.12
信毅教材大系
ISBN 978-7-309-13832-0

Ⅰ.①社… Ⅱ.①李… Ⅲ.①社会保障-中国-高等学校-教材 Ⅳ.①D632.1

中国版本图书馆 CIP 数据核字(2018)第 185862 号

社会保障理论与政策
李春根　主编
责任编辑/姜作达

复旦大学出版社有限公司出版发行
上海市国权路 579 号　邮编：200433
网址：fupnet@fudanpress.com　http://www.fudanpress.com
门市零售：86-21-65642857　团体订购：86-21-65118853
外埠邮购：86-21-65109143　出版部电话：86-21-65642845
上海四维数字图文有限公司

开本 787×1092　1/16　印张 18.5　字数 395 千
2018 年 12 月第 1 版第 1 次印刷

ISBN 978-7-309-13832-0/D·948
定价：38.00 元

如有印装质量问题，请向复旦大学出版社有限公司出版部调换。
版权所有　侵权必究